KB274824

아름다운 인생의 승부사들

문화지식인 10명이 이야기하는 나의 삶, 나의 일

국립중앙도서관 출판시도서목록(CIP)

아름다운 인생의 승부사들 : 문화지식인 10명이 이야기하
는 나의 삶, 나의 일 / 김창남 엮음. -- 파주 : 한울, 2004
  p. ; cm. -- (한울아카데미 ; 671)

ISBN 89-460-3281-2   03040

041-KDC4
089.957-DDC21   CIP2004001522

아름다운 인생의

승부사들

문화지식인 10명이 이야기하는 나의 삶, 나의 일

김창남 엮음

한울
아카데미

▌일러두기

강연 내용은 현장감을 살리기 위해 문법적으로 크게
문제가 되는 경우를 제외하고는 가능하면 강사의
구어투를 그대로 살리는 것을 원칙으로 했다.

이 책은 지난 2003년 봄학기 성공회대학교 신문방송학과 전공선택 과목으로 개설된 '매스컴 특강'의 결과물이다. 이 강좌를 통해 모두 열 분의 문화계 전문가들이 학생들을 위해 귀중한 특강을 해주었고 학생들이 직접 강사들의 강연 내용을 채록, 정리했다. 강연의 전체 주제는 '일과 자질'이었다. 열 분의 강사들은 자신의 분야에서 현재의 위치에 오기까지 겪었던 도전과 좌절, 고난과 극복의 경험을 중심으로 해당 분야에서 일하기 위해 어떤 자질이 필요하고 그 자질을 갖추기 위해 어떤 준비와 노력이 필요한지를 이야기해주었다. 이 강의를 수강한 학생들은 모두 3, 4학년들이었고 특히 4학년 학생들이 많았다. 머지않아 대학문을 나서 험한 사회로 나가 숱한 도전과 역경을 마주해야 할 학생들 입장에서는 다양한 분야에서 자신의 삶을 개척한 열 분의 선배들을 통해 평소 강의실에서 만나는 교수들에게서는 절대 들을 수 없는 진짜 현실의 이야기, 피가 튀기고 곳곳에 살얼음판이 즐비한 저 정글 속의 살아 있는 이야기들을 들을 수 있는 좋은 기회였던 셈이다.

이 강의는 1999년, 내 동료인 김용호 교수가 진행했던 첫번째 '매스컴 특강'의 주제와 진행 방식을 그대로 따랐다. 김용호 교수는 지식산업의 여러 분야에 종사하는 CEO급 인사들을 초빙해 강의를 열고 이를 토대로 『네 안의 가능성을 찾아라』(푸른숲, 2000)라는 멋진 책을 만들어냈다. 그러니까 이 책은 첫번째 '매스컴 특강'의 결과물로 나온 『네 안의 가능성을 찾아라』의 후속편이 되는 셈이다. 물론 이번 '매스컴 특강'도 학생들의 적극적인 참여와 기여를 통해 이루어졌고, 이 책 역시 그러하다.

우선 학생들은 각자의 관심과 희망에 따라 4~5명으로 하나의 팀을 구성했다. 그리고 각 팀은 강의를 듣고 싶은 전문가들을 스스로 추천하고 선택했다. 강사에 대한 섭외 역시 학생들 스스로 해내야 했다. 교수로서 나의 역할은 그저 섭외 과정에 간접적인 도움을 주는 것에 그쳤다. 섭외를 위해서는 학생들 스스로 해당 인사들에 관해, 그들의 활동 경력과 업적, 저서와 작품을 연구, 조사하는 것이 필수적이다. 상대방을 잘 알고 접근하는 것과 제대로 알지 못하면서 섣부르게 접근하는 것은 큰 차이가 있기 마련이다. 학생들은, 팀마다 조금씩 편차가 있기는 했지만 이 과정을 비교적 충실히 이행했고, 그런 탓인지 대부분의 강사들이 아주 흔쾌하게 바쁜 시간을 쪼개 강연을 맡아주었다. 학생들은 연구, 조사한 내용을 토대로 각 강사에 대한 일종의 자료집을 제작해 강연 현장에서 학생들에게 나누어주었다.

그 다음, 학생들은 강연에 앞서 강사들을 사전 인터뷰해야 했다. 이는 강사와 학생들 사이에 일종의 코드 맞추기, 혹은 사전 조율의 과정이라 할 수 있다. 두 시간이 채 안되는 강연에서 학생들이 듣고자 하는 내용을 최대한 끌어내기 위해 이런 사전 조율은 꼭 필요한 것이다. 이 사전 인터뷰는 디지털 카메라로 촬영되었고, 이를 토대로 학생들은 강사에 대한 비디오 다큐멘터리를 제작했다. 인터뷰 장면과 각종 영상 자료를 동원해 제작한 다큐멘터리는 그 자체로 대단히 교육적인 의미를 갖고 있다. 학생들은 자료를 모으는 데서 시작해 촬영, 편집, 대본 작성, 내레이션에 이르기까지 함께 해내면서 공동 작업의 경험을 얻을 수 있었다. 개중에는 이 기회를 통해 처음으로 디지털 촬영과 편집 경험을 갖게 된 학생들도 적지 않았다. 이렇게 제작된 10~15분가량의 다큐멘터리는 매회 강연 시작 전에 상영되었다. 그 중에는 아마추어의 작품으로 보기 어려울 만큼 높은 완성도를 보여준 작품도 있어 강사들을 놀라게 했는데, 이건 지도교수로서 대단히 뿌듯한 경험이었다.

다큐멘터리 제작을 해내는 한편 학생들은 강연의 '흥행'을 위한 홍보전을 펼쳐야 했다. 신문방송학과 전공과목이기는 하지만 이 강의는 학내외의 모든 사람들에게 열려 있었고, 얼마나 많은 청중을 동원하는가 하는 것은 일단 전적으로 각 팀의 학생들에게 달린 것이었기 때문이다. 강연이 회를 거듭할수록 갖가지 홍보 아이디어들이 속출했는데 나로서는 학생들의 다양한 홍보 아이디어 경쟁을 지켜보는 것도 여간 흥미로운 게 아니었다. 어느날 갑자기 학내의 모든 화장실에 홍보 스티커가 붙기도 했고 강연을 소개하는 포스터도 다양하게 꾸며졌다. 인터넷 게시판마다 강연 홍보문을 퍼 나르기도 하고 보도자료를 만들어 언론사에 배포하는가 하면 느닷없이 광고판을 멘 샌드위치맨이 등장하기도 했다. 학생들로서는 이 작은 행사를 통해, 말하자면 '이벤트 기획 홍보 실습'이란 과목을 덤으로 수강한 셈이다.

강연이 끝난 후에는 강연 원고를 녹취하고 정리하는 일을 진행해야 했다. 학기 말까지 학생들은 일차 강연록을 정리했는데, 이 일은 이후에도 몇 번씩 수정을 거치면서 반복되었다. 많은 학생들이 졸업을 하고 취업을 한 탓에 최종 원고가 정리되기까지 적지 않은 기간이 걸렸지만 원고를 정리하고 편집하고 제목을 다는 과정이 학생들에게 또 다른 훈련의 기회가 된 것은 물론이다.

이 강좌가 학생들의 호응 속에 탈 없이 진행된 것은 물론 특강의 진행 과정을 성실히 수행해준 학생들 덕분이지만 역시 가장 고마운 것은 각 강좌의 내용을 충실히 채워준 열 분 강사들이다. 아마도 대한민국에서 가장 바쁜 사람들임이 분명한 이들은 우리 학생들을 위해 흔쾌히 시간을 내주었고 열정과 성의를 다해 강의에 임해주었다. 이 분들의 강의 스타일이나 어투, 학생들과 교감을 나누는 방식도 다양해서 나로서는 그들의 독특한 화법과 표현, 설득 방식을 감상하는 것만으로도 즐거운 경험이었고 많은 것을 배울 수 있었다. 물론 각자의 영역에서 창조적 삶을 개척해온 그들의 지난 경험과 삶의 태도, 좌절과 극복의 스토리 자체가 감동적이었음은 두말할 나위도 없다.

지금은 국립극장장으로서 대한민국 예술 행정의 일익을 맡고 있는 김명곤은 1980년대 민중예술계를 대표하는 배우이자 연출가이다. <서편제>를 통해 그를 잘 알고 있는 학생들에게 그의 강의는 큰 기대를 불러모았다. 최고의 연기자이며 판소리 이수자이기도 한 그는 시종 구수한 판소리 가락처럼 재담과 해학을 섞어가며 강의를 이끌어 학생들의 호응을 얻었다. 엄혹했던 1970, 1980년대 가난한 연극인으로 살면서 진보적 문예운동에 헌신해온 그의 역정 자체가 학생들에게 적지 않은 감동을 남겼다. 특히 그가 가난한 연극쟁이로 살던 시절 다섯 가지의 마귀, 즉 주마(酒魔), 수마(垂魔), 궁귀(窮鬼), 병마(病魔), 색마(色魔)로 인해 좌절을 겪으면서 여태껏 진정한 예술의 혼[藝魔]을 만나 필생의 역작 한 편을 만들어내기 위해 고투하고 있다는 이야기는 학생들에게 깊은 인상을 주었다.

그는 연극 공연을 위해 필수적인 요소들을 인생의 과정에 비유하며 스스로 자신의 삶을 기획하고 연출할 수 있어야 한다는 것을 강조한다. 스스로 자신의 삶의 극본을 쓰고 인생의 무대에서 관객과 호흡하며 자신의 연기를 연출할 수 있어야 한다는 것이다.

스스로 자신의 삶을 기획, 연출하는 과정에서 그는 특히 스스로를 성찰할 수 있는 시간을 갖기를 적극 권유하고 있다. 그는 이를 '거울보기'와 '책보기' 그리고 '마주보기'라는 세 가지 행동 방식을 생활화할 것을 강조한다. '거울보기'는 조용히 자기 스스로를 객관적으로 들여다보는 시간을 의미하고, '책보기'는 책을 통해 다른 사람의 영혼과 교류하는 것이며, '마주보기'는 다른 사람들과 만나 대화하는 것이다. 그는 특히 미래를 암중모색하는 시기일 수밖에 없는 대학 시절 동안 이 세 가지를 생활 속에서 실천하는 것이 매우 중요하다고 충고한다.

김영희는 <느낌표>라는 프로그램으로 잘 알려진 MBC의 스타 PD이다. 그의 아이디어로 시작된 <느낌표>는 이른바 공익성을 담보한 오락 프로그램의 대명사이다. 이 프로그램을 통해 그는 한국 사회의 가장 부끄러운 부분들에 조명을 비추고 많은 사람들의 사고방식을 변화시켰다. <느낌표>는 외국인 이주 노동자들이 단지 우리나라에 돈벌러 온 가난한 나라 사람들이 아니라, 각자 따뜻한 가족이 있고 삶의 역사를 가진 또 하나의 존엄한 존재임을 알게 해주었고, 책의 소중함과 도서관의 중요성을 일깨워주었으며, 청소년의 삶과 권리에 대한 우리의 시각을 바꾸어주었다. 그는 <느낌표> 이전에도 <칭찬합시다>나 <일요일 일요일 밤에> 같은 프로그램을 통해 말초적 재미에 그치지 않고 사회적 가치와 의미를 담보한 연예 오락 프로그램이 어떤 것인지를 보여준 바 있다. TV의 연예 오락 프로그램이

늘 선정성과 저질 시비의 대상이 되어왔던 것을 생각하면 그가 빚어낸 전혀 새로운 방식의 오락 프로그램은 우리 TV 문화사에서 대단히 획기적인 의미를 가진 것으로 평가된다. 그가 공익적 프로그램을 제작하면서 시청률과 공익성이라는 두 마리 토끼를 잡는 희귀한 사례를 연속적으로 만들어낼 수 있었던 것은 실패를 두려워 않고 때로 무모할 정도로 밀어붙이는 뚝심 때문이기도 하지만, 무엇보다도 이 사회에 대한 따뜻한 시선과 관심에 기인한다. <일요일 일요일 밤에>의 '이경규가 간다' 코너에서 방송되어 엄청난 화제를 낳았던 저 유명한 '신호등 지키는 장애인'의 에피소드는 그의 뚝심과 신념, 그리고 따뜻한 사회적 관심이 만들어낸 '기적적인' 작품이다.

그는 TV는 재미있어야 한다는 신념을 가지고 있다. 그러나 그가 생각하는 재미는 단지 웃기는 것만이 아니다. 우리의 삶 곳곳에 파인 인간적 진실의 우물 속에서 길어내는 감동과 눈물이야말로 TV가 줄 수 있는 또 다른 재미라는 것이 그의 생각이다. 스타급 PD이면서 늘 TV가 가진 사회적 책임을 생각하고 단순한 오락 이상의 재미를 주기 위해 애쓰는 그의 모습이 학생들에게 적지 않은 감동을 선사한 것은 물론이다.

박재동 화백은 '한겨레 그림판'을 통해 촌철살인의 풍자 정신을 보여주며 당대 최고의 시사만화가로 인기를 모았던 분이다. 그는 ≪한겨레≫를 그만둔 후 애니메이션 제작자로, 학생들을 가르치는 교육자로, 만화운동가로 활발한 활동을 펼치고 있다. 그는 직접 그린 만화 작품을 슬라이드로 보여주며 자신의 삶의 역정과 한국 만화계의 현실에 관해 강의해주었는데, 그의 강의는 그가 그리는 만화만큼이나 유머가 담뿍 담겨 시종 유쾌한 분위기로 진행되었다. 그는 만화가게 아들이었던 어린 시절부터 시작하여 '골 때리는' 교사 시절을 거쳐 만화가로 알려진 지금까지 늘 재기발랄한 아이디어와 넘치는 유머 감각, 무엇보다도 과감하게 자신을 던지는 실험과 도전의 정신으로 충만한 사람이다. 그가 특히 강조하는 것은 아무리 어설프고 보잘것없어 보이는 도전이라도 일단 끝까지 밀고 나가는 자세이다.

그가 재기 넘치는 만화가로, 또 훌륭한 애니메이션 제작자로 평가받게 된 것은 물론 그의 타고난 끼와 재능 때문이기도 하지만 언제나 비판을 두려워하지 않고 스스로를 발가벗길 줄 아는 용기 때문이기도 하다. 그는 자신의 작품에 대한 비판을 언제든 겸허하게 수용하며 이를 토대로 한 걸음 스스로를 발전시킬 줄 아는 지혜를 강조한다.

잘 나가는 시사만화가의 자리를 박차고 나와 애니메이션 제작자로 변신한 후 그는 여러 가지 실패의 쓴맛을 경험해야 했다. 그가 애니메이션의 길을 택하게 된 계기가 된 <오돌또기>는 아직 완성되지 않았고 <바리공주> 역시 미완으로 접어야 했으며, 그 사이 회사를 유지하기 위해 정치 풍자 애니메이션을 방송용으로 제작하는 등 뜻하지 않은 일을 적지 않게 해내야 했다. 박재동은 그런 역경의 과정을 훈련과 성장의 과정으로 생각한다. 바로 그런 좌절의 시간들이 있었기에 지금 그는 최고의 애니메이션을 꿈꿀 수 있게 된 것이다.

김영준 다음기획 대표는 대중음악 기획 제작자로서, 연예 매니지먼트 사업가로서 자신의 경험을 들려주었다. 연예 산업은 요즘 학생들에게 특히 관심의 대상이 되는 분야이다. 주로 교수들의 '점잖은' 문화 담론만을 접할 수밖에 없는 학생들에게 그의 경험은 실제 대중문화 산업이 움직이는 메커니즘을 이해하는 데 큰 도움이 되었다. 김영준 대표가 운영하는 '다음기획'은 윤도현 밴드와 강산에, 정태춘, 박은옥, 그리고 록밴드 뜨거운 감자가 소속되어 있는 기획사이다. 소속 가수들의 면면에서도 드러나듯 다음기획의 가장 중요한 모토는 '생각이 있는 음악집단'이라는 것이다. 물론 그들이 추구하는 '생각'은 음악과 사회의 관계에 대한 진지한 사고, 그리고 대중예술인으로서의 사회적 역할에 대한 진지한 접근을 의미한다. 그저 돈 놓고 돈 먹는 투기판에 가까운 한국 대중음악 산업 풍토에서 생각 있는 음악을 추구하는 김영준과 다음기획의 존재는 이채롭다. 음악의 사회적 역할을 방기하지 않으면서 아수라장 같은 대중음악 시장에서 살아남기란 쉽지 않은 일이며 쉽지 않은 만큼 보람 있는 일이기도 하다.

김영준은 이 판에서 일하며 살아남기 위해서는 당근보다 채찍을, 규칙적이고 안정적인 삶보다 불규칙하고 불안정하며 도전적인 삶을 즐길 줄 알아야 한다고 말한다. 연예산업이 보여주는 외형적 화려함에 끌리지 말라는 것이다. 자유롭고 창조적으로 생각하고 살 수 있는 사람, 안락한 현재에 만족하지 않고 늘 새롭게 도전할 수 있는 사람만이 문화산업의 전쟁터에서 살아남을 수 있다는 것이다.

안해룡은 한국에서 처음으로 비디오 저널리스트라는 직업을 시작한 사람으로 알려져 있다. 새롭게 등장한 비디오 저널리스트의 영역에 대해 막연한 매력과 동경을 가진 학생들이 적지 않기에 그의 강연 역시 많은 기대를 모았다. 그러나 그는 한국에서 비디오 저널리스트의 의미가 전혀 잘못 사용되고 있다고 말한다. 비디오 저널리스트란 기획에서 촬영, 편집, 기사 작성과 리포트에 이르기까지 전 과정을 혼자서 해내는 일인 제작 주체를 의미하지만 현재 한국에서는 그저 방송 프로그램용 영상 자료를 모아오는 사람을 말할 뿐이라는 것이다. 어떤 기구나 조직에도 소속되어 있지 않으면서 독자적으로 취재하고 제작하는 독립적 제작자로서 비디오 저널리스트는 현재 한국에 존재하지 않고 또 존재할 수도 없다는 것이 그의 설명이다. 사진으로 시작하여 다양한 작업을 경험한 그가 궁극적으로 비디오 저널리스트의 세계를 추구하는 것은 어떤 정치적 혹은 경제적 한계로부터도 자유롭고자 하기 때문이다. 굳이 그의 경험을 빌리지 않더라도 메이저 미디어의 프로듀서나 기자라면 당연히 조직 내부의 규율과 논리에 구애받지 않을 수 없고 그것에서 벗어나고자 하는 것 자체가 너무나 힘겨운 싸움이 아닐 수 없다. 그가 지금까지 다루어온 아이템들이 대부분 기존의 미디어에서는 찾기 어려운, 그늘지고 소외된 영역, 억눌리고 짓밟힌 사람들의 이야기였던 것은 어쩌면 당연하고 자연스러운 일이다.

강연에 앞서 그는 정신대 할머니들의 증언을 담은 다큐멘터리 <침묵의 외침>을 학생들에게 보여주었다. 이 작품은 동일한 소재를 다룬 다른 다큐멘터리들과 달리 스틸 이미지가 마치 회화 작업처럼 겹치면서 사운드와 묘한 조화를 이루는 독특한 분위기의 작품이다. 어떤 주제이든 상투적인 접근으로 진실을 박제화하는 것을 거부하고 삶의 진실 그 자체가 말하게 해야 한다고 생각하는 그의 태도는 비디오 저널리즘과 독립영화, 혹은 다큐멘터리에 대한 학생들의 막연한 환상이나 선입견을 깨면서 깊은 인상을 남겼다.

오기민은 영화사 '마술피리'의 대표이다. 오기민이나 '마술피리'란 이름은 별로 유명하지 않지만 그가 제작한 영화들, <여고괴담>과 <고양이를 부탁해>는 영화에 특별한 관심을 가진 학생이 아니어도 모르는 사람이 별로 없다. 엄청난 흥행 기록을 세운 대박 영화도 아니지만 그 영화들이 많은 사람들의 기억에 남아 있는 것은 이들 모두 우리 사회의 현실과 소외된 삶에 대한 잔잔한 문제의식을 담고 있기 때문이다. 오기민은 그런 영화를 만드는 사람이다. 그는 1980년대 문화운동판에서 부지런히 뛰어다닌 문화 일꾼이었고 그 시절 문화판에서 쌓은 경험과 의식을 지금 영화판에서 새로운 방식으로 실천하고 싶어 한다. 그는 스스로를 386세대가 아니라 '광주항쟁 세대'라 말한다. 광주항쟁의 역사는 그에게 1980년대의 문화운동과 최근의 영화제작 활동을 관통하는 가장 중요한 기억이다. 그것은 그의 영화에서 일관되게 드러나는 비주류, 혹은 마이너리티에 대한 관심과 애정으로 표현된다. 바로 그런 의식을 가진 그가 <가문의 영광> 같은 영화의 제작을 거부한 것은 지극히 당연한 일이다. 바로 눈앞의 '대박'을 놓쳤으니 상업적으로는 무능한 프로듀서인지 모르지만 그는 다시 한번 그런 일이 생긴다 해도 똑같이 행동할 것이라고 말한다. 그런 의미에서 그는 한국 영화판에서 보기 드물게 자기 색깔과 목소리를 가진 기획자라 할 수 있다.

이 특강을 할 때 그는 막 <장화 홍련>의 제작을 마치고 새로운 영화 <고독이 몸부림칠 때>를 준비하고 있었다. 특강을 마치고 얼마 후 개봉한 <장화 홍련>은 영화계 안팎의 호응을 얻으며 '대박'을 기록했고, 이를 통해 그는 자신이 생각하는 영화적 재미와 질, 그리고 사회적 의미를 함께 갖춘 좋은 영화를 만들 힘을 얻었다. 그는 스스로 결코 영화광이 아님을 강조한다. 기획자로서 그가 개성적인 영화를 제작할 수 있는 것도 어쩌면 영화 자체에 빠져 있지 않고 좀더 넓은 사회적 맥락에서 영화를 읽어낼 수 있을 만큼 영화 자체와 일정한 거리를 두고 있기 때문일 터이다. 마냥 영화가 좋아 영화에 관심을 가지고 있는 학생들 입장에서는 스스로 영화에 미쳐 있지 않다고 말하는 오기민의 이야기가 다소 의외였을 수 있다. 하지만 영화에 미쳐 있지 않다는 것은 영화를 모른다는 것과는 다르다. 무엇인가를 제대로 알기 위해 미친 듯 거기에 빠져야 할 때가 있지만, 정작 무엇인가를 성취하기 위해서는 오히려 그로부터 좀 벗어나 거리를 두고 성찰할 여유를 가져야 한다는 그의 충고는 비단 영화에 관심 있는 학생뿐만 아니라 미래를 준비하는 모든 학생들이 새겨들어야 할 대목이라고 생각된다.

《오마이뉴스》는 완전히 새로운 발상으로 한국 사회 언론권력의 지형을 뒤바꾼 인터넷 신문이다. 지난 2002년 대통령 선거를 두고, 종이 신문의 보수 담론에 대해 인터넷 신문의 진보 담론이 거둔 승리라고 평가하는 시각이 상당한 설득력을 갖는 것은 바로 《오마이뉴스》가 보여준 놀라운 영향력 때문이라고 할 수 있다. 이 《오마이뉴스》를 창간해 이끌고 있는 오연호 대표는 《오마이뉴스》라는 새로운 매체의 탄생이 '모든 시민은 기자'라는 아주 작은 발상에서 비롯된 것이라고 이야기한다. 시골 동네 빨래터에 모인 아줌마들이 곧 기자이고 그들의 수다가 곧 뉴스일 수 있다는 생각, 바로 그 생각이 한국 언론의 지형을 뒤바꾼 새로운 매체의 등장을 낳은 것이다.

'모든 시민은 기자'라는 단순한 발상이 《오마이뉴스》라는 인터넷 신문의 성공 사례로 나타나게 된 것은 물론 그동안 민주화의 과정에서 알게 모르게 이루어진 '시민 의식의 성장'과 정보화의 과정에서 급속도로 진행된 '테크놀로지의 발전'이 결합함으로써 가능했다. 그리고 이는 단지 새로운 인터넷 매체의 출현이라는 것에 그치지 않는다. 중요한 것은 기성의 권위와 권력에 의해 만들어진 표준을 거부하고 시민들 스스로 새로운 표준을 만들게 되었음을 의미하는 것이다.

오연호는 권력을 '스스로 표준을 만들어내는 힘'이라고 정의한다. 스스로 표준을 만들고 다른 사람들에게 강제로 적용하는 힘이 바로 권력이라는 것이다. 뉴스의 내용과 형식, 기자의 자격과 자질에 대한 표준을 만들고 강제해온 것이 기존의 언론권력이라면 《오마이뉴스》는 바로 거기에 도전하며 전혀 새로운 뉴스와 기자의 개념을 구현한다. 물론 기존의 권위와 권력이 만들어놓은 표준을 거부하고 시민들 스스로 자신의 표준을 만들어내는 시대는 이제 막 시작되었을 뿐이다.

《옥천신문》의 오한흥 대표 역시 '안티조선운동'의 기수로 그 이름이 전국적으로 알려진 분이다. 그러나 그에 앞서 오한흥 대표는 진정한 풀뿌리 언론이 지역 사회에 뿌리내릴 수 있는 가능성을 보여준 언론인이다. 중앙 일간지가 신문 시장의 대부분을 차지하면서 지역 언론의 존립 자체가 어려운 현실을 뚫고 《옥천신문》이 보여준 성공 사례는 한국 신문 시장의 정상화가 어떻게 가능한지를 보여준다. 지역 언론의 발전은 한국 사회의 중앙집중적인 언론 구조를 지역 시민이 주체가 되는 진정한 의미의 민주적 언론 구조로 변화시키는 일이며, 보수 일간지에 점령당하다시피 한 담론의 지배질서를 좀더 진보적이고 균형적인 방향으로 바꾸는 일이다. 《옥천신문》을 풀뿌리 언론의 귀감으로 발전시킨 오한흥 대표의 업적이 필연적으로 안티조선운동과 함께할 수밖에 없는 이유가 여기에 있다. 옥천이라는 보수적인 지역에서 《조선일보》 대신 《옥천신문》을 주류로 만든 과정에 대해 그는 그 운동이 기본적으로 상식에 기반한 소비자 운동이기 때문이라고 말한다.

오한흥 대표는 시종 특유의 입담으로 안티조선운동과 풀뿌리 지역 언론에 대해 설파했다. 그는 평소 누구를 만나든 아주 쉽고 구수한 어투로 안티조선을 이야기하고 풀뿌리 언론의 가치를 이해시키며 자신의 편을 늘려나가는 능력을 가진 사람이다. 택시를 타면 운전기사와 함께 앉아 있는 단 5분의 시간을 통해 언론에 대한 시각을 바꾸려 노력하는 그는 진정한 의미의 언론운동가라 할 수 있다. 그는 이러한 자신의 일을 언제나 신명나게 해낸다. 그것은 풀뿌리 언론운동이야말로 스스로의 존엄을 느끼고 각자의 삶을 풍요롭고 활력 넘치게 만드는 일종의 생명운동이라 믿기 때문이며, 바로 그런 믿음이 조그만 시골 마을 옥천을 민주언론운동의 요람으로 만든 원동력인 것이다.

정지환 기자는 오연호 대표와 함께 《말》지에서 기자 생활을 했고 한동안 프리랜서 기자 생활을 거쳐 지금은 《시민의 신문》에 몸담고 있는 전문 기자이다. 특히 그가 ≪조선일보≫와 맺고 있는 악연은 유명하다. 그는 '안티조선' 전문 기자라는 별명을 얻을 만큼 ≪조선일보≫(혹은 ≪조선일보≫로 대표되는 한국 사회의 거대 기득권 구조)의 문제를 파헤치는 데 앞장서왔고, 그 결과 여러 건의 송사에 휘말리는 등 어려움을 겪기도 했다. 그렇지만 정지환은 그런 저런 사건 때문에 갖게 되는 '언론 운동 투사'의 이미지와는 무관하게 발로 뛰는 취재 정신과 설득력 있는 글솜씨, 날카로운 분석력, 거기다 거대 기득권 권력을 두려워하지 않는 용기를 함께 갖춘 타고난 기자이다. 그가 '안티조선'의 선봉이 된 것도 바로 그런 기자다운 정신과 용기의 자연스러운 결과일 뿐이다. 정지환은 이번 특강을 통해 박정희를 존경하던 시골 출신의 문학 소년이 1980년대의 소용돌이 속에서 우여곡절을 겪은 끝에 가장 밝은 눈을 가진 기자로 거듭나게 된 과정을 소상하고 솔직히 이야기해주었다. 특히 그가 기자 생활을 하면서 사람을 만나고 사건의 진실에 접근하는 방식을 여러 가지 에피소드들을 통해 들려준 내용은 기자라는 직업에 대해 막연한 선망을 가진 많은 학생들에게 커다란 인상을 남겼다. 그는 기자로서 취재 대상을 만날 때 언제나 작은 인연을 소중히 보듬어 크게 키우는 성실성을 가장 중요하게 생각한다.

작은 인연을 큰 인연으로 만들 줄 아는 성실성으로 그는 다른 언론이 인터뷰하기 어려워하는 인물들을 인터뷰할 수 있었고 이와 같은 노력을 통해 인물 연구에 특장을 발휘하며 『정지환의 인물파일』 같은 저작을 낼 수 있었다. 정지환이 뛰어난 기자일 수 있는 것은 인간 관계를 소중히 하는 자세뿐만 아니라 어떤 사건이든 버리지 않고 자료를 모으고 갈무리하는 성실성에 기인하는 바 크다. 그는 현재의 시의성에서 다소 벗어나는 것이라 해도 언젠가 기사로서 가치를 가질 수 있는 것이라면 무엇이든 모으고 '저축'해둔다.

아무리 오래 전 사건이라 해도 의혹이 있다면 철저하게 파헤치고 진실을 알리는 것이 기자의 역할이고 기자 정신의 본령이다. 이미 잊혀진 수십 년 전의 이승복 사건을 다시 논란의 중심으로 끌어들이며 한국 언론의 기만과 위선을 폭로했던 것도 그런 기자 정신 때문에 가능했던 일이다. 바로 그 때문에 그는 언제나 과거를 덮어두고 싶어 하는 사람들에게 눈엣가

시 같은 존재일 수밖에 없다. 그러나 한국적 천민자본주의의 마지막 시궁창이나 다름없는 언론 풍토에서 그와 같은 기자가 존재한다는 것은 얼마나 다행스러운 일인가.

국회의원 원혜영은 이번 특강에 초빙된 강사 가운데 유일하게 언론계나 문화계와 무관한 공직자이다. 그렇지만 그는 민선시장으로 재임하면서 부천시를 수도권의 대표적인 문화도시로 만든 사람이며 그런 의미에서 대단히 뛰어난 문화행정가라 할 수 있다. 그는 유신시절 학생운동으로 네 번에 걸쳐 제적을 당한 기록을 갖고 있다. 취직이 어려운 가운데 스스로 '풀무원식품'을 창업해 성공적으로 경영했던 경험이 부천시장으로 시의 살림을 운영하는 데 큰 도움이 되었다. 그런 경험에서 그가 특히 강조하는 것은 상식을 깨는 과감한 도전, 그리고 구체적이고 명확한 타깃의 설정이다. 아직 환경문제에 대한 인식이 충분히 일반화되지 않은 가운데 그는 저공해 유기 농산물 판매를 시작했고 이를 위해 공해 문제에 대한 인식과 실천의 능력을 가진 소비자층을 명확하게 설정, 집중 공략함으로써 풀무원 식품을 튼튼한 식품회사로 발전시킬 수 있었다. 이런 경험은 그가 부천시를 문화도시로 키울 수 있었던 기반이 되었다. 널리 알려진 '부천 판타스틱 영화제'는 물론이고 만화도시 부천의 이미지를 만들어준 국제 대학 애니메이션 페스티벌, 부천만화정보센터, 만화박물관 등은 다른 데서 관심을 가지지 않는 동안 먼저 틈새시장을 선점하는 원혜영 시장 특유의 창조적 발상과 추진력으로 이루어진 것들이다.

그는 강의를 통해 특히 사회 변화에 대처하는 능동적 자세와 끊임없이 새로운 것을 사고하는 창의적 발상을 강조했다. 부천시가 수도권의 그렇고 그런 익명의 도시에서 벗어나 문화도시라는 분명한 자기 얼굴을 갖게 된 것처럼 개인의 삶도 스스로 남다른 자기의 얼굴을 만들어내고자 하는 노력에 의해 풍요로워질 수 있다는 것이다.

열 번의 특강 시리즈로 진행된 매스컴 특강을 개설하게 된 것에는 학생들의 진로 결정과 취업 준비에 실질적인 도움을 주고자 하는 의도도 없지 않았다. 물론 그것은 대학마다 경쟁적으로 만들어진 무슨 토익, 토플 강좌 같은 것들과는 의미가 다르다. 학생들이 자신에게 맞는 일을 찾고 그것에 합당한 능력을 준비하는 것은 단지 취직 시험에서 좋은 점수를 따 특정 직장에 일자리를 얻는 것 이상의 의미를 지닌다. 그것은 점수를 얻는 기술의 문제가 아니라 스스로 자신의 삶을 사회적 의미망 속에서 들여다보고, 그 속에서 미래를 설계하며 장기적인 안목으로 자신을 실현하고자 하는 태도와 능력의 문제이다. 길게 호흡하면서 작은 발걸음을 정확하게 내딛는 것, 꿈을 크게 가지되 선택은 가장 현실적으로 해내는 것, 신영복 선생님의 표현을 빌면, 사고는 좌편향으로 하되 행동은 우편향으로 할 줄 아는 것, 그것이다.

대학이 취업 준비 학원으로 변질되었다는 식의 이야기를 자주 듣는다. 경제난이 가중되고 청년 실업이 확대되는 상황에서 많은 학생들이 미래에 대한 불안을 감추지 못하고 취업 준비에 목을 매는 것을 나무랄 수만은 없는 일이다. 그렇지만 아무리 생각해도 지금 그들에게 필요한 것은 자신의 삶을 스스로 풍요롭게 만들 줄 아는 지혜이지 다른 것이 아니다. 이 특강 시리즈를 통해 학생들은 역경 속에서 스스로 자신의 삶을 개척해온 분들의 경험을 전해들을 수 있었다. 그 속에는 강단의 교수들에게서 절대로 들을 수 없는, 또 부박하기 짝이 없는 무슨 취업 특강 따위에서도 절대 접할 수 없는 풍요로운 삶의 지혜들이 가득 들어 있다. 가능한 한 많은 분들이 이 책을 읽고 그 풍요로운 지혜를 한 바가지씩 떠가게 되길 바란다.

바쁜 시간을 쪼개 특강에 응해준 열 분의 강사들, 처음부터 끝까지 적극 참여해준 학생들, 그리고 어려운 시기에 크게 돈이 될 것 같지 않은 출판을 선뜻 맡아준 도서출판 한울 여러분께 재삼 감사드린다.

2004년 8월

김창남

차례

김명곤

내 삶은 내가 기획하고 연출한다

1952년 전북 전주 출생. 서울사대 독어교육과를 졸업한 후 잡지사 기자, 교사 등의 직업을 가지기도 했다. 1980년대에는 극단 연우무대를 중심으로 연극배우로 활동한 바 있으며 1986년 극단 '아리랑'을 창단해 민족극운동을 펼쳤다. 1983년 <임술정 푸른 솔은>을 시작으로 <바보선언>, <개벽> 등의 영화에 출연했고 1993년 임권택 감독의 역작 <서편제>에 출연하면서 한국을 대표하는 영화배우로 알려졌으며, 제14회 청룡영화상 남우주연상을 수상했다. 현재 국립극장 극장장으로 재직중이다.

학생들이 국립극장에 와서 저를 만난 지가 얼마 안 된 것 같은데 어디서 이렇게 자료를 샅샅이 찾아가지고 영상물을 만들었는지 깜짝 놀랐습니다. 이것 참, 제가 살아왔던 그 범죄 기록들이 대단히 마음에 안 듭니다. 그러나 한편으로는 뿌듯하면서 한편으로는 '이럴 줄 알았으면 좀더 잘살걸' 하는 생각을 하게 됩니다. 제 이야기가 여러분들의 삶에 어떤 도움이 될지는 모르겠습니다만 그냥 두서없이 제가 살아오면서 느꼈던 몇 가지 얘기를 하다 보면 여러분들이 궁금해 하실 문제들도 나올 테니 나중에 질문하고 대화하는 시간을 많이 갖고 제가 설명하는 시간은 짧게 하도록 하겠습니다.

영상 자료에도 나왔지만 저는 문학을 굉장히 좋아했습니다. 그래서 중학교 때부터 문학반에서 활동했고, 고등학교 때도 문학 지망생이었습니다. 시인이나 작가가 되고 싶은 꿈을 가지기도 했고 그러면서도 한편으로는 음악을 굉장히 좋아했습니다. 초등학교 때부터 합창단에서 활동했고, 음악 시간을 제일 좋아했습니다. 그때 제가 좋아했던 음악은 이태리 민요, 오페라 아리아, 독일 가곡, 뭐 이런 것들이었습니다. 그래서 누구한테 정식으로 배우지도 않았는데 고등학교 때는 혼자서 새벽에 산에 올라가서 발성연습을 하고 노래를 불렀어요. 그래서 고등학교 때 문학의 밤이나 서클에서 무슨 행사 같은 것을 하면 나가서 가곡을 부르곤 했습니다. 그런 걸 보면 어려서부터 음악이나 음악가 등 예술을 굉장히 좋아하던 성향이 있었던 것 같아요.

그런데 사실 정식으로 예술세계를 접한 적이 없습니다. 우리 집안에서는 누님이나 아버님이 다 음악을 좋아하셨지만 너무 가난해서 그런 쪽은 꿈도 꾸지 못했습니다. 대학교 때 어느날 우연히 같은 과 친구가 자기가 연극반인데 연극 연습하는 것을 구경오라고 해서 갔어요. 한쪽 구석에 앉아 있는데 연출 선생이 배우가 한 사람 안 왔다고 날더러 나와서 대본 좀 대신 읽어주라는 거예요. 난생 처음으로 대본이란 것을 떠듬떠듬 읽었습니다. 그랬더니 계속 나오라고 하더군요. 그래서 엉겁결에 연극반에 들어갔습니다.

그런데 그때만 해도 연극한다고 하면 최소한 햄릿 역할 같은 것 안

주면 안 한다, 그런 생각을 갖고 있었는데 느닷없이 정보과 형사 역을 맡았습니다. 어떤 교수의 큰아들이 전투경찰이고 둘째 아들은 데모하는 학생인데 그 학생을 데려다가 두들겨패는 형사 역할이었습니다. 그래도 난생 처음 하는 연극이어서 아주 재미있었습니다. 그 첫째 이유는 교수의 첫째 딸 역할을 하는 여학생이 굉장히 예뻤습니다. 영어과 학생인데 내가 속으로 엄청 좋아했습니다. 그래서 그 여학생 보려고 매일같이 갔어요. 두번째 좋았던 이유는 연습이 끝나면 라면하고 소주가 나왔어요. 그때만 해도 시골 촌놈이 서울에 와서 오갈 데도 없고 그랬었는데 연극반 선배들이나 친구들하고 친하게 지내면서 밤새도록 소주를 마시면서 예술을 이야기하는 재미가 있었어요. 또 잠을 잘 곳이 없으니까 연극반에서 자기 시작했어요. 그러다 보니 학교생활이 완전히 엉망으로 돌아갔습니다. 연극반에서 아침에 잠을 깨서 선배가 도시락을 내 머리맡에 갖다놓으면 그것으로 아침밥 먹고, 학교 우물가에서 세수하고 수업 들어가고, 물론 안 들어갈 때가 더 많았죠. 그리고 저녁에는 연습하고 노래를 하고 그랬습니다.

대학교 3학년 때 처음으로 판소리를 접하고 충격을 받았습니다. 저는 그때만 해도 음악이라는 것이 오페라나 가곡, 이게 다인 줄 알았습니다. 그런데 난생 처음 판소리를 듣고서 이런 음악이 있었는데 내가 왜 한 번도 학교에서 배우지 못했는지 깜짝 놀랐어요. 그래서 혼자서 몇 가지를 사서 들어보고 판소리에 관한 책을 사보고 하면서 점점 빠져들었습니다.

이때부터 제 인생이 바뀌게 되었습니다. 꿈도 바뀌게 되고 정서도 바뀌고 완전히 바뀌었습니다. 가만히 생각을 해보면 지금의 나를 만든 데는 어렸을 때의 기질에서부터 중·고등학교 혹은 대학교 때 만난 우연한 계기들이 작용했고, 거기에 내 흥미와 적성이 대응하게 되면서 묘한 인연이라고 할까, 뭐 이런 것이 작용하지 않았나 하는 생각이 듭니다.

내 인생의 대본을 쓴다

연극이라는 것이 우리 인생하고 비슷합니다. 셰익스피어가 "인생은 연극이고 우리 인간은 무대에 서 있는 배우와 같다"는 그런 얘길 했죠. 그런데 연극을 구성하는 3대 요소가 있습니다. 뭡니까? 첫째는 희곡, 대본이라고 하죠. 그 다음에는 배우, 광대라고도 하고, 또 하나는 관객이지요. 자, 이 희곡이라는 것을 인생에다 비유해보면 어떻게 될까요? 인생의 설계도지요. 건축으로 얘기하면 집을 짓기 위한 기초 설계입니다. 그것은 꿈일 수도 있고 자기 인생관일 수도 있고 세계관일 수도 있습니다. 이게 없으면 기본적으로 연극이 이루어질 수 없죠. 그런데 내 인생은 내가 설계한다고 하는 사람이 있고, 아니다, 우리 인생의 설계자는 따로 있다 하는 사람이 있습니다. 좀 다르죠? '인생은 하나님이 설계한 것이고 신의 섭리에 의해서 우리 인생은 정해졌다' 하는 것과 '내가 내 인생의 대본을 쓴다' 하는 자세는 아주 다르겠지요.

우리 인생을 보면 한 30살까지는 내 마음대로 내가 원하는 대로 설계도가 잘 안 나옵니다. 어렸을 때 나는 의사를 꿈꾸기도 했고, 문학가를 꿈꾸기도 했어요. 연극을 하다 보니까 처음에는 희곡작가가 되고 싶었습니다. 그런데 느닷없이 배우를 하게 됐죠. 그 다음에 판소리를 배우다 보니 판소리 명창을 해야겠다 하는 생각도 했죠. 그러니까 꿈, 즉 작가의 설계도가 자꾸 왔다갔다했어요. 그러면서 대학을 졸업하고 나니까 과연 내가 직업으로 연극배우가 되어야 하느냐 말아야 되느냐 하는 문제에 부딪히게 되었죠. 저는 사실 직업 연극인이 되리라고는 생각하지도 않았습니다. 우리 집이 가난했고, 내가 장남이라 돈을 벌어야 되니까 졸업하고서 처음에 선택한 직업이 잡지사 기자였습니다. ≪뿌리깊은 나무≫[1]라는 잡지였어요. 여기 신방과 학생들이 많은데 저도 기자 노릇을 했습니다. 그런데 기자를 하다 보니까 연극을 하고 싶어서 미치겠어요. 도저히 출퇴근을 못 하겠어요.

---

1 우리말 전용과 가로쓰기를 시행하고, 우리나라 전통문화와 자연, 대중문화를 살리려고 노력한 문화예술잡지이다. 1976년 3월부터 1980년 8월까지 총 53권이 발행되었다. 잡지에 실리는 기사 외에도 광고까지 세심한 배려를 한 것으로 유명한 월간지였으나, 1980년 신군부의 언론통폐합으로 인해 폐간되었다. 이 당시 모두 1,400여 종의 잡지 중에서 200종에 가까운 잡지를 폐간시킨 군사정권의 전횡은 전무후무한 사건이었다. 우여곡절 끝에 1985년 이후 ≪샘이 깊은 물≫로 제호가 바뀌어 발행되었다.

그래서 생각을 한 게 교사입니다. 왜 교사를 택했느냐? 교사는 방학도 있고 수업이 일찍 끝나니까 틈틈이 연극을 할 수 있겠지, 그런 잔머리를 굴린 겁니다. 그래서 교사가 되었는데 역시 둘 다 한다는 것이 힘들었어요 그래서 다 그만두고 이제 전업 연극인이 되고자 했어요 그런데 그때까지도 영화를 하리라고는 꿈에도 상상을 못 했습니다. 연극을 하다 우연히 이장호2 감독하고 만나게 돼서 20대 후반 30대 초반 이 무렵에 영화를 시작하게 됐습니다.

이렇게 내 인생이 내가 의도하지 않았던 대본에 의해서 어느 정도 흘러온 거 같아요. 그래서 한편으로는 신의 섭리와 나의 의지가 함께 작용하면서 꾸며지는 게 우리 인생의 대본이 아니냐 하는 생각을 갖게 됐습니다. 그런데 30, 40대가 넘어가고 이제 60대를 향해 진입하는 나이가 되니까 점점 내 자신의 의지가 더 많이 작용하는구나 하는 것을 많이 느끼게 됩니다. 내 의지가 인생에서 상당히 큰 비중을 차지하는 나이가 되었다고 느끼게 됩니다.

어둠을 견디지 못한 사람은 빛을 받을 수 없다

배우라는 건 뭐고 배우는 무엇을 하는 사람일까요? 배우의 특징은 제1의 자아와 제2의 자아 사이에서 갈등하고 고민하는 사람이라는 것입니다. 김명곤이란 제1의 자아가 있습니다. 내가 햄릿이라는 역할을 맡고 있다면 햄릿이 제2의 자아인 거지요. 김명곤이 햄릿을 맡기 위해서 어떻게 변신을 해야 하는가, 이것이 배우의 가장 중요한 숙제이고 배우가 할 역할의

---

2 이장호(1945~)는 1974년 <별들의 고향>으로 데뷔한 이래 하길종, 김호선, 변인식(평론가) 등과 함께 '영상시대'를 이끈 영화감독이다. 작품 중에서 <과부춤>은 관객과 평론가들이 외면했지만 오히려 일본에서 작품성을 인정받았던 작품이고, <바보선언>은 비판과 풍자의 실험성이 강한 작품이었는데 이 작품도 역시 외국에서 인정을 받은 경우이다. 주요 영화로는 <별들의 고향>(1974), <바람 불어 좋은 날>(1980), <어둠의 자식들>(1981), <일송정 푸른 솔은>(1983), <바보선언>(1983), <무릎과 무릎 사이>(1984), <어우동>(1985), <나그네는 길에서도 쉬지 않는다>(1987) 등이 있다.

핵심입니다. 이렇게 자기가 아닌 다른 역할을 하기 위해서 무지무지한 수고를 해야 하는 게 배우입니다. 그런데 우리 인생을 봐도 비슷해요. 내가 어렸을 적에는 그냥 어린애로서 김명곤으로 있으면 돼요. 그런데 조금 자라서 언니나 동생이 생기면 동생, 형 역할을 갖게 되지요. 엄마, 아빠한테는 자식 역할을, 학교 들어가면 학생 역할, 좀 자라면 선배 역할, 이런 식으로 점점 자기가 수행해야 할 역할이 많아집니다. 무대에 선 배우와 같은 상황까지는 안 가더라도 우리는 수많은 역할을 하게 됩니다. 그런데 나이가 들면 들수록 역할이 더 많아진다는 겁니다. 학교 다닐 때까지는 학생의 역할을, 졸업하게 되면 직장의 동료, 선후배, 조금 더 지나 직장의 CEO가 되면 대장 노릇도 해야 하고, 거기다가 결혼을 해서 자식이 생기면 부모 노릇을 하게 되죠. 이렇게 살아가면서 점점 더 많은 역할이 주어지게 됩니다.

그러면 배우가 배우로서의 역할을 가장 잘하는 방법이 무엇일까요? 배우 하려고 찾아오는 사람들한테 제가 자주 하는 얘기가 있습니다. 흔히 배우를 하겠다고 하는 사람들은 화려한 조명, 아름다움, 빛, 이런 것을 원합니다. 그러나 무대에서 두 시간의 빛을 받기 위해서는 200시간 내지 2,000시간의 어둠이 필요합니다. 연습장이란 곳은 대개 어두운 곳입니다. "차가운 지하실 그곳에서 어둠을 견디지 못하는 사람은 두 시간의 빛을 받을 수 없다"는 그런 얘기를 꼭 합니다. 우리 인생도 마찬가지입니다. 내가 한 역할을 제대로 수행하기 위해서는 그 역할을 위한 고통의 시간, 인내의 시간을 보내야 됩니다. 그 다음에 관객입니다. 내가 무대에서 이렇게 이야기를 하거나 연기를 할 때에 만나는 사람들입니다. 여러분도 살아가면서 수많은 관객을 만납니다. 여기에는 친구, 동료, 일종의 인맥, 네트워크, 이런 것이 포함됩니다. 이 사람들과의 관계를 어떻게 성공적으로 만들어나가느냐, 이것이 연극과 마찬가지로 우리 인생에서 중요한 문제이지요.

'연출가다운 감각'으로 인생을 설계하자

'인생이 연극이다'라는 말에는 이렇게 희곡, 배우, 관객 등 세 요소 외에도 또 다른 의미가 있습니다. 연극의 특징이라 할 수 있는 또 하나의 요소가 있지요. 흔히 연극을 종합예술이라고 하죠? 자, 연극 속에 어떤 것들이 들어 있습니까? 연극할 때 필요한 것을 한번 생각나는 대로 얘기해보세요. 음악, 의상, 무대예술, 조명 ······. 조명이 나오면 음향도 나오겠죠? 의상실에 분장도 있고 소품도 있고, 이렇게 연극이라는 작품을 구성하는 데 필요한 어떤 예술적인 요소들이 있습니다. 그런데 한 작품이 만들어지는 데 필요한 또 다른 요소가 있습니다. 작품만 만든다고 되는 게 아니죠? 예컨대 마케팅입니다. 연극 팸플릿을 보면 진행 누구누구, 홍보 누구누구 이렇게 돼 있죠? 이런 것들을 총괄해가면서 한 작품을 만들어내는 사람을 뭐라고 합니까? 예술적인 요소를 종합해서 작품을 만들어내는 사람을 연출가라고 하죠? 연출가 뒤에서 홍보와 진행 같은 것을 하는 사람들을 총지휘하면서 작품으로 만들어내는 사람을 제작자라고 부릅니다. 이걸 보면 우리가 살아가면서 내 인생을 가꾸어나가는 데 필요한 요소들이 여기에 다 들어 있습니다. 여러분, 옷 입고 있지요? 또 뭔가 집을 가꾸더라도, 물건을 사더라도 색채를 보고 뭔가 고르죠? 여러분들 생활 주변에 언제나 음악이 있죠? 조명. 사람하고 만나서 분위기 탈 때의 조명과 밖에 있을 때의 조명 다 다르죠? 음향. 남하고 대화할 때 목소리 크기를 어떻게 조절하느냐? 분장. 여러분 매일같이 분장 신경 쓰지요? 소품. 여러분이 사용하는 액세서리, 안경 그게 다 소품이죠. 무대. 이 무대라는 것도 우리가 사람들과 만나는 공간을 얘기합니다. 이때도 무대를 잘 꾸미면 일이 잘되고, 무대가 좀 이상하면 뭔가가 잘 안 풀리고 뭐 이런 것들 있죠? 살아가면서 여러분들이 느끼고 겪는, 여러분이 해결해야 되는 모든 문제들이 연극 속에 있는 거예요. 누구나 본능적으로 무의식적으로 연극을 하고 있어요. 어떻게 성공적으로 대본에 맞춰서 잘 연출해내느냐가 그 작품의 성공과 실패를 좌우하는 겁니다. 연출가는 오케스트라의 지휘자와 같이 이 모든 것들이 조화를 잘 이루어서 일정한 목표 아래 잘 조정되도록 하는 역할을 합니다.

여러분들이 자기 인생을 살아가는 데에도 바로 이 연출가다운 감각이 있을 때에 성공을 한다는 겁니다. 그래서 요즘 흔히 자기 연출이라는 말을 쓰지 않습니까? 분장과 음향과 미술이 서로 톤이 안 맞아서 쟤는 뭔가 이상하다, 뭔가 어색하고 자연스럽지가 않아, 또는 어떤 사람하고는 뭔가 삐걱삐걱하면서 나하고 코드가 잘 안 맞아, 이런 경우도 있을 겁니다. 이러한 것들이 다 여러분들이 신경써야 할 연출의 요소입니다.

기획과 홍보의 시대, '자신의 인생'을 기획하고 홍보한다

연출가가 작품만 잘 만들었다고 되는 게 아닌 시대가 됐습니다. 지금 시대는 기획이나 홍보, 마케팅 같은 부분이 대단히 중요한 시대입니다. 제가 연극을 시작했던 1970년대만 해도 이런 건 신경도 쓰지 않았습니다. 나만이 아니라 예술하는 사람들은 오로지 작품에만 신경을 썼어요. 그게 전부인 줄 알았어요. 그리고 1980년대까지도 마찬가지였습니다. 더군다나 1980년대에 했던 작품들은 상당히 비상업적인, 좋게 말하면 진보적인, 뭔가 사회에 대해서 발언하려는 것이었지 경제적인 성공을 하느냐, 돈을 얼마 벌었나, 이런 것은 전혀 생각하지도 않았어요. 오로지 작품을 하는 의미, 명분 이것만을 추구했습니다. 1990년대에 들어오면서 이 부분, 그러니까 기획, 홍보, 마케팅 이런 부분에 대한 중요성이 처음으로 강조되기 시작했습니다. 영화계에서 먼저 시작했습니다. 1970년대까지만 해도 영화 자막을 보면 프로듀서란 말이 없습니다. 제작부장, 제작실장 이런 말이 있었어요. 그때 제작부장이라는 것은 뭐 하는 사람이냐 하면 깡패였습니다. 엄앵란, 신성일 이런 스타들 집 앞에서 딱 지키고 있다가 그 사람들이 나오면 힘센 깡패 제작부장이 "내가 먼저 데리고 갈 거야" 하며 데려가서 촬영시키고 그랬어요. 그땐 한 배우가 두세 작품, 심지어 대여섯 편씩 한꺼번에 찍을 때니까 배우를 먼저 데리고 가서 촬영시켜주는 힘 있는 사람이 필요했는데 바로 그 사람이 제작부장이었죠. 배우들 스태프들 다 거느리고 밥도 먹여주고 재워주고 찍을 수 있게 해주는 현장 진행자였어요.

그런데 대학교에서 영화운동을 했던 젊은 기획자들이 1990년대에 충무로 영화 현장에 나타나기 시작했습니다. 이 사람들이 '기획서'라는 종이를 들고 이러이러한 테마 이러이러한 스토리로 영화를 만들고 싶은데 나는 돈이 없으니까 당신이 돈을 투자하면 내가 그 돈을 가지고 영화를 잘 만들어 보겠습니다, 그러는 거지요. 이렇게 설득하고 다니는 역할을 하는 사람을 프로듀서라고 했습니다. PD. 그때만 해도 영화계에서는 프로듀서가 도대체 뭐냐 그랬습니다. 그런데 이 사람들이 만든 영화가 1990년대에 와서 몇 개씩 성공을 하기 시작했습니다. 옛날에 여러분은 봤을지 모르겠지만 <결혼이야기>3라든가 <미스터 맘마>4라든가 이런 것들이 성공을 하면서 여기에다가 돈을 투자하기 시작한 사람들이 있었습니다. 대기업의 영화사무소, 대우영상사업단, 삼성영상사업단 이런 제작단이 말하자면 투자자지요. 이런 투자자들이 젊은 기획자들과 손을 잡고 영화를 제작하는 시대로 접어든 거예요. 그 이전의 충무로 제작 방식은 사장이 그냥 결정하는 거였어요. 모든 것이 치밀한 계획 속에서 이뤄지지 않았어요. 그런데 1990년대부터 영화계에서 기획, 마케팅, 홍보라는 개념이 중요하게 대두되기 시작했고 젊은 브레인들이 이 분야에 가담하기 시작했습니다. 그러면서 영화계의 소재, 주제, 제작 방식 모든 것이 변화하기 시작했습니다.

　1990년대까지 연극계에서 마케팅, 매니지먼트 이런 얘기하면 사기꾼으로 생각했습니다. 그때만 해도 영화계를 제외한 연극, 국악, 무용, 순수 공연 예술계에서는 예술 쪽만, 연출만 생각하고 있었어요. 그런데 1990년대 이후 2000년대까지 한 10여 년 사이에 문화예술이 이 기획과 홍보와

---

3 김의석 감독, 최민수, 심혜진 주연의 한국영화로 젊은이들의 결혼 풍속도를 세련되고 감칠맛 나게 그린 로맨틱 코미디. 1990년대 한국영화계에 로맨틱 코미디 붐을 몰고 오면서, 서울에서만 52만 관객을 동원했다.
　맞벌이 신혼부부의 풍속도를 세련된 분위기와 인기 있는 배우, 색채감 있는 소도구와 세트 등으로 치장해 담아냈다. 이 영화의 흥행 성공으로 영화 기획사의 중요성이 부각되기 시작했으며, 젊은이들의 입맛에 맞는 코미디로 후편격인 <미스터 맘마>(1992)가 곧 등장했다.
4 강우석 감독, 최민수, 최진실 주연의 한국영화. 서울에서만 관객 27만 명을 끌어들였다. 가사와 육아는 여자의 몫이라고 생각한 남자가 자신의 인생을 찾겠다고 집을 나간 아내로 인해 할 수 없이 갓난아기를 데리고 출근해 벌어지는 소동을 그려낸 영화다. 대종상 인기상, 황금촬영상 은상, 청룡영화상 특별상 등의 수상경력을 갖고 있다.

마케팅 없이는 살아남을 수 없다고 하는 시대로 접어들었습니다.

개인으로 치자면 자기 자신을 기획하는 능력이 필요하다는 겁니다. 내가 졸업하고 어떤 직장을 갖고 싶다, 어떤 꿈을 이루고 싶다 할 때에 우선 기획서를 만들 줄 알아야 합니다. 자, 기획서란 뭡니까? 여기 기획서 만들어보신 분 있어요? 맨 처음 기획서에 뭐가 담겨질까요? 목적, 기획의도, 목표. 왜 나는 이러이러한 영화를 만들려고 하는가가 들어가야 하겠죠. 예를 들어 <서편제>를 만들고 싶다면 <서편제>를 만드는 기획의도가 무엇인지 먼저 설명해야 하죠. 그 다음에 들어가는 건 뭘까요? 사업내용이 들어가죠. 이게 작품으로 치자면 작품의 줄거리가 되는 것이고, 거대한 땅을 사 가지고 무슨 테마 파크를 만들고 싶다면 그러한 것에 대한 사업내용이 들어가죠. 그 다음에는 사업의 주체. 작가는 누구로 하고 연출 누구, 출연은 누구누구 등 구체적인 사람, 이 사업을 만들어나갈 구체적인 인력이 들어갑니다. 그 다음에 예산. 예산에는 세입과 세출, 총예산은 얼마나 되고 이것을 통해서 얼마를 벌겠다, 이런 것이 기획서의 일반적인 틀이에요.

내 인생에서도 이 기획서를 만드는 겁니다. 유학을 가고 싶다 그러면 외국 유학을 가는 이유가 뭐냐, 외국 유학 가서 뭘 공부하겠다, 몇 년 동안 어느 교수에게 공부를 하고 논문은 무엇을 써 가지고 오겠다, 갔다 오는 데 몇 천만 원이 든다, 그런데 갔다 와서 교수가 되면 향후 몇 년간 얼마를 벌 수 있다, 이런 내용이 들어간 기획서가 부모님을 설득하기 위해서도 필요합니다. 내 아들이 중학교 2학년인데 용돈을 쓸 줄 몰라요. 1,000원 주면 1,000원 다 쓰고 오고, 만 원 주면 만 원 그냥 다 쓰고 옵니다. 그래서 이래선 안 되겠다 싶어서 용돈 청구서를 작성해서 1,000원을 쓰겠다면 어디어디에다 쓰겠다는 계획을 제출하라고 했어요. 거기에 따라서 돈을 주겠다고 했죠. 기획이라는 것은 한 작품을 성공시키고 실패시키는 가장 중요한 요소입니다. 기획서가 부실하고 초기의 기획이 치밀하지 못하면 그건 보나마나 실패하게 됩니다. 전체 인생을 놓고 기획서를 꾸미기는 누구나 쉽지 않을 겁니다. 그러나 당장 눈앞에 닥친 작은 계획들이라도 이러한 방식으로 좀더 합리적인 계획을 세울 때 성공 가능성은 높아지죠.

또 하나는 홍보입니다. 기획서만 잘 썼다고 되느냐? 천만의 말씀이죠. 기획서를 가지고 돈도 끌어들여야 하고 같이 일할 사람도 끌어들여야 하고 내 계획을 성공시키기 위한 여러 가지 주변 여건과 상황을 만들어나가야 돼요. 그렇게 하는 일차적인 방법이 바로 홍보입니다. 영화도 마찬가지입니다. 기획서를 만들어서 투자자들과 주변 사람들 다 모아서 영화제작발표회 또 투자유치설명회 이런 것을 하죠. 마찬가지로 홍보를 통해서 자기 사업을 알리는 것, 자기 인생을 알리는 것입니다. 나는 이러이러한 일을 하려고 합니다, 이걸 자기 가족이나 자기 주변 친구들, 선생님한테도 알릴 수 있고 얼마든지 방법이 있습니다. 그런데 이 홍보도 역시 홍보 계획서가 필요해요. 홍보를 할 때 보통 많이 하는 방식이 보도자료, 그 다음에 인터넷입니다. 오프라인과 온라인의 다양한 홍보 매체를 활용해서 홍보를 합니다. 홍보를 통해서 사업이 어느 정도 진행이 될 때에 그 다음에 하는 게 마케팅입니다. 마케팅은 관객, 고객을 흡수하는 여러 가지 고객유치전략, 관객개발전략 이런 것을 말하는 거죠.

각각의 요소를 잘 엮어내기 위한 조건

연극을 하면서 이러한 것들이 성공적으로 이루어지는 경우도 있고, 이들 여러 요소 중에서 어느 하나만 잘못해도 실패할 경우가 많습니다. 연극이라는 예술 분야는 대단히 불안요소가 많고 안정적이지 않기 때문에 이 각각의 요소를 잘 엮어내는 노력을 하지 않으면 언제나 실패하게 됩니다. 실패의 가능성이 가장 큰 게 예술, 또는 연예계라고 할 수 있습니다. 저는 무지하게 많이 실패를 했습니다. 실패를 하도록 만드는 위험요소가 곳곳에 숨어 있습니다. 제가 이렇게 세월이 지나서야 그것에 대해 생각해봤습니다.

옛날에 시를 쓰는 시인들이 아주 괴로워했던 말 중에 재미있는 말이 있습니다. 시마(詩魔). 마귀 마(魔) 자입니다. 시 쓰는 사람들에게 찾아오는 마귀. 이건 뭐냐? 시를 쓰지 않고서는 배길 수 없게 만드는, 그 사람을 미치게 만드는 요소, 말하자면 시인에게 찾아오는 '예술적 열정', 뭐 이런 것들이라고 합니다. 이건 시인에게만 찾아오는 게 아니고 우리 인생을 살아가는 사람들 모두에게 이런 마귀가 찾아옵니다. 내가 어떤 일을 하고 싶을 때 그 일을 안 하면 미쳐버릴 것 같고 그 일을 하고 싶어서 몸살을 앓게 만드는 그러한 열정. 그런데 시인들이 진정한 시를 위한 마귀가 걸리면 이 사람은 훌륭한 시인이 되지요 이태백이나 두보, 뭐 이런 사람들을 시마에 걸린 사람들이라고 할 수 있겠죠. 그런데 대부분의 사람들은 시마에까지 오지 못하고 시마의 친구들하고만 만나게 된다는 겁니다. 시마의 친구들은 뭐가 있을까요? 우선 주마(酒魔), 그 다음에 수마(垂魔), 그리고 궁귀(窮鬼), 그 다음에 병마(病魔). 또 하나가 있습니다. 재미있는 게 뭐예요? 색마(色魔). 나는 이 5가지에 시달려서 다 실패한 사람입니다.

연극하는 사람은 술이 없으면 안 되는 거예요. 나는 술 때문에 망했어요 2학년 때 연극반 들어가서 한 일이라고는 소주를 마신 것 밖에 없어요. 주마에 걸린 거죠 소주를 마시다 보니까 2학년 말에 폐결핵에 걸려버렸어요. 그러니까 병마가 찾아왔어요. 병마가 찾아오니까 폐결핵 치료한다고 요양하고 약 먹고 매일 잠만 자니까 수마가 찾아왔어요. 또 우리 집이 무지하게 가난했는데, 연극한다고 이러고 다니니 대학교 때 아르바이트를 해서 학비를 벌어야 되는데 아르바이트하기가 도살장에 끌려가는 것보다 더 싫었죠. 학교 다니는 내내 거지처럼 지냈어요 궁귀에 들린 거죠 거기다가 색마도 상당히 나를 괴롭혔어요. 이성과의 관계죠. 연극하다 보면 늘 많은 여성들과 어울리게 됩니다. 그러다 보면, 뭐 그런, 일이 안 생길 수가 없어요 (웃음) 이런 것이 평생을 괴롭혔어요. 내가 2학년 때 폐결핵에 걸렸으니까 1973년도인데 완전히 결핵을 나은 때가 1988년도니까 15년 동안 병마하고 함께 산 겁니다. 왜 그랬느냐? 궁귀가 있으니까 약 살 돈이 없죠. 약 조금 먹다가 돈 없으면 안 먹고 그러니 치료가 됩니까? 내성이 생겨서 안 되죠. 그렇다고 병마가 있다고 해서 주마를 피할 수는 없단 말이에요. 술을 아무리 안 마시려고 해도 피할 수가 없더라고요.

그 다음에 수마입니다. 이것은 게으름입니다. 체력이 딸리고 병이 있고 하니까 게을러져요. 같이 공부했던 대학 동창들은 뭐 대우에 들어갔다 삼성에 들어갔다 해서 새벽 5시 반에 일어나 밤 10시, 11시까지 엄청나게 바쁘게 일을 하고 있을 때 나는 오전 11시까지 잡니다. 그러고는 대충 일어나 아침 겸 점심 먹고 연습하러 간다고 어슬렁어슬렁 가고, 수염도 안 깎고 그랬죠.

어느날 길을 가다가 이모부를 뵌 적이 있어요. 이모부가 어느 제삿날 날 딱 불러가지고는 "너 이 노무 자식아, 니가 지금 그럴 때냐? 장남이 말이야. 수염 꺼칠하니 뒷주머니에다 무슨 신문 쪼가리 같은 거 꽂고서 길거리나 어슬렁어슬렁 대고 이런 쓰레기 같은 놈이 어디 있냐"는 그런 말을 들었어요. 그때가 30대가 넘었을 때입니다. 그때 내가 생각한 게 『이솝우화』의 「개미와 베짱이」 우화예요. 개미는 여름에 열심히 땅 파고 일하는데 베짱이는 나무 그늘에서 노래 부르고 기타를 쳤지요. 겨울이 와서 먹을 것 없어진 베짱이가 개미네 집에 가서 구걸을 했죠. 나는 그 베짱이 아니냐? 이 사회의 쓸모없는 게으름뱅이 아니냐? 1970~1980년대 제일 우선순위에 들어갔던 직업이 뭡니까? 대기업 사원, 판사, 검사, 의사, 변호사, 이런 거죠. 지금도 그렇지만. 연극배우? 직업으로 취급도 안했어요. 직업에 끼질 못했어요. 1980년대까지만 해도 이 사회의 모든 가치는 정치 와 경제에 있었고 예술이라는 것은 나머지 여가시간에 취미, 오락으로 하는 것, 그리고 이거 하는 사람은 술과 가난에 찌든 사람, 그런 사람으로 취급당했습니다.

나는 사회의 부적응자, 이 사회에서 소외된 이방인, 이런 의식 속에서 몇 십 년을, 그러니까 30대가 넘어 40대까지 지내야 했습니다. 나만이 아니었습니다. 나와 비슷하게 연극을 하고 무용을 하고, 문학을 하고, 음악을 했던 사람들은 당시 이 사회에서 쓸모없는 베짱이 취급을 받았습니다. 이 다섯 가지 마귀, 여러분도 조심하십시오 누구든지 조금만 방심하면 찾아오게 되어 있습니다. 예술을 하려는 사람은 대개 이것들이 친구로 찾아옵니다. 꼭 예술이 아니더라도 예컨대 인터넷이나 컴퓨터의 일인자가 되고 싶다, 그런 사람들은 전마(電魔)가 올 수도 있는 거 아닙니까? 마귀를 좋은 말로 하면 수호신이라고 할 수 있습니다. 수호천사. 자기가 그 일을 정말 잘 할 수 있도록 하늘에서 도와주는 영광일 수도 있고, 아니면 어떠한 사항들로부터 오는 알 수 없는 신비한 힘, 자기를 고양시키고 영혼을 고양시키고 일을 아주 창조적으로 이끌어내는 힘, 이런 것일 수 있어요. 이러한 힘을 얻기 위해서는 어떻게 해야 하느냐에 관해 이 『시마(詩魔)』라는 책을 쓴 저자가 마지막에 한 말이 있습니다. "오직 시마를 생각하고 생애를 시에 의탁하면서 오직 한 번의 절창(絶唱)을 위해 온 힘으로 고투(苦鬪)하는 시마의 벗에게만 시마는 찾아간다" 이런 말입니다. 온 생애를 자기가 꿈꾸는 일에 의탁하고 그저 정말 그 한 편의 시에, 혹은 한 편의 연극에, 혹은 내 직업에서의 꿈, 이것을 위해서 온 생애를 바치는 사람에게 이 수호천사는 찾아온다. 이것이 결론이었습니다.

미래 산업의 기반, 창조력

저로서도 마찬가지입니다. 제가 아까 말한 대로 30대가 되고 40대가 될 때까지도 이 다섯 가지에 시달렸습니다. 제가 끊임없이 원했던 것은 언젠가는 내게도 예마(藝魔)가 찾아와서 20대 때 꿈꾸었던 최고의 작품 하나 만들어보는 것이었어요. 내가 스무 살이던 대학 2학년 때 같은 과 여학생이 내 꿈이 뭐냐고 물었어요. 그래서 괴테의 〈파우스트〉 같은 작품 한번 만들고 죽는 거라고 했더니 날 참 불쌍하다는 눈으로 바라보면서 "너 꿈 좀 깨라" 그래요. 그런데 바로 그 꿈이 30대 40대까지 나를 끌고 왔습니다. 50대가 된 지금까지도 아직 나는 그 꿈을 버리지 않고 있고 그 꿈을 아직 못 이뤘어요. 그래도 한 가지 꿈을 위해서 쭉 살아오다 보니까 1990년대 들어서고 2000년대 들어서면서 어느덧 베짱이가 상당히 괜찮은 존재로 변화한 게 아닌가 생각이 듭니다.

여러분 『해리포터』 쓴 여자가 누굽니까? 조앤 롤링5이죠. 이 여자는

---

5 조앤 롤링(Joanne K. Rowling, 1965~)은 전 세계적으로 선풍적 인기를 끌고 있는 판타지 동화 『해리포터』를 쓴 영국의 여류 작가. 1997년 『해리포터와

남편하고 이혼했죠? 뱃속에 4개월 된 아기를 갖고 있었어요. 먹고 살 길이 없으니까 자기가 몰래 꿈꾸던 동화를 출판사와 계약했습니다. 단칸 셋방에서 쓸 곳이 없으니까 동네 카페에 가서 커피 한 잔 시켜놓고 하루종일 거기서 동화를 썼습니다. 그 여자가 지금 어떻게 됐습니까? 억만장자가 됐죠? 그 전 남편은 지금 땅을 치고 통곡하고 있을 겁니다. 아니, 이 여자가 쓸데없는 베짱이인 줄 알았는데 억만장자가 되었어요. 『반지의 제왕』을 쓴 사람이 누굽니까? 톨킨[6]이라는 영국의 영문학자고 신화학자죠? 이 사람이 그 책을 출판한 게 1950년도라고 합니다. 이 사람, 자기가 공부한 신화를 어떻게 하면 사람들에게 재미있게 소개할까 하는 것을 평생의 작업으로 글을 썼어요. 그때는 판타지 소설의 효시라 해서 상당히 주목을 받았지만 베스트셀러는 아니었습니다. 그냥 잊혀져가는 소설이었습니다. 그래서 1970년대인가에 그 소설의 영화 판권을 넘겨줬단 말입니다.

마법사의 돌』로 시작한 해리포터 시리즈는 출간 3년 만에 49개 언어로 번역돼 200개국에서 5,000만 부 이상 팔려나갔다. 또한 원작의 내용이 영화로 만들어져 개봉 직후부터 각국의 영화 흥행 기록을 갈아치웠다.

조앤 롤링은 ≪포브스≫지가 선정한 가장 영향력 있는 여성 100인 중 25위에 오른 데 이어 미국의 유력 출판계 인사 10인에 뽑히기도 했다.

6 톨킨(John Ronald Reuel Tolkien, 1982~1973)은 판타지 소설의 거장으로 불리는 소설가. 특히 그의 『반지의 제왕』은 오늘날까지 판타지 소설의 고전이자 전형으로서 널리 읽혀지고 있다.

1892년 남아공에서 태어나 4살 때 영국으로 건너간 톨킨은 킹 에드워드 학교 시절부터 중세 영어와 고전에 관심을 갖고 언어학적 재능을 개발했다. 옥스퍼드 대학 엑시터 칼리지 영문과를 졸업하고 뉴 잉글리시 딕셔너리 사에서 근무하며 뒷날 『실마릴리온』으로 알려진 신화적 연대기 『잃어버린 이야기』를 집필했다.

1925년 옥스퍼드 대학 교수로 선임된 후 문헌학자로서 명망을 쌓아가던 톨킨은 그의 신화적 상상력을 좀더 가정적인 주제와 연관시켜보라는 가족들의 주문에 따라 뒷날 책으로 나와 많은 사람들의 사랑을 받게 된 『호비트의 모험』 이야기를 만들었다. 처음에는 가족들을 위한 일로 시작되었으나 점차 작업에서 영감을 얻게 된 톨킨은 12년에 걸쳐 완성될 『반지의 제왕』 집필에 몰두했으며 이 책이 출판된 후 일게 된 선풍적인 인기는 그 자신조차 놀랄 정도였다. 그는 위대한 신화적 연대기 『실마릴리온』의 편집을 아들에게 맡긴 채 세상을 떠났다.

그런데 지금 어떻게 됐습니까? 그 유족들이 땅을 치고 통곡하고 있습니다. 판권을 뺏겼다고 지금 게임 산업이 얼마나 부각되고 있습니까? 게임·애니메이션 이런 산업에 뛰어들어서 성공하는 사람들이야말

로 베짱이들입니다. 엉뚱한 상상력과 도저히 현실 속에서는 이루어질 수 없을 것 같은 꿈을 가지고, 자기 나름대로 독특한 방식으로 뭔가를 꾸며나가는 사람, 저는 베짱이를 이렇게 보고 싶습니다.

요즘에 문화사업이 어마어마한 속도로 커나가고 있죠. 지금 전 세계에서 철강이나 자동차나 조선, 뭐 이런 시장의 성장률에 비해서 게임 산업의 성장률이 두 배 이상 되고 있다고 합니다. 2003년도에 반도체 시장과 게임 산업 시장이 비슷해지고, 2005년 즈음에는 두 배나 된다는 통계를 얼마 전에 본 적이 있습니다. 전 세계적으로 문화산업에 대한 관심이 커지고 이 분야를 지망하는 사람들이 많아지고 있습니다.

그런데 이것을 일으키는 근본 힘이 뭐냐? 저는 바로 창의력이고 창조력이라고 생각합니다. 창조력은 어디서 나오느냐? 아까 얘기한 갖가지 마귀에 시달리면서 자신의 아이디어를 실현시키려고 하는 그 힘으로부터 나온다고 생각합니다. 그런데 우리나라에서 그동안 문화산업 얘기를 하면 이 과정은 놔두고 그 결과만을 얘기하는 경우가 많았습니다. <쥬라기 공원> 한 편이 현대 자동차 몇 만 대를 수출해서 번 돈만큼 벌었다고 하니까 우리도 영화를 만들면 그렇게 돈을 버는 것 아니냐, 전 세계의 게임 시장과 애니메이션 시장이 성장하고 있으니까 우리도 게임 만들고 애니메이션하면 될 거 아니냐, 그러면서 무조건 거기다 투자를 하고 정부는 정부대로 난리치고, 많은 사람들이 불나방처럼 뛰었습니다. 그런데 이 문화사업의 성공률은 지금까지는 1%라고 합니다. 100개 정도 만들면 그 중에 1개 정도 성공을 합니다. 왜냐하면 아직까지 기초가 다져지지 않았기 때문입니다. 이 기초를 다지는 일을 스스로 하는 사람이 미래에

산업을 이루는 일꾼이 된다는 거지요.

창조력을 다지기 위한 요건 – 목표, 열정, 재능, 인내심

이 기초를 다지는 데 필요한 몇 가지 요소로서 제가 그동안 얘기한 것을 정리해본다면, 첫번째가 목표입니다. 자신의 인생 목표가 있어야 합니다. 꿈이라고도 할 수 있죠. 그 다음에는 그것을 이루어내는 열정과 재능이 필요합니다. 재능이라는 것은 고정되어 있는 게 아니라 끊임없이 갈고 닦아서 키워내는 것입니다. 그 다음에 그것을 평생을 두고 끈질기게 해낼 수 있는 인내심도 필요하겠죠. 이러한 것들이 창의력을 일깨워낼 수 있는 기초적인 힘이 아니겠느냐 이렇게 생각합니다.

　지금 어느 분야나 문화와 연결되어 있지 않은 분야는 없습니다. 기업에서 도 문화 마케팅 얘기를 하고 있고, 여성, 환경, 정보통신, 우리 주변에 널려 있는 많은 분야에서 문화의 필요성이 강조되고 있고, 문화적 마인드를 가지고 문화적 감수성을 가진 새롭고 창의적인 인재를 곳곳에서 원합니다. 옛날처럼 단순히 취직해서 월급 받고 그냥 시키는 일 하는 사람은 이제 어느 곳에서도 원하지 않고 스스로 발전하지 못합니다. 하다못해 국립극장 같은 국가 조직도 말이지요. 공무원들이 경영하는 이러한 곳에서도 새로운 경영을 이야기합니다. 국립극장이 책임경영기관이기 때문에 민간인인 제 가 들어갔습니다. 경영이라는 말이 요즘 어느 곳에서나 화두가 되고 있습니 다. 경영에서 기초가 되는 것이 뭐냐? 변화, 활력 그 다음에 그것을 처리할 수 있는 새로운 창의적인 인간, 이것입니다.

　그래서 저는 국립극장이든 아니면 다른 문화예술계든, 문화경영을 하는 사람이든 또는 일반적인 직업을 가진 사람이든, 예술적 직관과 경영적 논리, 이 두 가지를 함께 갖춘 사람에게 미래의 성공이 다가오지 않겠느냐 이렇게 생각합니다. 제가 얼마 전에 얘기를 들었는데 무슨 인터넷 벤처회사 인데 사장이 자기 직원에게 강제로 일주일에 한 번씩은 밖에 나가서 맥주 시음을 하게하고, 이 주일에 한 번씩은 강제로 공연예술을 관람하게 한다고 합니다. 그랬는데 그 회사가 경영 성적에서 놀라운 성적을 올렸다고 합니다.

라디오에서 그 사장님을 인터뷰하는 것을 들었습니다. 그랬더니 이 분 얘기가 컴퓨터 하는 사람들은 하루종일 컴퓨터하고만 살아라 해도 살 수 있는 사람들이라는 겁니다. 그래서 제일 부족한 게 사람들과 접촉하고 사람들과 대화하고 사람들과 만나는 것이어서 이 사람들을 강제로 내보내서 사람들과 대화하게 만들었다는 거죠. 또 이 사람들에게 제일 부족한 것이 예술적인 감수성이어서 공연예술을 강제로 보게 했더니 사람들이 "아니, 이렇게 좋은 세계가 있었느냐" 하면서 근무능력도 향상되고 모든 것이 변했다는 그런 얘기를 합니다. 그러니까 이제는 문화예술이라는 것이 옛날처럼 그저 특수한 사람들이나 하는 걸로 생각하던 시대는 지나갔습니다. 우리 생활 주변에 널려 있습니다. 이런 감수성을 어떻게 내 것으로 만들어내고 내가 원하는 직업 속에다가 이것을 활용할 것이냐? 그러한 직관, 감수성을 길러내는 것이 중요하고 아까 얘기한 기획, 마케팅, 홍보의 전략과 개념을 어떻게 자기 인생의 경영에 논리적으로 적용시켜 나갈 것이냐? 이 두 가지 바퀴를 잘 굴리는 사람이 성공적으로 살아갈 수 있지 않을까 생각을 합니다. 제 이야기는 여기까지 마무리하고 대화의 시간으로 넘어가도록 하겠습니다. 감사합니다.

• • 질문: 다섯 가지 마귀에 대해서 이야기하셨는데, 선생님께서는 이러한 마귀를 어떻게 극복하셨는지요?

목표를 세우고 몰두한다 잡지사 기자로 있을 때 한 달 월급 최소한 150만 원 주겠다, 그런 제안을 받았어요. 그때 내가 연극으로 버는 돈이 1년 통틀어서 10만 원도 안 될 때입니다. 그런데 안했습니다. 그때 돈귀에게 잡혀갔으면 지금쯤 잡지사 편집장 정도 됐겠죠. 그리고 내가 한동안 같이 연극하는 사람들과 술도 안 마시고 해서 술자리를 싫어하는 사람으로 소문이 날 정도였습니다. 왜냐하면 내 몸이 스스로 견뎌내지 못하니까 그 다음날 공연을 하려면 아주 철저하게 내 관리를 했어야 했지요. 연극을 하면서 몸이 안 좋을 때에는 공연하고 나서 분장실이나 화장실에서 각혈을 했어요. 그리고 지방 공연을 간다고 하면 공연이 끝나고 다른 배우들은 놀러가는데 저는 하루종일 이불 뒤집어쓰고 저녁때까지 쉬어야 했어요.

그때 나의 모든 관심은 공연과 작품을 만드는 일밖에 없었어요. 조금이라도 방해가 되는 일은 못했어요. 거기에만 집중을 한 거죠. 여자가 방해되면 여자로부터 도망가고 술이 방해되면 술로부터 도망갔어요. 그때는 내가 그렇게 도망갈 수 있도록 하는 목표가 분명히 있었다는 거죠. 막연한 목표가 아니라 당장 이 작품을 하고 무대에 서야 했고 일을 했어야 하니까요. 그 일을 위해서 다른 많은 것들을 조금씩 때로는 단호하게 조정해가면서 지냈습니다. 한편으로 이야기하면 독종이고 비인간적이기도 하고 그랬어요. 그런데 저한테는 그게 당면과제였습니다.

내가 판소리 명창 박초월7 선생에게서 판소리를 배웠어요. 12~13살쯤 이분이 살던 동네에 기생집이 있었는데, 그 앞을 오다가다 들으면서 소리에 미쳤대요. 그래서 자다가 잠꼬대로 소리를 흥얼거리는데 깜짝 놀란 아버지한테 몽둥이로 그냥 무지하게 얻어맞았대요. 이분이 하도 소리를 좋아하니까 집에서 시집을 빨리 보내버렸어요. 14살에 시집을 갔죠. 동네 부잣집 아들한테. 그런데 첫날밤에 도망을 쳐버렸어요. 도망을 해서 남원에 들어갔습니다. 남원에서 소리를 배우고 일본으로 레코드 취입을 하러 갔다가 부산으로 돌아왔는데 남편이 부산항구에 딱 기다리고 있는 거예요. 그래서 '나는 죽었구나' 이렇게 생각한 거죠. 그런데 그 남편이 "당신이 그렇게 소리에 미쳐 사니 내가 그것을 이해해주겠다. 대신 나의 둘째 아내로 살아다오"라고 했대요. 그렇게 해서 말하자면 첩이 된 겁니다. 16살에 이분이 소녀 명창대회에서 1등을 했어요. 그런데 17살에 임신을 했답니다.

---

7 박초월(1913~1987)은 김소희, 박녹주와 함께 1930~1970년대 한국 여류 판소리 계를 대표한 3대 여류 명창 중 한 명이다. 박 명창의 본명은 삼순. 남원 판소리의 대들보인 김정문으로부터 <흥보가>를 전수받은 데 이어 박봉래와 박중근에게서 <춘향가>를 익히며 동편제 소리꾼의 기초를 다졌다. 특히 <춘향가> 중 '암행어사 내려오는 대목'과 '춘향모 상봉 대목', '옥중 상봉 대목' 등은 누구도 따라올 수 없는 소리로 유명하다. 박 명창은 1964년에 <춘향가>로 중요무형문화재가 된 뒤 1967년 <수궁가>로 다시 중요무형문화재로 지정됐다. 김소희, 박귀희와 함께 민속예술원을 세웠고, 1961년에는 한국국악협회 초대 이사장을 지내기도 했다. 그는 조통달, 최난수, 김수연 등의 제자를 남기고 1987년 세상을 떠났다.

그래서 고민하다가 아이를 지웠다고 합니다. 내가 지금 한창 명창이 돼야 하는데 애를 키웠다간 명창이 될 수 없다는 거죠. 대단한 독종이죠. 내가 옛날 선생님들, 옛날 광대들한테 많이 배우고 그분들의 인생을 탐구해보니까 그분들이야말로 아까 이야기한 예마에 씌인 사람들이에요. 그것에 몰두해서 사회생활이나 인간관계에는 많이 손해본 사람들입니다.

그런데 어쨌든 한 가지에 몰두해서 목표를 세우면 나머지 것들이 조금씩 조정이 되면서 그것을 활용해서 성공의 기반으로 갈 수 있다는 거죠. 저는 무슨 전략을 써서 그것들을 꼭 지배해야겠다고 한 적이 없습니다. 다만 그냥 바로 닥친 일에 몰두하다 보니까 그것들에 지배당하지 않게 되더라. 이런 정도로 얘기할 수밖에 없습니다.

∙∙질문: 선생님께서는 오랫동안 사회운동에 참여해오신 걸로 아는데 예술가로서 사회운동에 참여하는 방법으로는 어떠한 것이 있을까요?

주변의 삶에 관심을 지니고, 그에 대한 의견을 표출해야 제가 1970, 1980년대에는 주로 민중문화운동 편에 있었어요. 사회의 변혁과 변화, 여러 가지 중요한 사회·정치적인 이슈를 우리 예술가들이 예술로서 함께 표현해보자 하는 입장을 가지고 활동을 했습니다. 그러니까 창조적인 예술이 가지고 있는 사회 변혁의 힘, 이것을 굉장히 중요하게 생각하고 일을 했습니다.

이 후로 1990, 2000년대에 들어서면서 정치적인 변화가 굉장히 급격하게 이루어졌습니다. 예전에는 싸움의 대상이 뚜렷했고 갈등의 구조도 이분법적으로 뚜렷했죠. 그러나 지금은 그러한 경계가 다 무너졌습니다. 그러다 보니까 이제는 사회관계에서 예술이 좀더 깊이 있고 다양한 방식으로, 그러한 것을 찾아내야 하는 시대가 되었습니다. 저는 예술가라면 당연히 자기가 태어나고 자기가 살아가면서 자기가 몸담고 있는 주변의 삶에 대해서 뭔가를 느껴야 되고 그 느낀 것을 어떠한 방법을 통해서든지 표현해야 된다고 생각합니다. 그것에는 단순히 사회적 이슈뿐만 아니라 인간의 삶, 내면, 우리가 살아가면서 겪고 느끼는 중요한 주제들이 많이 있을 겁니다. 그 주제를 나름의 방식으로 표현하는 게 바로 예술이 사회운동에 참여하는 길이 아닌가, 이렇게 생각합니다.

••질문: 자신이 정말 좋아하는 것을 알아갈 수 있는, 자기가 정말 좋아하는 것에 발을 디딜 수 있는 방법으로 무엇이 있을까요?

방안통소 + 바깥통소 내 딸이 지금 고1인데, 얘가 지금 제일 고민하는 게 바로 그겁니다. '너 앞으로 꿈이 뭐야?' '나 꿈 없어' '그럼 너는 현모양처가 될 거냐?' '현모양처 아니야' '그럼 뭐하냐?' '모르겠어' 제 딸도 지금 그게 제일 큰 고민입니다. 저도 부모로서 고민이 되고 있어요. 학과도 선택해야 할 테고 장래에 직업도 선택해야 될 텐데, 아마 학생들의 반 이상이 그러지 않을까 하는 생각이 들더라고요.

정말 남이 이해하든 안하든 자기가 좋아하는 것이 있는 사람은 행복한 사람이고, 대부분의 사람들은 정말 자기가 뭘 해야 하는지를 알기 어려운 경우가 많다고 봅니다. 그렇다고 누가 '너는 이거 해' 이렇게 지정해줄 수도 없는 일이잖아요. 결국은 살다 보면 자기가 선택을 하게 되는데 지금 대학시절이야말로 그것을 모색하는 가장 중요한 시기라고 저는 생각합니다.

저 역시 2, 3학년 때까지도 무조건 연극, 판소리했지 그걸 가지고 직업으로 삼겠다고 결정했던 것도 아니고 확실한 꿈이 섰던 것도 아닙니다. 그런데 인생에는 자기가 이해하지 못하는 새로운 자기와의 만남, 자기 인생을 새롭게 변화시킬 수 있는 계기가 언젠가 어디에선가 반드시 숨어 있다고 생각해요. 그러니까 그것을 만나기 위해 얼마나 광범위하게 모색해보느냐, 일단은 그게 제일 중요하지 않나 생각해요.

그 모색하는 방법으로 제가 가끔씩 생각해보는 게 3가지 있습니다. 하나는 거울보기를 자주하자. 조용히 스스로 자기를 객관적으로 성찰하는 시간을 많이 가져보자는 겁니다. 저는 어렸을 때 별명이 방안통소였습니다. 방안통소가 뭐냐? 전라도에서만 주로 쓰는 말인데, 방안에서 통소부는 놈. 그러니까 혼자서 방안에서 꼼지락거리고 사람들 만나는 거 싫어하고 내성적이고 좀 그런 거죠. 이것의 반대말이 뭘까요? 바깥통소. 그러니까 싸돌아다니는 놈이죠. 거울보기는 '방안통소 돼봐라' 이런 뜻입니다. '자기 시간을 가져라'라는 뜻이죠. 자기를 성찰하는 시간을 갖는 것은 굉장히 중요합니다. 나는 정말 뭘 원하지? 난 어떤 사람이지? 이런 거 많이 생각을 해야겠죠. 그 다음 책을 많이 읽자. 책을 읽는다는 것은 남의 영혼과 교류한다는 것입니다. 기왕이면 나보다 좀더 훌륭한 삶을 산 사람들의 영혼들과 교류를 하고 만나보자는 거지요. 그 다음은 마주보기를 많이 하자. 사람들을 많이 만나서 대화하고 교류하자는 겁니다. 내 생각을 남들에게 전하고, 남의 생각을 많이 접수하자. 마주보기를 많이 하려면 바깥통소가 돼야 해요. '많이 싸돌아다녀라'라는 뜻입니다. 많이 만나라. 많이 읽어라. 많이 봐라. 많이 들어라. 그리고 방안통소와 바깥통소 사이에서 자신을 잘 가꿔나갈 때 자신의 목표, 꿈, 이것도 어느 순간 자기에게 다가오지 않을까 생각합니다.

제가 국립극장장이 되고 나서 어느 모임에서 공직자 생활을 많이 한 선배가 그런 말을 하더라고요. "명곤아, 하루에 5분만 창문을 바라보고 아무 생각 없이 앉아 있는 데 투자해라. 그거 굉장히 중요하다." 처음엔 무슨 말인지 몰랐어요. 그런데 정말 생각해보니까 그 시간을 놓치면, 끊임없이 회의하고 결제하고 정신없이 하루를 보내다가 지쳐서 집에 와 자버립니다. 나를 가꿀, 나에 대해서 생각할 시간이 없어요. 그래서 직장생활하는 선배들이 충고합니다. 그 말이 정말 중요하고 지혜로운 것 같아요. 하루에 5분씩이라도 거울을 보는 시간을 가져야 된다고 봐요. 그리고 남하고 만나는 시간을 얼마나 소중하게 자기 인생과 연관지어 생각하느냐? 그 다음에 내 인생에 도움이 되는 좋은 명언을 만나려고 얼마나 노력하느냐? 그런 것들이 자기 인생을 설계하는 데, 목표를 세우는 데 도움이 되지 않겠어요? 그렇게 대학 시절 몇 년간 하다 보면 어느 순간 '맞아' 하고 찾아오지 않을까요? 그런데 만약 나중에 졸업하고도 그게 안 왔다면 그래서 어쩔 수 없이 원하지 않는 어느 직장을 갔다고 합시다. 내가 그렇게 목을 매달고 정말 열정을 가지고 일할 의욕이 안 나는 직장을 먹고 살기 위해 할 수 없이 택했다 이겁니다. 그렇다고 해도 꾸준히 끊임없이 이러한 시간을 가지면 그 사람은 직장에 얽매이지 않는, 언젠가는 자기 자신의 창조적인 일을 해낼 수 있다고 생각합니다.

제 친구들이 지금 50대인데 직장에서 모두 퇴직할 나이가 됐습니다. 앞으로는 더 짧아진다고 합니다. 45세쯤 되면 이제는 퇴물 취급당한다고 합니다. 앞으로 여러분이 직장생활을 할 10년, 20년 뒤에는 더 짧아질지도 모릅니다. 결국은 직장생활이라는 것이 나의 꿈과 목표는 아니라는 것입니다. 내 꿈을 이루기 위한 징검다리 과정이라는 거죠. 그러면 그 과정을 넘어서서 직장을 그만뒀을 때 난 뭐할 거냐? 요즘은 고령화사회가 되고 있죠? 70, 80대가 보통입니다. 28~30세에 보통 남자들이 직장생활을 시작합니다. 50대까지 20년 정도 직장생활을 하면 그 다음에 50~70세까지는 자기 스스로 헤쳐나가야 하는 시간입니다. 그러니까 지금부터 꾸준히 30년을 목표로 자기 설계를 해나가라는 이야깁니다. 정말 원하는 직장을 가진 사람이야말로 행복한 사람이죠. 근데 저도 그렇게 못했어요. 저도 어쩔 수 없이 먹고 살기 위해서 직장에 다녔고, 그러다 보니까 '이게 아니야' 해서 이튿날 그만뒀습니다. 학교에 가서도 한 학기 하고 사표를 냈습니다. 그러니까 교장 선생님이 "후임자는 데려다놓고 그만둬야 될 거 아냐" 해서 할 수 없이 한 학기를 더 했습니다. 나도 방황했어요. 이거 해봐도 아니고, 저거 해봐도 아니고, 끊임없이 그러는 겁니다. 그러면서 자기 인생 자기가 책임지는 때가 오는 거죠.

지금 내가 국립극장장이지만 이게 내 인생을 책임져줍니까? 금방 몇 년 뒤면 국립극장 그만두고 실업자가 됩니다. 내가 평생에 직장생활 해본 것이 ≪뿌리깊은 나무≫ 기자 1년, 배화여고 교사 1년. 그러고서 한 30년간을 무직자, 돈 못 버는 베짱이 생활을 했습니다. 그리고 최근 3년간 직장생활을 해본 겁니다. 그리고 재임이 됐으니까 앞으로 3년간은 하겠죠. 총 6년입니다. 내 인생에서 앞에 2년, 이것 6년 합치면 난 8년간 직장생활을 했어요. 우리 집사람이 내가 국립극장장이 되고 제일 기뻐하더라고요. "뭐가 그렇게 좋아?" 그랬더니 "월급을 받아오잖아" 그러더라고요. 그 전에는 배우 한다고 1,000만 원을 벌든 5,000만 원을 벌든 불안한 생활이었거든요. 그런데 나는 이제 3년 뒤면 또다시 실업자가 됩니다. 그래서 나는 지금도 어떻게 하면 3년 뒤에 작품으로 뭘 만들어낼까? 그런 고민하면서 살아갑니다. 어쩔 수 없어요. 인생 뭐 그렇잖아요. 누가 월급 나한테

줍니까? 다 내가 벌어서 살아갈 수밖에 없죠. 앞으로는 프리랜서 직장이 더 많아집니다. 그래서 여러분이 생각하는 직업의 개념, 직장의 개념도 굉장히 달라지기 때문에 내 자신의 일, 내가 원하는 일을 찾아내는 작업을 지금부터 시작해서 빠른 사람은 4, 5년 뒤 늦는 사람은 20, 30년 뒤에라도 찾으세요.

• • 질문: 연기하는 주인공과 실제의 내가 하나가 되는 데서 오는 어려움은 없는지요?

상황에 맞게 자신을 연출하는 능력이 필요 타고난 천재적인 배우는 누가 안 시켜도 금방 돼요. 가장 잘하는 배우는 누굴까요? 어린이들입니다. 어린이들은 "울어봐" 그러면 금방 웁니다. 왜냐하면 얘기를 해주는 거예요. "야! 지금 막 시키면 귀신이 너를 갖다 잡아먹으려고 해." 그러면 바로 눈물이 뚝뚝 떨어져요. 그게 뭘까요? 상상력이에요. 어린이들은 상상력이 풍부하기 때문에 제2의 자아로 빨리 진입이 되죠. 감정이입이라고 하죠. 연극에서 남의 감정을 내 몸으로 받아들이는 겁니다. 어린이들은 이게 빨리 되는데, 늙어갈수록 이게 잘 안돼요. 머리가 발달하기 시작하고 이성이 작용하기 시작하면 이제는 감정이입이 잘 안돼요. 그러다 보니깐 배우들이 하는 훈련이 대부분 감정이입을 하기 위해서 자신의 감정을 컨트롤하는 훈련을 하는 겁니다.

감정을 컨트롤한다는 것은 뭡니까? 배우에겐 두 가지의 요소가 있어요. 감성과 지성입니다. 지성이라는 것은 작품을 읽고 분석하는 능력입니다. 캐릭터를 분석해나가는 것, 이거는 공부하면 할수록 늘어나요. 그런데 감성은 공부해서 되는 게 아니죠. 어려워요. 나도 이것 때문에 많이 고생했어요. 이 감성에는 뭐가 있나? 오감이라고 하죠. 미각·촉각·시각·청각·후각 이런 것들을 어떻게 예민하게 훈련시키느냐? 이런 훈련법들이 잘 계발되어 있습니다. 예를 들면, 아무 것도 없는 상황에서 상상을 하십시오. 이 앞에 탁자가 하나 있습니다. 그 앞에 커피 잔이 놓여 있습니다. 그 커피의 향기를 맡아보십시오. 상상의 커피 잔을 들어보십시오. 들어올려 마셔보십시오. 또는 나는 지금 사막을 걸어가고 있다고 상상을 해봅시다.

뜨거운 태양. 훈련을 하고 몰두하면 정말 열기가 느껴집니다. 나는 지금 북극에 와 있어요. 춥습니다. 북극곰이 저기서 다가옵니다. 갖가지 훈련을 통해서 자기의 감수성을 극대화시키고 상상력을 키우는 훈련을 합니다. 그래서 이 상상력을 키우는 연기의 가장 기초적인 기법을 'if의 마술'이라고 합니다. 만약 내가 무엇무엇이라면? 만약 내가 이몽룡이라면, 만약 내가 춘향이라면 어떻게 할 것이냐?

그런데 감성만 훈련한다고 되는 것이냐? 제가 <바보사냥>이란 영화에 출연했어요. 거기서 내 역할이 거지 절름발이 역할입니다. 그런데 나는 대학을 나온 멀쩡한 두 다리를 가진 사람입니다. 빈민가 거지를 본 적이 없어요. 그래서 청계천부터 빈민가라는 빈민가는 다 돌아다녔어요. 그 사람들은 어떻게 살까? 그 사람들은 어떻게 말하고 어떻게 밥을 먹고 살까 관찰했어요. 절름발이를 내가 해봤어야지. 그래서 길만 가면 절름발이를 따라다녔어요. 전철 타고 가다가도 절름발이가 있으면 따라다녔어요. 절름발이가 그렇게 많은지 그때 알았어요. 그리고 한 사람도 똑같이 걷는 사람이 없어요. 많은 절름발이의 걸음걸이를 연습해서 그 중에서 캐릭터에 맞는 절름발이를 골랐어요. 제임스 딘8 같은 사람도 깡패 역할을 하기 위해서 깡패들이 많이 사는 빈민가 소굴에 가서 6개월을 살았다고 하죠.

배우들은 자기가 맡은 역할을 하기 위해서 자기의 감성과 지성을 통해서 많은 훈련을 합니다. 그 훈련의 기초가 바로 만약 내가 무엇무엇이라면 하고 감정이입을 하는 거죠. 그런데 이 감정이입을 잘하는 사람은 사회에서도 굉장히 유능한 인간관계를 맺어나갈 수가 있어요. 그건 무슨 말이냐?

---

8 제임스 딘(1931~1955)은 미국의 배우로 <더 재규어>로 브로드웨이에서 데뷔한 후, 할리우드로 진출해서 단역을 전전하며 활동을 시작했다. 뮤지컬 코미디 <세일러 비웨어>, <픽스트 베이오네츠>, 록 허드슨이 출연한 코미디 <누가 나의 소녀를 보았나요>에 단역으로 출연하면서 자신을 알렸다. 특히 반항적인 내면을 가진 캐릭터로 <에덴의 동쪽>에서 강렬한 인상을 남겼다. 이후 니콜라스 레이 감독의 <이유 없는 반항>에 출연하여 미국 영화 최고의 청춘 우상으로 등극하였다. 이듬해 엘리아 카잔 감독의 <자이언트>에서는 스타 엘리자베스 테일러, 록 허드슨과 함께 출연해 방황하는 아웃사이더 역할을 맡아 젊은이들에게 인기를 얻었다. 1955년 과속으로 인한 교통사고로 세상을 떠났다.

어떤 친구가 여자 친구랑 헤어졌는데 상대방이 느끼는 고통을 함께 느끼면서 아파해주면 그 친구는 그 고마움을 영원히 잊지 못합니다. 인생에는 교수님을 만날 때, 또는 선보러 갈 때, 또는 친구들하고 놀러 갈 때 등 다양한 경우가 있습니다. 그럴 때 여기서 어떠한 감정이 필요한가, 저기서는 어떠한 감정이 필요한가, 이런 것들을 잘 분별해나가면서 적절하게 거기에 맞는 자신의 태도, 즉 연기, 일종의 연기력을 잘 발휘할 때에 많은 사람들이 나에게 매력을 느끼게 되고, 또 상대방을 내가 원하는 감정에 동화시킬 수 있다는 것입니다. 감정이입을 통해서 '감정동화'에 이른다. 즉 같이 느낀다는 것입니다.

그런 것을 본능적으로 잘하는 사람이 있어요. 특히 세일즈와 관련된 직업을 택한 사람들, 영업부 직원들, 이 사람들은 이것이 필수적이죠. 제가 언젠가 삼성의 보험 여왕들 40명에게 강연을 한 적이 있어요. 그런데 제가 다른 데서 강연할 때와는 다르게 이 보험 여왕들에게 강연할 때는 굉장히 다른 느낌을 받았어요. 어떻게 다르냐? 나를 바라보는 눈초리가 일단 달라요. 다른 곳에서는 '너 어디 잘하나 한번 보자' 이런 느낌인데, 거기서는 '나를 한번 좀 봐주세요' 이거예요. 다들 40, 50대 아줌마들인데 옷차림이라든가 머리 매무새 등, 자기를 돋보이면서 강사가 자기를 바라보도록 뭔가 신호를 보내는 듯한 그런 느낌이죠. 그리고는 쉬는 시간에는 가까이 와서 선생님의 수업에 대해서 이러저러한 느낌을 받았다, 굉장히 좋았다, 그러면서 명함을 하나 주는 거죠. 강사 입장에서는 굉장히 인상적이죠. 그러나 한편으로는 보험 들라고 찾아오지 않을까 걱정은 됐는데 한번도 찾아온 적은 없더라고요. 그분들이 볼 때는 내가 단순한 강사가 아니라 자신의 한 잠재 고객으로 보이는 거죠. 그렇게 40명이 한 시간 강의를 듣는 동안에 어떻게 하면 나를 저 사람에게 전해야 할까 하는 태도가 몸에 배어 있더라는 겁니다. 그게 가식적일 수도 있고 위선적일 수도 있는 것이지만 그 직업을 가진 사람들에게는 그 태도가 중요합니다.

내가 극장장인데 '극장장'이라는 것은 예술가이기도 하지만 경영자이기도 합니다. 내가 어느 경영인들의 모임, 극장장들의 모임, 또는 기관장들의 모임에 가서 예술인 같은 태도를 보이면 그 사람들하고 커뮤니케이션이 안 됩니다. 나를 그 사람들의 일원으로 받아들이게 하기 위해서는 대범해야 되고, 때로는 예컨대 음담패설도 할 줄 알아야 하고 적당히 분위기도 맞춰줄 줄 알아야 하는 거지요. 그런데 나하고 같이 연극했던 옛날 예술가들의 모임에 넥타이 매고 가서 그렇게 행동하면 '저 또라이, 변했네' 하죠. 이렇게 되면 커뮤니케이션이 안 돼요. 그때는 넥타이 풀고 허름하게 입고 그러면서 '야! 소주 마시자' 그렇게 합니다. 또 사업하는 사람들 만나면 골프를 치네 마네, 포도주는 뭐가 어떻고 그런 것에 대해서도 아는 체해야 하는 겁니다. 나이가 들면 들수록 내가 해야 될 역할의 편차가 너무 커요. 거기다가 집에 가면 애들하고 핫바지 입고 그냥 돌아다니죠. 동네 만화방도 가고 아버지 노릇을 해야 합니다. 내가 집에서 극장장이랍시고 폼 잰다고 애들이 알아주기나 합니까? 분위기에 맞게 상대방에게 호감을 주도록 연출해나가는 거죠. 배우가 역할에 맞추어 변신하는 것이나 똑같은 겁니다.

• •질문: 예전에 들은 얘긴데, 과거 할리우드에서 타잔 역할을 하던 배우가 실제로 자신을 타잔으로 착각하기도 했고, 장국영도 실제의 자신과 연기 속의 자신을 혼동하다 자살했다는 얘기가 있는데요. 연기를 하시면서 제2의 자아에 빠졌다가 다시 제1의 자아로 넘어오면서 힘든 점은 없나요?

객관적인 자아를 유지하기 위해 노력 저도 그거 빠져 나오는 데 한동안 힘들었어요. <바보사냥>에서 절뚝거리다 보니까 영화 끝나고 나서도 한참 다리가 절뚝거렸죠. 조금 지나니까 정상으로 돌아왔어요. 누구나 잠깐 빠졌을 때는 그 역할에 심취하고 현실과 환상을 잠깐 혼동하는 시기가 있습니다. 그러나 그로부터 빨리 빠져나와야 하죠. 연기의 깊은 이론 속으로 들어가면 이 두 개의 자아를 어떻게 하면 때로는 통합하고 때로는 분리시킬 것이냐, 이런 것을 연구합니다. 그래서 연기를 가르치는 사람들은 어떻게 하면 제1의 자아가 제2의 자아로 완벽하게 변할 것이냐, 그것을 연구했고 그걸 가르쳤어요. 이걸 하기 위해서 나중에 최면술까지 공부하고 그랬어요. 아무리 최면술을 하고 뭘 해도 안 되는 경우가 있어요. 아무리 내가 변신하려고 해도 제1의 자아, 이성의 눈이 나를 지켜보고 있다고 하면 문제가 생깁니다.

내가 무대에서 자는 연기를 하는데 진짜로 자버린다? 잠자는 모습 연구해서 자는 연기를 보일 때 관객들은 진짜 자는구나 하죠. 하지만 진짜로 잘 순 없죠. 자면서도 이 자식은 무슨 대사를 하는구나, 저놈 끝나면 일어나야지, 이런 식으로 머리를 굴리고 있다는 거죠. 이것을 적절하게 이성으로 컨트롤을 하면서 들어갔다 나왔다 할 줄 아는 배우가 명배우가 되는 겁니다. 그런데 배우 중에 지성보다 감성이 예민하고 강한 사람들이 있어요. 이런 사람들 중에서 흔히 자기가 맡은 역할과 현실의 혼란 속에서 제1의 자아, 즉 자기정체성을 찾지 못해서 헤매다가 불행하게 죽는 사람들도 있습니다. 그런 사람들은 남보다 훨씬 예민한 사람, 마릴린 먼로[9] 같은 사람이죠. 그녀 자신이 스크린 속의 그녀와 실제 그녀 모습을 헷갈리는 거예요. 스타라는 사람들의 속성에 그런 면이 일정하게 있습니다. 여러 가지 비극이 일어나기도 합니다. 사람마다 조금씩 다르니까요. 일단 전문가가 아닌 사람들이 너무 빠져버리면 안 되죠. 잘 컨트롤을 해나가야 해요. 이렇게 자신을 컨트롤하는 게 연기훈련에서 기본이 되는 겁니다. 특히 코미디 같은 경우에는 자기가 빠져들면 안 되죠. 철저하게 객관적이어야 해요.

• • 질문: 선생님이 말씀하신 것처럼, 살아가면서 자신에게 점점 많은 역할들이 부여되는데 역할에 맞추다 보면 자기 주관이 흔들리는 경우가 많이

---

9 본명은 노마 제인 모텐슨(Norma Jeane Mortenson)으로, 1926년 로스앤젤레스에서 출생하였다. 사진모델 시절 찍은 누드사진을 계기로 1948년 영화 <Scudda-Hoo! Scudda-Hay!>에 첫 출연했으며, <아스팔트 정글>(1950)에서 인정을 받았고, <나이아가라>(1953)에서 주연을 맡아 폭발적인 인기를 얻었다. 아름다운 금발과 푸른 눈, 전신에서 발산하는 독특한 성적 매력은 그녀를 순식간에 세계적인 섹시 심벌로 올려놓았다.

그러나 야구선수 조 디마지오, 극작가 아더 밀러를 포함한 세 번의 결혼 실패 등 사생활은 불행했다. 할리우드라는 거대한 톱니바퀴에 끌려 약물중독이 되었고, 마침내 자살로 보이는 의문의 죽음으로 생을 마감했다. 주요 주연 작품으로 <신사는 금발을 좋아해>(1953), <돌아오지 않는 강>(1954), <7년만의 외출>(1955), <왕자와 무희>(1957), <버스 정류장>(1956), <뜨거운 것이 좋아>(1959), <황마(荒馬)와 여인>(1960) 등이 있다.

생기거든요. 말씀하신 것 중에 넥타이를 매야 할 때도 있고 다른 상황도 있고요. 그 상황에 맞추다 보면 자기 주관이 도전받을 일이 많이 생기는데, 그럴 땐 어떻게 행동을 해야 하는지요?

잔꾀가 아닌 지혜와 통찰력 필수 거기에서 아까 이야기한 것과 같은 제1의 자아가 대단히 중요한 겁니다. 어떤 한 사람이 가진 신념과 인격이 주위의 사람들에게 신뢰감을 쌓아가는 것이 인생이라 한다면, 어떠한 모습으로 어떠한 역할을 하든 그것은 일종의 자기를 표현하기 위한 여러 가지 수단과 방법일 뿐이지 자기의 본질은 아니라는 것을 인식시켜야 할 필요가 있지요.

그래서 인생에서 필요한 게 꾀, 지혜, 통찰력 이런 거예요. 이 꾀에서 아주 나쁜 게 뭐냐? 잔꾀지요. 잔꾀 부리는 거. 우리 사회가 잔꾀 부리다 다 망하잖아요. 난 꾀에도 우직한 꾀가 있다고 봅니다. 어리석은 듯 보이지만 참된 지혜, 그때그때 편법으로 남을 이용하려는 게 아니라 말이죠. 남을 이용하기 위해서 연기력을 발휘하거나 제2의 자아를 발동시키면 그 사람은 패가망신합니다. 절대적으로 꾀는, 연기력은 올바른 목표를 위해 써야 합니다.

배우도 마찬가지입니다. 배우에게 제일 나쁜 연기가 관객들에게 잘 보이려고 하는 연기, 제멋에 취해서 저를 돋보이려고 하는 연기지요. 이런 배우를 제일 나쁜 배우로 칩니다. 좋은 배우는 자신의 배역에 진실된 모습으로 충실하게 연기하는 배우, 그 대사와 동작과 움직임 속에 혼이 깃들어 있는 배우, 이런 배우를 최고의 배우로 칩니다. 연기를 하라는 것은 절대로 겉모습을 꾸미고 남을 이용하라는 얘기가 아닙니다. 자신의 진실을 표현하는 여러 가지 테크닉을 익히고 그 진실을 절대 잊지 말고, 그 진실을 남을 이용하기 위해서가 아니라 남을 사랑하는 데 써야 한다는 거죠.

• •질문: 예전에는 연기, 연출을 하셨고, 지금은 문화 경영자로 위치가 굳어졌는데 두 가지 일이 어떻게 다른지요? 임기가 끝나면 앞으로 못 이룬 꿈을 이루겠다고 하셨는데, 예술가 쪽인지 문화 경영 쪽으로 접근을 하실

것인지 알고 싶습니다. 그리고 만약 문화부장관이 되신다면 무엇을 가장 먼저 하고 싶으신지요?

사실 저는 국립극장장을 하기 전에 아주 오랫동안 경영을 했습니다. 처음에 대학에서 경영을 했어요. 무슨 말인가 하면, 2학년 때 처음 연극을 했다고 했죠? 3학년 때 연극반 반장을 했어요. 그래서 학생회에 가서 예산 2만 원 올리려고 거짓으로 울고, 또 예산 운영을 잘해서, 전 회장이 남겨놓은 식당 빚 매일 라면 먹고 소주 먹고 그러느라 2만 원 빚이 있었는데 내가 알뜰살뜰하게 해서 갚았어요. 연극반 회장 하면서 제작, 기획, 포스터 붙이는 거, 홍보부터 주연 배우까지 다 했어요. 시작을 그렇게 하니까 계속 그런 일을 하게 되더라고요.

내가 '아리랑 극단'을 만든 게 1986년입니다. 아리랑 극단이라고 지금도 있는데 그거 만들고 제일 처음에 제작비 100만 원이 없어서 꾸어오고 그거 가지고 내가 대본 쓰고 내가 출연하고 내가 동대문시장에 가서 옷감 끊어서 의상 만들고 청계천에 가서 철재 사다가 세트 만들고, 2인극을 했어요. 연습도 내 자취방에서 하고, 그렇게 공연을 했습니다. 그거 가지고 1986년 1987년도에는 대학가를 휩쓸었어요. <아리랑>이라는 2인극 가지고 돈을 벌기 시작했어요. 배우 둘이서 짐 싸들고 가서 설치하고 공연하고 돌아오고 그러면서 사무실도 만들고 하나씩 단원들 모집하고 16년간을 극단 경영을 했어요. 그때 경영이라는 것은 밑바닥 경영이에요. 그저 작품을 하기 위한 필사적인 노력이었죠.

그래서 나는 예술을 화려하고 쉽게 해오지 않았기 때문에 국립극장 극장장의 역할은 나로서는 쉬운 경영이에요. 내가 내 극단을 경영할 때는 첫째 돈이 없죠. 그 다음에 우리 단원이 몇 명 있다지만 우리 단원이 다 일을 해야 하니깐 뒤를 받쳐줄 조직이 없지요. 그런데 국립극장은 나라에서 예산 다 대주죠. 내가 말만하면 다 일할 수 있는 조직이 짜여 있지요. 얼마나 좋습니까? 행복하죠. 이렇게 다 갖추어진 조직 속에서 내가 경영자로서 해야 했던 일은 어떤 것이었느냐, 방향 설정, 목표 설정이죠. 이 안에는 온갖 전문가들이 다 있습니다. 무대에는 한국 최고의 무대

스태프들이 있죠. 공연과에는 기획·홍보·마케팅하는 전문가들이 있죠. 행정과에는 인사·예산·경리하는 공무원들이 있죠. 전속 단체에는 하루 종일 연습만 하는 최고의 예술가들 있죠. 모든 게 다 갖춰져 있습니다.

그런데 이 사람들이 어떠한 방향으로 가야 하는가, 국립극장이 어떻게 변해야 하는가 하는 방향 설정을 제가 한 겁니다. 국립극장이 관료적, 고답적, 고풍스럽고 권위적이라는 평들이 있습니다. 그것을 극복하기 위해 대중적으로 친근하게, 또 다양하고 새로운 프로그램을 개발해서 여러 계층을 공략하고, 어린이와 중·장년층에서부터 청소년을 위한 프로그램을 개발하자는 등 여러 의견이 있죠. 이런 것들을 모아 방향을 설정하고 전략을 세우는 거죠. 전략을 세우고 그것의 구체적인 실행안을 체크하는 겁니다. 잘되고 있는지 잘못되고 있는지를 끊임없이 체크하는 것이 나의 일입니다. 그리고 나머지 많은 일들은 다 맡겼어요. 전문가들에게 많은 일을 맡기고 스스로 많은 일을 하도록 했어요. 권한을 위임하고 제일 마지막에 내가 하는 일은 책임을 지는 거죠. 책임을 지지 않는 경영자는 절대 경영을 할 수 없습니다. 목표만 세울 줄 알고 전략을 만들어내지 못하는 경영자도 실패합니다. 이런 사람은 이상주의자일 뿐이죠. 조직원들은 구체적인 전략이 있을 때 비로소 움직이기 시작합니다. 전략을 잘 세우는 것이 중요합니다. 전략을 세우면 이 사람들이 같이 생각해서 실행안을 가지고 옵니다. 그러면 이게 잘 됐는지 못 됐는지, 고쳐야 할 곳은 없는지 세심하게 검토해봅니다. 그리고 구체적인 일은 이 사람들이 하고 결과에 대해서는 내가 책임을 지는 거예요. 내가 확실히 책임져줄 때 이 사람들이 신뢰하고 조직이 굴러가게 됩니다. 물론 저도 실수도 많이 하고, 때로는 방향이 잘못 설정되거나, 엉터리 전략이 설정되기도 하고, 실행안이 제대로 체크되지 못해서 실패하는 경우도 있고, 또는 책임 소재를 두고서 분분하게 되는 경우가 있습니다. 지금은 3년쯤 해보니깐 대충 업무 파악은 됐어요. 정말 중요한 것은 새로운 방향을 설정하는 거지요. 끊임없이 새로운 목표가 있어야 조직이 움직입니다. 작년에 했던 거 올해 똑같이 한다고 하면 조직의 활력이 뚝 떨어집니다.

그리고 제가 국립극장장을 그만두게 되면, 제가 할 줄 아는 것은 연기 아니면 연출, 아니면 창작입니다. 그런데 지금은 창작을 하고 싶은 꿈이 더 큽니다. 3년간 극장장을 하다 보니까 머리가 굳는 것 같고 몸살이 나서 죽을 지경입니다. 이제는 작품을 쓰고, 연출을 하고, 영화를 감독하는 쪽으로 내 방향을 잡아가려고 합니다.

마지막으로 아주 위험한 질문을 하셨는데, 잘못 전달이 되면 저놈이 무슨 문화부장관을 노리나 하고 생각하는 사람이 생길 수도 있는 것이기 때문에. (웃음) 저는 전혀 그런 생각은 없고 다만 우리 문화정책이 앞으로 어떻게 변해야 하는 것인가 하는 것에 대해서만 말씀드리겠습니다. 사실 문화정책이라는 것은 한 나라의 국민들이 어떻게 창조적으로 삶을 꾸려나가는가 하는 것에 집중돼야 한다고 봅니다. 그런데 우리나라는 아직 국민들의 일상생활과 연결된 정책보다는 어떤 작품을 만들어내는 것과 산업정책, 이런 쪽으로 치우친 것이 아닌가 생각해요. 한편으로는 문화 예술을 위한 지원, 또 한편으로 가장 중요한 일은 국민의 문화 창조력을 고양시키는 게 중요해요. 창조력을 고양시키는 것이 문화 경쟁력을 일깨우는 것이고 그것이 전 세계의 산업경쟁에서도 살아남을 수 있는 길입니다. 창조적 교육 문제, 창조적 생활 문제, 창조적 창조 문제. 이것이 제가 고민하고 있는 것입니다. 어떻게 교육과 창조를 연결할 수 있는가? 어떻게 일상생활 속에서 창조적 삶을 가꿀 수 있는가? 그런 다음에 어떻게 예술가들이 창조적인 작품을 창조적인 환경 속에서 만들어낼 수 있게 만들어줄 것인가? 이런 것입니다. 오랜 시간 수고하셨습니다.

김영희

젊음은 쓸수록 아끼는 것이다

문화방송 제작2국 팀장 PD. 1986년 입사해서 쇼 PD를 주로 맡았다. 연출한 프로그램은 1996년 <일요일 일요일 밤에>(이경규가 간다. 이경규의 몰래카메라), 1999년 <칭찬합시다>. 2001년 <21세기 위원회>, <전파견문록>. 2001-2003년 <느낌표> (하자하자, 길거리 특강, 책! 책! 책! 책을 읽읍시다). 2003년 한국 JC 제52차 청년대상 시상식 '올해의 청년대상'을 받았다. <느낌표>는 베스트셀러를 만들어내고, 고등학교의 0교시 폐지와 청소년복지법 개정, 외국인근로자 고용 등에 관한 법률(고용허가제) 제정을 이끌어내는 등 공익적 영향을 발휘해 TV 오락프로그램의 새로운 모습을 보여주었다는 평가를 받았다.

학생들이 만든 영상물을 보니 준비를 많이 한 것 같네요. 짧은 시간에 저렇게 잘 만들었다는 게 놀랍습니다. 학생들 작품이란 게 믿어지지 않을 정도네요. 일단 강의 시작하기 전에 지난번 강의를 펑크내서 죄송합니다(김영희 PD의 갑작스런 복통으로 강연이 연기된 바 있음). 그때 오셨던 분, 계신가요? 너무 죄송합니다. 그래서 오늘 오면서 제가 이런 생각을 했어요. 끝나고 내가 술 한잔 사야겠다고요. 강의료를 많이 주면 많이 사주고, 조금 주면 내 돈을 보태서 사드려야 되겠다, 이런 생각을 했습니다. 오늘 끝나고 가까운 호프집에 가서 맥주나 한잔하면서 못 다한 이야기를 나눌 시간 있나요? 지금 학과가 모두 다르죠? 방송 분야가 전공이 아니어도 모두들 방송에 관심이 있어서 오신 거죠? 그럼 제가 연출한 프로그램들을 통해서 제가 방송에 대해 가지고 있는 생각이나 경험을 여러분께 얘기해드리도록 하겠습니다. 그러면 여러분 각자가 유용한 부분만 채택하셔서 자신이 필요로하는 부분을 얻어가시기 바랍니다. 그냥 혼자 이야기하는 건 재미없으니까 여러분의 질문에 답하는 방식으로 이야기하겠습니다. 우선 여러분들이 질문을 생각하시는 동안 제가 PD로서 걸어온 길을 간단히 말씀드리지요.

저는 PD가 뭘 하는 건지도 잘 모르고 MBC에 입사를 했어요. 어떤 PD가 되고 싶다는 생각은 더욱 없었어요. 일단 1985년도에 입사해서 어떤 분야의 PD가 될 것인지 결정하기 위해 직무연수, 순환연수를 하는데, 드라마 파트에서 한 열흘 보고, 교양·다큐멘터리도 보고, 보도국 연수도 했는데 별 감흥이 없더라고요. 그런데 마지막으로 연수한 분야에 쇼, 코미디, 오락이 있었어요. 그 당시 <화요일에 만나요>라는 쇼 프로 리허설을 하는 공개홀 문을 열고 들어갔는데, 쿵쾅거리는 음악소리와 조명에 놀랐어요. 음악소리가 엄청나기도 했지만 내 가슴이 뛰는 소리가 더 큰 거예요. 다른 장르에서는 그냥 그런가 보다 했는데 이건 '아, 이거구나'라는 생각이 들더라고요. 그 당시에 나이트클럽을 가본 적은 별로 없었지만 웬만한 나이트클럽은 다 합쳐도 못 당할 사운드와 조명이 있는 거예요. 그때 나는 이런 쪽으로 타고났다는 걸 느끼고 쇼, 오락 프로그램 PD에 지원을 했어요. 그래서 처음 <토요일 토요일은 즐거워> 조연출로 쇼 프로그램

AD를 시작했지요. 5년 정도 AD 생활을 하다가 1991년도에 <일요일 일요일 밤에>로 처음 PD에 데뷔하게 됐어요. 그러면서 처음으로 ‘몰래 카메라’를 연출하게 됐죠. 현재 이화여대 교수로 활동하시는 주철환¹ PD가 1990년도에 <일요일 일요일 밤에> 총연출을 맡고 저는 ‘몰래 카메라’를 연출하면서 새끼 PD로 데뷔를 한 거예요. 그 뒤 1993년도에 작은 프로그램이지만 혼자 연출을 했는데 그게 바로 <웃으면 복이 와요>였어요. 그 프로에서 이경실을 스타로 만들고, 서경석, 이윤석, 홍기훈을 처음 발탁했죠. 그 다음에 일본에 6개월간 연수를 다녀와 다시 1996년도에 <일요일 일요일 밤에>를 맡았는데 이제는 대장 PD가 됐어요. 그때 총연출을 하면서 꼭지 연출까지 같이 했습니다.

당시 교통정지선을 지키자는 캠페인 ‘이경규가 간다’를 연출했는데, 그때부터 계속 뭔가 메시지를 담은 프로그램을 만들어달라는 MBC의 요청 내지 주위의 압력 같은 게 있었어요. 그런데 저는 사실 솔직히 말해서 그렇게 바르게 사는 사람이 아니거든요. 바르지 않은데, 그렇게 반듯한 프로그램을 자꾸 만들어달라고 해서 고민을 많이 했어요. 그래서 교통정지선을 지키자는 캠페인을 오락 프로그램에서 처음 만들었는데 그게 그렇게 히트할 줄 몰랐어요. 저는 물론이고 주위의 어떤 사람도 그게 그렇게 성공하리라고는 아무도 생각하지 못했습니다.

그 프로를 한 뒤 좀 쉬겠다 마음먹으면서 다음에는 재미있는 걸 만들어야겠다 생각했어요. 그런데 자꾸 제2의 ‘이경규가 간다’ 같은 것을 만들라는 겁니다. 그래서 실랑이를 하다가 다시 만든 게 <칭찬합시다>였는데 그건 성공하지 못할 거라고 생각했어요. 그저 열심히만 만들자고 다짐했죠. 그런데 그게 또 히트를 쳤어요. 그것 또한 누구도 성공한다고 생각하지 못했어요. 소시민들의 잔잔한 얘기일 뿐인데 사람들이 이렇게 좋아할

---

1 전 MBC 프로듀서, MBC 편성실 편성기획부 부장을 역임한 그는 현재 이화여대 언론홍보영상학부 부교수로 재직중이다. MBC <퀴즈 아카데미>, <우정의 무대>, <일요일 일요일 밤에>, <대학가요제>, <테마게임> 등을 연출하면서 작품성과 오락성을 두루 살린 대표적인 프로듀서로 인정받았다. 『PD는 마지막에 웃는다』를 비롯해 여러 권의 저서가 있다.

수 있는지 깜짝 놀랐어요. 그래서 속으로 이렇게 생각 했죠. '야, 진짜 너무 좋다. 시대가 프로그램을 이렇게 띄워주는가' 하고요. 그 당 시 막 IMF 위기가 시작되어 서 굉장히 어려울 때였거든

요. 그래서 또 히트를 친 거죠. 그 다음엔 1년 동안 공부하러 갔다 와서 이제야말로 재미있는 프로그램을 만들겠다고 생각을 했죠. 그런데 <칭찬 합시다> 아니면 '이경규가 간다' 같은 프로를 또 만들어달라는 거예요. 그래서 또 된다, 안 된다 싸우다가 '그래, 그냥 또 열심히만 만들자'라고 다짐하며 <느낌표>를 만들었습니다.

만들고 몇 번 하다 보니까 한 가지뿐만 아니라 한꺼번에 여러 가지를 다 담아야겠다 해서 청소년문제, 환경문제, 독서문제, 요즘은 아시아 노동 자 인권문제까지 다 해버렸어요. 그런데 그 중에 몇 개가 또 성공을 했어요. 그러더니 프로그램 전체가 또 히트를 치더라고요. 진짜 운이 좋다고 생각했 죠. 그렇게 생각할 수밖에 없는 게 지금 KBS, SBS, MBC에 수천 명의 PD가 있습니다. 그 많은 PD들이 지금 방송되는 서른 몇 개의 프로그램을 경쟁적으로 계속 만듭니다. 거기서 큰 히트를 하는 건 1년에 한두 개 정도라고 할까? 그러니 확률상 한 명의 PD가 그렇게 여러 프로그램을 다 성공시키기가 굉장히 힘듭니다. 그런데 그게 됐잖아요? 나는 진짜 운이 좋아요. '이경규가 간다', <칭찬합시다>, 이번에 '아시아 아시아', '0교시폐지운동', '하자 하자' 이런 것들 모두 운이 좋았기 때문에 가능했어 요. 그럼 왜 운이 좋았다는 것인지는 나중에 이야기해드리겠습니다.

그리고 여러분도 운이 좋을 수 있는 방법을 내가 가르쳐드릴게요. 운이 따르면 누구나 다 할 수 있어요. 여러분들도 운이 따를 수 있어요. 그 방법을 내가 나중에 다 얘기해드리겠습니다. 자, 그래서 지금까지 연출한 프로그램은 대략 이런 거예요. 여러분, 질문할 거 생각하셨습니까? 자, 질문하세요.

••질문: 지금까지 여러 프로그램을 성공적으로 제작했는데, 다루는 주제 자체가 사회적으로 이슈가 될 만한 것이었기 때문에 화제가 되었던 것은 아닐까요? 성공의 비결이 무엇인가요?

　제가 만든 프로그램이 교양이나, 다큐, 도덕 프로그램에서 다룰 공익적인 아이템을 오락 프로그램에서 다뤘기 때문에 성공했다는 거죠? 사람들이 대부분 그렇게 생각하거든요? 그런데 그렇지 않습니다. 왜냐하면 제가 공익 아이템으로 한 번 성공하고 나서 다른 방송사나 MBC의 다른 오락 프로그램에서도 공익적인 아이템을 가지고 시도를 많이 했어요. 그런데 사실 성공했다고 할 수 있는 작품은 거의 없거든요. 오락 프로그램에서 그런 사회적 이슈가 되는 문제를 다뤘다고 성공한 것이냐? 그건 아니란 말이죠.

　그렇다면 <느낌표>, <칭찬합시다>, '이경규가 간다' 이런 것들이 왜 성공을 했느냐? 그것은 어떻게 다루었나 하는 문제예요. 다루는 방법이 달랐기 때문에 성공을 한 거예요. 그런 문제를 다루는 방법은 굉장히 중요한 노하우이기도 한데, 여러분은 아직 나의 상대가 안 되기 때문에 얘기를 해드리겠습니다.

　며칠 전에 '해외원조단체협의회'라는 데서 저를 찾아왔어요. 그 단체가 아시아나 아프리카, 어디든지 대한민국이 원조를 할 수 있게 여론을 조성하고 싶은데 이에 관해 논의하고 싶다고 하더라고요. '아시아 아시아'를 보니까 <느낌표>에서 그 문제가 다뤄지면 좋겠다 싶어서 찾아온 거지요. 그런데 저는 찾아온 분들한테 <느낌표>에서 얘기하려는 걸 말해주고 그건 아직 아니라고 설득을 했습니다. 아시아 노동자, 이주 노동자들의 인권문제를 제기한 프로그램이 <느낌표> 이전에 없었느냐? 그게 아니죠. <느낌표>에서 시작하기 한 2개월 전부터 보도 프로그램, 교양 프로그램에서 막 봇물 터지듯이 문제제기를 하며 난리였어요. 그런데 그렇게 방송을 탔어도 그 효과란 것이 1월 중순에 <느낌표>가 딱 한 번 나간 것에 못 미쳤어요. 그 이유는 방법이 달랐던 거예요. 다른 프로그램은 외국인 노동자들의 인권을 보호해줘야 한다는 주장만 있었지, 마음을 움직이게 하는 장치가 아무것도 없었던 거예요.

마음을 움직일 수 있어야 한다 내가 '아시아 아시아'를 구성할 때, 처음에 그 아이템을 선정하고 외국인 노동자의 인권을 보호해줘야겠다고 생각한 것까지는 다른 프로그램들과 똑같았어요. 내가 거기까지만 생각하고 '아시아 아시아'를 만들어서 방송했으면 다른 프로그램이랑 똑같았을 거예요. 그런데 저는 거기서 어떤 생각을 했냐 하면, '이 사람들이 인권을 유린당하고 보호받지 못하는 것을 보여주는 데서 그친다면 프로그램을 할 필요가 없다. 이미 다른 데서 다 하고 있고, 했기 때문이다. 그럼 뭘 보여주어야 하느냐? 이 사람들이 가족이 있다는 걸 보여주자. 이건 굉장히 중요한 거다. 이 사람들이 그냥 노동자가 아니고 가족을 가진 인간이다. 이 사람들이 일만 하는 얼굴이 까만 동물이 아니고, 우리와 같이 가족을 위해 일하는 노동자라는 것을 보여주면 분명히 성공할 것이다'라고 그렇게 생각했어요. 그리고 가족이 있다는 걸 보여주기 위해서 이 사람의 고국에 가서 일을 하고 있는 그 사람의 가족들을 보여주고, 그 사람의 가족을 한두 명 데리고 와서 만나게 해주자. 지금 방송하고 있는 것처럼 말이죠. 우리나라 사람들은 정이 많잖아요? 감정에 호소하면 우리나라 사람들은 잘 움직이거든요. 그래서 껴안고 통곡을 하면 시청자들도 울지 않을 수 없을 것이고, 울고 나면 카타르시스를 느끼고 이성적으로 다시 생각해볼 거라고 생각했죠. 그런데 그게 정말 잘 맞아떨어졌어요. 그 전에는 아시아 노동자들이 우리와 같이 가족을 가지고 있는 인간이라는 생각을 해본 대한민국 사람은 극히 드물었어요. 그런데 그런 걸 보여줌으로써 다 공감을 한 거예요. 마음 한구석에 잊어버리고 있었던 것들을 다 건드려준 거예요. 바로 그래서 성공했다고 나는 생각해요. 그러니까 오락 프로그램에서 사회적 문제를 다뤘다고 성공하는 것이 아니고, 오락 프로그램에서 다른 어떤 장르와 마찬가지로 사회적인 문제를 다룰 수는 있는데 그것을 가장 감성적이고, 그리고 가장 간결한 메시지로 담았기 때문에 성공했다고 봐야 합니다.

••질문: 일본과 영국에서 공부할 때 어떤 것을 느꼈나요?

일본과 영국 유학생활에서 얻은 것들이 궁금하신 거죠? 1995년도에 후지 텔레비전에 연수를 갔어요. 그건 공부를 하러 간 게 아니고 실무를 배우려고 6개월간 갔었는데, 그때가 내가 가장 많은 도움을 받은 시절이 아니었나, 많이 배운 시절이 아니었나 생각합니다. 지금도 후배들한테 이런 이야기를 하는데, 여러분도 앞으로 어떤 직업을 가질지 모르지만, 나중에 어떤 일을 하기 위해 무언가 새롭게 바꾸어 변화를 주고 싶을 때는 머리만 짜내서는 절대 안 됩니다. 가장 좋은 방법은 시스템을 바꾸는 거예요. 그 시스템을 바꾸는 건 크게 어려운 게 아닙니다. 지금 세 명이 일을 하고 있는데 그걸 계속 그대로 두고 새로운 걸 모색하면 새로운 걸 찾기가 힘들어요. 절대 안 나옵니다. 이 세 명이 일을 하는데 한 사람을 더 넣어 네 명이 일을 하든지 아니면 한 사람을 빼고 둘이서 일을 한다든지 해야 새로운 게 나와요. 아니면 과감하게 10명을 넣고 하든지 해야 합니다. 그게 가장 쉬운 방법이에요.

변화를 원하면 시스템을 바꿔라 내가 일본에 가서 배운 게 그거예요. 그 당시 내가 일본 방송 시스템을 보고 한국이 일본 방송을 절대로 따라갈 수 없는 게 시스템 때문이라는 걸 느꼈습니다. 이미 시스템으로 열 배 이상은 앞서 있는 거예요. 촬영장 준비를 하는 스태프와 장치, 장비, 그리고 나중에 편집을 하는 1차 편집, 2차 편집 단계가 우리와는 비교가 안 될 정도로 체계화, 시스템화되어 있었습니다. 물론 인원도 우리나라의 몇 배가 넘습니다. 그래서 내가 한국에 돌아가면 이런 것을 해야 되겠다 결심하고 그렇게 했습니다. 그 당시만 해도 한국은 PD 한두 명에 AD 한두 명, 그리고 작가 서너 명이 한 프로그램을 만들었어요. 그런데 일본은 거짓말 하나도 안 보태고 똑같은 50분, 60분짜리 프로그램을 PD 약 8명, AD 8명, 작가 15명 정도 그렇게 만들어요. 그게 상대가 되겠습니까? 당연히 대적할 수가 없습니다. 그래서 한국에 돌아와서 대본과 큐시트 (cue-sheet)2 등 여러 가지를 전부 가져다 부장, 국장한테 드리고 일본은 이렇게 하고 있는데 우리는 이게 뭐냐고 하면서 PD도 한 네다섯 명 달라고 하고 작가도 두세 배는 뽑고 그랬어요. 그래도 일본의 스태프 인원에 비해서 반도 안 되지만 그전에 비해서는 배가 는 겁니다.

사회를 바라보는 눈이 달라지다 그렇게 시스템을 바꾸고 인원 보강을 해서 의욕적으로 프로그램을 하나 만들었는데 이게 실패했어요. 그게 <TV 파크>란 프로그램이었는데 그게 지금의 대한민국에서 방송되고 있는 연예·오락 프로그램의 전형입니다. 그때 <TV 파크>란 프로그램이 대한민국에서 처음으로 자막을 넣었어요. 지금 연예·오락 프로그램을 보면 하단에 자막 나오죠? 그 전에는 없었어요. 내가 그것을 처음 시도했고 그 다음엔 음향효과를 넣었죠. 화면이 깨지는 비디오 연출이 나오면 그 전에는 깨지는 것까지는 어떻게 할 수 있었는데 깨지는 소리는 시간이 오래 걸리고 장비도 너무 없어서 힘들었습니다. 그런데 저는 그걸 또 시작했어요. '쨍그렁' 소리까지 넣고, 자막이 솟아오르면 '뽕'하고 소리나게 하고, 당시에 그 작업을 하려면 한 3일 밤을 새워야 했어요. 처음 하는 거라 서툴렀지만 그래도 이를 악물고 했습니다. 그것만 안 했으면 3일 밤 안 새우고도 방송 나갈 수 있었던 건데 밤 새워가며 열심히 했습니다. 스태프들이 너무 싫어해서 그들에게 욕을 먹으면서 했습니다. 미술 소도구를 맡은 사람, 컴퓨터그래픽 만드는 사람, 자막 넣는 사람, 편집감독, 다들 저를 너무 싫어했어요. 그래도 했습니다. 계속했습니다. 그랬더니 한두 달 지나니까 SBS, KBS에서 막 따라하기 시작하더니 불과 몇 개월도 안 되어 전부 따라하더라고요. 프로그램은 실패했는데, 모양은 오락 프로그램의 모델이 됐어요. 프로그램 자체의 실패가 어느 정도였나 하면 ≪조선일보≫, ≪중앙일보≫ 등 사대 일간지 사설까지 올랐는데 <TV 파크> 보고 "오락 프로 갈 데까지 갔다", "방송 이래도 되나" 뭐 이런 식의 제목이었어요. 내가 너무 쇼크를 받아서 더 이상 연출을 못 하겠다는 생각도 들었고

---

2 작업의 순서, 내용 등을 적어놓은 표로 큐시트에는 신넘버와 컷넘버, 상황, 음악의 길이와 음향, 타임코드 등을 기재한다. 영상의 진행과 음악의 진행도 함께 체크할 수 있다. 상황이나 사운드 처리도 기재하도록 한다. 큐시트는 연출자가 기입하고 카메라 및 기술 담당자에게 넘겨지며 방송의 작업도면과 같다.

정말 죽고 싶기도 했었습니다. 정말로 죽고 싶다는 생각이 일생을 살면서 한두 번 들기 힘들거든요. 심의실 가서 모니터 보고서나 쓰고 있어야겠다고 좌절하고 있었는데, 송창의3 선배가 저한테, 넌 이 일을 계기로 프로그램을 다루는, 사회를 보는 눈이 달라질 것이다, 틀림없이 도움이 될 것이다, 기운 내서 하라며 좋은 이야기를 많이 해주셨습니다. 거기서 용기를 얻고 힘을 내서 몇 달 더 견디다가 MBC <일요일 일요일 밤에> 총연출을 맡았어요. 그래서 '이경규가 간다' 교통정지선 캠페인을 시작한 거예요. 그런데 그게 성공하지 않았습니까?

장애인이 몰았던 티코가 정지선을 지켜서 장애인이 양심냉장고 탄 거 기억하시죠? 그게 첫 방송이었습니다. 그랬더니 우습게도 ≪조선일보≫, ≪중앙일보≫, ≪동아일보≫ 모두 '한국 방송 이래야 한다'며 다시 사설에 제 프로그램이 실렸어요. 어떤 사설 제목은 "누가 장애인인가? 신체가 멀쩡하고 신호를 지키지 않는 사람이 장애인인가, 신체장애인이지만 신호를 지킨 사람이 장애인인가" 이러면서 이 프로그램을 추켜세웠지요.

국민들에게도 상당히 충격을 줬습니다. 첫 방송이 나오고 열화와 같은 요청에 한국 방송 사상 최초로 일요일 저녁 7시, 이 시간이 대한민국에서 제일 비싼 시간인데, 그 정규방송 시간에 똑같이 그대로 재방송을 했습니다. 다시 보여준 것인데도 역시 다시 보는 사람이나 처음 보는 사람이나 전부 좋아들 하셨어요. 그래서 제가 얼마나 운이 좋은지 기사회생을 해서 다시 시작하게 됐는데, 그게 일본에 가서 연수를 하면서 배운 덕분입니다.

때로는 한 박자 쉬어서 가자 <칭찬합시다>를 마치고 영국에 갔는데

---

3 전 MBC 프로듀서, MBC 예능국 부국장을 역임한 그는 현재 'JOY Entertainment' 대표로 있다. 1977년 MBC 7기로 입사해 <뽀뽀뽀>로 데뷔한 뒤, 1980~1990년 대 최고의 인기 쇼 프로그램인 <토요일 토요일은 즐거워>, <일요일 일요일 밤에>를 연속적으로 연출하여 스타 연출가로 떠오른다. 이밖에도 <특종 TV 연예>, <주병진 나이트 쇼> 그리고 많은 사랑을 받았던 청춘 시트콤 <남자 셋 여자 셋>과 얼마 전 종영한 성인 시트콤 <세 친구>, <연인들> 등도 그의 연출작이다.

그때는 공부하러 갔습니다. 그런데 공부가 잘 안 되더라고요. 그래서 방송에 대해선 생각하지 않고 그 사람들의 문화를 즐겼어요. 이것저것 즐기느라고 집안에 모아뒀던 돈도 다 갖다 쓰고, 그래서 정말 수중에 돈 한 푼도 없이 들어왔습니다. 그런데 그때 여러 가지로 참 많이 배웠던 거 같습니다. '책을 읽읍시다'와 '하자 하자' 아이디어도 그때 나왔어요. 청소년에 대한 생각도 영국에 있으면서 절실하게 느꼈습니다. 우리나라 청소년들과 영국의 청소년들을 비교할 때 우리나라 청소년이 너무 불쌍했어요. 그래서 내가 한국에 오면 이런 것에 대해서 만들어야 되겠다고 생각해서 지금의 '하자 하자'가 탄생한 겁니다. 지금도 여전히 우리 청소년들 너무 불쌍합니다. 그러니까 제가 힘은 없지만 방송을 만드는 PD로서 할 수 있을 때까지는 해봐야겠다 하면서 하고 있습니다. 그러니까 영국 있으면서 얻었던 것을 고스란히 〈느낌표〉에 담고 있는 셈이죠. 여러분도 어떤 일을 하려고 할 때 그 일에 대해 너무 생각하지만 말고, 어떨 때는 한 템포 쉬고, 한 번 뒤로 빠져서 다른 생각을 하고 다시 그 자리에 오면 더 생각이 잘 날 수 있어요.

• • 질문: PD가 구체적으로 하는 일은 어떤 건지, 그리고 어떻게 PD가 될 수 있는지요?

나는 PD여서 행복하다 PD나 방송 관련 일을 하고 싶으신 분 많죠? PD는 굉장히 좋습니다. 뭐가 좋은지 말씀드릴게요. 내가 27세에 입사를 해서 AD를 했습니다. 그때 가수 김완선 씨가 데뷔하면서 인기가 많았어요. 그래서 김완선 뮤직비디오를 찍는데 AD가 찍거든요. 「나 홀로 뜰 앞에서」란 노래 뮤직비디오를 찍으러 갔었어요. 처음 연출한 것이니까 기억이 생생하게 납니다. 〈토요일 토요일은 즐거워〉 조연출로 배정이 되면서 선배가 김완선 노래 주고 내일 나가서 당장 뮤직비디오를 찍어오라는 겁니다.

밤새 잠은 안 오고 테이프를 계속 들었어요. 이제 콘티4라는 걸 짜야

---

4 'continuity'의 줄임말로 영화나 방송에서의 촬영(방송) 대본을 말한다. 대개의

되는데 이 소절에서는 어떻게 찍고, 저 소절에서는 어떻게 찍고 그런 콘티란 걸 처음 짜면서 밤을 새웠습니다. 지금 에버랜드, 그때는 자연농원이죠. 거기서 찍어야 된다고 해서 스태프들 한 3, 40명과 함께 버스를 타고 가는데 내내 걱정이 되는 거예요. 에버랜드에 도착해서 내렸는데 깜짝 놀랐어요. 주위가 너무 조용한 거예요. 그래서 순간 이게 어떻게 된 건가 돌아보니 모든 사람이 저를 보고 있는 겁니다. 그래서 얼결에 "저기로" 그랬더니 다 저기로 가는 거예요. 그때 '야, PD가 이런 거구나' 생각했죠. "자, 완선아, 거기서 걸어와" 그러면 걸어오고. "자, 카메라, 이렇게 저렇게 찍어주세요" 그러면 그렇게 찍고 내 마음대로 할 수 있는 거예요. 27살 신입사원이 어떤 일을 하는데 자기 마음대로 할 수 있는 직업이 있습니까? 없습니다. AD가 돼서 실무를 시작한 지 지금 18년째인데, 18년 동안 내 마음대로 할 수 있었습니다. 그런 직업은 세상에 없습니다. 하물며 돈도 내 마음대로 쓸 수 있습니다. 하고 싶은 대로 다 할 수 있어요 그게 PD가 가진 가장 매력적인 점입니다. 그런데 물론 마음대로 할 수 있는데 끝까지 책임을 져야 합니다. 내가 책임을 질 수만 있으면 뭐든지 할 수 있어요. 물론 프로그램에 대한 고민 때문에 잠을 못 잘 수도 있고 그걸 짓누르는 무게는 엄청납니다. 그렇지만 이겨낼 만한 가치가 있고 그것만 이겨낼 수 있다면 아주 멋있는 직업이라는 걸 말씀드리고 싶습니다.

시험만으로 PD가 되던 시대는 변하고 있다 구체적으로 PD가 하는 일은 연출입니다. 연출을 한다는 건 내가 생각한 대로 상황을 만들고 촬영을 하고 편집도 하고 그런 거죠. 그리고 처음에 스태프 구성도 다 합니다. 작가, FD, AD, PD 다 캐스팅하고, 출연자, 개그맨, 탤런트도 다 캐스팅합니다. 기획하고 캐스팅하고 구성해서 촬영하고 편집하고 방송하고, 이게 PD가 하는 일입니다. 어려운 것만은 아니고 한번 들어와서 일을 시작하면 누구나 할 수 있는 일입니다. 다만 얼마만큼 잘하느냐가 문제죠. PD가 되려면 공채시험을 봐야 합니다. 그것 말고 PD가 될 수

경우는 한 방송이나 영화의 전체적 흐름을 짜는 것을 의미한다.

있는 다른 방법이 하나 있어요. 요즘 들어 외주제작이 30% 정도 차지합니다. 그래서 방송국 PD가 아니더라도 외주 프로덕션의 PD가 되면 똑같이 MBC에서 방송될 수 있습니다.

그러니까 PD가 될 수 있는 길은 공채를 통해 입사해서 방송국 PD가 되는 길이 하나 있고, 하나는 외주 프로덕션 PD가 되는 길이 있는데, 외주 프로덕션 PD가 되는 길은 공중파에서 FD나 작가 또는 계약직 AD 일을 하면서 경력을 쌓게 되면 정식 경로는 아니지만 그 경력을 인정받아 외주 프로덕션의 AD나 PD로 들어갈 수가 있습니다. 그럼 거기서 또 잘하면 훌륭한 PD가 될 수 있는 거죠. 그 전에는 이런 게 없어서 반드시 죽어라 공부해서 시험을 봐야 공채 PD가 된다고 그랬거든요. 그런데 요즘은 조금씩 달라지고 있습니다. 앞으로는 더 달라질 것 같습니다. 내가 봐도 요즘은 공채로 들어온 PD보다 AD나 작가, FD로 들어온 사람들이 잘하는 경우가 있습니다. 그러니까 혹시 나중에 공채 떨어지더라도 실망하지 마시고, 정말 원한다면 길은 반드시 있습니다.

• • 질문: <느낌표>를 통해 외국인 노동자문제나 청소년문제 같은 사회적 이슈들이 제기되는 것은 좋은 일이지만 그것으로 끝나면 안 되는 것 아닌가요? 어떤 점에서는 <느낌표>에서 정서를 건드리는 방식으로 다룸으로써 문제가 고착되는 면도 있지 않은가 싶은데요?

TV 매체의 한계를 역이용하라 방송이 갖는 한계에 대해 궁금하신 거죠? 활자매체는 무겁고 진지한데, TV는 상대적으로 가볍고 깊지 않습니다. 내 생각은 이렇습니다. TV에서 활자매체가 가지는 정보만큼의 진지함을 가지고 가면 바보예요. 매체가 갖고 있는 각각의 특성이 있는데, 무겁게 간다면 TV 매체에는 맞지 않다고 생각하거든요. 그래서 내가 처음 얘기한 것처럼 감정에 호소한다거나, 지속적이지 않다는 것들에 대한 한계를 알고 있음에도 불구하고 그렇게밖에 못 하는 건 TV 매체의 특성을 너무나 잘 알고 있기 때문일 겁니다.

예를 들면, '하자 하자'의 아침밥 먹자는 캠페인으로 0교시 폐지 문제가 대두되었잖아요? 난리가 났지요. 그래서 교육부 차원에서 폐지한다면서 여론조사를 했는데 87%가 0교시 폐지를 찬성한다고 해서 0교시가 없어지는 줄 알았습니다. 그런데 하나도 안 없어졌어요. 그렇다고 다시 생긴 것도 아닙니다. 여론화, 공론화됐을 때 없애야 된다고 여기저기서 주장은 했지만 전체 학교의 10% 정도만 없애고 90% 이상의 학교가 0교시를 했습니다. 그건 TV에서 했기 때문에 지속성이 없고 그 파급효과가 실효성이 없다는 건 아니고, 우리 사회가 가지고 있는 구조적인 한계가 더 크기 때문이라고 생각합니다. 청소년문제, 교육문제, 외국인 노동자 인권문제, 이 이슈들이 다 하나씩 별개로 있는 것 같지만 사실은 이것과 관련된 사회적인 문제가 너무나 많아요. 해결해야 할 문제가 말이죠. 우리 사회가 전반적으로 덜 성숙해 있기 때문에 어떤 문제를 해결하기 위해선 그것만 해결하면 되는 게 아니고, 전부 다 따라와주지 않으면 근본적으로 해결될 수 없거든요. 일시적으로 한번에 변화시킬 수 있다고는 생각하지 않습니다. 그래서 저의 계획은 계속 문제제기를 하는 겁니다. 사람들이 잊어버릴 때쯤 또 제기하고, 또 제기하는 것, 그것이 저의 목표입니다. 물론 TV의 한계일 수도 있지요. 그 한계 속에서 나름대로 노력을 해야 하는 거지요.

• • 질문: 프로그램 제작을 하면서 기억나는 에피소드가 있으면 말씀해주세요.

저는 운이 참 좋아서 성공했다고 이야기를 했습니다. 운이 참 좋다는 것과 연관해서 에피소드 하나 말씀드리죠. '이경규가 간다'를 처음 시작할 때였어요. 여러분 어떤 것을 기획한다는 건 백지에다가 그림을 그리는 거랑 똑같아요.

처음에 회의를 시작했어요. 그런데 하루 이틀 사흘이 돼도 이거 합시다, 저거 합시다, 뭔가 얘길 하면 전부 전에 봤던 것 같고, 참 마음에 안 들어요. 그렇게 시간만 가는 거예요. 빨리 촬영을 해야 되는데 매일 밤을 새워서 회의만 했어요. 그러다 어느날, 그날도 한 새벽 4시쯤 혼자 집을 가는데 우리 집 바로 앞에 신호등이 하나 있었어요. 그 신호등만 딱 지나가면 우리 아파트였죠. 시간은 새벽 4시예요. 빨간 불인데, 당연히 아무도 안 봤어요. 그런데 괜히 섰어요, 혼자. 장난 반, 뭐 그런 맘으로 그냥 섰어요. 그전에는 그냥 지나갔는데 말이죠. 딱 선 다음에 뒤를 돌아보니까 아무도 없어요. 지나가는 차도 없고, 지나가는 사람도 없고, 거리 청소부 아저씨도 없어요. 세우고 나서 그냥 갈까? 그러다가 아, 이왕 선 거 조금만 기다리자 하면서 신호등이 깜빡깜빡하며 파란 불이 될 때까지 기다리고 있었어요. 한 2, 3초 기다리니까 파란 불이 탁 들어와서 출발을 했지요. 그리고 집에 들어가는데 기분이 굉장히 좋았어요. 아무도 안 봤는데 말이죠. 그 순간에 내가 '아, 이걸 해봐야겠다. 이걸 만들어야겠다'는 그 생각이 딱 떠올랐어요. 그래서 그날 흥분을 해서 잠도 못 자고 계속 뜬눈으로 밤을 새우고 또 회의하러 갔어요. 아침 10시에 스태프 12명이랑 작가도 다 오라고 해서 앉았는데, 내가 죽이는 걸 가져왔다며 흥분해서 얘기를 했어요. 밤에 신호등 지키고 가는 사람들 선물 주는 거라고 그랬더니 전부 다 "에이" 그러는 거예요. "아, 감독님, 그게 뭐예요, 그게?" 말도 안 된다는 거였죠. 뭐 유명 연예인이 나오는 것도 아니고, 유명인사 나오는 것도 아니고, 흡인력이 하나도 없다는 거죠. 그냥 차 하나 나오고, 이경규 혼자 있고, 그걸 누가 보겠냐는 거였죠. 전부 반대를 했어요. 다들 강력하게 반대를 하니까 나도 '그런가?' 싶었죠. 그래서 그냥 넘어갔어요. 밤새 딴 아이디어로 하룻밤을 지냈어요. 그런데도 별다른 아이디어도 없고 그 다음날도 없었어요. 내일 모레 찍어야 하는데 말이죠. 그날 찍지 않으면 금요일인데, 토요일에 편집해서 일요일에 방송을 해야 됐어요. 내일 모레까지 찍지 않으면 안 되는데 아무 아이템도 없었죠. "야, 이거 어떻게 하면 좋으냐, 이틀 남기고. 딴 거 없으니까 그냥 이거 하자." 그렇게 사정을 했어요. 그랬더니 도저히 안 된대요. 그런 걸 하느니 차라리 이걸 하겠다든 지 하면서 전부 무시했죠. 기분 나쁘지만 나도 자신이 없으니까 또 그냥 넘어갔어요.

　하루 남았어요. 내일 안 찍으면 방송이 펑크였죠. 밤 12시쯤 됐어요. 도저히 다른 아이템들은, 예를 들면 지금 무슨 게임하는 거, 토크하는 거, 연예인 데리고 하는 거, 다 비슷해서 그런 건 하고 싶지가 않아요. 그래서 밤 12시쯤에 "이거 한다. 왜? 내가 대장이니까. 내가 한다. 이경규한 테 전화해서 오라 그래." 그래서 새벽 한 시에 불렀어요.

원래 어떤 프로그램이든 첫 방송은 생각을 많이 해서 결정을 하기 때문에 촬영할 시간적 여유를 충분히 가지고 하는 건데, 늦게 결정이 됐으니까 시간이 없었어요. '신호등 지키기'면 어느 신호등에서 찍을 것인가, 그 다음에 카메라 숨겨둘 위치가 어디가 좋고, 이런 걸 다 파악해서 그 중에서 선택을 하고, 그리고 선물은 무엇을 주고, 구성은 어떻게 하고, 캐스팅은, 또 보조출연자는 누구로 하고, 막 결정을 해서 치밀하게 해도 성공할까 말까인데, 내일 당장 찍어야 했죠. 아니 새벽이니까 오늘이죠. "오늘 밤 10시에 슈팅이야." "감독님, 어떻게 하죠?" "야, 뭘 어떻게 하냐. MBC 뒤에, (가보지도 않고) 거기 신호등 있지, 거기서 찍는 거야. 그런데 진짜 지키는 사람 나타나면 어떻게 하냐? 선물 줘야 되잖아. 선물 뭐가 좋지?"

나중에 이 코너가 성공한 다음에 신문에서 뭐라 그랬냐 하면 양심냉장고 니까 썩지 않는 양심, 신선한 양심을 보존하기 위해서 선물을 냉장고로 했다면서 난리 극찬을 했어요. 그런데 그때 어떻게 양심냉장고가 됐냐 하면 이렇습니다. "감독님 뭘로 하죠?" "야, 제일 큰 거 없냐? 제일 큰 거 뭐야?" 텔레비전, 에어컨, 해외여행 티켓, 컴퓨터 다 나왔어요. "야, 제일 큰 거?" "세탁기?" "세탁기보다 큰 거?" "냉장고?" "그래, 냉장고로 가자." 그래서 냉장고로 했어요. 그런데 냉장고 실물이 없어서 빈 박스를 이용했죠 "치어 리더 좀 불러라. 도우미. 도우미 부르고 그 다음에, 이경규 혼자 하면 재미가 없잖아. 어떻게 해야 되지? 야, 민용태 교수 전화해라. 아침에 전화해서 잠깐 오시라 그래. 밤에 찍는데 뭐 시간이야 있겠지." 그렇게 촬영을 시작했어요. 이게 말이 쉽고 재미있는 거지. 여러분 생각을 해보세요. MBC, SBS, KBS 통틀어서 대한민국 연예오락 프로그램 중에 <일요일 일요일 밤에>가 가장 큰 프로그램이에요. 그리고 가장 비싼 시간에 들어가는 프로를 이런 식으로 시작한 거예요.

가장 어려운 순간에 운이 따르다 "자, 카메라 스타트." "예, 시청자 여러분 안녕하십니까? '이경규가 간다'의 이경규입니다. 예, 제가 오늘은 신호등에 서가지고 교통정지선을 지키는지 안 지키는지 지켜보도록 하겠습니다. 안 지킬 것 같습니까? 박사님, 어떻게 생각하십니까?” 이렇게 시작을 했어요. 처음에 한 시간 정도는 재미있었어요. 설까 말까 하다가 지나가는 차, 섰다가 지나가는 차, 아니면 재빨리 지나가는 차, 택시, 자가용, 버스 모두 너무 재미있는 거예요. 이경규가 “예, 옵니다. 옵니다. 옵니다. 예~ 지나갔습니다. 아, 또 옵니다. 두 대, 두 대 옵니다. 두 대, 두 대, 예, 지나갑니다. 지나갑니다. 또 빨리 지나갑니다.” 무지하게 재미있게 했죠. “자, 버스 옵니다. 버스가 서면 내 손에 장을 지집니다. 네~ 지나갔습니다.” 이러는데 정말 재미있었죠. 그런데 11시쯤 되고, 12시쯤 되고 서는 사람이 없는 거예요. 밤이 깊을수록 더 안서고, 보는 사람도 없으니까요. 그러니까 이제 스태프들, 이경규 모두 지치는 거죠. 목은 아프지, 짜증을 내기 시작해요. 그때가 가장 힘들 때였어요. “그만합시다.” “조금만 더.” 1시가 되도 안 나타나요. “이거 뭐 하러 해.” “그만합시다.” “조금만 더 해.” 2시가 됐죠. “아, 김 감독. 안 나와. 그만해, 이제.” 한 3시쯤 되니까 짧은 치마 입은 치어 리더들도 “감독님, 추워요.” 이경규가 급기야 “아, 그만 하자고. 이게 뭐냐고? 이건 분명 정신 나간 짓이라고. 그만합시다. 야, 카메라 돌려 돌려. 예, 시청자 여러분 드디어 실패했습니다. 예, 다음 주에 뵙겠습니다.” 그러면서 곧바로 끝낼 태세였어요.

그래서 그 순간에 생각을 했어요. 이 사태를 잠재울 방법이 뭐 없나 생각하다가 내가 화를 확 냈어요. “오늘 날 밝을 때까지 안 나타나면 내일 밤 또 한다. 내일 밤 밝을 때까지 또 하고, 계속한다”고 소리를 질렀죠. 그러니까 스태프들 생각이 다 바뀌어서 “아 씨, 오늘 빨리 나타났으면 좋겠다”고 하더라고요. 그래서 다시 녹화 시작을 했는데 4시가 됐죠. 사실은 정말 미친 짓이었을지도 몰라요. 무모했죠. 아무튼 4시에 다시 시작을 했는데 한 10분도 안 돼서 정말 기적 같은 일이 벌어진 거예요. 티코가 하나 오는데 속력이 줄어드는 거예요. 그러니까 이경규가 지쳐 있다가 눈이 크게 떠지면서 어어어어 하더니, “섰습니다. 섰습니다” 이러는 거예요. 그러더니 이 사람이 흥분이 돼서 “섰습니다. 가면 안 돼. 가면 안돼” 하고 막 소리를 질렀어요. “3초 전, 2초 전 가면 안 돼. 가면 안 돼. 1초 ……” 야, 근데 진짜로 파란 불이 딱 바뀔 때까지 움직이지 않다가 정말 거짓말같이 파란 불이 딱 켜지니까 움직이는 거예요.

이제 이 차를 세워야 되잖아요. 차를 세워야 한다는 생각도 못 하고 있었죠. 다음 회부터는 차가 섰을 경우에 어디에 요원들을 배치해놓고 어떻게 차를 세운다, 그런 걸 다 짜놓고 했는데 그 당시에는 전혀 대책이 없었어요. 그때는 무작정 차를 세워야 되니까, 요즘도 내가 그 비디오를 보면 웃는데, 내가 막 뛰어나가더니 티코 앞을 (두 손으로 티코 앞을 막는 제스처) 치이면 어떡하려고, 손으로 막고 나섰어요. 그렇게 세웠어요. 세웠는데 그 순간에 여러분들, 내가 얼마나 깜짝 놀랐는지 …… . 그 운전자의 얼굴을 딱 보고 속으로 '야, 망했다. 아이 씨, 정말 운도 없다. 하필이면 음주운전자가 걸리냐' 하고 생각했죠. 딱 보니까 이 사람 얼굴이 일그러져 있는 게 술 먹고 운전하는 사람인 줄 안 거예요. 짧은 순간이지만 '어떻게 하지? 어떻게 하지?' 하면서 옆으로 가서 다시 한 번 얼굴을 보려고 하는데, 앞 유리창 운전석 밑에 장애인 마크가 붙어 있는 걸 봤어요. 그걸 보고 딱 보니까 장애인인 거예요. 그 순간에 정말 아무 생각도 안 났죠. '야, 이럴 수가 있나? 세상에 이런 기적 같은 일이 어떻게 일어날 수가 있는가?' 막 정신없이 녹화를 끝냈어요. 아무 생각 없이 녹화를 끝내고, 보통은 다 끝내면 스태프들 인사하고 집으로 가는데 그날은 방송국으로 들어왔어요. 그리고 이경규가 나를 따라 왔더라고요. 나한테 그러는 거예요 "어떻게 이런 일이 일어날 수가 있지?" 자기도 연기생활 10년 만에, 이런 일은 처음이라는 거죠. "야, 세상에 이런 기적이 내 평생 일어날 수 있을까?"

그때 대박이 터졌죠. "과연 누가 장애인인가?" 신문에 이렇게 막 나오고 아직까지도 가끔 이경규 씨가 물어요. "형, 그때 불렀지? 솔직히 얘기해봐. 형이 다 준비시켜놓고 우리 막 혼내고 10분 만에 오게 짠 거지?"

물론 그럴 리가 있겠습니까? 그 일이 내가 연출하면서 가장 어려운 순간이기도 했고 또 너무나 운이 좋게 그것을 극복했던 경우이기도 하죠. 재미있죠?

•• 질문: 제작 프로그램마다 성공하는 비결이 무엇인가요?

사람을 보는 눈을 기르다 저는 눈물이란 게 참 좋은 거라고 생각해요. 사람이 울어보지 않으면 진정으로 느끼고 배우기 어려워요. 많이 울어본 사람이 많이 크죠. 그리고 함께 우는 것만큼 서로 공감의 폭을 넓히는 것은 없어요. 저는 눈물이 많아요. 여러분, <칭찬합시다>나 '아시아 아시아' 보면서 울어본 사람 많죠? 그래요. 건성으로 보지 않고 조금만 진심으로 보면 누구나 울죠. 누구나 눈물이 나죠. 근데 여러분은 한 번 울지만 난 그 장면 보면서 수십 번 울어요. 여러분은 방송 나오는 한 번을 보지만, 나는 직접 편집하면서 수십 번도 더 봐요, 밤을 새서. 그럴 때마다 혼자 울어요. 눈물이 그냥 주르르 저절로 나와요. 어떤 장애인 아저씨가 있는데 내일이 친척 결혼식이래요. 그날 밤에 친척집에서 전화가 왔어요. 너는 오지 않는 게 좋겠다고. 자기도 그 친척에게 누가 될까봐 가지 않으려고 생각했대요. 근데 그런 전화를 받으면서 자기가 너무 힘이 없대요. 그런 얘기를 듣는데 울지 않을 사람이 어디 있어요? 계속 우는 거죠. 혼자 울다가 창피하니까 나와서 커피 한 잔 마시고 들어와서 편집하고 또 울고

왜 제가 만드는 프로그램마다 다 성공을 하는지 아십니까? 그건 바로 제가 프로그램을 연출하면서, 편집을 하면서 배우는 거예요. '이경규가 간다'에서 양심을 가진 사람들의 선한 마음을 편집하면서 선한 마음을 배우는 겁니다. 그러면 나도 모르게 <칭찬합시다>를 만드는 거예요. 그리고 <칭찬합시다>를 편집하고 연출하고 촬영하고 방송을 하면서 또 배우는 거예요. 그럼 <칭찬합시다>가 인간을 보는 눈, 사물을 보는 시각을 가르쳐주는 겁니다. <칭찬합시다>라는 훌륭한 교재를 나만큼 읽고 또 읽고 또 읽은 사람이 아무도 없었던 거예요. 그만큼 나를 성숙시켜 주었던 것입니다. 그리고 <칭찬합시다>가 <느낌표>를 만들었고 그것도 성공하게 해줬습니다. 다음에 만드는 프로그램이 실패할 수도 있지만 틀림없이 <느낌표>를 하면서 배운 어떤 것이 다른 프로그램에 영향을 끼칠 것이라고 생각합니다. 그러니까 여러분도 무얼 하면 물론 의식적으로 그게 되는 건 아니지만 열심히 하십시오. 열심히 하면 그 순간에 바로

운 좋은 일이 일어나는 것이 아니고 그 일을 통해서 여러분이 성숙해지고 배우게 되고 그럼 그 다음 일이 다 잘될 수 있습니다. 그게 운이에요. 남들이 가질 수 없는 기회를 스스로 갖는 거예요. 그러면 여러분은 틀림없이 운 좋은 사람들이 될 겁니다.

PD가 가진 힘 방송이 사회적 속성을 벗어날 수 없는 면도 있지만, 사회가 방송의 힘을 자꾸 이용하려고 해요. 정치도 그렇고, 사회도 그렇고, 경제도 그렇고. 지금 제가 <느낌표> 만드는데, 예를 들어서 청와대에서 전화를 합니다. 국정원, 정부 각 부처, 경제단체, 기업체, 시민단체, KTF, 코카콜라 같은 곳에서도 <느낌표> 프로그램 하나에 전부 달려들어서 이렇게 해달라, 저렇게 해달라, 옛날처럼 압력을 넣는 식이 아니고 자기들이 프로그램을 이용하려고 하는 거죠. 왜냐하면 방송이 이미지를 만들기 때문에 그래요. 21세기는 이미지의 시대라고 하잖아요? 브랜드! 브랜드라는 것도 사실 보이지 않는 이미지인데, 그 이미지 파워를 알릴 수 있는 가장 강력한 매체가 방송이거든요. 그래서 앞으로 더 심해지지 않을까 싶습니다.

사실 요즘은 웬만큼 자리도 잡고 해서 별 신경 안 쓰지만, 초창기에는 정말 정신 못 차렸어요. '책을 읽읍시다' 하는데 책 선정하는 거 하나 가지고 출판계의 권력이다 뭐다 하면서 출판의 절대강자, 권력남용, 이러면서 공격하고 그러는 거예요. 그런데 사실 책 선정하는 데 나는 1%도 관여하지 않거든요. 내가 관여할 수 없는 시스템을 만들어놨어요. 책을 선정하는 위원회가 따로 있기 때문이죠. 그리고 그 위원들 명단은 비공개고 절대로 아무도 몰라요. 그러니 내가 거기에 행사할 수 있는 권력은 0%예요. 처음부터 그랬던 거였어요. 그런데 그것도 모르고 내가 좌지우지하는 것처럼 난리치고 그러는 거예요. 그때부터 사실은 '아, 사람들이 내가 힘을 많이 가졌다고 생각하는구나. 야, 이거 굉장히 겁나는 일이다'라고 생각했어요. 왜냐하면 내가 진짜로 힘을 가졌다면 힘을 쓰면 되는데, 나는 힘을 하나도 안 가지고 있는데 힘을 가졌다고 사람들이 생각하니까 문제가 참 많다라는 것을 느끼고, 그래서 굉장히 경계하기 시작했어요. 지금도 항상 그런 힘이 있는 것처럼 누군가 얘기하고 그러면 처음처럼 해야 되겠다, 초심으로 돌아가야 되겠다고 생각하고 스스로 경계하는 수밖에 없는 것 같아요.

••질문: 오락 프로그램이 대개 틀에 박힌 형식이 많은데 김영희 PD가 시도한 프로그램은 기존의 오락 프로그램들과 구별되는 새로운 형식이 많은 것 같아요. 본인이 생각하는 오락 프로그램의 정의랄까, 이래야 한다는 게 있다면 말씀해주세요.

오락 프로그램은 일단 재미있어야 하죠. 나는 재미있어야 오락 프로그램이라고 생각해요. 내가 1995년도에 일본 후지 텔레비전에 연수를 갔는데 처음 후지 텔레비전 정문에 요만하게 뭐가 붙어 있어요. 사훈이었죠. 우리 같으면 정의, 공정, 뭐 이런 단어들이 붙어 있겠지요. 거기 붙어 있는 문구가, 물론 일본말로 써 있었지만, 뭐라고 붙어 있냐 하면, '즐겁지 않은 건 TV가 아니다.' 물론 후지 텔레비전이 민영방송이기 때문에 그런 걸 사훈으로 하는지 모르지만, 그건 굉장히 중요한 말이에요. 즐겁지 않으면 TV가 아니다. TV는 즐거워야 한다는 거죠. 후지 텔레비전에서 나오는 프로그램을 시청자가 즐겁게 봐야 된다는 거죠. 즐겁다는 건 여러 가지 의미가 있지요? 나는 텔레비전은 재미가 있어야 된다고 생각해요. 즐겁다는 거하고 재미있는 거하고는 다르죠. 재미에 대한 정의가 중요하죠. 여기서 재미는 웃기는 것만 있는 게 아니죠? 긴장감 넘치고 스릴 있는 거, 재미있어요, 없어요? 그렇죠. 눈물을 펑펑 쏟고 감동을 준다. 이거 재미있어요, 없어요? 재미있어요. 웃음, 긴장, 박진감, 감동, 사람의 마음을 끌 수 있고 움직일 수 있는 거, 그건 다 재미있는 거예요. 그러니까 나는 이런 생각이 있기 때문에 오락 프로그램을 이렇게 만든 거예요. 대개 오락 프로그램은 웃겨야 된다고 생각을 하지요. 재미에도 여러 가지가 있고 다양하다는 생각을 못 하는 거죠. 웃기기도 하지만 긴장감 넘치기도 하고 감동을 줘서 막 울리기도 하고, 그리고 가슴을 후련하게 해주기도 하고 그렇게 다양한 재미를 주어야 한다는 거지요. 내가 그런 생각을 가지고 있기 때문에 내가 만드는 프로도 그렇게 되는 거예요.

젊음을 아껴라

제가 여러분께 꼭 해주고 싶은 얘기가 하나 있습니다. '책을 읽읍시다'를 하면서 박완서 선생님을 만났는데 녹화를 하면서 박완서 선생님이 정말 마음에 와닿는 이야기를 해주셨습니다. 젊은 사람들에게 부탁하고 싶은 이야기라면서 박완서 선생님이 절실하게 나한테 얘기를 하셨어요. 그건 바로 젊음을 아끼라는 겁니다. 여러분 같이 젊은 시절의 젊은이들이 젊음을 아끼라는 겁니다. 젊음을 아끼는 건 뭡니까? 돈을 아끼려면 안 쓰면 되는 거예요. 젊음을 아끼는 것은 반대입니다. 젊음은 써야 합니다. 시간은 젊음하고 똑같아서 시간을 써야 아끼는 거예요. 젊음과 시간을 어떻게 쓰느냐? 잠을 자지 마십시오. 잠자는 건 너무 아까운 거예요. 내가 하고 싶은 일을 밤새도록 하는 겁니다. 친구와 이야기하고 싶으면 시간이 됐다고 집에 가지 말고 밤새도록 그 친구랑 이야기를 하는 겁니다. 그리고 오래간만에 나이트클럽을 갔는데 너무 놀고 싶으면 밤을 새워 노는 거예요. 땀 뻘뻘 흘리며 날이 밝도록 노세요. 그게 젊음을 아끼는 거예요. 혹시라도 내가 정말 공부를 하고 싶고 책을 읽고 싶다고 하면 며칠 밤을 새더라도 계속 그 책을 읽고 공부를 하세요. 지금 이 말이 여러분 나이의 젊은이들에게 제가 해줄 수 있는 가장 좋은 말인 것 같습니다. 젊음을 아끼십시오.

박
채
동

꿈꾸는 미래, 이루어가는 현재

1952년 경상남도 울산에서 태어나 1976년 서울대학교 회화과를 졸업했다. 휘문, 중경 고등학교에서 교편을 잡으면서 미술그룹 '현실과 발언' 동인으로 활동했다. 1988년 5월 ≪한겨레≫ 창간 때부터 1996년 6월까지 8년 보름 동안 '한겨레 그림판'을 그려 왔다. 지금은 애니메이션 제작사 오돌또기 대표이며 예술종합학교 영상원 교수로 있다. 저서로는 『환상의 콤비』(1989), 『합당블루스』(1992), 『아이아 우리 식탁엔 은 쟁반에』(1994), 『만화 내사랑』(1994), 『복긴 사나이』(1996) 등이 있다.

만화방에서 키워나간 꿈

•• 질문: 선생님께서는 만화계로 입문하신 특별한 계기가 있으십니까?

있지요. 우선 이 그림에 대해 설명을 드릴게요. 제가 어릴 적 살던 집이 만화가게였습니다. 요즘은 만화가게가 굉장히 크고 소파도 있고 음식도 팔지만, 우리 어렸을 때 만화가게라는 것은 아주 쪼끄맣고 나무 의자 몇 개 놓고 만화책만 갖다놓는 게 전부였지요. 게다가 그때는 TV도 거의 없었고, 집에 라디오 있는 사람 손들라고 하면 몇 명만 손을 드는 그런 시절이었기 때문에 아이들에게 만화는 최고의 오락이었죠. 아이들은 돈이 없기 때문에 영화 보러 가기도 힘들었잖아요. 영화를 본다 하면 기껏 학교에서 단체로 가는 <심청전>이나 <돌아오지 않는 해병>[1]과 같은 영화였어요. 그런 거 어쩌다 한 번씩 보는 정도였죠. 만화방이라는 게 요즘으로 말하자면 영화관이나 비디오방 같은 역할을 다 한 거예요. 그래서 아이들이 만화를 보러 저희 가게 만화방으로 많이 왔죠. 아버지가 책상에 앉아서 늘 만화책을 아이들한테 돈을 받고 빌려주었어요. 그런데 신간서적이 나오면 내가 우선 다 보고, 아버지가 쉬는 시간이 되면 제가 만화가게를 봤죠. 주인 아들이니까. 그런데 저의 역할은 아이들이 내는 돈의 액수와 만화책 권수가 맞는지, 아니면 누가 훔쳐가지는 않는지, 또 찢어가지는 않는지 등 여러 가지를 감시해야 되는데, 저는 그냥 만화책을 보기에 바빴죠. 나중에는 만화가게에 돈이 있는 걸 조금 빼돌려서 영화도 봤죠. 하여간 어렸을 때 만화를 굉장히 많이 봤어요. 그래서 1960년대 만화에 대해서는 나하고 이야기를 하면 내 상대가 될 사람이 별로 없어요. 왜냐하면 나는 만화가게 아들이었으니까.

만화를 많이 보면서 만화에 대해서 애정을 갖게 된 거죠. 우리를 먹여

---

1 이만희 감독의 1963년작. 최무룡, 장동휘, 구봉서, 이대엽, 김운하가 출연하며 러닝타임 110분의 전쟁영화이다. 당시 반공 이데올로기가 온 국토를 사로잡고 있었음에도 불구하고 북한에 대한 왜곡된 설정이나 반공 이데올로기가 전혀 들어가지 않고 전쟁에 대한 순수한 시각을 제공한 한국 전쟁영화사에 길이 남을 수작으로 알려진다.

살려준 것일 뿐만 아니라 만화는 너무너무 재미있었기 때문에 만화에 대한 부정적인 생각을 갖고 있지 않았어요. 다만 학교에서 종례 시간에 주 생활 목표를 쓰면서 만화가게에 가지 말라고 하면 정말 기분이 안 좋았죠. 그런데다가 내가 또 글씨를 잘 써서 서기를 했어요. 선생님이 시키니까 '만화가게에 가지 말자'를 쓰는 거죠. 그런 글을 쓰고 있으면 내가 마음이 참 안 좋았어요. 또 어린이날만 되면 괜히 경찰이 와서 아버지를 잡아갔어요, 불량만화 단속한다고. 그때는 만화 속에 '사랑해요'라는 말도 쓸 수 없었던 시기였어요. '사랑해요'라는 말이 들어가면 큰일나는 시기였어요. 아이들이 무슨 사랑이냐 이거지요. 그래서 만화책에 '사랑한다'는 말이 없었어요. 그리고 또 예를 들어 만화책에서 경찰이 "서라" 하면 도둑이 서야 됐죠. 경찰이 "서라" 했는데 도둑이 안 서고 가면 그건 공권력을 무시하는 풍조를 아이들한테 가르친다 해서 검열에 걸리던 시기였어요. 그 시절에는 만화책뿐만 아니라 언론도 마찬가지였고 전부 검열을 했죠. 만화라는 것이 사회적으로 안 좋은 걸로 여겨지던 시절이지만 나한테는 굉장히 좋았던 거죠. 그러다가 고등학교에 들어가서는 미술반 활동을 했기 때문에 화실을 다녔어요. 화실 선생님은 내가 돈이 없었지만 특별히 봐주셨어요. 그때는 내 친구하고 맨날 한 여학생을 두고 다투면서 그림공부를 하던 그런 시기였죠. 이 시기에도 우리집이 만화가게를 했었어요.

• •질문: 그러면 만화가의 꿈을 키우기 위해서 특별히 하신 일이 있나요?

재능은 노력에 의해 발견된다 제 경우에는 만화가게 아들이었기 때문에 초등학교 때부터 만화를 그렸어요. 요새 초등학생들도 만화를 많이 그리지만 나도 그때 많이 그려서 수십 페이지짜리 만화 작품을 초등학교 4학년부터 5학년에 걸쳐 그린 적도 있어요. 그 만화 내용이 어떤 거였냐 하면, 그때가 전쟁 직후니까 전쟁고아들이 많았어요. 전쟁고아들을 모아서 넝마주이를 시키는 왕초가 있고, 여러분 넝마주이 알아요? 걸식도 하고 휴지도 줍고 하던. 몇 년 전에 드라마 <왕초>[2]라는 거 했었죠? 그런 왕초들이 각 마을마다 포진해 있으면서 서로 싸움도 하고, 그런 내용이었어요. 초등학생이었는데, 거의 조폭 만화를 그린 거죠. 주인공이 나쁜 놈들 패거리에 들어가서 고생하다가 좋은 놈한테 구출되어서 서로 세력 싸움도 하고 그러다가 간첩도 잡았죠. 그러던 중 죽은 줄 알았던 아버지가 남산에서 목발을 집고 아들의 활약이 나온 신문을 보면서 "내 아들아!" 그러는 거예요. 아들이 성공을 해서 아버지를 만난 거죠. 여기까지 그렸는데 그게 67페이지 정도 분량이었어요. 노트에 그렸었죠. 그런데 우리 아버지가 그 노트를 고물 장수한테 모르고 팔아버린 거예요. 그때 전 너무너무 슬퍼서 절망하고 분노하고 그랬죠. 지금도 잊혀지지가 않아요. 그 만화가 지금 있으면 좋았을 텐데 ……. 그렇게 초등학교 때 만화를 그렸었죠.

그리고 그 다음 중학교에 올라와서 만화를 엄청나게 그렸어요. 저의 전성기였죠. 그때는 다락방에서 만화만 그렸어요. 초등학교 4학년인 동생한테 망을 보게 하고서 만화를 그렸죠. 그런데 동생에게 망을 보게 하는 방법 중 하나가 영화 얘기를 해주는 거였어요. 동생은 영화를 볼 수 없었으니까 내가 영화 얘기를 해주면 마냥 좋아했어요. 그래서 망을 보게 하고 만화를 엄청나게 그렸어요. 그런데 어머니가 오시면 교과서를 탁 펴고서 교과서 보는 척하고 그랬단 말이죠. 중학교 때 그린 만화들은 지금도 많이 가지고 있어요. 지금 그때 그린 것들을 모아서 인쇄를 해볼까 하는 생각도 있어요. 고등학교에 올라가서는 만화를 많이 안 그렸어요. 입시 때문에도 그랬고 회화를 많이 그리던 때였으니까요. 만화에 대한 꿈이나 만화가가 되겠다는 생각은 별로 안했어요.

그 당시에는 어떻게 해야 만화가가 될 수 있었느냐 하면, (물론 그때는 만화대학 같은 것이 하나도 없었어요) 만화가 밑에 들어가서, 즉 선생님 밑에 가서 심부름부터 시작했죠. 물심부름하고 원고 출판사에 갖다 주고,

---

2 암울했던 일제 점령기에 여덟 살의 어린 나이로 대구역전 거지움막의 대장이 되었던 김춘삼이라는 실제 인물을 모티브로 1999년에 제작된 MBC 드라마이다.

먹칠하는 거, 지우개질 하는 거 배우다가 오래 되면, 너 배경 한번 그려봐, 나무 좀 그려봐, 길거리 풍경 그려봐, 이렇게 시키는 거죠. 그러다가 아주 잘하면 펜 터치를 시키고, 만일 엄청나게 잘하면 데생까지 시켰죠. 데생은 굉장히 오랫동안 해야 하는데 그거 다 해봐야 자기 선생님 그림하고 똑같이 그리는 거죠. 하나의 복제인간이 되는 거예요. 내가 아무리 생각해도 그런 식으로 만화가가 될 수는 없었고, 그래서 미술 대학에 갔어요. 대학에 가서는 여자와 그림과 철학에 빠져 있었죠. 내가 화가로서 그림을, 내 예술 세계를 어떻게 하면 좀 심화시킬 수 있을까 고민했죠. 그때는 서구에서 밀려온 난해한 미술을 보면서 내가 너무 촌스럽지 않은가 하는 그런 고민을 많이 했었어요. 그 후에 미술 선생님이 되었죠.

• •질문: 평범한 선생님과는 거리가 먼 미술 선생님이셨다고 들었는데 어떤 선생님이셨는지요?

괴짜 미술 선생 박재동 좀 '골 때리는' 선생님이었어요. 미술 선생이 되고 나니까 학생들이 그리도 좋더라고요. 그때는 교복시대였어요. 교복을 다 입고 다녀서 나도 교복을 입고 학생들하고 같이 수업을 할까 이런 생각도 해본 적이 있었어요. 매일 애들하고 어울려 싸우고 교장실에 불려가고, 고무신 신고 학교 가고 그랬어요. 내 생각에는 그때 학생들이 너무 입시에 찌들려 있었기 때문에 미술시간만이라도 자유롭고 편안한 수업을 받게 하고 싶어서 처음부터 그런 생각으로 수업을 했어요. 사실 학생들에게 '미술시간에 대한 기억'을 묻는 앙케트 조사를 해보면 준비물 안 가져와서 터진 기억이 제일 많아요. 미술시간은 그림과 함께 즐기고, 또는 뭔가 재미있으면서도 의미 있게 보내야 되는데, 매일 준비물 안 가져가나 그 고민 하다가 보낸 시간이 아주 많은 거죠. 그래서 미술 시간을 새롭게 만들어보기로 한 거죠. 그땐 내가 29살의 젊은 선생님이었으니까요. "교과

서는 덮어라!" 그리고 내가 수
업시간에 할 것들을 전부 만들
었어요. 예를 들면 "자, 우리
영화를 만들어보자." 그러면
아이들은 "선생님 영화를 어
떻게 만들어요? 영사기도 없
고 촬영기도 없잖아요?" 그렇

게 질문을 했죠. 그러면 저는 "상상을 하자. 상상을 해봐라. 기계가 없으니
까." 그렇게 하기도 했고, 종이비행기를 만들어서 날리기도 하고, 별거
다 했어요. 길에 나가서 돌에다가 그리기도 했죠. 학생들이 종이비행기를
날렸던 걸 제일 많이 기억했어요. 그때가 휘문고등학교에 근무할 때였는데,
당시 학교 주변 개발하고 있어서 주위에 집이 없었어요. 황량한 언덕이었죠.
그때 맞은편에 정신여고가 있었어요. 그래서 학생들 데리고 언덕에 올라가
서 종이비행기를 만들어 정신여고를 향해 날리면서 공간예술을 한 거죠.
그런데 제대로 날리는 놈이 없었어요.

그러다가 교장 선생님한테 쫓겨나서 1년 있다가 중경고등학교로 갔어
요. 그때는 운동장에다가 그림 그리기를 했죠. 운동장을 화판 삼아서 그렸
어요. 그런데 체육 선생님들이 난리가 났어요. 그래서 이제는 또 다른
걸 했죠. 제일 인상적이었던 게 있었어요. 다른 미술 선생님이랑 같이한
수업이었는데 공동작업, 협동작업을 했죠. '한 반에서 뭔가를 만들어 학교
의 어디에 설치해도 좋다.' 이런 테마로 수업을 했어요. 그래서 학생들끼리
의논해서 탑을 만들어 세우고, 다리를 만들기도 하고, 연못에다가 거북선
만들어 띄우는 반도 있었고, 학을 만드는 반도 있었고, UFO를 만든 반도
있었고, 운동장에 집을 만드는 반, 첨성대를 만드는 반, 용을 만드는 반
등 여러 가지 창의적인 작품들이 나왔죠. 자기 나름대로 작업을 해서
교내에다가 설치를 하고 그걸 아카데미상처럼 투표해서 상을 주기도 하고
요. 학생들이 그때를 많이 기억해요. 자기들이 해보니까 힘들었지만 제일
기억에 남는다고 그러더군요. 큰 걸개그림을 그리기도 했고, 손뼉을 치면
불이 나는 희한한 걸 만든 애들도 있고, 각 반마다 자기 나름대로 창의적으

로 만드는 것을 보고 느낀 게 있었죠. 학생들은 허락을 안 해서 그렇지 허락만 하면 저 운동장에 진짜 갑작스럽게 집도 하나 지어낼 수 있는 친구들이다. 이것을 느꼈어요. 정말 뭐든지 하는 거예요. 허수아비를 만들어야 되겠다고 하면 어디서 짚을 구해오는지, 짚을 구해서 만드는 거죠. 학교 선생님들이 그런 걸 자꾸 막아서 그렇지 하게만 하면 대단한 파워를, 에너지를 갖고 있다고 생각을 했어요. 나중에 교장 선생님도 나를 지지해주었죠. 그래서 많은 지원을 받았어요. 참 재미있게 수업을 하고 학생들도 재미있게 들었죠. 내가 인기투표 하면 언제나 일등을 했어요. 나중에 젊은 총각 선생님이 오는 바람에 2위로 밀려나는 '뼈아픈' 경험도 했지만 그런 즐거운 교사시절을 보냈어요.

• • 질문: 《한겨레》3에서 8년 동안 '그림판'을 하셨는데, 시사만화가가 되신 계기는 무엇이었나요?

시사만화가로의 전향 중학교까지 만화를 많이 그렸어요. 그때 그렸던 걸 이제까지 보관해놨지요. 그걸 그림 그리는 후배한테 은근히 자랑을 했어요. 보여주면서 겉으로는 "내가 옛날에 그렸던 건데 한번 봐" 하면서 속으로는 '너희들이 보면 놀랄 거야'라고 생각했죠. 역시나 놀라더라고요. 그런데 그때 《한겨레》가 새로 생겼어요. 여러분은 언론 공부하니까 《한겨레》에 대해서 알 거라고 생각해요. 어떻게 《한겨레》가 탄생했는지 아시죠? 여러분 언론 전공을 하면 반드시 《한겨레》는 짚고 넘어가야 해요. 세계적으로 거의 유일한 독특한 신문이에요. 국민들이 돈을 내서 만든 신문이잖아요. 또 제주도에 있는 《제민일보》4라는 신문도 그렇고요

---

3 1980년 언론파동 때 해직된 기자들을 중심으로 창사 기운이 일어나, 1987년 10월 발기인 3,342명을 대표하는 56명으로 창간위원회를 구성하였다. 1988년 2월 2만 7,223명이 내놓은 50억 원의 기금으로 그해 5월, 8면의 창간호 50만 부를 발행함으로써 출범했다. 창간 당시 송건호, 이돈명이 공동대표였다.

4 제주지방의 종합 일간지로, 1990년 1월 6일 《제주신문》 폐업으로 110여 명의 사원이 《제주신문》을 떠나 같은 해 6월 2일 석간 32면으로 창간한 지방 종합 일간지이다. 초대 대표이사에 안태의가 선출됐고 1998년 조간 발행으로

박정희 시대에 언론자유를 위해 항거하다가 쫓겨났던 해직기자들이 모였어요. 있는 그대로 말할 수 있는 정론지, 그런 신문을 만들자고 모였죠. 여러분 6월항쟁[5]이라고 알죠? 많은 사람

들이 알겠지만, 민중의 민주화 욕구가 엄청나게 분출을 하던 시대였어요. 노태우가 6·29 선언을 하고 여러 가지 민주화 조치를 조금씩 했었어요. 그러면서 ≪한겨레≫가 생겨났어요. 제대로 말하는 언론이 있어야 한다는 거였지요. 사실 그때나 지금이나 언론은 제대로 말하지 않아요. 여러분도 잘 알 겁니다. 제대로 말하지 않는 걸 넘어서 '소설'도 쓰고 '창작'도 하고 아주 굉장합니다.

아무튼 ≪한겨레≫가 창간되는데 ≪한겨레≫에서 시사만화가를 모집한다는 거예요. 나는 모르고 있었는데 한 후배가 그러는 거에요. "형, 만화 잘 그리던데 ≪한겨레≫에서 시사만화가 모집하는 데 한번 응모해봐." 그래서 제가 응모하게 됐어요. 사실 난 서정적인 그림을 많이 그렸는데 시사만화가가 될 줄은 몰랐어요. 팔자에 있었는지 없었는지 모르지만, 시사만화가가 되었죠. 그러니까 중학교 때 많이 그렸던 그림들을 보여준 것, 그것 때문에 내가 거기에 응모 권유를 받고, 또 응모하게 되고 그렇게 해서 옛날의 실력을 발휘했다, 얘기가 이렇게 되는 거죠. 여러분들은 잘 모르지만 어렸을 때 소질을 발견하는 사람이 있고 나중에 늙어서 소질을 발견하는 사람들도 있는데, 젊었을 때 한 살이라도 어릴 때 뭐 하나에 몰두하는 게 나중에 자신의 삶에 영향을 많이 미치게 되죠.

전환했다.

5 1987년 6월 전국적으로 일어났던 민주화시위. 6월민주화운동, 6·10민주항쟁이라고도 한다. 전두환 정권의 권위주의적 권력 유지를 위한 계략들을 민주세력과 시민의 힘으로 저지시켰던 사건이다.

• • 질문: 시사만화를 그릴 때 특별한 원칙이 있나요?

원칙은 몇 가지 있어요. 첫째는 사실에 근거한다는 거죠. 시사만화가이지만 본질적으로는 언론인이니까 가장 중요한 것은 팩트(fact)입니다. 내가 말하는 만화나 그림에서 표현하는 그것이 뭐냐? 사실이냐 아니면 추측이냐? 내 마음대로 유리하도록 왜곡한 것이냐? 이런 것들이 중요하죠. 가장 중요한 건 사실성입니다. 첫째도 사실, 둘째도 사실, 셋째도 사실. 팩트를 가장 중요하게 생각해야 돼요. 사실을 제대로 파악한다. 그리고 그것을 왜곡하지 말아야 한다.

그 다음 원칙은 비판을 위한 비판은 하지 않는 거예요. 사실 정책을 입안하고 그것을 실제로 담당해서 일을 해나가는 입장은 굉장히 어렵습니다. 지금 노무현 대통령 굉장히 어렵죠? 미국의 이라크 침공에 대해서 지지한다고 했을 때 속마음으로 지지하고 싶어서 했겠어요? 또 파병도 하고 싶어서 했겠어요? 그러니까 실제로 어떤 위치에 있어서 일을 집행하는 것이 어려운 일이죠. 다만 권력이 주어져 있기 때문에 항상 감시를 받아야 되는 거죠. 그리고 그렇게 해야 되는 거구요. 또 비판을 받아야 되는 것이지요. 나 같은 경우는 비판하기는 굉장히 쉽단 말이죠. "너 왜 똑바로 못 해!" 이렇게 비판하는 건 굉장히 쉬운데 그때 저는 생각했어요. 내가 저 자리에 있으면 과연 잘할 수 있을까? 물론 내가 못 한다고 해서 비판을 못 한다는 건 아니에요. 내가 할 수 있는 것만 비판하는 게 아니라, 내가 하든 못하든 내 입장에서 비판할 수 있는 것이지요. 그런데 나는 마치 어디에 있어도 다 잘하는 사람처럼, 모든 것이 완벽하고 옳은 사람인 것처럼 비판하는 것은 조심해야 되겠다고 생각했죠. 내가 만약 저 자리에 있어도 이 정책에 대해서 이렇게 할 수 있겠는가 하는 것을 자문해보는 거죠. 비판을 위한 비판이 아니라 나름대로 대안이 있거나 아니면 적어도 이 순간에 내 나름대로의 정당성, 당위성 그런 것들은 최소한 있어야 되겠다고 생각했죠. 그런 다음 준엄한 심판의 자리에 있어야 되겠다고 생각했어요. 왜 그렇게 그렸냐고 할 때 내가 적어도 뭐라고 대답할 말은 있어야 한다는 거지요. 그냥 기분 나빠서 그랬다고 하면 안 되는 거죠. 이런 것이 두번째 원칙입니다.

세번째는 인신공격을 하지 않는다는 거예요. 사람의 행동, 그 철학과 그 철학이 나타나는 행동, 행동이 미치는 사회적인 영향, 그런 것을 가지

고 비판하는 거죠. 그런데 그 사람이 예를 들어서, 눈이 작다, 뭐가 이상하다, 이런 것을 가지고 뭐라 하면 안 되는 거죠. 그런데 내가 캐리커처를 그리다 보니까 김종필 씨 같은 경우는 이빨을 묘사해서 본인이 굉장히 기분 나쁘게 생각했어요. 그것도 인신공격일지 모르지만 그런 정도는 애교로 생각해야 겠죠? 공인들이 적어도 공적인 데서 판단을 받아야지 개인적인 것들에서 공격받아서는 안 되죠. 그래서 인신공격은 하지 않겠다는 원칙이 있는 거죠.

그 다음 원칙은 내 작품이 사회의 진보, 즉 사회가 앞으로 나아가야 할 방향에 맞는가를 따져보는 겁니다. 여러분이 배워서 알겠지만 언론이라 는 것에서 완전히 평면적이고 중립적인 사실이라는 것은 있을 수가 없어요. 여러분들끼리 싸움을 하고 분쟁이 일어나도, 입장에 따라 보는 각도에 따라 자기 처지에 따라 해석을 달리 하게 되는 것이지요. 그래서 어떤 사건을 볼 때에도 우리 사회가 나아가야 할 당위성, 인류의 당위성에 맞느냐 하는 것을 점검하는 것이죠. 예를 들어 내가 비판받은 게 있었어요. 여성을 비하했다는 거였죠. 사법부가 권력의 시녀가 됐다는 것을 표현한 거였는데, 사법부를 여성으로 표현했죠. 그때 나는 사회 통념을 이용했지만 여성이 볼 때는 기분이 나쁜 거였죠. 다시 한번 말씀드리지만 완전히 평면적인 사실이라는 것은 있을 수 없어요. 그 작품이 여성을 비하했다고 볼 수 있었지요. 그래서 비판을 많이 받았어요. 사회가 나아가야 하는 방향에 역행하는 작용을 하는 것은 조심해야 한다는 겁니다. 어디까지나 있죠는 그대로를 얘기하되 은근히 사회를 앞으로 나아가게 하는, 그리고 그런 힘을 실어주는, 방향을 제시하는 것을 그려야겠다고 생각했어요.

예를 들어 수질오염에 대해 그린다 하면, 환경문제에 비추어 우리가 나아가야 할 방향에 역행해서는 안 된다는 거죠. 은근히 수질오염의 원인을 얘기하는 거죠. 공단의 공해 때문에 올챙이가 죽은 거 아닙니까? 그런데 이것은 어디까지나 수질이 이렇게 되면 안 된다는 입장에 내가 서야지, '강에 뭐 좀 버린 게 대수냐'라는 식의 입장에 서서는 곤란하다는 거죠. 지금까지 말씀드린 것같이 이렇게 시사만화를 그리는 원칙이 있어요.

• •질문: 시사만화를 그리면서 외압은 없었나요?

언론사 파도타기 우리에게는 굉장히 중요한 이야기예요. 《한겨레》에서 제가 근무한 것은 정말 행운이라고 생각할 수 있어요. 왜냐하면 이 세계에서 자기 양심과 상식에 따라서 그림을 그릴 수 있는 거의 유일한 신문이 《한겨레》입니다. 미국의 시사만화가도 아마 그렇게 자유롭지는 않을 거예요. 오히려 그런 곳에서는 오너가 당장 잘라버릴 수도 있겠죠. 그런데 《한겨레》는 태어날 때부터 민주화를 위해서 태어났단 말이죠. 민주화를 구현하기 위해서 태어난 신문이었죠. 《한겨레》는 기자들이 선거를 통해서 편집장, 사장을 뽑았어요. 그렇기 때문에 권력이 평사원에서부터 나왔던 거죠. 그렇기 때문에 나의 상식, 나의 양심에 따라서 그릴 수가 있었던 거죠. 그에 대한 간섭이 없었기 때문에 너무너무 행복했어요. 대신에 제가 그 모든 걸 책임져야 했어요. 신문사 안에서의 간섭은 없습니다. 그런데 다른 신문은 안에서도 간섭이 아주 심해요. 요즘엔 많이 없겠지만 편집장이 두 장씩 그려오라고 해서 두 장 중에 하나를 고른다든지, 새로 그리라든지 그런 일들이 비일비재했어요.

그런데 일제 때나 박정희, 전두환, 노태우 시절에는 중앙정보부에서 항상 감시를 하는 거죠. 민주화되고 난 뒤에도 그런 일이 있었어요. 예를 들면 이렇게 하는 거죠. 제가 아는 시사만화가가 직접 당한 거예요. 김 화백이라 합시다. "아, 김 화백 여기 안기부 아무갠데, 요즘 만화 잘 보고 있습니다." 그러면 가슴이 덜컹 내려앉는 거죠. "고향이 어디던데, 무슨 학교 나왔던데요?" 그러면 '야, 나에 대해 다 알고 있구나' 하면서 공포감에 사로잡히는 거예요. "내가 김 화백 그림 앞으로도 많이 볼게요."

이거는 계속 감시하겠다는 거잖
아요. 그렇게 전화를 한번 하는
거죠. 그러면 공포감에 완전히
사로잡히는 거예요 그런데 법적
으론 하자가 없어요 잘 보고 있
다고 그랬고, 앞으로도 잘 보겠
다고 하는데 뭐라 하기는 곤란한
거죠. 물론 그런 거는 민주화 이
후의 경우이고 그 전에는 "너 이

자식 만화 계속 그릴 거야?" 이런 식으로 나왔겠죠. 제 경우는 회유의
시기였기 때문에 강압적인 건 없었지만 안기부에서 언론을 담당하는 사람,
즉 저를 담당하는 사람들이 있었어요. 그 사람들이 식사를 하자고 하는
거예요. 기분이 나쁘더라고요. 그런데 생각해볼 때, 당신도 나를 정탐해야
겠지만 나도 당신을 정탐해야 되겠다고 생각했죠. 그래서 만났어요. 서로가
서로의 정보를 뺏기 위해서. 식사도 하고 건강 얘기도 하고 이런저런
이야기를 하다가 헤어지고, 그런 식으로 해서 친해놓는 거예요. 아마도
얼마 전까지도 그랬을 거예요. 사심 없는 것처럼 친분 관계를 만들어놓고
나중에 불리한 기사가 나오면 얘기하는 거죠. "어, 김 화백, 이렇게까지
해야 하나?" 이런 얘기는 가판을 보고 하는 거죠. 가판이 나오면 그걸
먼저 보고 얘기를 하는 거예요. 그때 만화가가 마음이 약하면 바꾸겠죠.
그래서 평소에 그렇게 투자를 하는 거죠. 이런 일은 민주화된 이후의
일이에요. 지금 노무현 정권은 아예 그런 것도 없애버린 거죠.

• •질문: 자신의 생각이 신문사와 달랐을 때는 없었나요?

제 경우는 저의 생각과 신문사의 생각이 달랐던 적이 거의 없기 때문에
그런 갈등은 느끼지 않았어요. 물론 약간 다를 때가 있어요. 편집장이
봤을 때 "글쎄 이거는 ……" 이럴 때가 있어요. 그럴 때는 그림을 마감시간
일 초 전에 편집장에게 주는 거죠. 편집장이 그림을 보고 "글쎄 ……"
이러면 "아휴, 지금 급한데 일단 넣죠" 하면서 싹 뺏어서 넘겨버리는

거죠. 그러면 "어어어" 하면서 그냥 넘어가버려요. 인쇄되어 나와버리면 편집장도 아무 말 안 하죠. 제 경우는 꼭 필요하면 그런 식으로 관철시켰어요. 《한겨레》의 생각이 본질적으로 내 생각과 다르지 않기 때문에 큰 문제가 없었어요.

하지만 다른 경우를 예로 들면 《동아일보》에 손문상[6]이라는 시사만화가가 있었어요. 손문상 화백은 《동아일보》와 생각이 많이 달랐어요. 여러분들이 앞으로 언론사에 취직을 하더라도 이런 갈등을 느낄 때가 많이 있을 겁니다. 갈등이 적을 때는 모르지만 갈등이 굉장히 클 때 정체성에 위기를 느끼게 되고 직장을 더 다녀야 할지에 대한 문제까지 느끼게 되는 거죠. 손문상 화백 같은 경우가 그랬어요. 원래는 《동아일보》를 사랑해서 들어간 건데 《동아일보》가 점점 변질해가고 어떤 때는 《조선일보》보다 더한다는 그런 소리도 있거든요. 예를 들어 언론사 세무조사가 있었어요. 기억하죠? 언론사 세무조사는 실질적으로 언론사도 하나의 기업이기 때문에 당연히 받아야 하는 건데, 이때까지 특혜를 누리고 있던 것을 (다른 기업과) 똑같이 받도록 한 겁니다. 물론 정권과의 한판 싸움이기도 하고, 그 두 가지 성격을 다 갖고 있죠. 그런데 신문사의 입장으로는 무조건 언론탄압이라고 몰아갔죠. 손문상 화백이 볼 때는 물론 언론탄압의 측면도 있지만 또 세무조사를 해야 되는 측면이 있다는 거였죠. 손 화백은 거기서 굉장히 고민을 했었어요. 같은 신문사에 있으면서 의견은 완전히 다르게 할 수도 없고, 줄타기를 하게 된 거예요. 그래서 당시 손문상 화백의 그림을 보면 신문사와 완전히 공조하지 못하는 그림이었어요. 굉장히 어려운 일이죠. 그 사람 굉장히 고민했어요. "그만두고 싶다"고 하면 "아니야. 그렇게 고민하는 사람이 있어줘야지. 버텨야 한다"고 얘기해줬죠. 결국 도저히 견디지 못해서 《동아일보》를 떠났어요. 부끄럽다고 하면서요. 지금은 《부산일보》에 있는데 만화를 아주 잘 그려요.

---

6 2002년 언론계에서 큰 주목을 받았던 시사만화가 중 한 명이다. 《동아일보》에 재직중 《동아일보》의 논조에 항의해 사표를 던지고 나온 뒤, 《부산일보》에 만화를 연재하며 시사만화계에 새로운 바람을 일으키고 있다. 여러 사회 현상들에 대한 생각들을 손문상 특유의 재치발랄하며 날카로운 위트로 지면을 채운다.

시사만화가의 입장과 신문사의 입장이 다를 때 극단적으로 그런 일이 있을 수 있는 거죠. 그게 아니면 그 신문사에 완전히 동화돼버리죠. 예를 들어서 자기가 원래 그렇게까지 생각하지 않았는데 어떤 신문사의 기자가 돼서 글을 쓰거나 그림을 그리다 보면 그 신문사와 동일체, 공동체가 되죠. 공익적인 차원에서 거시적으로 바라봐야 될 그 시각을 순식간에 잃어버리고, 동물적으로 자사 이기적으로 반응을 하게 되는 거죠. 평범한 사람들은 보통 그렇게 돼요. 예를 들면 자기가 그렇게까지 보수적이지 않았는데 신문사에 취직해서 있다 보면 서서히 그 경향에 젖어듭니다. 그렇게 해야만 자기가 안전하게 되고, 그렇지 않으면 항상 갈등을 일으키기 때문에 고통스럽죠. 그 괴로움을 벗어날 길은 전향해버리는 거죠. 그리고 그것이 이제 옳다고 믿어버려요. 정말로 정부가 우리를 탄압한다고 믿어버려요. 그리고 정말로 분노해서 싸우는 거죠. 그래서 감정까지 실제로 그렇게 되어버려요. 그런 현상도 있습니다. 그래서 ≪조선일보≫에 있는 시사만화가들이 원래부터 그런 사람이라고 꼭 단정지을 순 없는 거예요. 뭐 갈등은 어디서부터 있든 간에 스스로 해결해나가야 하죠.

••질문: 그림이 굉장히 재미있는데, 이런 아이디어는 어디에서 얻나요?

'박재동표' 만화기획력 이런 거는 일상에서 많이 얻죠. 제 얘기를 좀 하자면, 중학교 때부터 사람들을 많이 웃겼어요. 오락부장도 하고 웃기는 이야기도 많이 하고 말이죠. 유머 감각이 좀 있었던 것 같아요. 논설, 사설을 쓰는 것과 달리 만화는 조금 개그적인 면이 있어야 해요. 사설은 웃기지 않아도 되잖아요. 그런데 만화는 재미있어야 되는 거죠. 재미있거나 아니면 감정을 건드리는 것이 있어야 돼요. 재미있으면서 그 안에 할 이야기 다 하고 비수는 비수대로 찌르고, 그런 역할을 한다면 아주 괜찮겠죠. 그렇게 하려면 그렇게 만드는 머리를 많이 굴려야 해요 '돌 굴러가유' 같은 건 여러분들도 다 아는 얘기죠? 옛날에 다 들었을 겁니다. 그런 걸 응용하는 거죠. 개그맨들이 남을 웃기기 위해서 얼마나 울어야 합니까? 나도 개그맨들 입장 이해합니다. 그런데 평소에 <개그콘서트> 같은 걸 봐도 사회에 대한 풍자가 너무 빠져 있어요. 풍자가 빠져 있으면 생명이

없는 거죠. '봉숭아 학당' 같
은 데서 학교나 이런 부분에
대한 풍자를 슬쩍슬쩍 넣어
주면 훨씬 공감이 클 텐데 그
런 걸 다 피하다 보니까 그냥
막 정신없는 거죠. 아무튼 시
사만화가는 그런 걸 다 열심
히 봐야 돼요. 요즘 나오는
유행가, 요즘 나오는 웃기는
이야기, 요즘 히트친 드라마,
영화 등 그런 것들을 유심히 봐놓는 거죠. 봐놓고 그걸 패러디하는 거죠.
그러면서 '아, 저건 언제 써먹어야지', '요것도 언젠가 써먹어야지' 하고
입력해놓는 거죠. 가장 사람들한테 공감을 많이 얻을 수 있는 것은 바로
이런 것들이겠죠. 이건 아마도 만화뿐만 아니라 다른 글을 쓰거나 시사
프로그램을 재미있게 진행할 때도 적용된다고 생각해요. 배칠수도 굉장히
재미있게 하잖아요.

어떻게 하면 재미있으면서도 통렬하게 할 말을 다 할 수 있을까를
생각해볼 때 그런 아이디어는 저 같은 경우는 두 가지가 있어요. 첫번째는
논리적이거나 구조적인 데서 나오는 아이디어죠. 예를 들면 어떤 사람이
자기보다 약한 놈을 때렸는데 사실 자기보다 더 큰놈이 자기를 때리고
있는 줄을 모르고 약한 놈을 괴롭힌다는 거죠. 사회 전체의 구조를 생각함
으로써 나오는 아이디어죠. 그걸 밖에서 객관적으로 봄으로써 깨달음을
줘 웃음과 함께 전체 구조를 파괴하게 되는 힘이 생기는 겁니다. 그런
구조적인 아이디어가 있고, 그 다음에는 생활적인 아이디어입니다. 제가
그런 걸 많이 썼는데요. 예를 들어 만약에 어느 당과 어느 당이 합당을
한다 하면 결혼, 이혼, 파혼에 빗대어 표현하는 거죠. 김종필이 누구한테
새장가를 갔는데 보따리 싸들고 내가 나가니 마니 하는, 그런 걸 많이
그렸어요. 그런 것들은 우리 생활에 있는 겁니다. 제가 지금까지 경험한
바로는 구조적인 것보다 생활 속에 있는 것으로 비유했을 때 훨씬 재미있게

와닿더라는 거죠. 그래서 저는 그런 아이디어를 우리 생활 속에서 많이 얻어요. 또 예를 들어 이런 거죠. 전철 안에서의 일인데, 여러분들 이런 경험 다 있을 겁니다. 앞에 노인 비슷한 사람이 오면 자는 척하는 거죠. 정책을 세워야 되는데 계속 버티고 있는 상태를 그런 데다 비유를 하지요. 또 혹시 목욕탕에서 오줌을 슬쩍 탕 안에다 누어본 사람이 있을 거예요. 그런 것들로 비유를 하는 거죠. 무슨 폐기물 슬쩍 버리는 것을 목욕탕에서 오줌 찔끔 싸는 걸로 비유해야지 하고 체크를 해두는 겁니다.

• •질문: 시사만화를 그리면서 있었던 재미있는 에피소드를 좀 소개해주세요.

재미있는 에피소드를 하나 말씀드리고 싶은 게 있습니다. 올챙이에 관한 그림인데요. 처음에 그리려고 한 것은 수질오염이 심각하니까 그걸 표현하려고 했어요. 어떻게 아이디어를 냈냐 하면 다음과 같습니다. 수질오염이 심각해서 강물이 더럽다. 그럼 강물이 더럽기 때문에 해롭다. 저 해로운 거를 어떻게 표현하면 가장 좋을까? 강물이 썩었고 냄새도 나니까 뼈다귀 같은 거를 막 그린다면 너무 평범하고 재미가 없어요. 그냥 삽화지 만화가 아니에요. 그럼 어떻게 하면 강물이 썩어가는 저 비극을 표현할 수 있을까? 아, 비극? 떠오르는 게 있었어요. 뭐냐 하면 내가 젊었을 때, 여러분 같은 대학생 때 정처 없이 무전여행을 한 적이 있어요. 그때 시골에 갔는데 논에 올챙이들이 하얗게 배를 드러내고 죽어 있었죠. 엄청나게 큰 논에 수없이 많은 올챙이들이 배를 하얗게 드러내고 죽어 있었어요. 그게 얼마나 충격적이었겠어요! 그 충격이 머리 속에 각인되어 있었죠. '그래, 이거다. 올챙이들을 죽게 하자. 수질오염의 비극을 올챙이들을 통해서 그려내자.' 그래서 배가 뒤집어져 죽어 있는 올챙이를 그리려고 했어요. 그런데 올챙이가 죽어 있는 것만으로 충분한가? 아닌 것 같았어요. 뭔가 연출이 더 들어가서 올챙이가 죽어 있는 것을 표현해야 했어요. 더 슬프게 만들 필요가 있는 거죠. 그럼 어떻게 해야 하지? 아, 올챙이의 어머니는 개구리다. 이 세상에서 가장 슬픈 것은 뭐지? 자식이 죽은 것을 보는 거죠. 그러면 새끼가 죽어 있는 것을 보는 어미의 심정을 그리자.

그러면 강물이 오염되면 안 된다는 것을 표현할 수 있을 거다. 그러면 어떻게 하면 개구리가 가장 슬플까? 가장 슬플 때는 어떻게 할까? 땅을 치고 통곡한다? 눈물을 흘린다? 아이고, 이렇게 곡을 할 수도 있다. 그런데 내가 생각할 때는 이 세상에서 가장 큰 슬픔은 눈물조차도 나지 않는, 정신이 멍한 상태일 것 같았어요. 이게 꿈인지 생시인지 모르는 그런 상태, 그거야말로 슬픔의 극치겠죠. 슬픔조차도 모르는 상태, 그렇게 하려면 어미 개구리가 죽어 뒤집어진 올챙이를 넋이 나간 듯이 보고 있어야 해요. 슬픔의 절정이죠. 아, 그럼 됐어. 그래서 탁 그렸죠. 강물에 올챙이가 뒤집어져 있고, 개구리가 넋을 잃고 보고 있는 것을 그렸어요. 그래서 편집장한테 보여줬지요.

편집장이 한참을 보더니 하는 말이 "개구리가 올챙이 시절을 모른다는 건가?" 그때 내 머리 속에 떠오르는 두 가지 생각이 있었는데, 첫번째 드는 생각이 뭐냐하면 '이 편집장 원래 머리가 좀 나쁘다', '이 편집장 얘기를 들을 필요가 없다.' 그리고 또 하나는 '작품에 문제가 있어. 내가 고쳐야 되지 않을까?' 이런 생각이 드는 거예요. 그래서 고민하다가 아무래도 제가 고쳐야 될 것 같았죠. 그래서 도로 가지고 나왔어요. 마감이 이십 분밖에 안 남았었어요.

난 슬픈 거라고 그렸는데 슬픈 게 아니라 멍하니 보고 생각하는 모습이 된 거죠. 그럼 오해를 풀 수 있는 방법이 뭘까 생각하다가 '아, 그렇지. 안고 있으면 그런 오해는 없단 말이지.' 그래서 올챙이를 일으켜 세웠어요. 개구리가 안고 있게 한 거죠. 그렇게 해서 이런 그림을 그렸어요. 제가 금방 한 이야기가 그대로 지금 중학교 1학년 국어 교과서에 실려 있습니다. 국어 교과서에 2002년부터 실렸는데, 그때 만일 제가 1번을 선택했으면 독자들이 '이게 뭐지?' 하고 지나갔을 거고, 2번을 선택하는 바람에 신문에도 나고 교과서에도 실리고 그렇게 된 거죠. 내가 한 것을 절대시하면 안 되는 거죠. 누구나 사람은 자기가 한 것에 대한 애정을 갖고 있어요. 내가 쓰고 내가 생각하고 내 아이디어고, 내가 한 것은 내 생명이 거기에 불어넣어져 있기 때문에 애착이 있고, 남이 그걸 비판하는 걸 괴로워하게 돼 있어요. 그래서 고치고 싶지 않은 거예요. 마치 내가 망가지는 것처럼 생각되기 때문에 고칠 수가 없는 거죠. 그러나 누구나 공감해야 되는 이러한 예술일 경우에는 그런 태도는 아주 위험한 거죠. 때로는 자신을 발가벗겨서 자기 작품이나 글을 다른 사람한테 보여줄 필요가 있어요. 내 것이 어떤지 한번 봐달라. 이해가 되는지, 쉬운지, 재미있는지, 요지가 뭔지, 그런데 그건 굉장히 부끄러운 일이에요. 마치 다른 사람들이 자기를 발가벗겨 보는 것처럼 굉장히 창피해서 어지간한 용기가 없으면 하기 어렵습니다. '확 깨버리고 배우면 그것이 나다. 더 좋은 아이디어가 있고, 더 좋은 것을 배운 그것이 바로 나다. 나는 고정돼 있는 게 아니다.' 이렇게 생각해야 하는 거죠.

•• 질문: '한겨레 그림판'을 그만두고 나서 애니메이션 제작자의 길로 들어선 계기가 있다면요?

화가라면 품을 만한 욕심, '움직이는 생명' 화가는 한 번쯤은 내가 그린 그림을 움직이게 해보고 싶은 생각이 있어요. 한번쯤은 그런 욕망을 품습니다. 그러나 여건이 안 되니까 못 하게 되는 경우가 많죠. 그런데 저 역시 애니메이션 한번 해봤으면 하는 생각을 하고 있었어요. 그러면서 제가 망설였던 게 뭐냐 하면, <딱따구리>, <미키마우스>, <도널드 덕> 등 디즈니 애니메이션만 봤기 때문이었죠. 그냥 재미있는 오락인데 뭐 저런 걸 내가 꼭 해야 할까? 그런 의문이 있었어요. 그런데 <이웃의 토토로>7를 봤는데, 여러분도 대부분 봤죠? 그걸 보고 '애니메이션이

---

7 일본 스튜디오 지브리의 상징이 된 1988년 작이며 미야자키 하야오의 대표작으로 꼽힌다. 미야자키 감독의 기존 작품들과는 달리 이 작품이 보여주는 일본은 아름다운 세상으로 표현되어, 최근 일본이 상실한 많은 것들에 대해 추억하게끔

이렇게 할 수 있다니 …… ', '아, 하나의 아름다운 동화다. 예술이다.' '애니메이션이란 것은 정말 해볼 만하다'는 생각이 들었어요. 미야자키 하야오[8]의 애니메이션에서 애니메이션의 가능성을 본 거예요.

제주도에서 사는 친구가 있었어요. 어느날 그 친구한테 4·3항쟁[9]에 관한 진실을 듣게 되었죠. 제주 4·3항쟁은 우리 민족사를 아주 극명하게 드러내주는 참혹한 사건입니다. 나는 대통령이 그 사건에 대해 사과를 해야 한다고 생각해요. 그것은 양민학살이에요. 우리나라에서 가장 큰 양민학살이죠. 여러분들 잘 알아둬요. 4·3사건 또는 4·3항쟁이라고 부르는데 제주도의 가장 큰 비극입니다. 그것이 오랫동안 철저히 봉쇄되어 있고 왜곡돼 있었던 거죠. 군경에 의해서 학살된 게 아니라 게릴라에

하는 작품이다.

8 일본의 애니메이션 영화감독이다. 주요 작품으로는 <미래소년 코난>(1978), <바람 계곡의 나우시카>(1984), <천공의 성 라퓨타>(1986), <이웃의 토토로>(1988), <붉은 돼지>(1992), <원령공주>(1997), <센과 치히로의 행방불명>(2001)이 있다. 1984년 다카하타 이사오와 함께 스튜디오 지브리(Studio Ghibli)를 설립하여 지금까지 왕성한 활동을 하고 있다.

9 1948년 미국과 이승만 세력이 단독정부 구성을 위한 단독선거의 강행을 준비하자 그해 2월 7일 노동자들의 총파업을 시발로 범민족적인 단선·단정 반대투쟁이 일어났다. 그해 4월 3일 단독선거 반대투쟁에 나선 제주 민중의 항쟁이 시작되었고 이에 미군정과 경무대는 1,700여 명의 경찰을 제주에 급파하고 국방경비대를 증원하였다. 계엄령이 선포되고 해안이 봉쇄되었으며 미군 방첩대의 활동이 강화되었다.

10월 중순 미군정 장관 딘 소장은 여수 주둔 14연대 1대대에게 제주도 출동을 명령하였으나 장병 3,000여 명이 이를 거부하고 폭동을 일으킨 여순사건이 일어나기도 하였다. 전면적인 토벌은 1948년 11월경에 이르러서 자행되었다. 토벌작전은 로버트를 단장으로 하는 미 군사고문단의 주도면밀한 지휘하에 이루어졌다. 토벌은 민중자위대와 주민을 구별하지 않고 무차별적으로 전개되었다. 이런 제주항쟁 과정에서 죽어간 사람이 무려 5만 이상 10만 명까지 이르렀다. 그 당시 제주 총인구의 3분의 1이 죽은 셈이다.

제주 4·3항쟁은 공산세력의 주도로 일어난 사건으로 폄하되어 오랫동안 진상조사조차 제대로 이루어지지 못하였다. 물론 그런 측면이 있다 하더라도 이 사건은 대다수의 제주 민중들이 분단을 저지하고 한민족의 통일을 지향했던 반외세 자주항쟁으로 자리매김되어야 할 것이다.

의해서 학살된 걸로 알려져 있어요. 실제로 게릴라에 의해 학살된 사람은 아주 적고 군경이 훨씬 많은 사람을 죽였어요. 어린애들도 600명, 노인들도 600명, 여러분 나이 또래는 무조건 죽이는 거였죠. 단지 그 동네에 살았다는 이유로 엄청나게 많이 죽었어요. 그 사건을 단편 애니메이션으로 한번 해볼까 했는데, 그 이야기가 퍼져나가서 장편으로 하는 게 좋겠다 생각되어 시작하게 되었어요. 영화사가 나서서 해보자고 하는 바람에, 간에 바람이 확 들어서 자나깨나 애니메이션만 생각하게 되었죠. 그래서 3년 동안 신문사를 졸라서 그만두고 '주식회사 오돌또기'란 걸 만들어서 지금까지 헤매고 있는 거죠. 벌써 7년이 흘렀어요.

경험을 통해 배운 애니메이션 제작의 현실 <오돌또기>는 모금을 좀 했어요. 그러면서 투자를 받으려고 사람들을 모았어요. 그리고 아주 실력 있는 사람들을 모아서 팀을 만들었지요. 그 다음에 시나리오를 쓰려고 했죠. 시나리오는 한 6개월이면 나올 거라고 생각했어요. 그런데 돈을 모은다고 시간은 지나가고, 시나리오를 쓰긴 쓰는데 마음에 안 드는 거예요. 그래서 다시 쓰면, 이것 가지고는 좀 약한 것 같고, 약한 거 가지고 할 수는 없는 거 아니에요? 그렇게 고민을 하고 있는 차에 IMF가 터졌어요. 이제 우리 회사가 죽네 사네 하게 된 거죠. <오돌또기> 작품은 둘째고 사느냐 죽느냐가 되어버렸어요. 그래서 긴급 아이디어를 내서 MBC <뉴스데스크> 시간에 정치풍자 애니메이션을 했어요. 시사만화 애니메이션을 한 8개월 동안 했죠. 뉴스 시간에 한 건 세계적으로 유례가 없는 일이죠. 일주일에 2분 50초짜리를 삼사 일 만에 했으니까 무지막지한 일이죠. 현명한 사람은 하면 안 되는 일이에요. 그걸 하면서 노하우는 많이 축적됐는데 그렇게 시간이 또 흐른 거죠. 그 다음에 또 시나리오를 쓰는데 또 약하고, 다시 하고, 그래서 이제 우리가 결론을 낸 것이 있어요.

여러분 만약 앞으로 애니메이션을 할 사람이 있다면 절대로 시스템을 먼저 만들면 안 돼요. 시스템을 만들면 그걸 유지하기 위해서 엄청나게 힘들죠. 시스템을 만들기 전에 반드시 시나리오를 만들어야 해요. 그게 돈이 제일 적게 드는 일이죠. 그리고 가장 중요한 거예요. 시나리오를

탄탄하게 만들어야 해요. 그 다음에 캐릭터를 만들고 이런저런 구상을 해서 그림도 그리고 그걸로 사람을 모으고 투자를 받아야 해요. 프로젝트를 가지고 투자를 받아서 사람을 모아야 되는 거죠. 그 계획에 따라서 해야 되는데, 대부분 일을 한다 하면 일단 건물부터 구해놓고, 사람도 구해놓고, 시나리오는 언젠가 나올 거라 생각하는 거죠. 안 나오면 6년, 7년이 그냥 가는 거예요. 그 다음엔 먹고 사는 일에 급급하게 되고요. 그게 우리 현실이에요.

기획대로 하지는 못했지만 그러나 전 후회하지는 않아요. 그땐 그걸 몰랐지만 그 대신 좋은 사람을 모았고, 시나리오도 어느 정도 진척이 되어 있고, 그 세월을 나는 그냥 버렸다고 생각하지 않아요. 시사만화가 하다가 애니메이션 감독하겠다고 펄쩍 뛰어들었는데 금방 그게 되겠냐 이거죠. 그게 쉽게 되는 일이 아닌 게 맞는 거예요. 그래서 시간이 흘렀고, 그런 중에 <바리공주>라는 프로젝트 의뢰가 들어왔어요, 장선우 감독한 테서. 그쪽에서는 투자가 확실하다는 거예요. 물주가 있어서 투자가 팍팍 들어오니까 <바리공주> 먼저 하면 노하우도 축적되고, 그러면서 <오돌 또기>를 준비하면 되겠다고 생각했죠. 그렇게 계획을 수정했어요. 그래서 <바리공주>를 1년쯤 진행했어요. 굉장히 실험적인 거라서 진도가 빨리 나가지 않아요. 그래서 투자자가 볼 때는 '야, 이거 물리네'라고 생각하는 거죠. 그때 이미 투자를 몇 십억 원이나 했어요. 좀더 하게 되면 중도에 발을 빼지 못하잖아요. 자꾸 돈을 붓게 되는 수렁에 빠져버린 거죠. 그래서 그동안 투자한 거 날리더라도 이 정도에서 끝내는 게 나을 것 같다는 판단하에 그쪽에서 투자를 끊은 거죠. 그래서 <바리공주>는 지금 제작이 중단된 상태입니다. 언젠가 다시 하면 좋을 텐데 아쉽습니다.

• •질문: 애니메이션 제작을 하면서 어려운 상황을 헤쳐나가는 방법은 뭔가요?

이야기를 대충했습니다. 제가 생각할 때 가장 어려운 점이라는 건 순서를 몰랐다는 것이죠. 그걸 제가 이제 수업료를 내고 안 거예요. 가장 어려운 것 또는 가장 해야 되는 것은 시나리오입니다. 돈보다 더 중요한 게 시나리오입니다. 저는 시나리오라는 것이 모든 문화의 쌀이자 문화의 눈동자라고 생각해요. 연극을 하든 소설을 쓰든 만화를 그리든 애니메이션을 하든 영화를 하든 가장 중요한 건 스토리죠. 스토리가 얼마나 재미있고 좋으냐? 그것이 가장 중요한 거죠. 예전에 우리나라 영화가 안 됐던 이유가 다 그거였어요. 지금 <원더풀 데이즈>가 개봉합니다. 돈을 엄청나게 많이 들였죠. <오세암>이란 작품도 있어요. 잘돼야겠죠. 그런데 이게 잘 안되면 점점 투자가 위축돼요. 저는 마음속으로 걱정이 됩니다. 굉장히 화려한 기술, 뭐 3D로 확 돌리고 엄청나게 멋있게 하는데 만약에 시나리오가 썰렁하면 안 되는 거죠. 그렇잖아요? 그래서 <원더풀 데이즈>의 시나리오가 재미있어야 할 텐데 하고 걱정을 하는 거죠. 요즘 관객들이 시나리오는 재미없지만 오토바이 타는 게 너무 멋있어서 보러 간다는 그런 사람 별로 없어요. 뭐 그런 거는 많이 보니까요. 그래서 시나리오가 제일 중요하다는 거죠. 걱정스러운 눈길로 보고 있는 겁니다.

시나리오가 첫째, 둘째가 투자, 셋째가 사람이에요. 마음이 맞는 좋은 사람이 있어야 하죠. 원래 그림쟁이들은 외골수인 사람들이 많아서 융화하는 것도 힘들어요. 잘해야지 안 그러면 판을 망칠 수도 있거든요. 그러니까 그런 것도 잘해야 되죠. 우리나라에서 지금 애니메이션 투자가 잘 안 되고 있어요. 왜냐 하면 애니메이션으로 대박이 터진 게 없잖아요. 한때 우리나라가 애니메이션 하청을 가장 많이 했어요. 그런데 그 하청 구조가 지금 대만과 필리핀으로 다 넘어갔어요. 우리나라 인건비가 너무 올랐기 때문이죠. 일본하고 비슷하게 외었어요. 그러니 이제 경쟁력이 없는 거죠.

그래서 창작 애니메이션을 만들어야 되는 겁니다. 거기에 창작 애니메이션이 성공한 게 있어야 하는데 아직 없어서 투자가 어려워요. <원터풀 데이즈>가 대박을 터뜨리면 그 다음에 또 투자가 잘 되겠지만 그게 완전히 죽을 쑤게 되면 다음 투자는 좀더 어려워지는 거죠. 그 다음에는 사람을 잘 모으는 게 중요해요. 좋은 사람을 잘 모으는 것, 그러니까 가장 중요한 게 시나리오, 그 다음에 오히려 사람일 수도 있어요. 좋은 사람이 좋은 그림을 그렸을 때 그것을 가지고 투자를 받을 수도 있는 거죠. 아니면 좋은 시나리오와 돈이 있으면 돈을 가지고 좋은 사람들을 모을 수 있습니다. 그런데 하여튼 첫번째는 시나리오예요.

• •질문: '시사만화가'와 '애니메이션 제작자'라는 직업이 본인에게 어떤 의미가 있는지요?

시사만화가의 칼날 그냥 제 자신이 좋아하는 거에서 의미를 찾았죠. 언제나 내가 하는 것이 최고라고 생각했어요. 어렸을 때는 화가가 최고였죠. 저는 대통령이 되고 싶다는 그런 생각은 전혀 한 적이 없고, 화가가 될 거라 생각했죠. 화가가 이 세상에서 제일 멋있다고 생각했어요. 그러다가 학교 선생을 했어요. 미술 선생을 했는데, 하다 보니까 이 세상에서 제일 좋은 직업은 고등학교 선생님이라고 생각했죠. 대학교 교수보다 고등학교 선생님이 더 좋다고 생각했어요. 눈에 띄지도 않고, 큰돈을 못 받아도 아이들과 일상에서 즐겁게 만나니까요. 이거야말로 최고의 직업이라고 생각했어요. 그 다음에는 신문사의 시사만화가가 됐죠. 그래서 그때는 이 직업이 세계 최고라고 생각했죠. 신문사 시사만화가의 '끗발'이 얼마나 좋은지 여러분은 상상 못 할 거예요. 대통령하고 시사만화가가 만나면 누가 밥값을 내겠어요? 대통령이 냅니다. 처음에 경찰서장이 식사하자고 연락이 와요. '와! 내가 경찰서장이랑 식사를 하다니' 그렇게 생각하고 조금 있는데 이번엔 국회의원이 밥 먹자고 하고, 이번엔 장관이, 나중엔 대통령이 청와대에서 밥 먹자고 하는 거예요. 나중에는 서장, 국회의원이 밥 먹자고 하면, '내가 너하고 밥 먹을 군번이냐?' 이런 기분이 되더라고요. 그러니까 간덩이가 탱탱 붓는 거예요. 또 무관의 제왕이라는 게 있잖아요

칼자루를 제가 쥐고 있기 때문에 정치인이나 권력자들을 보면 같이 만나서 인사를 하지만 속으로 '너는 내 밥이야. 너 걸리면 내가 확 걷어버릴 거야' 하는 거죠. 그 사람들도 이렇게 생각하는 거죠. '이놈한테 괜히 잘못 보여서 좋을 거 하나도 없겠네. 일단 잘 보여놓자.' 이래서 친절하게 밥도 사려고 그러는 거죠. 시사만화가에게 잘 보여서 나쁠 거 하나도 없어요. 또 잘못 보여서 좋을 게 하나도 없죠. 그렇다고 제가 사감을 가지고 그리는 건 아니지만, 만약에 그 인간이 어떤 사건에 걸렸다 하면 안 좋을 거 아니겠어요? 그러니까 시사만화가, 언론사는 권력기관이에요. 굉장한 권력기관이죠. 지금 조·중·동 이 사람들 그 엄청난 권력을 안 놓으려고 그러는 거죠. 대통령도 무서울 게 하나 없어요. 제가 시사만화 그릴 때 전 이 세상에 무서운 게 하나도 없었어요. 안기부에 뭔가 있으면 확 긁어버려, 검찰 확 긁어, 대통령 확 긁어, 법원 확, 어떤 권력기관이든 뭐든지 걸리면 작살내는 거예요. 그러니 내가 부러울 게 뭐 있겠어요? 그러니까 제일 끗발이 좋은 거죠. 돈을 별로 못 벌어서 그렇지. 그런데 시사만화가보다 더 끗발 좋은 게 하나 있어요. 그건 학교 선생이죠. 특히 우리 아들 담임선생이죠. 시사만화가도 소용없어요. 가서 죄송하다고 하는 거죠. 이건 뭐 도리가 없죠. 또 아무 것도 가진 게 없는 사람에게는 시사만화 가고 뭐고 다 필요 없어요. 시장에 가서 가게 아줌마한테 "내가 시사만화가 인데" 그러면 "야, 안 살 거면 저리가" 그러죠. 그래서 권력은 강한 사람한 테 영향이 있는 거고 없는 사람한테는 아무것도 소용이 없는 거죠. 내가 시사만화를 그릴 때는 국회의원 같은 사람들이 "박 화백 식사나 하실까요?" 해요. 신문사 그만두니까 "박형, 식사했어?"

• •질문: 애니메이션을 하고자 하는 사람에게 필요한 자질은 무엇이 있을 까요?

길을 열어주는 사랑의 힘 일단 만화나 애니메이션을 사랑하는 마음이 필요하겠죠. 너무너무 좋아해서 애니메이션과 만화도 많이 봐야 하죠. 노래도 그렇게 하는 거 아니에요? 많이 들어야 노래를 잘하잖아요. 첫번째 는 사랑이죠, 사랑. 남자가 여자를 볼 때도 너무 사랑해서 너무 견딜 수가 없어서 그 집 앞에서 기다리고 편지도 쓰고 안 하려고 해도 할 수밖에 없는 그런 게 있잖아요. 저 같은 경우는 굉장히 행복한 경우예요. 왜냐하면 가정은 굉장히 가난했지만 만화 그린다고 하면 힘들어도 물감 값을 주었고, 심지어는 어릴 때 혼자 있으면 장판에 송곳으로 찍어서 그림을 그렸는데 어머니가 오셔서는 꾸중하시는 게 아니라 잘 그렸다 하셨기 때문에 저는 스트레스 없이 그림을 그릴 수 있었죠. 제가 아는 만화가들은 어릴 때 그림을 그리면 "이놈의 자식! 다리를 분질러버린다"면서 때리고 그래서 가출해 만화를 그리는 경우가 엄청 많았어요. 그런데 왜 그렇게 가출을 하면서 만화를 하냐? 그건 사랑이지요. 못 견디는 거죠. 너무 좋으니까 견딜 수가 없는 거죠. 그래서 만화나 애니메이션을 하는 데는 너무너무 사랑하는 마음이 첫 번째죠.

사랑이 이루어진 다음에는 잘 이끌어가는 게 중요하겠죠. 애니메이션을 보면 그림이 막 지나가니까 굉장히 스피디할 것 같잖아요? 하지만 그리는 과정은 스피디하지 않습니다. 한 장 한 장 그려야 해요. 1초를 만들기 위해 16장, 12장, 20장 그리는 데도 있고 디즈니에선 24장을 쓰지만 동양에서는 좀 적게 쓰는데 아무튼 그걸 다 그려야 합니다. 저 같은 경우에 옛날에 고등학교 시험쳐서 떨어지고, 그때 재수를 하면서 <내 가슴에도 봄은 왔습니다>라는 순정만화를 한 권 그렸어요. 114페이지인데 여기저기에 있는 내용을 뒤섞어서 그린 거죠. 황순원의 『소나기』도 있고 주인공은 그림 잘 그리는 남학생, 그리고 서울에서 전학온 여학생과 친구 되고, 그 여학생이 아프고, 뭐 그런 거였죠. 처음 그렸는데 중요한 건 내가 만화를 끝까지 그렸다는 거예요. 만화에서 중요한 건 끝을 보는 거거든요.

여러분이 소설을 쓰든 뭘 하든 중요한 건 끝까지 가는 거예요. 보통 하나가 잘 안 되면 딴 게 생각나고 그 때문에 다른 걸, 또 다른 걸 그리게 되어 있어요. 그게 정상이에요. 그러나 끝을 맺었을 때 다음으로 넘어갈 수 있는 거예요. 짧든 길든 끝을 맺는 게 굉장히 중요한 거죠. 한마디로 얘기하자면 만화를 그리는 것은 '노가다'와 같은 거예요. 왜냐하면 얼굴 비슷한 사람 계속 그려야지, 배경 비슷한 거 계속 그려야지, 굉장한 노가다 예요. 그래서 재능이 있더라도 노가다 근성이 없으면 못 하는 거예요.

'엉덩이가 무거워야 만화가가 된다'라는 말이 있어요. 그래서 만화는 손으로 그리는 게 아니라 엉덩이 힘으로 그린다는 거예요. 재능이 있더라도 그리면서 스토리를 만들어가는 게 너무 힘들거든요. 스토리를 계속 유지시켜서 끝을 맺는 게 너무 힘들어서 안 하는 거예요. 그래서 만화가가 못 되는 거죠. 재능이 있고 없고는 둘째치고 결국 무식하게 끈덕지게 하는 사람이, 그렇게 끝까지 하는 사람이 뭔가 되는 거예요. 많이 사랑하고 끝까지 진득하게 해야 한다는 거죠.

• •질문: 강의를 듣는 학생들에게 꼭 하고 싶은 말씀 한 마디가 있다면요?

저는 이런 생각을 해요. 한 가지만 말하면, 사실 저도 인생을 살아가고 여러분들도 인생을 살아가고 있는데, 내가 더 좋은 길을 알고 있다고 볼 수는 없는 거죠. 제 입장에서 여러분에게 한 가지만 얘기할 수 있다면, 사람이 여러 가지 경우에 처하고 여러 가지 일들이 있겠지만 자기 자신이 무엇을 진정으로 좋아하는지 알아야 해요. 사랑을 해도 그렇잖아요. 이 사람이라면 내 모든 것을 다 주고 싶다. 후회 없다. 이런 데다 자신을 다 던져야 나중에 어찌 되었건 좋은 거죠. 어찌 되었건 후회 없고 그 자체가 행복한 거예요. 그렇기 때문에 여러분이 자신을 통째로 던질 수 있는 곳, 남김없이 확 던질 수 있는 곳, 그 한 군데를 찾을 수 있다면 여러분은 행복할 거예요. 만약에 못 찾으면 여긴 돈 때문에 해야 하고 저긴 뭐 때문에 해야 하고, 갈기갈기 나누어지겠죠. 물론 사람에 따라서 이렇게 저렇게 나눠서 할 수 있는 사람도 있고 그게 적성에 맞는 사람도 있어요. 누구든 내가 말한 대로 해야 한다는 것은 아닙니다. 그러나 제가 볼 땐 자신을 통째로 던질 수 있는 곳, 이거라면 내가 모든 것을 불살라서 다할 수 있는 곳, 그런 곳을 찾는 것이 좋지 않을까 합니다. 우리나라 교육에서 내가 아쉽게 생각하는 것은, 그런 것을 찾는 프로그램은 없고 오히려 사회에서 이게 좋다, 즉 공부 잘해서 법관 되고 의사 되면 좋다는 그런 식으로 제시되고 모든 사람이 그걸 따라하는데 그런 건 잘못된 거죠. 무엇이든 간에 나에게 이것이 최고의 직업이라고 할 수 있는 그런 것을 젊은 시절에 꼭 찾으면 좋겠죠. 그런데 젊은 시절에 못 찾을 수도 있는 거죠. 30에 40에 50에 찾을 수도 있고 죽기 직전에 찾을 수도 있죠. 그런데 찾으면 거기서 '내가 한번 해보자'라는 게 있으면 되는 거죠 제가 말하는 것은 가급적이면 여러분들이 그걸 빨리 찾고 가꿔보라는 말이에요 대부분 없을 수도 있어요. 내가 정말 던질 곳이 마땅치 않을 수도 있고요 하지만 자기가 자신을 던질 곳을 스스로 만들 수도 있어요. 찾거나 혹은 만들거나 하는 거죠. 그런 식으로 해서 인생을 한번 통째로 후회 없이 살아보시기를 당부합니다.

김영준

1962년 경북 의성 출생으로 한국외국어대 철학과를 졸업한 후 민중문화운동연합, 민중의 당, 도서출판 짜임 등에서 일했다. 정태춘·박은옥의 기획사 '삶의 문화' 기획실장을 거쳐 1995년 다음기획을 설립, 현재 대표를 맡고 있으며 대경대학 연예매니지먼트과 초빙교수로 강의하고 있다. 다음기획은 윤도현 밴드, 강산에, 뜨거운 감자, 정태춘·박은옥 등이 소속되어 있는 중견 기획사이며 그는 대중음악 기획제작자연대 대표로서 대중가요 개혁운동에 앞장서고 있다.

제가 이 대학과 인연이 많습니다. 다 아시다시피 제 회사에 소속되어 있는 윤도현 씨가 현재 이 학교 학생인데, 학교 수업에 충실하지 못해 고민을 많이 하고 있더군요. 여기 계시는 김창남 선생님은 제가 존경하는 몇 안 되는 선배님 중 한 분입니다. 저희 회사 소속 가수 정태춘, 박은옥 두 분의 딸이 이 학교에 다니다 영국으로 유학을 갔습니다. 또 김창남 선생님 부탁으로 이 학교에서 몇 차례 공연을 하기도 했지요.

학생들이 만든 강연 홍보 포스터를 보니 "노래로 세상을 바꾼다"고 되어 있던데 그렇게 믿던 시절이 있었습니다. 그 시절에 김창남 선생님께서 상당한 이론적 토대를 제공해주셨습니다. 지금은 그 시절만큼 노래로 세상을 바꿀 수 있다는 믿음은 갖고 있지 않습니다만, 좋은 세상을 만들기 위해 노래가 할 수 있는 부분이 있고 가능한 한 그 일을 하고자 합니다.

국내 한 대학에 유일하게 연예 매니지먼트 학과가 있는데 학과의 특성이 독특합니다. 강의를 하면서 느끼는 것도 많습니다. MBC 방송국 PD로 오래 계셨던 주철환 씨가 이화여대 언론홍보영상학부에 교수로 계십니다. 제가 대경대 강의 제안을 받고 그분께 물었습니다. "제가 대학교에 가서 가르칠 수 있을까요?" 했더니, 저보고 가서 젊은 피를 수혈하라고 하시더군요. 요즘 수혈은커녕 한 번 내려갔다 오면 기를 다 뺏겨서 올라옵니다.

이 강연 제안을 받았을 때 처음엔 가볍게 생각했습니다. 그냥 내 직업에 관련되어 몇 마디 하면 되겠구나라고 생각했는데, 학생들이 와서 준비하는 것을 보고 걱정이 조금 되더군요. 책을 한 권 줘서 보았습니다. 지금과 같은 아이템을 가지고 만든 『네 안의 가능성을 찾아라』라는 책입니다. 다 읽지는 못했지만 읽고 나선 정말 걱정이 됐습니다. 첫째, 내가 이 자리에 설 게 아니라는 생각이 들었어요. 저를 소개하는 영상물에서 윤도현 씨가 저더러 조직에서 나온 사람인 줄 알았다는 얘기를 했는데, 조직이라 하면 전국구적인 인물이 나와야지 저 같이 '안양의 연탄집게' 수준밖에 안 되는 사람이 나오면 되겠나 싶더군요. 그래서 걱정이 됐습니다. 일단 내가 전문성을 가지고 있는지 고민을 했습니다. 김창남 선생님과 술 한 잔 할 때 스스로 이런 걸 물어보곤 합니다. '내가 전문가라고 할 수 있는가?' 내 정체성에 대한 고민을 많이 하게 되었어요.

「촛불」, 「시인의 마을」을 들으며 상상력을 키우다

아시다시피 저는 음반과 공연 사업을 하고 있는 사람입니다. 그러면서 바깥 일만 하는 것은 아니고 실제 녹음 작업 같은 데 참여를 합니다. 윤도현 씨도 인정하지만 제가 나름대로 음악을 듣는 감각은 있다고 생각해요. 그래서 녹음 과정에 항상 참여합니다. 요즘 새벽까지 녹음하고 있기 때문에 여러분들에게 강의할 내용을 많이 준비하지 못했습니다. 먼저 일과 자질이라는 주제로 말씀드리겠습니다. 제가 제 이야기를 한다는 것이 쉽지 않습니다. 대개 어릴 적에는 남 앞에서 말도 잘하고 노래도 잘 하지만 어른이 되어서 자기 이야기를 하는 것이 쉽지 않잖아요.

가수 강인원¹ 씨가 충북에 있는 주성대학 교수로 계시는데 올 봄 저더러 특강을 해달라고 해서 내려갔었습니다. 특강 제목이 "윤도현 밴드의 2002년 성공사례"였어요. 그런데 과연 우리가 성공한 게 맞나 싶기도 하고 그런 얘기를 하는 것이 참 쑥스럽더라고요. 이야기하기가 불편하지만 오늘도 어쩔 수 없이 이야기해야겠지요. 저의 성장과정부터 시작해서 내가 왜 이 길을 들어섰는지 설명이 좀 필요할 것 같아서 그것부터 말씀드리겠습니다.

제가 1962년생입니다. 사실 이 일을 하기 위해서는 젊어야 되겠죠. 왜냐하면 감각도 필요하고 뚝심도 필요하기 때문입니다. 제가 고등학교 때 나름대로 음악과 문학을 참 좋아했습니다. 고등학교 친구들이나 강의 듣는 학생들의 이야기 들어보면 요즘 세대는 우리 때처럼 뭔가에 열정적이지는 않은 것 같아요. 공교육에 문제가 있어서인지 학교생활에 부담이

---

1 1956년 출생으로 한국저작권협회 정회원, 한국 대중음악 작가연대 이사, 경실련 위촉 명예환경가수 등을 맡고 있다. 저서로 시집 『사랑할 땐 너무나 사랑할 땐』이 있다.

뮤지컬 <아가씨와 건달들> 편곡, 영화음악 <비오는 날의 수채화>, SBS 드라마 음악 <금잔화>, <모래 위의 욕망>, KBS 드라마 음악 <바람의 아들> 등 현재까지 150여 곡의 대중가요를 작사·작곡·편곡하는 등 왕성한 활동을 하고 있다.

있어서인지 뭔가에 열정적으로 빠지기가 쉽지는 않은 것 같아요.

제가 어렸을 적에는 야외전축이란 게 있었어요 조그만 휴대용 전축입니다. 이름이 '리사이틀'이란 전축이었는데, 그 당시는 리사이틀이란 말을 많이 썼어요. 가수들 공연을 다 리사이틀이라고 했어요. 그 리사이틀이란 이름의 야외전축으로 음악을 참 열심히 들었습니다. 고등학교 때는 정태춘 씨의 열성적인 팬이었습니다. 그 양반이 신문에 가끔 글을 썼는데, 대중가요의 문제에 관해 쓴 글이 있으면 스크랩해 간직했습니다. 고등학교 2학년 때 산울림 리사이틀이 있었어요. 산울림 콘서트죠. 그런데 거기 게스트로 정태춘 씨가 「촛불」, 「시인의 마을」 이런 노래들을 불렀어요. 가사가 참 좋았어요. 대중가요에서 흔히 사용하지 않는 표현을 많이 사용하더라고요. 그 노래들을 들으면서 나름대로 정태춘 씨에 대해 머리에 그림을 그렸어요. '이렇게 생긴 분일 거야' 하고. 그런데 공연장에서 가까이 봤는데 완전 불량 감자더라고요. 머리도 길고 그럴 줄 알았는데, 실제로 보고는 시골에서 농사하다 가수가 된 사람인 줄 알았어요. 저 모습으로 어떻게 저런 노래를 만들 수 있는가 하는 생각이 들었습니다. 정태춘 씨를 보고 제가 생각했던 그림이 아니라서 기대가 완전히 깨졌죠. 물론 나를 봐서 알겠지만 외모로 사람을 판단하지 마세요. 고등학생 때 정태춘 씨와의 만남은 운명적이라 할 수 있어요. 그때 정태춘 씨는 스타였고 저는 팬의 한 사람이었는데, 나중에 세월이 흘러 내가 그분과 일을 하게 될 줄 누가 알았겠어요.

"영준 씨 식사나 합시다"

한국외국어대를 다니면서 노래패를 만들었어요 물론 저도 노래를 했어요 그때 저의 별명이 '침바다'였습니다. 왜 더 이상 노래를 못 했냐 하면 앞에 앉아 있는 사람이 우산을 써야 했기 때문이에요. 그래서 노래를 못 하고 잘렸습니다. 일단 생긴 것도 그렇고 서 있는 것 자체가 혐오감을 주기 때문에 노래는 하지 않고 공연기획 쪽을 맡아서 했어요. 그게 오늘날까지 제가 이 일을 하게 된 시작인 셈이죠.

그 당시엔 노래가 세상을 바꿀 수 있다는 강한 믿음이 있었어요. 그런 믿음이 있었기 때문에 젊음을 바쳐 열정적으로 빠질 수 있었지요. 노래패 활동을 하면서 세계를 보는 기본적인 시각, 음악적 세계관을 얻었습니다. 책도 많이 보고 토론도 많이 하면서 기본적인 지식을 쌓을 수 있었던 시기였습니다.

대학교 졸업하고 '민중문화운동연합'이라는 문화운동단체에 들어가서 일을 하게 되었어요. 이 단체는 1980년대에 처음 만들어진 민중문화운동협의회가 나중에 이름을 연합으로 바꾸면서 1980년대 후반에 활발히 활동한 문화운동단체입니다. 요즘으로 치면 '민예총(한국민족예술인총연합)'2 같은 성격의 단체입니다. 이 단체에 제가 직접 찾아가서 "내가 여기서 활동하고 싶다"고 했습니다. 거기서 일하다가 '민중의 당'3이라고 지금은 사라진 진보정당인데, 거기에서 파견 근무를 하면서 주로 집회기획 같은 일을 했습니다. 1980년대 문화운동이 활발하게 전개될 때 비합법 노래 테이프가 많이 나왔습니다. 심의를 받지 않고 제작한 민중가요 음반들 말이죠. 『네 안의 가능성을 찾아라』를 보니까 유인택 씨 강연도 들어가 있더군요. 그 당시 유인택 씨가 문화운동의 일선에서 많은 일을 했어요. 그 중 하나가 민중가요 테이프를 제작해서 파는 일이었어요. 그분이 이 일을 단순한

---

2 1988년 12월 23일 창립하여 민족예술의 올곧은 뿌리를 내려온 민예총은 해방 이후 민주화와 함께해온 문화예술운동의 성과를 대중화하고, 민족통일을 지향하는 민족예술인의 구심점 역할을 해왔다. 1987년 6월항쟁 이후 우리의 현대사가 그렇듯이, 민예총의 10여 년에 걸친 역사도 몇 차례의 굽이를 거쳐 오늘에 이르고 있다.

   민예총의 장르는, 민족건축인협회, 민족굿위원회, 한국민족극운동협회, 민족문학작가회의, 민족미술인협회, 민족사진가협회, 한국민족음악인협회, 민예총 영화위원회, 민족춤위원회, 민족서예인협회가 있다.

3 1988년 3월 진보 진영은 제13대 총선을 앞두고 민중의 당을 창당했다. 민중의 당 창당은 수십 년간 단절되었던 진보정치운동의 재개를 알리는 역사적 의미를 안고 있다. 그러나 민중의 당은 당시 진보적인 정치역량을 대표할 수 있는 조직은 아니었다. 30개 지구당에 1,000여 명의 당원이 참가했을 뿐이었다. 민중의 당은 1988년의 총선에서 의석을 획득하지 못함으로써 50여 일의 짧은 생애를 마감하였지만 출마한 15개 지역구에서 평균 4.3%의 지지를 얻음으로써 진보정당의 가능성을 연 것으로 평가되었다.

운동 차원에서 사업 차원으로 만들었고, 그걸 제가 이어받았습니다. 그러면서 '딴따라 바닥'에 들어선 거죠. 사실 이 불법 테이프 제작이란 게 쉬운 일이 아니었어요. 우선 공개적으로 복제해서 보급, 유통할 데가 없잖아요. 레코드사에서는 당연히 제작할 수가 없지요. 여러분 '길보드'4 차트라고 아시죠? 길거리에서 리어카에 불법 테이프 놓고 파는 사람들, 이 사람들을 꽤서 웃돈 주고 남양주에 있던 지하실 창고에 들어가서 복제를 했습니다.

그러다가 잠시 '짜임'이라는 출판사에서 일하기도 했습니다. 주로 악보집을 내는 전문 출판사였어요. 선배가 경영을 했는데 당시만 해도 컴퓨터를 이용해 전자 악보를 제작한다는 게 드문 일이었기 때문에 신문에도 나고 그랬어요. 그런데 한동안 회사가 적자에 시달렸어요. 그러다가 전노협(지금의 민주노총 전신이었던 단체)5의 노래책자를 만들었습니다. 노동가요 중심으로 편집한 민중가요 노래 책인데 히트했습니다. 회사가 적자에서 흑자로

---

4 길보드는 두 가지 의미가 있다. 하나는 리어카에서 판매되는 불법 복제음반시장이며 다른 하나는 '길거리의 인기 순위'다. 한국에서 길보드란 조어(造語)가 생겨난 것은 후자의 의미 때문이다. 길보드는 미국의 유명한 인기가요 순위 차트인 '빌보드'에서 따왔고 보드 앞에 붙은 '길'은 순 우리말이다. 즉 '길거리의 빌보드'라 불린다. 결국 길보드는 비록 길거리가 매기는 판매량과 인기서열이지만 상당히 믿을 만하다는 인식이 내재돼 있다. 따라서 그것은 결코 불법시장이라는 나쁜 의미만 담고 있는 것은 아니다. 오히려 길보드엔 길거리의 위력을 높이 쳐주는, 미화(美化)적 이미지마저 있다. MP3가 일반화되면서 길보드는 점차 자취를 감추고 있다.

5 1990년 1월 22일 경기도 수원의 성균관대 자연과학대 캠퍼스 강당에서 열린 전국노동조합협의회 창립대회에서 초대위원장으로 선출된 단병호 씨가 '전노협 출범'을 공식 선언했다. 직종, 남녀, 학력간 차별임금 철폐, 고용안정보장제도 쟁취, 산업재해와 직업병을 예방할 수 있는 안전한 작업환경 확보, 노동 3권의 완전한 쟁취, 여성노동자에 대한 차별철폐 등 12개 항의 강령을 채택했다. 전국 14개 지역노조협의회와 2개 업종노조협의회에 속한 600여 개 단위노조 조합원 20여 만 명이 전노협에 가입했으며 전국교직원노조, 전문기술노련, 화물운송연맹이 참관조직으로 참가했다. 경찰은 대회 시작 직후인 오후 1시께 5개 중대 700여 명을 학교 안에 투입, 대회장 주변을 봉쇄한 데 이어 대회가 끝난 1시 40분께 대회장으로 들어가 모두 134명을 연행했다. 전노협은 이후 민주노총의 모태가 되었다.

돌아섰어요. 8개월 만에 월급을 300% 올려주었습니다. 그렇지만 결국 이 출판사도 어려워져서 문을 닫았어요.

그때가 나에게 또 다른 전환기였습니다. 한돌6이라는 포크송 작곡가가 있습니다. 싱어송라이터인데 작곡가로 유명합니다. 신형원 씨가 부른 「개똥벌레」, 「터」, 「외사랑」, 「홀로아리랑」 등 많은 히트곡을 작곡하셨는데 이분이 당시 대학로에서 사업을 했습니다. 200평에 40만 원짜리, 지금 생각해도 호화스러운 사무실이었습니다. 이분이 함께 음악을 만들자고 해서 같이 작업했던 것이 양희경 씨 음반이었어요. 양희은 씨 동생이죠. 그런데 시중에선 거의 안 팔렸습니다. 양희경 씨는 노래를 정말 잘합니다. 의욕적으로 했는데 언니인 양희은 씨 그림자가 너무 컸고 또 양희경 씨가 원래 탤런트여서 가수 활동을 따로 안 하니까 음반이 사라질 수밖에 없었죠. 또 간난이라고 아세요? 아역 탤런트였고, 한때 인기를 끌었던 친구인데, 이 친구와 동요 모음집을 만들었습니다. 한 4,000개 팔렸어요. 회사가 망하고 몇 달 동안 집에 생활비 한 푼 못 주고 살았어요. 잘 안 되니까 차라리 외국으로 이민이나 나갈까라는 생각도 하고 고민을 많이 했습니다.

그럴 때 정태춘 씨를 만났어요. 당시 정태춘 씨는 여기 계신 김창남 선생님이나 다른 분들과 함께 진보적인 음악인 단체인 민족음악협의회 조직을 만드는 준비위원으로 일하고 있었어요. 정태춘 씨가 "영준 씨 식사나 합시다" 하는데 막 떨리는 거예요. 팬이었는데 함께 식사하자고 하니 얼마나 떨려요. 식사를 하고 호프집으로 가서 이런저런 이야기를 하다가 이분이 나더러 자기 일 좀 봐줄 수 없겠냐고 하시더라고요. 말하자면 매니저 역할을 맡아달라는 거였죠.

그때 제가 어떤 조직 활동을 하고 있었어요. 비합법적 활동을 주로 하는 조직이었는데, 제 생각에는 정태춘 씨를 이참에 의식화시켜서 우리 쪽으로 끌어들이자 이런 생각을 했어요. 지금 생각하면 우스운 일이죠.

---

6 1954년 출생으로 가수이며 작곡가 겸 작사가이다. 1980년대 운동권 학생들이 즐겨 부르던 「터」를 비롯해 많은 노래들을 만들었다. 특히 그의 노래는 가수 신형원의 목소리로 많이 알려졌다. 대표작으로 「터」, 「개똥벌레」, 「외사랑」, 「홀로아리랑」, 「못생긴 얼굴」 등 다수가 있다.

왜냐하면 그렇게 해서 정태춘 매니저로 결합을 하게 되었는데 결과적으로 내가 의식화시킨 게 아니라 의식화 당한 셈이 됐거든요 제가 많이 배웠죠 7년 정도 함께 작업하면서 사전검열에 저항하

는 운동을 했어요. 그때는 모든 음반이 사전심의7를 받아야만 했어요.

7 1996년 6월 7일, 서울대 문화관에서는 60년 이상 음악인들을 구속해왔던 음반의 사전심의조항이 완전 폐지된 것을 기념하는 대규모 공연이 열렸다. 창작의 자유, 표현의 자유 그것은 예술인들에게는 목숨과도 같은 것이다. 하지만 음악인들은 음반 및 비디오에 관한 법률에 의해, 영화인은 영화법에 의해, 연극인은 공연법에 의해, 문학인은 정기간행물법에 의해 그 자유가 억압되어왔다. 특히 대중음악의 경우 음반 제작 이전에 악보와 가사 심의, 재킷 심의를 받아야 했고 이는 오랫동안 대중음악 창작자의 의식을 얽어매는 족쇄가 되어왔다. 이에 민족음악인과 민족예술인들은 민예총 창립 이전부터 사전검열 철폐를 주장해왔고, 민예총과 민음협 창립 이후에도 이를 위해 싸워왔다. 그러나 예술을 정권 유지의 도구로, 탄압의 대상으로만 인식하는 정권은 꿈쩍도 하지 않았다. 이에 1991년 1월 29일 '음반 비디오에 관한 법률안 개악저지 특별위원회'를 결성하고, 2월 7일부터 일주일간 '음반법 공동대책위'를 중심으로 민예총 사무실에서 항의 농성을 전개하였다. 당시 음반법 공동대책위 위원장을 맡은 정태춘 씨는 몸으로 사전심의제도의 부당성을 역설하며 사전심의를 거부하고 음반을 낸 음반법의 사전심의조항을 법정투쟁으로 끌어갔다. 그는 사전심의를 받지 않고 낸 음반 <92년 장마, 종로에서>의 위법성으로 기소된 후 1994년 3월 22일 서초동 형사지방법원 317호실에서 열린 첫 공판에서 사전심의에 대한 위헌심판청구를 신청해 본격적인 철폐투쟁을 시작했다. 때로는 민예총, 민음협을 중심으로, 때로는 혼자서 외로운 투쟁으로 6년간 싸움을 지속했던 정태춘 씨의 사전심의 투쟁은 마침내 1995년 마지막 정기국회에서 사전심의조항을 없애는 것으로 음반법을 개정하는 쾌거를 이룩하였다. 이 개정된 법은 6월 7일부터 발효되었는데, 물론 아직도 여러 문제점이 있지만 적어도 음반에 대한 사전심의는 사실상 폐지되었다고 할 수 있다. 하지만 아직도 창작의 자유, 표현의 자유가 완전히 정착된 것은 아니다. 민음협 회원 단체인 '희망새'가 1994년 2월 22일과 1998년 8월 14일 두 차례에 걸쳐 국가보안법으로 구속되는 시련을 겪었고, '꽃다지' 역시 1996년 2월 3일 대표 이은진 씨와 원용호 씨가 국가보안법 위반혐의로 구속, 기소되는 시련을 겪었다. 이에

심의라는 게 심사를 해서 의견을 제출하는 건데 사실상 검열 기능을 하고 있었지요. 이게 일제 때부터 시작된 제도인데 당연히 표현의 자유가 심하게 억압됐고 대중가요의 상상력이 제한될 수밖에 없었죠. 1970년대 포크 가수 노래 가사 중 "길가에 앉아서 얼굴을 마주보며 지나가는 사람들 우릴 쳐다보네"라는 노래 가사가 있어요. 이것도 사전심의에서 걸렸어요. 사회를 보는 시각이 건전하지 못하다는 이유로 말입니다. 새마을운동[8]이다 뭐다 해서 조국 근대화에 모두 나서고 있는데 젊은애들이 길가에 앉아서 뭐 하는 짓이냐는 거죠. 이 정도로 창작에 대한 규제가 심했어요. 창작자의 표현을 제한하는 독재 정권이 체제 비판적인 발언을 봉쇄시키는 차원에서 사전심의를 했던 것이고, 이에 대해 정태춘 씨가 홀로 싸움을 시작했던 겁니다. 사전심의를 받지 않고 공개적으로 음반을 낸 거예요.

정태춘 씨 홀로 외로운 싸움을 했습니다. 진보음악 진영조차도 적극적으로 호응하지 않았어요. 왜냐하면 당시 진보음악 진영은 오랫동안 비합법 공간에만 있다가 1980년대 말 조금씩 민주화되고 검열이 완화되면서 새로 합법 음반을 제작하던 시점이었거든요. 그러니까 오히려 검열 당국과 정면으로 싸우기 거북했던 시점이었죠. 외로운 싸움이었습니다. 그러다가 결국 재판을 받고 다시 사전심의에 대한 위헌 제청을 내고 결국 사전심의가 위헌이라는 판정이 나오면서 승리하게 된 겁니다. 그렇게 해서 1996년부터 대중가요에 대한 사전심의가 철폐되었어요. 이때가 제 개인적으로는 또

민족예술인들은 완전한 자유, 창작의 자유를 위해서는 현행 국가보안법을 개정, 폐지해야 할 필요성을 느끼고 탄압 사건이 있을 때마다 공동투쟁을 벌인 바 있다.

8 1970년 4월 22일 박정희 대통령은 수재민 복구대책과 농촌 재건운동에 착수하기 위하여 자조·자립정신을 바탕으로 한 마을가꾸기사업을 제창하는데 이것을 새마을가꾸기운동이라 불렀다. 초기에는 단순한 농가의 소득배가운동이었지만 이 일을 통해 많은 성과를 거두면서부터 근면·자조·협동을 생활화하는 의식개혁 운동으로 발전했다. 새마을운동은 정부 주도하의 국민적 근대화운동이며 개발독 재를 뒷받침하기 위한 국민 동원 체제의 성격을 갖는 것이었다. 새마을운동은 점차 비농촌 지역으로 확산되었고, 이 과정에서 물량적인 건설사업을 넘어 정치적 운동으로까지 확대되며 유신체제를 지원하는 이념 도구로 기능하게 된다.

한 시기가 일단락되는 시기였습니다. 그러면서 제가 고민을 했습니다. 과연 이제 내가 무엇을 해야 할 것인가에 대해서요. 정태춘 씨와 일할 때 나름대로 재미있었어요. 이런 사건이 있었습니다. 우리나라에서 제일 잘 나가던 모 제작자가 있었어요. 이 사람하고 나하고 육박전을 했었습니다. 워낙 비합리적이고 말이 안 통하니까 젊은 성질로 대들다 그렇게 된 거죠. 그러니까 정태춘이 민중가요 한다더니 웬 깡패를 매니저로 데리고 다닌다는 소문이 가요계에 쫙 퍼졌습니다. 그 사건이 제겐 대단히 중요했어요.

"왜 그렇게 생각 없이 사니?"

사실 그때까지 직접적으로 다른 매니저를 만난 적은 없었던 것 같아요. 직접 음반업계의 다른 사람들과 부딪치고 그랬던 적이 없는데 그 사건 이후로 대중가요 판이 이런가라는 생각을 하게 됐습니다. 주류 음악시장에서 성공한 매니저의 표본처럼 언론을 통해 알려진 사람인데, 와서 보니 이런 사람이었나, 겨우 이런 자들이 성공했다고 어깨에 힘들어 있나, 대중가요 판이 얼마나 불합리한가, 처음으로 느낀 거지요. 그래서 공부를 했어요. 의도적으로 여러 사람을 만났어요. 어떤 사람이 어떤 식으로 사업하고 어떤 위치에 있는지. 그러다 보니 대중음악계에 질서 재편이 있어야겠다는 생각을 했습니다. 우선 대중음악 판이 말이 안 될 정도로 봉건적이었어요. 선후배간에 봉건적 질서가 강요되고 전근대적이고 무식하기 짝이 없는 사람들이 판을 좌지우지하고 …… . 음악을 사랑하는 사람으로서 볼 때 그대로 두어서는 안 되겠구나 하는 생각이 들었어요. 그때까지도 음악을 직업으로 했다고는 생각하지 않았는데, 뭔가 새로운 방식이 필요하다 싶었고, 그 속에서 내가 할 일을 생각하자 이런 생각을 한 거죠. 산업적 측면으로 보더라도 이런 식으로는 우리 대중음악에 미래가 없다 싶었어요.
　마침 그때 노찾사9라는 진보적 그룹을 이끌고 있던 '큰빛기획'이라는

---

9 노찾사(노래를 찾는 사람들)는 1970년대 후반부터 대학가를 중심으로 여물기
　시작한 노래운동이 1980년대의 현실 속에서 사회적으로 확산되는 과정에서

곳에서 함께 일하자는 제안을 받았어요. 아시다시피 노찾사는 1980년대 노래운동을 대중화시키면서 크게 인기를 끌었던 단체지요. 그런데 1990년대 중반으로 넘어오면서 세상이 변화하고 민중가요가 더 이상 사람들 관심을 끌지 못하게 됩니다. 따라서 노찾사도 여러 가지 어려움을 겪게 되죠. 그때 제가 일종의 구원투수로 결합을 하게 된 겁니다. 그때 어떤 식으로 변화할 것인가를 함께 고민하는 과정에서 지금과 같은 껍데기 가지고는 안 되겠다는 생각을 했어요. 그래서 회사라는 틀을 만들었습니다. 그때 제가 결합해서 만든 게 '다음기획'입니다. 1995년도에 다음기획을 만들었습니다. 첫 출발부터 재정적으로 상당한 부담이 있었지만 그래도 그 당시만 해도 1980년대의 열의가 남아 있었어요. 이념적 토대, 말하자면 하나의 가치죠. 그냥 돈 버는 사업을 하자는 게 아니라 어떤 가치를 가진 일을 하자는 것이죠.

요즘도 저희는 가치를 중요하게 생각합니다. 신입사원을 뽑으면, 우리 회사는 이렇고 이런 과정으로 생겨났고, 다음기획이라는 게 첫째 '생각이 있는 음악집단'이라는 것을 강조합니다. 그래서 다음기획 식구들한테 "왜 그렇게 생각 없이 사니?"라는 말을 들으면, 그게 제일 큰 욕입니다. '다음'이란 말 속에 몇 가지 뜻이 있습니다. 우선 다음 세대, 즉 미래의 울림이라는 뜻입니다. 미래의 사회, 미래의 세대, 미래의 가치를 생각하자는 겁니다. 또 남과 다른 음악을 추구하는 신선한 실험음악집단이라는 의미도 담겨 있습니다. 남들과 똑같이 하지 말자는 겁니다. 또 그 다음에 다양한 음악을

생겨났다. 1980년대 노래운동의 성과를 대중화하는 역할을 맡은 노찾사는 말하자면 진보적 민중가요를 합법 공간으로 연결하는 일종의 전술적 단위였다. 1984년 1집 음반을 통해 세상에 그 이름을 알린 노찾사는 1989년에 2집을 내면서 대중가요의 히트작에 버금가는 음반 판매고를 올렸고, 이 후 1990년대 중반까지 활발한 활동을 통해 민중가요의 대중화에 앞장섰으나 1990년대 후반 사회의 변화 속에서 활동을 접어야 했다. 기성 대중문화의 상업주의를 거부한 노찾사는 의도적으로 아마추어리즘을 내세웠고 스타시스템으로 기우는 것을 경계했으며 특정한 가수나 연주자보다 노래 자체를 전달하기 위해 애썼다. 당시의 상황에서 그것은 기존 대중음악 문화의 관행에 대한 도전이었고 의미 있는 실험이었다고 평가된다.

추구하는 넉넉한 음악집단이라는 뜻도 있습니다. 좋은 세상을 향한 다양한 길이 있듯이 좋은 음악에도 다양한 방식이 존재할 수 있다는 거지요. 물론 지금 우리 다음기획이 이런 가치들을 제대로 견

지하고 있는가 하는 반성도 많이 하고 있습니다. 부끄러운 점이 적지 않습니다. 그렇지만 어쨌든 다음기획은 이런 가치들을 가지고 시작했습니다. 대중음악에 대한 개혁, 대중음악 판을 바꾸어보자는 생각으로요.

말하자면 우리 회사의 시작부터 '개혁'이라는 화두가 있었습니다. 그래서 첫번째로 가수와 제작자 간에 공정한 역할 분담 관계, 협력 관계의 새로운 모델을 만들어가자는 생각을 했어요. 부정적 이미지를 가지고 있는 대중가요 판을 긍정적 이미지로 바꾸어보자. 건강하고 도전적인 이미지로 바꾸어보자. 이런 것을 하기 위해서 우리 회사는 기본적으로 어디에 위치할 것인가? 어떻게 할까? 우선 뮤지션들의 음악적 활동을 뒷받침하고 배가시키는 것부터 제대로 시작해보자는 생각을 했습니다.

그래서 아직까지 그런 경영방침을 견지하고 있습니다. 무엇보다도 뮤지션들의 주체적 판단을 대단히 존중합니다. 2002년에 다음기획에 소속된 가수들이 사회적 발언을 많이 했습니다. 윤도현 밴드가 노무현을 지지했고 촛불시위도 하고 그랬어요. 최근에는 이라크 파병반대에도 나섰고요. 그런 것에 대한 전체적 판단은 윤도현 밴드 스스로 한 것입니다. 그 친구들이 정치적 판단을 할 수 있도록 기본적인 소스는 제공해주지만 어떤 판단을 강요한다든지 등을 떠밀어서 뭘 하게 한다든지 그런 것은 없습니다. 주체적 판단을 존중합니다.

2002년도에 특별한 사건이 몇 가지 있었습니다. 사람들이 윤도현 밴드가 월드컵 때문에 떴다고들 하는데 사실 2002년에 나온 광고는 대부분 월드컵 이전에 계약된 것들입니다. 월드컵 덕을 많이 보기는 했지만 그것 때문에 광고에 나오게 된 것은 아니죠. 윤도현 브랜드 이미지도 그냥 막 결정하지

않습니다. 뮤지션으로서 윤도현의 이미지에 도움이 될 수 있는 것으로 결정을 합니다. 작년에 코카콜라 CF 제안이 들어왔습니다. 안 했습니다. '미군 장갑차에 의한 여중생 사망 사건'이 나기 전이었는데 안 했어요. 그때 했으면 나중에 여중생 사건 나고 그랬으니까 이미지가 좋지 않았겠죠. 때로는 용기가 필요하지요. 코카콜라를 했으면 윤도현 씨한테 8억 정도가 돌아가는 거였어요. 글쎄, 나 같으면 어땠을까요? 까짓 그 돈이면 가수 안 해도 되잖아요. 그런 점에서 제가 비록 윤도현 씨가 다음기획 소속의 가수지만 존경합니다. 그런 결정이 쉬운 게 아닙니다. 그 경우도 모든 판단은 결국 윤도현 씨가 했습니다.

저의 직업은 매니저입니다

여러분, 제 직업이 무엇입니까? 기획자? 매니저 아닙니까? 직업적 코드로 따지면 매니저입니다. 그냥 매니저입니다. 상대적으로 좀더 성공한 매니저 입니다. 이 말을 쓰기가 사실은 부담스럽습니다. 부정적 이미지 때문에 말입니다. 흔히 매니저에 대한 이미지가 부정적이기 때문에 음악 제작자라 는 말을 씁니다만 결국은 매니저입니다. 일로 따지자면, 가수 매니저겠죠. 매니저의 역할로 에이전트 기능이 있습니다. 계약을 전담한다는 의미죠. 미국은 계약 매니저가 따로 있죠. 그 다음에 일반적인 매니저의 기능이 있습니다. 스타의 활동에 필요한 자원들을 관리하고 스케줄을 관리하지요. 한국은 에이전트와 매니저의 기능이 섞여 있습니다. 가수 관리, 스케줄 관리, 금전 관리를 다 합니다. 매니저가 뭐 하는 사람이냐 하면 첫번째는 스케줄을 관리하고 일을 착오 없이 진행되도록 하는 겁니다. 두번째는 가수 이미지에 맞는 출연을 결정하고 때로는 출연 섭외를 정중히 거절하는 역할도 해야 합니다. 가수 이미지에 맞지 않는 프로그램 출연 요청이 왔을 때 정중히 거절하는 것, 사실 이것도 쉬운 일은 아닙니다. 우리나라 대중연예산업에서 방송이 너무나 막강한 힘을 가지고 있어요. 방송 섭외를 거절한다는 것이 쉬운 일이 아니죠. 그 다음에 투어 매니저, 운전기사 같은 로드 매니저,[10] 이런 사람들을 채용하고 관리하는 것, 방송이나 행사,

광고에서 들어오는 재정관리도 매니저가 해야 합니다.

몇 가지 정도 이야기했는데 현재 우리나라에서 매니저 역할은 한쪽으로 치우쳐 있습니다. 가수나 연예인 입장을 대변하는 역할만 하고 있다는 얘깁니다. 그런데 원래 매니저가 이런 것이 아닙니다. 거간꾼 역할을 해야 하는 거죠. 방송국이나 제작사, 스타의 입장을 적절하게 조화시키고 접점을 찾는 거죠. 그런데 현재는 연예인을 대변하는 역할만 하고 있고, 그러니까 PD들 사이에서 매니저의 역할에 대해 비판적인 태도가 생겨나는 겁니다.

우리나라 매니저는 전문성이 떨어진다는 얘기를 많이 합니다. 매니지먼트 학과가 있다고 했는데 전문적인 커리큘럼이 없습니다. 저도 음반 제작 쪽만을 담당하고 있을 뿐이고요. 매니저를 전문적으로 양성시키는 학원도 없습니다. 미술을 봅시다. 조소과, 회화과, 디자인, 영상 등 여러 전공들이 있죠. 그런데 우리나라 음악 관련 학과는 '실용음악과' 하나밖에 없습니다. 기본적으로 전문성이 떨어지기 때문에 한국의 매니저는 결국 뭐에 기대느냐? 짬밥, 경력, 인맥을 중시할 수밖에 없는 겁니다. 인맥과 경험이 매니저의 최고 자산이란 겁니다. 쉽게 말해서 언제 입문했고 경력이 얼마나 됐느냐에 따라 재배치되고 스카우트되기도 합니다. 경력이 오래되면 최고입니다. 오래되면 그만큼 많은 인맥을 쌓게 되는 거죠. 철저한 도제 시스템입니다. 여기 들어오면 밑바닥부터 하는 것을 당연시합니다.

미국의 경우, 로드 매니저가 뭐냐 하면 순회공연을 짜는 사람입니다. 대단히 중요한 역할을 하고 있습니다. 그런데 우리나라 로드 매니저는 그냥 운전 잘하는 사람이 최고예요. 2종면허 가지고는 안 됩니다. 스케줄 매니저, 홍보 매니저, 이것도 짬밥 없으면 안 돼요. 길게는 5년, 10년

---

10 매니저로 입문한 후 맨 처음 하게 되는 일이 바로 발로 뛰는 로드 매니저(road manager)이다. 담당 연예인과 하루 종일 함께 지내기 때문에 보이지 않는 연예인의 그림자로 불리기도 한다. 보통 매니저의 주업무를 스케줄 관리로 알고 있지만, 사실 이들은 가능성 있는 재목의 발굴에서부터 연습, 데뷔, 홍보까지 담당한다. 그래서 일부 연예인들은 매니저의 능력에 따라 기대 이상의 인기를 얻기도 한다. '로드 매니저'의 경우 흔히 연예인의 운전수 정도로 생각하고 있는 사람들이 많으나, 매니저라면 누구나 거치는 단계라 할 수 있다.

정도 돌아다녀야 방송국에 출입하는 홍보 매니저가 되는 거예요. 그 다음에
제작자입니다. 모든 매니저의 꿈은 훌륭한 제작자가 되는 겁니다. 그런데
그게 전문성을 가지고 되는 것이 아니라 오랜 세월 짬밥을 쌓아서 된다는
거지요. 그러다 보니까 경험과 인맥에 얽매여 전문성을 인정받지 못하고,
가수나 연예인으로부터 신뢰를 못 받습니다. 많은 가수들이 자기가 스스로
를 관리하려고 합니다. 그래서 매니저를 안 두고 가족을 쓴다든지, 심부름
꾼을 둡니다. 동생을 쓰고, 형을 쓰는 등 말입니다. 매니저의 기본적인
전문성이 결여되어 있다는 것이 현재 가장 큰 문제입니다.

대중적 감각, 홍보 능력이 필요하다

그럼 매니저에게 필요한 적성이 뭐냐? 일단 제가 잘 아는 게 음반산업
쪽이니까, 첫번째로 음악에 대한 이해도가 높아야 합니다. 자기가 음악을
전공을 했든 안했든, 일단 음악에 대한 이해가 없으면 할 수 없어요.
당연하죠. 어느 분야가 되었든 그 분야에 대한 기본적 이해가 필요합니다.
저는 피아노 못 치는 게 그렇게 후회가 돼요. 영화 <피아노 치는 대통령>
에서 안성기 씨가 피아노 치는 모습을 보고 피아노 배워볼까라는 생각이
들더군요. 이게 한이 맺혀서 우리 애들에겐 꼭 가르치려고 합니다.
  음악에 대한 이해도가 있는 것이 굉장히 중요합니다. 가수의 입장에서
이 사람이 음악적인 면에서 정확하다고 느끼면 머리를 숙입니다. 이것이
'쟁이 세계'의 특징인 것 같습니다. 그러니까 가수들에게 신뢰를 얻자면
음악적 이해도를 바탕으로 가수의 이미지와 가수의 목소리에 맞는 곡을
선별하는 능력이 있어야 합니다. 그 다음이 타이틀 선정입니다. 방송용
타이틀곡 선정에도 대중적 감각이 필요합니다. '뜨거운 감자'[11] 앨범을

---

11 라이브 클럽 무대에서 실력을 인정받은 3인조 인디밴드이다. 김C(보컬, 본명
  김대원), 하세가와(기타), 고범준(베이스)으로 구성된 '뜨거운 감자'는 1997년
  결성돼 서울 홍대 부근의 라이브 클럽을 중심으로 활동해왔다. 이들이 팀을
  결성하게 된 데는 윤도현의 역할이 적지 않았다. 윤도현은 일산의 한 주점에서
  일하던 김C를 우연히 알게 된 뒤 팀이 결성되는 데 일조했다. 뜨거운 감자는

내면서는 어떤 곡이 타이틀로 좋을지 여론조사를 했습니다. 그런데 신뢰도가 없어요. 타이틀곡을 선정할 때 매니저가 주도적으로 할 수 있어야 합니다. 그러니까 대중적 감각을 키우는 것이 아주 중요하죠. 그 다음에 구체적인 것으로 원만한 인간관계, 홍보 능력 이런 게 필요합니다.

우리나라에도 대형 매니지먼트사들이 있지요. SM, 대영, 사이더스, 예당, GM 뮤직, 이런 곳이 십대들의 음악 구매력을 끌어올리면서 1990년대에 기업적 반열에 오른 대형 기획사들입니다. 실제 이들이 매니저업계, 혹은 매니저라는 직업을 스포트라이트의 대상으로 끌어올렸다고 할 수 있죠. 전설적인 매니저로 배병수라는 사람이 있었습니다. 그런데 이런 연예기획사 대형 매니저들이 어떤 식으로 했냐 하면, 예컨대 최진실이라는 스타를 매니지먼트하면서 자기가 데리고 있는 다른 연예인들을 끼워 팔기하는 겁니다. 또 의도적으로 스케줄을 펑크냅니다. 자기네 연예인들에게 불리한 기사를 낸 곳에는 기사 제공을 안 하면서 언론을 길들이기도 했어요.

1990년대가 되면서 이런 대형 기획사들이 연예계에 막강한 권력을 갖게 되고 그 연장선상에서 2002년도에 연예 제작자들이 MBC에 집단적으로 출연거부를 하는 사태가 있었죠. 저도 같은 제작자지만 집단적으로 출연거부하는 것에 동의할 수 없었기 때문에 집단 출연거부 사태를 연출했던 연제협(연예제작자협회)에서 빠졌습니다. 사실 이 사태의 배경에는 좀 어처구니없는 일이 있었어요. 모 씨가 가수로 나서는데 그 아버지가 돈이 좀 있는 사람이라 한 20억 정도 썼어요. 한때 매니저를 열두 명이나 두기도 했어요. 언론 홍보에도 한 명이 아니라, 석간, 조간, 다 따로 매니저를 둘 정도로 뒤를 밀어준 거죠. 그런데 안 뜬 거예요. 그러니까 열 받아 가지고 작곡가들에게 준 돈 돌려받고 매니저가 방송국 PD들한테 돈 준 것에 대해 진정을 냈어요. 우리 아들이 가수를 하려고 했는데 돈을 홍보비로 얼마씩 주었다라고 폭로한 거죠. 그때 황모 PD가 8억 받은 것이 자체감

2000년 1집 <나비(Navi)>를 발표한 뒤 윤도현 밴드, 강산에 등 유명 가수들의 라이브 공연에 게스트로 초대되면서 존재를 알리기 시작했다. 뜨거운 감자는 자신의 그룹 이름처럼 정치·사회적으로 중요한 일이지만 현실적으로 다루기 어려운 미묘한 문제를 테마로 삼고 있다.

찰로 드러나서 해직되고 그랬는데 MBC가 타깃이 되었어요. 이 일이 있은 후에 방송국에서 될 수 있으면 신인들 쓰지 말자고 그런 거죠. 그런데 그때가 한참 신인들이 나올 시기인데 출연이 안 된다고 하고 음악도 제대로 안 틀어주고, 제작사 입장에서는 암묵적으로 불만이 있었던 거죠. 그렇게 해서 MBC 한번 손보자고 그러던 차에 <시사매거진 2580>에서 연예인 매니저 문제를 다룬 거예요. 노비문서니 하면서 매니저들의 횡포를 고발하는 내용이었지요. 여기에 발끈해서 MBC 출연거부 사태가 난 거지요. 사실 대형 연예 매니지먼트사가 생겨나면서 음악 자체가 상당한 부가가치를 누리게 된 점이 있었어요. 그렇지만 그거 오래 못 갔지요. 음악적 역량을 키울 생각은 안 하고 시류 따라 돈 벌 생각만 하다가 결국 지금 음악산업은 거의 깡통 같은 지경이 되고 있어요.

기본적으로 음악산업 규모가 줄었어요. 이 분야 종사자들이 지금 엄청난 불안감에 시달리고 있습니다. 여러분들 중에 혹시 매니저 하겠다는 사람이 있으면, 저는 말리고 싶어요. 가수 되겠다고 찾아오는 사람들도 많죠. 역시 웬만하면 하지 말라고 그래요. 나처럼 음악이 좋아서 어쩔 수 없이 해야겠다면 할 수 없겠지만요. 물론 여러분들처럼 고급인력들이 음악산업으로 들어왔으면 좋겠다는 생각을 하기도 합니다. 그렇기에 이쪽 길로 들어오고 싶은 분들에게 도움을 주는 말들을 끝으로 하겠습니다.

'될 대로 돼라'가 아니라, 낙관의 미덕을 가져라

우리나라 대중은 정규 앨범을 사는 데 인색합니다. 음반시장이 점점 축소되고 있어요. 말하자면 음악산업의 지형이 바뀌고 있어요. 인터넷과 휴대전화 보급률이 세계 최고 아닙니까? 음악도 그쪽으로 갔어요. 쉽게 말해서 온라인 음악시장은 커졌어요. 인터넷, MP3 다운로드 시장, 스트리밍,[12]

---

12 인터넷에서 영상이나 음향·애니메이션과 같은 파일을 하드디스크에 다운로드 받아 재생하던 것을 다운로드 없이 실시간으로 재생해주는 기법이다. 전송되는 데이터가 마치 물이 흐르는 것처럼 처리된다고 해서 '스트리밍(streaming)'이라는 이름이 붙여졌다.

벅스뮤직,13 모바일 서비스, 컬러링,14 벨소리 다운로드 등 이런 부분이 엄청나게 커졌어요. 시장가치로 환원한다면 전체 음반시장을 넘어서는 정도가 됐어요. 반면 음반시장은 몇 년 사이에 엄청 쪼그라들었어요. 그러니 이제 온라인, 모바일 쪽을 안 할 수가 없다는 거죠. 지형 변화를 잘 살펴가야 합니다.

그 다음에 연예계라고 하면 화려해 보이죠. 한때 음반시장이 커지고 산업으로 급속히 성장하면서 돈을 번 사람들도 있습니다. 상업적으로 성장하면서 매니저의 부정적 이미지도 많이 달라졌어요. 사회적 호감도가 좋아졌습니다. 잘만 하면 돈벌이가 되니까요. 어떤 일을 하든지 일과 경력을 이야기하지 않을 수 없습니다. 경력이란 게 무엇이냐? 지속적으로 발전하는 일들의 연속입니다. 일을 얼마나 오래 했느냐가 중요한 게 아니라, 자신을 한 단계 한 단계 올려왔느냐가 중요합니다. 말 그대로 일 자체에 연관된 실제적이고 전문적인 프로세스를 말합니다. 앞으로 어떤 일을 하든 일자리를 찾아 쫓아다니는 게 아니라, 무슨 일을 어떻게 할 것인지를 스스로 생각하는 것이 중요합니다.

어떻게 하면 매니저가 될 수 있고 어떤 자질이 있어야 되는지에 대한 질문에는 …… 글쎄, 특별한 것은 없습니다. 자신에 대한 정확한 발견이 우선되어야 한다고 생각합니다. 자신을 객관화시켜서 본다는 것이 힘들지만 자신에 대한 정확한 발견이 필요합니다. 자신의 자질, 재능, 적성 등

---

13 대표적인 무료 온라인 음악 사이트 온라인 음악 저작권을 둘러싸고 음반사들과 갈등을 빚고 있는 벅스뮤직(www.bugs.co.kr)은 SM, 예당, 대영, 서울음반, 도레미 등 12개사로부터 저작인접권 침해로 인한 저작권 위반 혐의로 가처분 소송, 형사 소송 등을 제기당한 바 있다.

이와 관련해 '벅스뮤직 화이팅'과 '벅스를 사랑하는 사람들의 모임(벅사모)' 등 벅스뮤직을 살리자는 취지의 온라인 모임 10여 개가 개설됐으며, 네티즌들은 메신저 말머리에 'I♥Bugs'란 문구를 다는 등 벅스뮤직을 옹호하는 인터넷 시위도 활발하다.

14 거는 사람(caller)에게 들리는 벨소리(ring)로 통화할 때 '뚜―' 소리 대신 음악이나 멘트 등이 나오게 하는 기능이다. 설치하는 개념이 아니라 통신사에서 부가서비스로 제공하고 있다.

이런 것에 대한 정확한 발견, 그리고 자신의 지표를 가지고 있어야 한다고 생각합니다. 그래야 시행착오를 줄일 수 있을 겁니다. 바로 여러분들이야말로 자신을 정확하게 발견하기 위해 집중적으로 고민해야 할 시기에 있습니다.

일단 안정적으로 어디든지 몸담고 있어야 하는 사람, 안정적인 직장이 있어야 되고 방바닥에 따뜻하게 누워 있는 게 좋다고 생각하는 사람은 이쪽 분야로 들어오면 안 됩니다. 우리 회사 직원들의 가장 큰 애로사항이 뭔 줄 아세요? 가수들 따라다니다 보니 사적인 시간이 없기 때문에 여자친구와 지속적으로 관계를 갖지 못한다는 겁니다. 그만큼 일이 바쁘고 고됩니다. 이쪽은 야생마에게 하듯이 당근보다는 채찍을 주로 쓰는 곳입니다. 돌아다니기 싫어하는 사람은 안 됩니다. 또 불규칙한 생활을 즐길 줄 알아야 합니다. 그 다음에 자유롭게 창조적으로 사고하는 것을 즐겨야 됩니다. 직원들 중에는 뭔가 딱 부러지는 지시를 안 받으면 불안해하는 사람이 있어요. 그러면 안 됩니다. 자유 창작이 가능한 사람이 되어야 합니다. 뚜렷한 목표의식과 주관이 있어야 합니다. 생각하기 위해서는 기본적으로 지식과 교양을 높이기 위해 노력해야 됩니다. 지식을 쌓고 교양을 높이기 위한 노력을 기울이면 금상첨화입니다. 사회에 대한 분석력이 필요합니다. 과거 운동권에서 많이 하던 '정세 분석' 능력이 있다면 남보다 빠르게 대응할 수 있는 겁니다.

물론 이성보다는 감성적 측면을 높이는 쪽으로 많은 노력을 해야 합니다. 영화 많이 보시고, 광고도 많이 보세요. 시각적 훈련을 통해서 감성을 많이 키우십시오. 품성에 대해서 말한다면 독사 같은 끈질긴 근성을 가져야 합니다. 목표에 대해 헌신적으로 노력해야 합니다. 그것이 가장 중요합니다.

또 살면서 낙관의 미덕을 많이 가지세요. 내가 지금보다 더 나빠질 수 있겠느냐 하는 생각으로요. 우리 회사가 어려웠던 적이 있습니다. 25일이 월급날인데 어떨 때는 한 달에 25일밖에 없는 것처럼 느껴질 때가 있었어요. 그래도 8년 동안 체불한 적은 없습니다. 낙관의 미덕이 굉장히 중요한 것 같아요. '될 대로 돼라'가 아니라, 자신에 대한 확신을 가지자는 거예요. 이런 것이 여러분께 드리고 싶은 말씀입니다. 감사합니다.

안해룡

정읍 출신으로 서강대를 졸업했다. 지난 1980년대 직장을 포기하며 저널사진 분야에 뛰어들었고, 시위현장에서 한 일본인 프리랜서 기자를 만나면서 VJ에 발을 내디뎠다. 아시아프레스 인터내셔널 서울사무소 대표를 맡고 있고 한국 최초의 비디오저널리스트(video journalist)로 알려져 있다. 방송 프로그램의 기획·취재·촬영·편집을 홀로 도맡아 사회의 틈새를 집중 조명하는 VJ는 현재 1,000여 명을 헤아리지만 지난 1990년대 초만 해도 안해룡이 유일했다. 1990년대 초부터 케이블 TV <아시아리포트>, KBS <일요스페셜> 등에서 방영된 '오키나와 액터즈 스쿨'을 비롯해 간첩혐의로 체포돼 사형선고를 받은 어느 재일 한국인을 다룬 다큐멘터리 <그래도 조국을 사랑한다>를 일본 방송사에 공급했다. 그는 VJ 외에도 자유기고가, 뉴미디어운동가로 활동하며 일본의 전쟁책임과 관련된 강제연행, 조선족, 입양아 등 소외된 사람들의 지난한 삶을 소개하는 데 주력하고 있다.

저는 비디오 저널리스트(Video Journalist, 이하 VJ) 일을 하고 있는 사람으로 알려져 있는데 그 일은 제가 하는 일 가운데 일부라고 할 수 있습니다. 사실 직업을 얘기하라고 하면 무슨 일을 하고 있는지 설명을 할 수가 없는 상황입니다. 일단 제 스스로 최근에 규정지은 것으로는 '기자 일을 하겠다'라는 것입니다. 그러면 어떤 기자를 할 것인가? 사진작업, 비디오 촬영, 원고 등 글을 쓰는 작업까지 포괄하는 형태의 일종의 멀티미디어형의 프리랜서라고 하면 좋을 것 같습니다. 이 부분에서 한 3년까지 열심히 작업을 해왔다고 생각합니다. 그러다 3년 동안 쉬었어요. 이 3년 동안 했던 일들은 '전주영화제'와 '인디다큐페스티벌'이라는 영화제에서 다큐멘터리에 관련된 영화들을 모으고 그것을 상영하는 일이었습니다. 한동안 해왔던 일을 접고 저 스스로에게 공부가 되는 축적의 시기이기도 했습니다. 다시 최근에 <침묵의 외침>이라는 전시회를 했고, 그 전시회 내용을 비디오로 제작했습니다.

여러 가지가 섞여 있는 일을 하고 있어서 제가 갖고 있는 정체성을 지금도 고민하고 있어요. 아마 2~3년 안에 정착될 가능성은 없는 것 같아요. 제가 '프리랜서 기자'라고 여러분한테 말씀드렸는데, 그런 부분에서 VJ를 하게 된 계기를 조금 설명하면 제가 왜 자기 직업을 똑바로 규정하지 못하는가를 이해할 수 있는 배경이 된다고 생각합니다.

제가 이런 일을 하기 전에 출판사와 광고회사에 있었어요. 견실한 형태의 월급쟁이는 아니었지만 어찌됐건 생계에는 지장이 없었지요. 그때는 젊었기 때문에 조금 벌어도 상관없을 때였죠. 1987년도인가, 어느날 갑자기 카메라를 들고 싶었어요. 사실 왜 들고 싶었는지 구체적인 이유는 없어요. 그때 제가 일했던 회사가 (당시에는 굉장히 작았던) 금강기획이라는 광고회사였는데 첫 월급을 받고 무작정 카메라를 샀어요.

그런데 그때는 주말이면 학생시위나 데모가 많았습니다. 주말마다 집회가 계속 있었어요. 대학생들이 남북학생회담을 제기하며 '가자 북으로, 오라 남으로'라는 구호를 외치던, 일종의 통일운동의 기폭제가 됐던 그러한 시기였습니다. 그곳에 새로 산 카메라를 가지고 갔어요. 그런데 '가는 날이 장날'이라고 처참하게 카메라가 망가졌습니다. 방독면이나 보호구

같은 것도 전혀 없이 그냥 카메라를 들고 그 현장을 찍겠다고 달려갔기 때문이죠. 어디선가 날아온 돌에 안경이 깨졌죠. 그런데도 저는 하여튼 뭔가를 더 찍어야겠다는 생각을 했고, 그 자리에서 빨리 피하자마자 남대문시장에 있는 안경점에 가서 거금 몇 만 원을 들여 새로 안경을 구했어요. 그때 연세대에서 있던 학생시위가 대학로로 옮겨졌고, 지금은 돌아가신 문익환 목사님이 현장에 나와서 뭔가 연설을 하고 계셨습니다. 그 현장에 가서 그 모습을 찍었어요. 제가 사진을 잘 찍어서 그런 게 아니라 뭔가를 기록해야겠다는 그런 생각만 있었죠. 그렇게 찍다가 어디선가 돌이 등판에 날아와 찍히더라고요. 그래서 앞에서 스트레이트로 맞고 뒤에서 맞는 처참함의 연속이었는데, 그 아픔보다도 오히려 저한테는 뭔가 뿌듯함이 있었어요. 왜 그랬는지는 확실히 모르겠는데, 지금도 사실 정리가 안 되는 것 중 하나입니다. 정리가 안 된 부분이기 때문에 지금까지 끈질기게 이어오지 않았나 생각하는데 이것이 제가 사진을 찍게 된 시작이었어요.

그 남북학생회담을 기점으로 해서 1987년도, 1988년도에 상당히 많은 시위가 있었어요. 울산 같은 곳은 현대중공업을 중심으로 하는 현대그룹의 노조들이 왕성하게 건설되고 파업도 활발하던 노동자 대투쟁의 시대였어요. 저는 그때 사진을 찍겠다고 내려갔고, 현장에 노동자들과 함께 있으면서 사진을 찍었습니다. 그렇다고 제가 조직적으로 학생운동이나 노동운동과 결합해 있던 것도 아니었어요. 조직적인 모임에 있지 않았는데 당시는 그런 현장을 기록해야겠다는 생각만 있었어요. 그런데 사실 제가 거대 매체나 신문이나 잡지에서 일하지 않던 상황에서 사진을 찍어 발표할 수 있는 공간이 존재하지 않았거든요. 그러니까 반 년 이상 사진을 찍으면서 생각한 것이 '이 사진이 어디에 쓰일 수 있을까?'라는 고민이었어요. 프리랜서의 사진을 받아주던 시기도 아니었고, 그걸 발표할 수 있는 공간도 사실 없었어요. 몇 개의 재야 잡지에서 그야말로 '한 장 줘' 해서 실어주면 '아 나도 드디어 성공이다. 드디어 기자가 됐다'라는 생각을 하고 만족해야 했어요. 그래도 열심히 현장을 쫓아다녔고, 사람들을 많이 만났죠. 그런 시절이 지속되는 과정에서 제가 고민했던 것은 '내가 사진을 찍는다는 것이 과연 무엇인가? 내가 사진을 찍어서 도대체 어떤 일들을 하려고 하는가?'였어요. 해답은 안 나왔죠. 고민하는 길은 두 가지였어요. 그런 역사의 현장을 찍는 사진가의 길이 두 가지가 있었는데 하나는 신문사의 기자로 일하는 것이었고, 또 다른 하나는 제도적인 언론에서 벗어나서 활발하게 자신의 사진을 발표할 수 있는 외신에서 일을 하는 것이었죠. 외신이라는 게 사실 굉장히 한정되어 있고 숫자도 많지 않았던 시기였어요. 그래서 들어갈 가능성이 전혀 없었죠. 게다가 캡션을 영어로 써야 되는데 그것도 못 하니까 '이걸로 도대체 밥은 먹고 살 수 있을까?' 하고 생각했죠. 한편으로는 '사진이 뭘까?'라고 고민을 하면서도 '어떻게 좋은 작업을 받아서 일을 할까?'라는 고민들이 병행되던 시기였어요. 그래도 해답은 얻지 못했습니다.

그러다가 1992년도에 우연히 일본에서 유학을 와서 한국에서 역사의 현장을 찍던 한 일본 프리랜서 사진가를 만났습니다. 그런데 그 사람이 한국에 와서 일 년 동안 작업했던 사진이 뭐였냐 하면 <양심수의 어머니>라는 타이틀이었어요. 그때 학생운동이든 노동운동이든 재야에서 운동하는 많은 운동가들이 감옥에 갔었어요. 그 사람들을 정치적인 양심수라고 부르잖아요. 그런 분의 직접적인 삶이 아니라 그 양심수들을 지원하고 나중에는 한 몸이 되어 투쟁을 함께했던 어머니들(지금의 민가협 어머니들) 사진을 작업하는 사람이었어요. 어떻게 보면 굉장히 충격적인 형태의 만남이었다는 생각이 들어요. 사진과의 만남이 아니라 그 사람이 작업했던 주제에 대한 만남 자체가 저한테는 굉장히 충격적이었어요. 첫째, 프리랜서로서 작업한다는 것이 하나의 충격이었고, 두번째는 내가 무엇을 찍어야 할 것인가 하는 것에 대한 자극 같은 것이었지요. 제가 찍으려고 했던 것이 아까 말씀드린 것처럼 학생운동의 투쟁현장이었단 말이죠. 치열함은 있었죠. 그런데 거기서 내가 무엇을 발견하려고 했는지, 무엇을 보려고 했는지에 대한 물음을 계속 가지고 있었는데, 그 사람이 작업하고 있는 <양심수의 어머니>라는 작업을 통해서 '아, 내가 앞으로 무엇을 해야 되겠다'라는 막연한 형태의 방향정립을 할 수 있는 계기가 됐어요. 우선 프리랜서로서 기존 매체의 데스크의 요구나 취재 지시에 관계없이 자신이 선택한 테마를 가지고 꾸준히 전문적인 어떤 식견이 필요한 문제까지 들어가서 사진작업을 할 수 있다는 힘, 또 하나는 독립적으로 일을 하고 있던 사람이라는 것, 그리고 그 어떤 매체에 종속되지 않고 혼자 작업을 해서 사진집을 만들고 사진전을 하고 있다는 일이 저한테는 굉장히 충격적이었거든요. 그래서 제가 그 사람이 작업하는 사진집을 만드는 일과 사진전을 도와주고 적극적으로 그 일을 주변에 알리는 역할을 했습니다. 그걸 계기로 해서 그분이 일본에 돌아가서 연 출판기념회에 초대되어 처음으로 일본에 가게 됐어요. 물론 일본어를 할 수 있었던 것은 아니었고요. 어찌됐건 그 양반이 우리말과 일본말을 하니까 통역 겸, 옆에서 저를 보조해주었습니다.

출판기념회에 참석해서 거기서 한국의 민주화에 많은 관심을 가진 사람들을 만났고, 많은 좋고 재미있는 술자리를 가졌습니다. 그런데 그 중에 한 일본인 친구가 있었어요. 그 친구는 한국에 유학을 갔다가 바로 돌아온 젊은 친구였는데, 그 친구가 저한테 다가와서 하는 말이 있었어요. "아시아 프레스라는 곳이 있는데 거기에서 함께 일할 생각이 있느냐?"라는 제안이었어요. 지금은 제가 속해 있는 집단이 되긴 했지만, 그때는 그곳이 어떤 단체인지 어떠한 사람들이 어떻게 모여서 어떠한 활동을 하고 있는지 전혀 모르는 상태였죠. 그저 프리랜서 사진가가 모여 있는 집단이고 아시아 지역의 여러 현장에 있는 사람들이 모여서 활동을 하고 있다는 등의 얘기만 전해 들었어요. 관심이 있다면 자기가 일본으로 초청하겠다는 굉장히 획기적인 제안을 받은 거죠. 공짜로 일본에 가는데 마다 할 사람이 있겠어요? 비행기값 대주고, 밥값 주고, 술값 대준다는데 안 갈 이유가 없잖아요. 그렇다고 그때 한국에 돌아와서 특별히 그 기간에 뭔가 할 일이 있었던 것도 아니었기 때문에 흔쾌히 아시아프레스 총회에 참석하는 기회를 맞았어요. 그래서 일본에 간 게 1993년도였어요. 도쿄에 처음 갔고, 거기서 인도네시아, 중국, 대만, 태국 등에서 초청된 여러 나라 친구들과 기숙사 비슷한 곳에서 함께 살면서 일주일 동안 생활을 했는데, 그 총회에 참석하고 쇼크를 받았어요. 쇼크가 컸던 것은 프리랜서라는 것에 대한 개념을 제가 잘못 알고 있었다는 것이었습니다. 여러분들은 프리랜서 기자가 어떤 사람이라고 생각하세요?

진정한 의미의 프리랜서 기자란

한국의 언론 상황에서 흔히 '프리랜서' 하면 '자유기고가'라고 얘기를 하지만 사실은 자유기고가로 활동하고 있는 사람은 딱 두 가지로 대별될 수 있어요. 하나는 거대 매체에 있다가 그 매체를 그만두거나 아니면 자유언론투쟁을 하다가 쫓겨나 후배들이 밥벌이 차원에서 부탁한 원고를 써주는 사람이었고, 그 다음에는 그야말로 여성지 같은 잡지에서 다리품 팔고 전화로 정보를 알아내 원고를 정리해 기고하는 사람이죠. 엄밀하게 얘기하면 둘 다 프리랜서라는 개념에 적합하지 않은 호칭이었어요. 그런데 저는 사실 후자의 입장이었어요. 여성지 분야에서 일하고 있는 많은 젊은 자유기고가와 비슷한 처지로 프리랜서 일을 하고 있는 기자였다고 생각하고 있었어요. 그런데 일본에 가니까 저보다 일을 먼저 했고 그런 일 경험이 많은 사람들의 얘기는 그게 아니었어요.

어떤 선배 기자는 보스니아만 10년을 취재했어요. 아프가니스탄과 보스니아에 관해서는 그 사람이 그 어떤 누구보다도 전문가였어요. 학자들이 하는 연구와는 전혀 달리 현장에서 일어나는 사건들을 취재하고 그 안에서 사람들을 만나는 그런 사람이었던 거예요. 아니면 어떤 지역 특정한 부분에 전문지식을 갖고 있었던 사람이었어요. 그 중에 요시다라는 선배가 있는데 그 사람이 취재했던 테마를 총회에서 처음 가서 들었습니다. 그 사람이 미얀마의 카친족이라는 소수민족을 취재한 이야기였습니다. 그는 카친족의 민족독립투쟁을 취재하기 위해서 미얀마에 잠입했는데 카친족의 민족해방군과 만나기 전에 6개월 동안 카친어를 공부했대요. 정부군과의 교전 때문에 3년 7개월 동안 본의 아니게 게릴라 활동을 하게 된 일도 있고,

그동안 말라리아에 걸린 게 17번 이상이었고, 정부군과 교전하는 상태에서 전투 경험도 상당히 있었답니다. 물론 그 사람이 총을 쏘지는 않았습니다. 일본에서는 그의 가족들도 그 사람이 실종된 걸로 알고 있었다고 해요. 그런데 우연한 기회에 밖에 나올 수 있었습니다. 왜 그 사람은 3년 7개월이라는 시간을 그 사람들과 함께했을까요? 미얀마에서 돌아와 1년 뒤에 그 사람이 책을 썼는데, 그 책은 완벽한 형태의 보도 르포라는 평가를 받았습니다.

어떤 책이었냐 하면 단순히 해방투쟁 과정을 소개한 것이 아니라 그 사람들이 어떤 생활을 하고 있고, 어떤 풍습을 갖고 있고, 어떤 경제적인 생활을 하고 있는지, 물론 농경사회 중심이었지만 그런 것들을 굉장히 주도면밀하게 관찰하고 리포트한 것이었어요. 일본 내의 인류학자로부터 일본에서 나온 이 지역에 관한 자료로는 최고의 것이었다는 평가를 받았어요. '프리랜서 기자라는 것이 과연 무엇인가?'라는 것을 고민하기 이전에 그 사람들이 한 일이 준 충격은 말도 못 할 정도였다는 거죠. '바로 이런 것이 프리랜서 기자구나, 바로 이런 것이 진짜 독립적으로 일한다는 기자의 일이구나'라는 것을 발견했고, 그런 부분의 일을 스스로 하려고 마음먹게 됐죠. 그 전까지는 사실 사진 한 장 어떻게 팔아 필름 값을 얻을 수 있을까 하는 생각이 지배적이었는데, 일본 총회에 다녀온 이후에는 한 번도 잡지, 주간지, 월간지의 청탁을 받고 일을 하지 않았어요. 제가 관심이 있고 제가 좋아하는 테마들만 선정해서 잡지사에 제안하고 그런 것들이 채택되면 취재를 했고, 채택되지 않아도 그것은 내가 해야 할 일이라고 생각하고 취재활동을 계속 해왔죠. 그런데 그렇게 할 수 있었던 것은 ≪한겨레 21≫이라는 주간지 덕분이었죠. 내겐 그 잡지가 일종의 행운이었던 셈인데 여러분들 ≪한겨레 21≫ 보고 계신가요?

당시 ≪한겨레 21≫이라는 잡지는 한국 주간지 시장에서 굉장히 혁신적인 형태의 잡지였어요. 일단 ≪한겨레≫가 갖고 있는 취재 네트워크 자산이 굉장히 적었기 때문에 제한된 금액으로 뭔가 실감나는 기사를 만들어보자는 식으로 시작했어요. 그 중에 중점적으로 차별성을 둔 것이 뭐였나 하면 해외 기사를 르포 형태로 쓰자는 거였어요. 현지에 있는 사람들이 쓰는 거죠. 과거에는 해외 기사가 통신사에서 전해진 기사들을 재구성한 것이 대부분이었는데, 당시 ≪한겨레 21≫에 나온 해외 기사는 통신원을 활용한 해외 기사의 발굴, 르포성 기사의 발굴이었어요. 그런 것이 해외 취재나 아니면

아시아프레스 멤버들이 취재했던 취재물로, 현장을 밟아서 했던 취재를 발표할 수 있는 공간이 되었어요. ≪한겨레 21≫이 해외 취재에 관해서는 상당히 많은 지면을 외부 필자에게 열어놓았습니다. 저로서는 경험이 일천함에도 불구하고 편집장의 편집방침이나 선견지명 덕에 제가 발표할 수 있는 지면을 굉장히 많이 얻을 수 있었어요. 그래서 제목을 내면 심지어 외부 필자의 글도 커버스토리로 실어주었는데 지금은 그것이 아무일도 아닐 수 있지만 당시에는 획기적인 전환이고 전향적인 방침이었어요. 지금도 제한적으로 사용되는데 사실 매체에서 외부 기자들이나 외부 프리랜서 필자들한테 내부 기자가 취재할 수도 있는 어떤 내용에 관해서 원고를 청탁한다는 것이 쉬운 일은 아니에요. 그렇게 하면 내부 기자들 사이에서 자기가 취재한 영역이나 담당하고 있는 부분에서 '물을 먹었다'라고 생각하는 경향이 있어요. 가령 내가 위안부문제를 취재했다면 위안부문제를 담당하고 있는 기자들이 물을 먹은 것이었죠. 그런데 당시 ≪한겨레 21≫의 편집방침은 '그 문제에 대해 제일 잘 알고 있는 사람이 쓰게 한다'는 것이었어요. 그러니까 저 같은 사람도 기회를 가질 수 있었지요. ≪한겨레 21≫의 내부 편집회의에서도 그런 논쟁이 있었지만 편집장이 일언지하에 '제일 잘 아는 사람이 써야 한다'는 방침을 세웠기 때문에 가능하게 되었죠. 지금은 다시 ≪한겨레 21≫이 IMF 이후로 재정적으로 어려워지고 부수도 줄어들면서 외부기고를 받지 않는 상황이 되었지만, 초기에 ≪한겨레 21≫ 활동을 하면서 컸던 기자들 가운데 저나, 지금도 열심히 활동하고 있는 정문태 같은 프리랜서 기자가 있죠. ≪한겨레 21≫이라는 매체가

없었다면 제가 프리랜서 기자로서 활동하고 발표할 수 있는 지면을 아마 지금까지도 가질 수 없었을 거예요. 당시 ≪한겨레 21≫은 저한테 많은 것들을 열어주었고, 또 그런 것 때문에 제가 프리랜서로서 나의 중심적인 테마들을 선정하고 중점적으로 취재할 수 있는 기반을 가질 수 있었다고 생각합니다.

할머니의 영상물도 제가 1993년부터 취재한 것이 모인 것입니다. 당시 ≪한겨레 21≫과 프리랜서 기자들이 중심이 되는 테마를 찾으면서 관심을 두었던 문제 중 하나였어요. 제가 프리랜서 기자로서 일할 때 ≪한겨레 21≫의 존재는 굉장히 크다고 할 수 있습니다. 운이 좋았던 것일 수도 있죠. 해외 기사에서 사진기자와 취재기자를 별도로 보내서 취재할 수 있는 재정적 능력이 ≪한겨레 21≫에는 없었거든요. 가장 싼 방법은 현지에 있는 통신원을 고용해서 현지에서 기사를 쓰는 것이었지요. 원고료도 비싸지 않았어요. 취재를 보내는 비용보다 현지에서 원고를 보내면 국내 원고료 정도로 지불해도 문제가 되지 않았거든요. 그런 부분들로 인해 저는 프리랜서로서 자신의 전문성과 관심을 모아갈 수 있는 계기가 됐고, 그런 것이 저의 초기 프리랜서 활동의 내용이 됐죠.

현장을 취재하지 않는 기자

그러다가 1년 정도 지났어요. 당시 아시아프레스의 대표로 있었던 노나카 아키히로라는 사람이, 지금은 6mm 카메라지만, 당시 8mm 비디오카메라가 보급되면서 그 카메라로 찍은 작품이 프로그램으로 제작되기 시작했어요. 그 당시에는 VJ라는 말 자체도 보편적으로 쓰이지 않고 있었어요. 제가 일본에 출장을 갔는데 그분이 비디오카메라가 굉장히 재미있다는 얘길 해주었어요. 사진기보다도 훨씬 더 재미있다는 거였죠. 사진기는 말을 담지 못하잖아요. 현장의 느낌이라는 게 굉장히 중요한데, 말로 들을 수 있는 것과 한 장의 사진으로 볼 수 있는 것과는 전혀 다르다는 거죠. 그러니까 그림과 사진을 한번에 담을 수 있고, 그런 것을 100만 원 정도 가격대의 카메라로 할 수 있다고 말하며 저를 꾀기 시작했어요. 그것을 사면 프로그램을 만들어주겠다고 했지요. 물론 저는 그 꼬임에 넘어갔습니다. 그래서 100만 원을 들여서 8mm 비디오 카메라를 샀고 그걸로 찍었어요. 그 양반은 약속대로 저한테 프로그램을 하나 방송할 수 있게 해주었어요. 그 프로그램 이름이 <퓨전 2002>라는 프로그램이었습니다. 그 프로그램이 어떤 것이었냐 하면, 일종의 '퍼블릭 액세스(public access)'[1] 개념도 가지고 있고 외부적으로도 열린 프로그램이었습니다. 일본에는 위성방송 체계가 두 가지가 있습니다. BS[2]와 CS[3]가 있는데, BS는 방송전용 인공위성

---

1 한국에서는 시청자 참여 프로그램·옴부즈맨 프로그램·시청자 제작 방송 프로그램 등 여러 용어로 쓰인다. 그러나 이 가운데 어느 한 가지만 가지고는 퍼블릭 액세스의 전반적인 의미를 담을 수 없다. 퍼블릭 액세스는 일반인, 즉 시청자가 직접 기획·제작한 자체 프로그램, 시청자가 방송사의 프로그램 제작에 참여해 시청자의 의견 또는 주장이 담긴 프로그램, 시청자 평가 프로그램 등을 모두 포괄하기 때문이다.

　　보통 시청자가 자신의 의견을 표명하기 위해 방송권을 요구하고 이를 이용하도록 보장받는 권리나, 시청자가 직접 매체를 소유하고 방송·보도하는 것을 뜻한다. 넓게는 자신과 관련된 언론 행위에 대해 반론이나 해명을 요구할 수 있는 반론권까지 포함된다. 미디어를 통해 표현의 자유를 확보하고 사고의 다양성을 통해 사회적 이슈나 공동체의 각종 현안들을 해결할 수 있어 선진국에서는 이미 일반화되어 있으나, 한국에서는 아직까지는 활성화되어 있지 않다.

2 BS(broadcasting satellite)는 각 가정의 수신설비를 향해 직접 전파를 발사하여 방송하는 인공위성이다. 통신위성의 일종이라고 할 수 있으나, 중도에 중계증폭(中繼增幅)이 들어가지 않는다는 점에서 통신위성과 다르다. 방송위성의 전원(電源)은 보통의 통신위성보다 훨씬 강력한데, 예를 들어 미국항공우주국(NASA)의 ATS-6은 80W, ATS-G는 1KW이다.

　　방송위성은 주로 바다를 사이에 두고 멀리 떨어진 여러 지역이나 지상방송망이 발달되지 않은 지역 등의 난시청 해소를 위해 텔레비전 방송용으로 고안되었다. 일반 공중에게 방송이 직접 수신되도록 인공위성에 탑재한 중계기에서 신호를 전송 또는 재송신하는 위성으로, 세계 각국의 방송위성은 대개 개별수신 형태를 취하지만, 경우에 따라 공동수신 형태를 취하는 위성도 있다.

3 CS(communication satellite)는 지구 상공 일정한 궤도에서 지구 주위를 회전하면서 지상 통신국으로부터 송신하는 신호를 수신하여 그 신호를 증폭 변환한 후 다시 상대 지구국에 재송신하는 우주 전파중계소 역할을 하는 인공위성이다.

　　대륙간의 통신 중계보다 특정 지역에 통신 서비스를 하는 지역통신위성이 현재 급속히 발전되고 있으며, 1995년 8월 5일 발사된 한국의 무궁화위성

을 이용하는 방식이고 CS는 통신위성을 이용하는 방송입니다. CS는 일단 제작비가 저렴했는데, 시청자권이 적다는 한계가 있었습니다. '아사히디지털방송국'이 CS 방송의 하나였는데, 그 방송국에 <퓨전 2002>라는 프로그램이 있었던 겁니다.

<퓨전 2002>라는 프로그램은 8mm 비디오를 가지고 찍은 영상물을 기획서와 함께 제출하면 그 방송국 프로듀서가 그 제안한 사람들의 작품을 기획에서 완성까지 전혀 터치하지 않고 방송할 수 있도록 도와주는 프로그램이었어요. 저는 그것이 한편으로는 운이 좋았다고 생각했어요. 처음에 방송을 하는데 방송 내용과 질과는 관계없이 40만 엔 정도, 우리 돈으로는 400만 원 정도의 돈을 받았어요. 지금 제가 보면 너무 형편없는 프로그램이에요. 사전에 취재팀이 와서 프로그램 내용을 한번 보자고 했었는데 제가 계속 빼면서 안 보여줬어요. 프로그램을 편집하면서 때려치우고 한국에 돌아오고 싶어서 혼났어요. 왜냐하면 여러분들처럼 학교의 정규과정으로 방송 제작, 뉴스 제작, 다큐멘터리 제작에 대한 체계적인 훈련이나 교육을 받지 않고 영상언어가 어떤 형태로 이루어지는지에 대한 공부도 않고 그냥 비디오카메라로 찍었으니까요. 편집을 하려니까 안 되는 거예요. 그림이 안 붙는 거예요. 연결할 수 있는 그림들을 찍지 않은 거죠. 한 컷으로 보면 의미가 있지만 방송용 편집을 위한 한 컷은 아니었던 거죠. 그래서 맨 처음 편집할 때 1분 정도 붙이는데 4~5일을 소모했어요. 잠도 한숨 안 자고 붙여야 한다는 강박관념을 가지고 계속 편집을 했는데 잘 안 되더라고요. 어찌됐건 방송일정은 잡혀 있고 반드시 방송을 해야 되는 상황이었거든요. 결국은 시사회를 하게 됐는데, 사람들이 프로그램을 본 후 '이거 가지고 방송을 할 수 있겠냐?'라는 듯한 표정이더군요. 끝나고 질문 시간을 가지는데, '이 컷을 왜 붙였느냐? 왜 이 컷이 의미가 있다고 생각하느냐? 왜 저 컷 다음에 이 컷을 붙였느냐? 당신이 궁극적으로 주장하고 싶은 것이 뭐냐? 왜 이런 인터뷰를 하지 않았느냐?'라는 질문들을 30분 동안 받는데 정말 죽겠더라고요. 질문을 받기보다는 빨리 그 자리를

(KOREASAT: 1996년 3월 18일부터 위성 서비스 실시)도 이에 속한다.

뜨고 싶었어요. 게다가 우리 땅도 아닌 곳에서 일본인 선배, 아니 선배라기보다는 일본 사람들한테 그런 질문을 받고 프로그램의 내용에 관계없이 이렇게 무시당하고 있다는 생각이 드는 순간, 갑자기 내 작품에 대한 평가가 민족차별이라는 생각이 들면서 그 자리를 박차고 나가고 싶더라고요. 그런데 그럴 수는 없었죠. 여러 사람들이 있었으니까. 그래서 다음날 그 프로그램은 다시 수정됐고, 방송이 됐어요. 결코 훌륭한 프로그램은 아니었지만 결국 아시아프레스 덕분에 방송될 수 있었어요. 저는 아까 말한 대로 그 후진 프로그램을 내보내면서 40만 엔 정도의 돈을 받을 수 있는 행운을 얻었죠. 그 다음부터는 비디오를 안 하겠다고 했어요.

한동안 안했고 그로부터 2년이 흘렀는데 그 당시의 프로그램들을 가지고 아시아프레스가 한국에서 전시회를 했습니다. <격동하는 아시아의 현장>이란 제목으로 사진전을 열었고, 중국이나 인도네시아, 태국 등의 문제에 관해 VJ가 제작한 작품을 상영하는 시간을 가졌어요. 그것이 당시 비디오 저널리즘을 첫번째로 소개하는 자리였고, 그런 자리여서 굉장히 많은 사람들이 전시회에 왔습니다. 한국인 VJ로서는 제가 있었기 때문에 여러 매체에서 저를 인터뷰했습니다. 그래서 저는 한국 최초의 VJ로 소개되었습니다. 그런데 지금도 이상하게 생각하는 것은 VJ로서 저를 취재하러 온 사람들 중에서 작품을 보여달라고 말하는 사람이 없더라고요. '작품을 안 보고 어떻게 기사를 쓸 수 있을까?'라는 생각이 들었어요. 그게 이상했는데, 그 덕분에 제가 한 작업에 관계없이 3년 동안 과대평가를 받아왔어요. 일종의 행운이었죠. 아마 그때 기자들이 내가 만든 프로그램을 봤다면 그런 기사를 쓰지 않았을 것이라는 생각이 들었어요. 왜? 보면 알잖아요. 그런데 프로그램을 안 봤으니 평가를 못 하잖아요. 결국은 기자들의 평가란 것이 제가 말한 대로 옮겨 적는 것뿐이었으니까 어떻게 보면 제게는 행운이죠. 그걸 보면서 제가 느낀 것이 '우리나라 기자는 현장을 취재하지 않는다'였어요. 일본에서는 그런 경우가 한 번도 없었거든요. 내가 작업한 것을 꼭 한 번 봤으면 좋겠다고 해 본 내용을 가지고 몇 가지 추가 질문을 하면서 작품의 진위를 확인하는 기사도 있었는데, 국내에서는 한 번도 그런 경우가 없었습니다. 그리하여 한국 최초의 VJ가 탄생한 겁니다.

그런 흑막이 있었는데 아직도 베일에 가려져 있습니다.

그렇게 한국에 VJ가 소개됐을 때가 1994년이었어요. MBC의 <시사매거진 2580>이라는 프로그램에도 소개되었고, 좋은 계기가 됐죠. 그때 취재했던 팀에서 VJ들을 활용해서 취재한 것을 한 꼭지 넣겠다는 얘기가 나왔습니다. 저와 지금 '푸른영상'4에 있는 박기복 씨가 섭외되어 한 달씩 각자 관심을 갖고 있는 분야를 취재하고 방송을 하게 됐습니다. 지금은 일상화됐지만 1994년 당시에 불법체류하고 있는 조선족들에 대한 취재를 했고, 박기복 씨는 파고다공원의 부랑자들을 취재했습니다. 그 프로그램들이 꽤 평가를 받았어요. 그런데 그런 프로그램들이 2~3번 방송되고 중단됐습니다. 가장 큰 이유가 화질이 나쁘다는 것입니다. 여러분들 아마 8mm 카메라를 만져보지 않아서 모르겠지만, 그때 8mm 카메라로 만든 영상은 방송할 수 없는 화질이었습니다. 그래서 방송에서 적극적으로 활용하지 않았어요. 그런데 그런 영상을 적극적으로 활용하게 된 계기가 바로 IMF 사태였습니다. 한국경제의 위기가 닥쳐오면서 방송제작비가 30% 이상 삭감되었습니다. 프로덕션 입장에서 제작비가 30% 깎였다면 제작 코스트를 30% 이상 줄여야 합니다. 결국 사람을 줄이는 수밖에 없었고 그러려면 카메라와 프로듀서를 분리하는 시스템을 하나로 묶을 수밖에 없었죠. 그런 와중에 나온 카메라가 지금 쓰고 있는 VX-2000보다 낡은 VX-1000이라는 기종입니다. 당시 그 카메라는 굉장히 획기적인 것이었습니다. 200만 원대의 카메라로 베타캠에 육박하는 화질을 얻을 수 있었습니다. 적극적으로 활용하기 시작했고, 그 카메라를 사용한 프로그램들이 제작되기 시작했습니다. 제일 먼저 생겨난 프로그램이 <병원 24시>였습니다. 물론 그 전에 <아시아 리포트>라는 프로그램이 있었지만 공중파에서 본격적으로 6mm 카메라를 가지고 만드는 정규방송 프로그램은 <병원 24시>가

---

4 푸른영상은 1991년에 결성된 다큐멘터리 제작집단이다. 자본과 시스템으로 큰 작품을 하기보다는 진실한 이야기를 하고자 하는 사람들이 푸른영상을 이루고 있다. 푸른영상은 그동안 20여 편의 작품 속에 통일·노동·빈민·환경·여성 등 다양한 사회문제와 우리 이웃들의 삶을 기록하면서 역사와 사회에 대해 균형 잡힌 시각을 제공하고 있다.

처음이었어요. 그리고 그 다음에 만들어진 것이 <제3지대>입니다. 그런 프로그램들이 성공하면서 사실 다큐멘터리나 교양 프로그램 등은 다 6mm 비디오카메라로 만드는 형태로 굳어져 있는 상태입니다. 그렇게 6mm 카메라, 속칭 비디오 저널리즘 스타일로 만드는 프로그램이 정착을 하게 됐습니다.

VJ에 대한 이해와 오해

VJ라고 얘기할 때 저는 '비디오'보다는 '저널리스트'에 방점을 둡니다. 그리고 비디오는 기자가 취재하는 수단에 불과합니다. 일종의 도구일 뿐입니다. 그러니까 개념을 보면 포토 저널리스트들은 스틸카메라를 취재도구로 사용하는 사람이고, 그냥 저널리스트는 취재기자를 말하는 것이 일반적입니다. 그런데 우리나라에서는 비디오카메라를 가지고 취재하는 사람이면 모두 VJ라고 부르는 것이 지금 방송의 현실이거든요. 사실 원래 의미로 보면 VJ란 지금 촬영하고 있는 소형 비디오 캠코더를 가지고 혼자서 기획하고 촬영하고 취재하고 편집하여 기사를 작성해서 혼자 리포팅하는 사람, 독자적으로 모든 것들을 완결적으로 구조화해서 활동하는, 비디오를 취재수단으로 하는 기자를 의미합니다. 그런데 지금 우리나라 방송에서 비디오 저널리스트의 저널리스트라는 속성, 즉 기자라는 부분은 사실 실종되었습니다. 여러분들 집에 가서 <제3지대>나 <병원 24시>나 <인간극장> 같은 프로그램을 보시면 뒤에 크레디트가 올라갈 때 작가와 조연출이 반드시 나올 겁니다. 이러면 이것은 VJ 혼자 모든 것을 하고 있는 것이 아니라 일종의 협업체제, 기존의 방송체제와 똑같다는 것이지요. 사실 한국에서는 작가와 프로듀서가 카메라를 들고 하는 2인체제로 일을 하고 있습니다. 단 취재수단으로 지금의 소형 캠코더를 활용하고 있는 것이지요. 엄밀한 의미로 보면 이것은 VJ가 아닙니다. 취재수단이 ENG 카메라에서 소형 비디오 캠코더로 바뀌어 있을 뿐이지 기존의 방송제작 시스템과 동일한 형태를 유지하고 있어요. 단, 카메라맨 한 명이 이 체제 안에서 빠져 있을 뿐이죠. 그래서 프로덕션에서 일하고 싶을 경우에 프로듀서가 카메라를 못 다루면 그 사람은 프로덕션에 들어갈 수가 없어요. 이미 이 두 가지 일을 프로듀서에게 요구하고 있는 것이죠. 그런데 지금 한국에서 VJ 개념은 이런 형태의 잘못된 개념을 혼동해서 사용하고 있어요. 저는 의도적으로 그렇게 사용하고 있다고 봅니다.

예를 들어 보죠. FD라는 개념이 있어요. 여러분들 FD가 어떤 일을 하는지 아세요? 잡일이죠. 사실 'Field Director'에요. 'Director'죠. 현장에서 최고의 지위를 갖고 있는 사람인데, 우리나라는 방송계에 들어가면 FD부터 시작하죠. 현장에서 최고의 지위로 시작하죠. 그러면서 온갖 잡일을 다 하고 있죠. 그러니까 호칭의 업그레이드죠. 불러줄 게 없으니까요. '시다바리'라고 못 부르잖아요. 그러니까 FD라고 부르는 거예요. 여러분들도 마찬가지예요. 지금 우리나라 방송계에서 VJ라고 불리는 사람의 대부분은 조연출급이나 비디오 클립을 모으는 사람들이에요. 사실 그게 또 현실이기도 하고요.

제가 제일 혐오하는 프로그램 중의 하나가 바로 <VJ 특공대>입니다. 아마 시청률은 제일 높은 프로그램이죠. 여러분들도 보셨죠. 아주 재미있는 프로그램이에요. 그 '특공대'라는 말만 안 붙였으면 굉장히 재미있는 프로그램인데, VJ의 개념을 그야말로 왜곡시키는 대표적인 프로그램 중의 하나입니다. 그런데 그 프로그램의 장점은 있어요. 뭐냐 하면 한 가지 사안을 굉장히 다양한 형태의 클립을 모아서 보여주고, 그 다양성을 짧은 시간 내에 압축해서 보여준다는 점 때문에 사람들의 호기심을 충분히 충족시켜주는 프로그램이고, 굉장히 노력하는 프로그램이죠. 단, 거기서 제기하는 VJ는 제가 정의한 VJ로서 기능하고 있는 사람이 아니라 비디오카메라를 가지고 비디오 클립을 모아주는 사람이에요. 그런 개념의 사람들을 캠 저널리스트라고 하거든요. 그야말로 현장에서 중요한 비디오 클립만을 모아주는 사람입니다. 자기는 리포트를 하지 않아요. 기사도 쓰지 않아요. <VJ 특공대>가 그렇잖아요. 카메라맨이 클립을 모아주면 작가가 구성해서 원고 쓰고 내레이터가 읽어주는 형태의 것들이에요. 이건 VJ 프로그램이 아닙니다. 실제로 그런 프로그램은 일종의 저예산 프로그램이에요. 영국식 개념으로 말하면 '게릴라 TV' 등이 그런 프로그램이죠. 돈 안

들이고 만드는 프로그램이거든요. 그런데 원래 VJ는 그런 게 아니라는 겁니다. 혼자 리포팅을 할 수 있는 기자를 말합니다. 기자가 원고를 쓰지 않고 구성하지 않는다면 기자라고 부를 수 없죠. 프로덕션에서는 대부분 2~3년차, 많으면 5년차의 프로듀서가 카메라를 들고 찍기 때문에 거기서 일하는 작가에 대해 항상 종속적 구조에 있습니다. 그건 월급 면에서도 분명하게 드러납니다. 현재 각광받고 있는 VJ가 얼마나 받을 것 같습니까?

VJ 프로그램의 제작 현실

<병원 24시>나 <제3지대> 등의 프로그램은 한 달 일한다고 할 때 조금 많이 받는 사람이 250만 원 정도 받습니다. 중견급은 150만 원 정도이고 처음 프로덕션에 들어갈 경우 70~80만 원 수준입니다. 이게 지금 방송계의 현실입니다. 여기다가 카메라맨 인건비가 붙으면 더 떨어집니다. 혹시 <포토에세이 사람>이라는 프로그램을 보셨나요? 이 프로그램도 VJ 형식의 프로그램이라고 할 수 있습니다. 이것을 한 편 제작하는데 얼마나 받을 것 같습니까? 45만 원 받습니다. 이것이 프로덕션에서 책정한 연출료입니다. 물론 한 달에 10번 일하면 450만 원을 받습니다. 500만 원에 가까워지죠. 그러나 한 달에 열 번 일할 수 있는 사람이 많지 않습니다. 이것은 일당 15만 원을 받는 VJ나 프로듀서가 3일 일하면 제작할 수 있는 프로그램이라는 것을 전제하고 책정된 금액입니다. 10년차든 5년차든 관계없이 연출료는 동일합니다. 사실 방송계의 현실이라는 것이 여러분이 상상하는 것과 엄청난 차이가 있습니다. 그것은 방송국의 잘못된 외주정책 때문입니다. 어떤 것이 근본적으로 잘못됐는지 아세요?
　하나 예를 들자면, 한국방송의 <일요스페셜>은 대부분 한국방송 내부의 프로듀서들이 제작하는 프로그램으로 정착되어 있습니다. 이 프로그램에서 국내·국외 취재 관계없이 제작비로 책정된 것이 2,500만 원입니다. IMF 전에는 조금 높았습니다. 3,000~3,500만 원이었습니다. 이것이 한국방송 내부에서 지출하는 제작비의 최대 상한선입니다. 그런데 동일한 프로그램을 외주로 제작해도 2,500만 원을 줍니다. 외견상 별로 차이가

없습니다. 그런데 차이가 있습니다. 어떤 차이가 있을까요? 내부 제작인 경우, 프로듀서 월급과 다른 인력에 대한 월급, 교통비, 식비 등의 금액이 따로 나옵니다. 그런데 외주 제작의 경우는 프로듀서 급료를 포함해서 데스크, 중편, 가편, 카메라, 작가, 교통비, 심지어 회식비까지 포함되어 있는 가격이 2,500만 원이라는 겁니다. 이런 프로그램을 외주제작에 맡길 경우, '잘 안 된다'라는 얘기가 나오는 이유가 여기에 있습니다. 실제로 제작비가 1,000만 원 이상 차이가 나는데 외주제작사에서 일을 맡을 이유가 없지 않습니까?

얘기를 하다 보니 돈 얘기가 나왔네요. 다시 VJ 얘기로 돌아갑시다. 아까 말씀드린 것처럼 사실 지금 우리나라에서는 VJ라고 할 수 있는 사람이 존재하고 있지 않다고 생각합니다. 그래도 있다고 하면 한 5명 정도라고 생각합니다. 그런데 최근에 각광받을 만한 VJ가 탄생했습니다. 얼마 전에 <그것이 알고 싶다>라는 프로그램에 이라크 전쟁 특집 프로그램에 나왔던 김영미 기자라고요. 대단한 여자죠. 저 같으면 무서워서 절대로 그렇게 취재 안하는데, 어쩌면 살아나오기도 힘든 그런 곳에 가서 여자 혼자 몸으로 취재활동을 했다는 것이 자살행위에 가까운 행동이죠. 그런데 지금 그런 사람들이 나오고 있어요. 그런 사람들은 아까 말씀드린 프로덕션의 레귤러 프로그램에는 참여하고 있지 않습니다. 거기는 그야말로 방송사가 아주 잘 만들어놓은 도제실습의 하청구조에서 부품화된 일을 하는 사람들이 모여 있는 곳입니다. 특집으로 하지 않으면 자기가 독립적으로 말할 수 있는 수단이 없습니다. 저는 프로덕션에서 한 번도 일해본 적이 없습니다. 아까 말씀드렸던 <포토에세이 사람> 프로그램의 일본 특집에서 프로듀서로서 참여해본 것밖에 없습니다.

저는 개인적으로 제가 관심을 가지고 있는 분야를 취재하고 있어요. 그런 부분에서 '이런 형태의 작업방식으로 한국 방송계에서 생존하는 것 자체가 어쩌면 어려운 일일지도 모르겠다'라는 생각을 합니다. 이렇게 잘 만들어진 하청구조에서 부품이 되지 못하면 생존할 가능성이 거의 없어요. 외부에 있는 독립적인 프리랜서 작가가 기존의 방송 프로그램과 라인을 갖지 않은 상태에서 개인적으로 아무리 훌륭한 작품을 만들었다고 할지라도 방송할 수 있는 가능성은 많이 열려 있지 않습니다. 그래도 사실 제가 처음 시작할 때보다는 상당히 많은 부분들이 개방되었고, 그런 좋은 프로그램을 찾으려고 하는 노력이 존재해요. 그래서 <일요스페셜>이나 문화방송의 다큐 프로그램이 외부 작가들이나 외부 취재물을 사고 있지만 그런 부분의 경쟁력은 굉장히 어려운 상황에 처해 있어요.

그럼에도 불구하고 왜 VJ가 되려 하는가? 왜 독립적인 프로듀서가 되려고 하는가? 그것은 기존의 미디어가 가지고 있는 권력과 자본과의 관계 속에서 벗어나 좀더 자유스러운 형태의 표현을 하고 싶다는 거지요. 사실 내부적으로 프로듀서나 기자가 된다면 그 안의 시스템과 싸우는 것은 굉장히 어려워요. 물론 밖에 나오면 더 어렵죠. 하지만 밖에서 독립적으로 존재할 때는 최소한 내가 원하는 취재방향, 아이템, 관심 분야의 영역 등을 제한받지는 않아요. 그런 부분 때문에 밖에서 하고 있는 것이지요. 그래서 아직도 밖에서 일을 하는 것에 미련을 못 버리고 있는 것이지요. 혼자 프로그램을 만들고 있습니다. 또 그런 것 때문에 다시 3년 정도 영화제를 하는 등의 공백기를 거쳐서 다시 프로그램에 도전하려고 합니다.

지금까지 두서없이 제가 어떻게 프리랜서 일을 하게 됐고, 지금까지 지내왔는가에 대한 것과 방송국과 같이 일을 하면서 부딪쳤던 한계를 이야기했습니다. 지금부터 여러분이 질문을 해주시면 제가 답변해드리는 시간을 가지도록 하죠.

••질문: 작품을 제작할 때 소재와 기획 중 어떤 것에 중점을 두나요?

그 부분이 과거와 지금이 많이 달라진 부분입니다. 과거에는 저 스스로도 아이템에 치중했어요. '이러면 팔릴 수 있겠다. 방송국에 무슨 얘기를 할 수 있겠다. 뭔가 남들이 하지 않은 새로운 것이다'라는 부분에 중심을 두고 취재를 했어요. 그런 이유 때문인지 방송을 할 수 있었죠. 그런데 최근에 생각이 좀 바뀌었어요. '사물이나 사건을 어떤 시각으로 바라볼 것인가? 거기에 어떻게 나의 사상이나 철학을 담을 수 있을 것인가?' 하는 것이 저의 고민거리입니다. 화물연대 파업 때문에 사회적인 혼란이 있었는데 제가 방송용으로 취재한 맨 마지막 아이템이 현대자동차 정리해

고에 관한 것이었습니다. IMF 경제위기 때 그것을 기회로 대기업에서 정리해고를 단행하게 되고 현대자동차가 그 시범 케이스가 됐어요. 회사는 만 명 정도의 노동자를 해고하려 했고, 노동조합은 그것에 반대하고 고용을 유지하면서 월급을 적게 받으려고 했죠. 그래서 양측이 평행선을 달리고 있었는데 결국 시대적 분위기와 여론에 몰려서 노동자들이 정리해고를 받아들일 수밖에 없었어요. 김대중 정권 초기였는데 당시로서는 사건에 파묻히고 따라가기에 급급했어요. 그런데 지금은 다시 그때의 사건을 취재한 내용을 가지고 평가하는 작업을 하고 싶습니다. 당시 너무나 거대한 사건에 휘둘려서 내가 어떤 철학적이거나 장기적인 안목을 가지지 못하고 사건의 아주 작은 부분만 다뤘다는 부분에서 후회가 됩니다. 그래서 지금은 어떤 아이템보다는 그 문제가 사회환경의 변화나 역사적인 흐름 속에서 어떤 의미를 가지고 있는지에 대해 고민하는 것이 제 작업의 중요한 주제입니다. 그것 때문에 요즘에는 책도 많이 읽고 있습니다. 2~3년 동안은 영화 본다는 핑계로 쉬었습니다. 지금은 사건의 저변에 흐르는 정신이나 형태, 본질에 관해 생각을 하고 있습니다. 전교조와 교총의 싸움이 되다시피 한 NEIS 문제도 '주변적인 부분들이 아니라 본질이 과연 뭘까? 본질에 관해 얘기하지 못하는 지금의 언론구조는 뭘까?'에 대해 생각하고 있습니다. 다시 말해, 단순히 아이템의 표면적인 부분에 관해서가 아니라 그 내부에 있는 본질을 다루고 싶다는 겁니다.

아까 처음에 보여드린 〈침묵의 외침〉도 제가 추구하고 있는 방향의 한 일환입니다. 작년에 정신대문제대책협의회와 여성부에서 할머니 증언을 담겠다는 프로젝트를 맡게 되었습니다. 그래서 한국에 생존해 계신 할머니 30분을 만날 수 있는 기회가 생겼습니다. 그 비디오를 증언집으로 제작할 수 있는 좋은 프로젝트였습니다. 일종의 구술사 역할을 했죠. 그 작업을 하면서 많은 것을 깨달았습니다. 지금까지 우리가 알았던 할머니들의 고통이 박제화되고, 규범화된 틀 속에서 이해되고 있었구나라는 생각이 들었어요. 맨 처음에 나온 할머니는 증언집회나 위안부 시위에 한 번도 등장하지 않았던 분인데, 답답함, 부끄러움, 수치 등이 "내가 말이 되고 싶어요"라는 그분의 증언 속에 담겨 있었습니다. 그래서 '그런 할머니의 말들을 내가 설명하거나 묘사하지 않고 직접적으로 그것들을 듣게 할 수는 없을까?'라고 고민했습니다.

•• 질문: <침묵의 외침>의 도입 장면에서 그림자의 의미는 무엇인가요?

그림자는 군인들이 열차 타고 내리는 모습을 실루엣으로 표현한 것입니다. 군인이 달려오는 듯한 느낌입니다. 할머니들은 당시에 전쟁 현장의 위안소에 있었지만 그 위안소를 다녀갔던, 그야말로 열차처럼 달려갔던 많은 군인들의 모습을 실루엣으로 형상화한 것입니다. 참고로 말씀드리면 이 작업은 사진 작업은 아닙니다. 2002년에 비디오 증언집을 만들면서 채록했던 할머니의 이미지들 가운데 인상 깊거나 같이 보고 싶은 장면을 스틸캡쳐했고, 그것을 흑백으로 바꾸고 다시 사이즈를 정해서 사진을 만들고, 애니메이션으로 만든 겁니다. 다 비디오 캠코더로 촬영한 것입니다. 사진기로 찍은 것은 하나도 없습니다.

•• 질문: <침묵의 외침>의 제작 아이디어는 언제 떠올랐나요?

나중에 설계된 프로그램입니다. 맨 처음의 제 과제는 할머니 한 분당 20분 정도의 인터뷰를 중심으로 비디오 증언집을 만들면 끝나는 것이었습니다. 그런데 한 후배가 요새 디지털 프린트 기술이 굉장히 좋아졌다고 해서 스틸캡쳐한 것을 프린트해보면 어떨까라는 생각을 했어요. 미술작품만 전문으로 프린트하는 곳에 가서 테스트 프린트를 했는데 그 질감이 상상을 초월하는 회화적 분위기가 났어요. 그래서 '아, 이거면 뭔가를 만들 수 있겠다'라고 생각했죠. 그래서 할머니를 촬영한 것을 오디오 텍스트와 비디오 텍스트를 분리, 선택해서 제작해보자 했죠. 기존의 비디오 작품이라는 것은 보는 사람이 쭉 따라가게 된 형태잖아요. 사람의 기억은 이미지와 소리가 별개일 수 있어요. 그리고 우리가 책을 읽을 때 기억하는 어떤 메시지는 굉장히 자유스럽잖아요. 영화적인 형태의 기억순서는 대개 영화적인 흐름과 큰 차이가 없지만, 책을 읽을 때 기억하는 순서나 이미지를 재현하는 순서는 자신의 머리에서 재구성한 순서로 나오잖아요. 그러니까 비디오 증언집을 만들면서 제가 느꼈던 이미지와 소리들을 다시 한번 제 느낌대로 재구성해본 것이라고 할 수 있습니다.

• •질문: <낮은 목소리>5의 변영주 감독과 만나서 작품에 관한 이야기를 해본 적이 있나요?

같이 술을 마셔본 적이 있습니다. 작업과 관련된 만남은 갖지 않았습니다. 내가 비디오 증언집을 만든다는 얘기를 했습니다. '어떻게 만들면 좋겠느냐?' 등의 얘기는 안 했습니다. 내가 할머니들을 보고 느낀 것이 있었고, 변영주 감독이 접하고 기획한 작품은 나름대로의 가치가 있다고 생각하고 있습니다. 그런데 우리나라의 문제점이 뭐냐 하면 여러분들도 저와 같이 생각할 거라고 생각하는데, 사실 위안부문제 많이 나왔다고 생각하죠? 여러분들도 나도 굉장히 잘 알고 있다고 생각해요. 그 다음에 3·1절이나 광복절, 어버이날이나 송년특집으로 꼭 나오는 아이템 중의 하나입니다. 시기가 되면 부활하는 아이템입니다. 그러나 그런 아이템으로 존재하는 것이 아니라 좀더 새로운 형태로 그 문제를 풀고 싶었습니다. 그래서 기존의 감동적인 수사, 대개 한국의 위안부 다큐멘터리는 할머니들이 우는 모습이 반드시 나옵니다. 그리고 눈물이 안 나오면 내레이션으로 눈물을 강요하죠. 그런 것으로부터 자유롭고 싶었습니다. 그래서 일상적인 이야기, 당시에 거쳤던 비참한 이야기가 아니라 느낌의 내용을 사람들에게 전달하고 싶었습니다. 일종의 시도였죠. 완결된 형태는 아닙니다.

---

5 <낮은 목소리>는 총 3편으로 구성된 종군위안부 문제를 다룬 다큐멘터리로 10년 이상 여성차별에 맞선 영화를 만들어온 변영주 감독의 작품이다. 이 영화는 국내외 20여 개 영화제에 초청, 순회 상영되어 종군위안부의 참상을 세계에 고발하는 전도사로서 큰 반향을 일으켰다. 당사국인 일본에서도 상영된 <낮은 목소리 1>은 1995년 야마가타 국제다큐멘터리 영화제에서 오가와 산스케상을 수상했다.

오민

영화와 더불어, 현실과 더불어

1962년생으로 서울대학교 지리학과를 졸업했다. 한국 예술종합학교 연극원 연출과 전문사과정(2000)을 마쳤다. 1980년대 노동자문화예술운동연합에서 활동하다 김동원, 변영주 감독과 함께 독립 다큐멘터리를 제작하는 푸른영상을 창립했다. 이후 영화제작자로 나서 <이방인>, <여고괴담> 등을 제작한 후 영화사 미술피리를 설립하고 <고양이를 부탁해>를 제작, 평단의 호평을 들은 바 있다. 2003년에는 <장화, 홍련>이 큰 성공을 거두었고, 2004년에는 <고독이 몸부림칠 때>를 제작했다.

제 소개를 간단하게 하면 저는 1980년대부터 10여 년 동안 '문화운동'이라는 것을 했어요. 그때는 열심히 한다고 뛰어다녔는데 이제 와서 생각해보면 큰 성과가 있었는지는 잘 모르겠어요. 저는 사실 영화를 무지하게 좋아하거나 영화에 미쳐 있지 않습니다. 영화판에서 같이 일하는 사람들을 보면 정말 영화를 좋아하고 영화 시나리오에 대해 거침없이 이야기하고 생전 듣도 보도 못 한 영화를 예로 들면서 설명을 해요. 이런 경우 제가 본 영화가 아니라서 항상 이야기의 흐름이 끊기곤 하죠. 그럼에도 불구하고 제가 영화를 하게 된 계기는 두 가지였어요.

우선 소련이 무너지는 상황을 보며 '이제 난 무엇을 해야 하나?' 하는 생각이 들었어요. 그 당시 '노동자문화운동연합'이라는 곳에서 임금투쟁 시기를 맞아 노동자를 대상으로 하는 '노동자 영화 감상반'이라는 것을 꾸린 적이 있어요. '노동자 영화 감상반'은 노동자들이 함께 영화를 보고 토론하는 것이었는데, 저는 각각의 공장에 가서 노동자들을 만나고 영화 감상 프로그램 자료집을 만들었어요. 그러면서 10년 만에 처음으로 영화를 봤어요. 어렸을 때 극장 몇 번 가고 가끔 TV에서 보고, 20대 시절에는 영화를 한 편도 본적이 없었는데 '노동자 영화 감상반'에 있으면서 다시 영화를 보게 됐어요. 그때 <파업>,[1] <1900년>[2]이라는 영화를 봤는데

---

1 러시아 영화의 거장 세르게이 에이젠슈타인(Sergei Eisenstein)의 1924년도 첫 작품으로 흑백 무성 영화이다. 에이젠슈타인은 유명한 <전함 포템킨>(1925)의 감독이다. 《프라우다》지는 이 작품을 일컬어 소비에트 영화의 혁명적 걸작이라고 했다. 그의 작품 모두가 세계 영화사상 불멸의 고전으로 칭송받고 있다. 제정 러시아 시대 한 제철소 노동자들의 파업을 그린 영화 <파업>은 공산주의 혁명의 정당성을 국민에게 알리기 위해 만들어진 정치 홍보 영화이지만, 'attraction montage' 수법으로 제작된 작품으로 영화사가나 영화학도에게 강렬한 인상을 주는 영화라고 한다. 편집 기법의 중요성을 집대성해 보여줌으로써 세계 영화계에 큰 영향을 준 작품이다.

2 1977년 아카데미와 깐느에서 폭발적인 반응을 불러일으킨 베르나르도 베르톨루치(Bernardo Bertolucci)의 화제작이다. 농민운동의 패배, 파시스트들의 난동과 자본가들의 등장으로 한치 앞도 내다볼 수 없는 혁명전야를 배경으로 우정을 함께 나눈 지주의 아들 알프레드와 농노의 아들 올모의 욕망, 사랑, 우정을 둘러싸고 벌어지는 감동의 대서사시이다. 로버트 드 니로 주연, 엔리오 모리코네

꿩장히 인상적이었고 그때부터 영화에 대한 매력을 조금씩 느끼기 시작했죠. 영화에 재미를 느끼면서 독립영화 단체인 '장산곶매'[3]라는 곳에 들어가게 됐어요. 제가 '장산곶매'에 들어갔을 때는 이 단체가 거의 문을 닫던 시기여서 특별한 작업을 한 것은 없어요.

'장산곶매'에 대해 간단히 소개하자면 <파업전야>[4]라는 영화와 그 이후 전교조 문제가 한참 확대되고 있을 때 <닫힌 교문을 열며>[5]라는

음악만으로도 관심을 가질 만하다.

3 한국영화사에서 '독립영화' 혹은 비제도권, 비주류 영화의 존재를 대중적으로 알린 시기는 사회·문화 전 분야에서 민주화의 꽃을 피웠던 1980년대 중·후반이었다. 1980년대 초반에 대학의 영화 동아리를 중심으로 8mm, 16mm 단편영화의 제작과 상영이 시작되었으며 '작은 영화', '열린 영화' 등의 이름으로 주로 마니아들 사이에서 알려지다가 1987년 이후, '장산곶매'와 같은 독립영화 단체들이 일련의 독립장편영화를 제작, 상영하면서 영화 검열의 공방을 일으키고 비주류 영화를 소개하기에 이른 것이다. 아마추어 동호회나 대학 영화과의 워크숍에서 다루었던 16mm 카메라를 사용하여 제작된 광주항쟁과 반미의식을 다룬 <오! 꿈의나라>(1989)는 비제도권의 독립영화를 세상에 널리 알린 '장산곶매'의 첫 장편영화였다. 이 후에 노동운동을 다룬 <파업전야>(1990), 교육문제를 다룬 <닫힌 교문을 열며>(1992) 등의 영화를 제작했다.

4 영화 <파업전야>는 전노협 결성의 배경이 되는 우리나라 민주노조운동의 전형을 담은 작품이었다. 젊은 영화운동가들이 모인 '장산곶매'가 만든 영화 <파업전야>는 정권의 탄압 속에서도 민주운동진영과 함께 상영투쟁을 벌여 30만 명의 유료 관중을 동원하는 등 상영 자체가 하나의 투쟁이었고 민족민주운동의 상징이었다. 내용적으로도 리얼리즘의 한 전형을 제시하는 등 미학적 성과도 뛰어나 제1회 민족예술상을 수상하기도 했다.

5 '장산곶매'의 세번째 극영화인 이 작품은 정식 극장 상영은 물론 비디오 출시조차 안 된 작품이다. 386세대는 대학과 시민회관 상영을 통해 접할 기회가 있었다(전국 주요 도시는 거의 한 군데도 빠짐없이 순회하면서 상영되었고 그때마다 많은 관객이 몰려들었다. 지금으로 따지면 이른바 전국 흥행에 성공한 '대박' 작품이었다). 이 영화는 '장산곶매'가 교육 현장을 있는 그대로 보여주고자 하는 의지로 전교조와 손잡고 만든 영화다. 내용을 보면 한 고등학교 교지편집위원인 학생들이 선배들의 고교시절 체험을 소개하는 코너를 기획하고 취재해 원고를 완성하지만 그 원고가 불순한 내용을 담고 있다 해 탄압받게 되고 급기야 모두 정학 처분을 받는다. 학생들은 편집권을 지켜내고, 취재과정에서 눈뜬 입시 위주의 부당한 교육현실에 저항해 등교를 시도하지만 교문은 굳게 닫히고 만다.

영화를 만든 곳이죠. 이 영화의 에피소드 하나를 이야기해드릴게요. 그 당시가 전두환·노태우 정권의 군사독재 시절이어서 이 영화의 현상 작업과 후반 작업을 할 수 없었어요. 그때는 현상 작업과 사운드 작업을 할 수 있는 곳이 몇 군데 안 되었는데 여기를 봉쇄해버리면 할 곳이 없는 상황이었죠. <파업전야>는 극장을 잡을 수가 없어서 각 대학을 돌아다니면서 상영을 했는데, 거의 200만 명 이상이 이 영화를 봤고, 선풍적인 반향을 일으키면서 '장산곶매'가 유명해졌어요. 그런데 이 '장산곶매'가 전교조와 관련해 영화를 만든다고 하니까 안기부에서 영화를 못 만들게 하려고 난리가 났고 국내 업체는 다 봉쇄됐죠. 촬영은 마쳤는데 현상할 곳이 없어 걱정만 하고 있을 때 '장산곶매'에 있던 아는 친구가 "일본에 가서 몰래 현상을 해와야 해. 그런데 갔다 올 사람이 없어. 네가 한번 갔다 와라" 하고 저에게 제안을 하더군요.

저는 일본에 도착하자마자 공항에서 필름을 받고 한 시간 후에 바로 비행기 타고 다시 서울로 돌아오는 역할을 했어요. 다행히 세관에서 걸리지 않고 필름을 가지고 들어왔죠. 한국에 들어와서 그 다음 공연을 하면서 영화 상영을 하러 돌아다니는데 사운드 작업을 할 데가 없는 거예요. 그건 일본에서 할 수도 없었고, 국내에서 해야 되는데 국내에서는 못 하게 했죠. 그래서 결국 그림만 나오는 영화상영을 했어요. 그림이 나오면 배우들은 밑에 쭉 서서 마이크 잡고 화면 보면서 대사하고, 그 영화를 만든 몇몇 사람들이 그 옆으로 가서 음향효과를 넣으면서 상영을 했어요. 상영이라기보다 공연에 가까웠죠.

제가 노동자를 대상으로 한 '영화 감상반'을 하면서 느낀 것은, 노동자들과 어떤 영화를 보고 난 후 영화의 내용이나 느낌을 이야기해보면 나오는

학생들의 입장을 지켜주려 했던 교사 또한 면직 처분을 받게 되고 이들은 억수로 퍼붓는 비를 맞으며 철옹성처럼 닫힌 교문 앞에서 절망하게 된다. 그때까지 자신의 현실에 안주하며 고민하던 한 선생님이 붙잡는 다른 선생님들을 뿌리치고 교문을 열어 이들을 학교 안으로 들여놓고 환한 웃음으로 어우러지며 영화는 끝난다. 요즘 <황산벌> 등 여러 영화에서 활약하고 있는 배우 정진영이 학생들을 감싸는 교사 역으로 출연했다.

전혀 다른 시각으로 바라보고 있다는 거였
어요. 나로서는 참 재미있는 경험이었고
이 점이 영화에 매력을 느끼게 된 가장
중요한 요소였는데, 제가 지금도 영화를
만들면서 가장 중요하게 생각하는 것 중
하나가 그거예요. 그리고 '영화'라는 것이
크리에이티브(creative)한 작업이라는 것을
알게 되었고 영화의 매력을 더 느끼게 되
었어요.

영화를 하게 된 또 하나의 중요한 이유
는 영화 쪽 일을 하면 날마다 출근하지 않아도 되고, 시간을 많이 가질
수 있겠다는 기대가 있었어요. 실제로 해본 결과 그렇지 않은 경우도
있지만 어느 정도 휴식기간이 있어서 어떤 작업이 끝나고 나면 다음에
할 영화 기획을 할 수도 있고 자기 충전 시간이 있는 점이 좋았어요.
그렇다고 제가 꼭 영화 작업이 다 끝나고 다음 영화 작품을 준비하는
것은 아니에요.

그리고 영화 일을 하면서 영화의 매력을 하나 더 느꼈는데, 그것은
소설이든 문학이든 다른 어떤 창조적인 문화 영역의 활동들과는 다르게
영화 쪽 일은 굉장히 전문화된 영역의 사람들이 하나의 목표를 위해서
조직화되어 일을 한다는 것이에요. 물론 영화도 감독에 의존하는 경향이
크긴 하지만 그 참여하는 구성원들, 각각의 파트마다 기여도가 달라요.
그 기여도가 차등적임에도 불구하고 어느 한 파트를 무시하거나 배제하고
는 이루어질 수 없는 특성이 저에게는 재미있게 느껴졌어요. 배용균[6]
감독 같은 분들은 혼자서 촬영도 하고 연출도 하고 편집까지 다 하지만
이런 경우는 예외적이고, 거의 대부분의 영화들은, 독립영화조차도, 규모

---

6 배용균 프로덕션을 만든 그는 30대를 모두 바쳐 만든 첫 영화 <달마가 동쪽으로
　간 까닭은>(1989)을 발표했고 로카르노 영화제에서 그랑프리를 받는 등 비평가
　들의 극찬을 받았다. 각본, 연출, 제작, 촬영, 조명, 미술, 편집 등을 혼자 해낸
　그는 '완전작가'라고 불리게 되었다.

의 차이는 있을지 모르지만 다양한 자기들의 전문성이 결합되면서 그것이 조직화되어 영화가 만들어진다는 점이 매력적이에요.

영화, 예술이라기보다 산업이다

영화를 '무엇이다'라고 정의 내리기는 어렵지만 저는 영화가 전통적인 의미에서의 예술이라는 느낌이 잘 안 들어요. 얼마 전에 Q채널7에서 캐나다의 유명한 <태양의 서커스>를 봤는데 말 그대로 '예술'이었습니다. 최근에 예술이라는 개념 자체가 많이 바뀐 것 같습니다. 영화를 예술이라고 하기에는 산업이라는 성격이 더 크다고 생각해요. 자본 영역만 보더라도 요즘 한국영화 제작비가 평균 25억에서 28억까지 된다고 하거든요. 28억이라는 돈을 쓰면서 단지 '무엇을 하고 싶은가? 내가 하고 싶은 게 진정 무엇인가만'을 생각할 수는 없고, 그 자본이 어떻게 회수될 것인가? 투자된 자본이 어떻게 이익을 남길 것이냐'를 생각하지 않을 수 없어요. 소설을 쓴다거나 작곡을 한다거나 하는 경우라면 얘기가 좀 다르겠죠. 하지만 영화제작비가 20억이고, 광고, 홍보 마케팅 비용이 평균 15억 정도라고 하면, 20억 짜리 영화를 만들더라도 벌써 35억이잖아요. 은행 이자 등을 빼더라도 본전에 해당하는 35억을 벌어들이려면 최소한 서울 관객 50~70만 명은 보장이 되어야 하는데 그런 영화는 별로 없어요. 한국에서 보통 1년에 70편 정도의 영화가 만들어지는데 그 중에 정작 돈을 버는 건 고작 7편 정도이고 나머지는 다 망하거든요. 관객수가 226명 정도에 그쳤던 영화도 있어요. 그런 영화는 어떤 때는 관객 두 명이 보기도 하니까 관객 수보다 극장 직원 수가 많은 경우죠. 결론적으로 영화라는 장르는 단지 예술 자체로만 이야기하기에는 참 어려운 부분이 있다고 생각해요. 산업적인 측면이 굉장히 중요하고 그 부분이 앞으로 갈수록 더욱더 중요해

---

7 1995년 3월 5일 설립된 교양 다큐멘터리 전문 유선방송(케이블 텔레비전)이다. 채널 번호는 25이다. 프로그램의 편성비율은 자체·외주 제작 25%, 해외구입 50%, 국내구입 25%이다. 사옥은 서울 중구 순화동에 있다.

질 것 같아요. 그리고 최근에 만들어지는 영화를 보더라도 터무니없고
자극적인 소재의 코미디 영화가 많이 만들어지고 있는데, 어떤 면에서는
할리우드에서 만들어지는 영화들보다도 더 '심하게 가는' 영화들이 많다는
생각을 합니다. 한 코미디 영화가 흥행하면 소재만 바뀌었을 뿐, 코미디
영화가 일방적으로 유행하게 되는데 이 모든 것이 사실 영화자본이 너무
비대해지면서 나타나는 문제이기도 하지요.

소외된 자를 생각하라

제가 문화운동을 했다고 말씀드렸는데 저의 세대는 지금 여러분 세대하고
다른 것 같아요. 저희 세대를 이른바 '386세대'라고 하는데 그 개념은
어떤 철학도 개념도 없는 터무니없는 것이라고 생각해요. '30대, 1980년대
학번, 1960년대 출생'에서 '3'이라는 숫자는 시간이 지나면 또 바뀌죠.
저의 세대는 스스로 말하기를 '광주항쟁 세대'라고 해요. 광주민주화운동
을 보면서 자랐죠. 가장 젊었던 한 시절에 엄청난 충격으로 각인되어
있는 기억이에요. 그것은 아마 앞으로 계속해서 남아 있을 기억이고 그건
영화를 하든 다른 무엇을 하든 간에 끊임없이 남아 있는 기억이 될 거라고
생각합니다. 사실 제게는 그 기억이 영화를 만드는 데도 굉장히 중요해요
어떤 영화를 할 것인지 선택하고 기획할 때마다 끊임없이 그것을 생각하게
되죠. 하지만 영화의 상업적인 코드들을 고민해야 하기 때문에 그것만이
전부가 될 수는 없죠. 제 경험에서 가장 중요한 것은 마이너리티(minority)에
대한 문제들이에요. 주류에 대한 어떤 문제들이라기보다는 비주류 속에
있는 이야기와 소재들에 1차로 관심이 가고 그쪽의 이야기들을 다루고
싶은 부분이 많아요.
　영화사에 한 달이면 시나리오가 60~70편 정도 들어와요. 그것 검토하는
것만도 큰일이죠. 그 시나리오들 가운데 나로서는 도저히 이런 영화를
할 수 없다고 거절한 것이 있는데, 다른 영화사에서 찍어 대박이 터지는
경우도 있죠. <가문의 영광>이 그런 경우였는데, 그런 점에서 보면 참
무능한 프로듀서인 셈이죠. 내가 '이런 걸 영화라고 만드냐'며 비웃었던

게 관객 500만 명을 동원하는 것을 보면 무능한 제작자인 셈이지만 어쩔 수 없어요. 다시 그런 일이 생긴다 해도 난 여전히 안 할 거예요.

돈 되던 외화, 옛날이야기?

요즘 영화, 영화 산업, 영화 프로듀서에 대해서 말들이 참 많은 것 같아요. 제가 영화를 시작하던 시절만 해도 영화를 한다고 하면 속된 말로 '미친놈' 소리도 듣고 집에서 내쫓으려고 했죠. 그런데 요즘은 영화 관련일이 청소년들의 희망 직업 중에 속하는 놀라운 일들이 벌어지고, 영화가 돈 버는 걸로 이야기되기도 하는데, 왜 그렇게 크게 달라졌는지 간단히 말씀드리지요. 예전에는 '외화수입쿼터제'라는 게 있었어요. 영화를 수입하려면 한국영화를 몇 편 찍어야만 외화 한 편을 수입할 수 있는 권한을 줬어요. 그리고 지금은 영화를 만들고 싶으면 영화사를 하겠다고 아무나 신고하면 되지만 그때는 영화사를 아무나 만들 수 있는 것이 아니라 정부의 허가를 받아야 가능했어요. 그 당시 한국영화 제작의 한계가 있다 보니 돈이 되는 건 외화였어요. 외화라고 하면 영화의 장르를 막론하고 어떤 영화든지 수입하여 극장에서 상영하면 관객이 많이 모였어요. TV도 별로 없고 볼거리가 없으니까 외화 하나만 들어오면 돈을 많이 벌어들였죠. 그러니까 영화사들은 한국영화를 만드는 데 관심이 있는 게 아니라 외화를 수입하는 데 관심이 있었던 것이죠. 아무 영화든 사오면 관객들도 많이 모이니까 이상 현상이 나타났어요. 영화사들은 외화를 상영해서 돈을 벌긴 하는데 한국영화는 망하는 현상이 나타났어요. 영화를 만들고 싶어서 만드는 게 아니라 외화를 수입할 수 있는 쿼터를 할당받기 위해서 만드니까 한국영화 제작에 대해서 아무런 애정이 없는 거예요. 옛날 영화들 보면 도저히 말도 안 되게 튀는 장면이 있어도 그냥 지나치는 게 많은데 그 이유는 제작비를 안 쓰니까 그럴 수밖에 없었던 거죠.

그러던 것이 허가제에서 신고제로 바뀌면서 모두가 영화를 만들 수 있는 시대가 되었고 특히 삼성과 대우가 (지금은 영화사업을 안 하는데) 한국영화에 뛰어들면서 상황이 바뀌었어요. 삼성에서 영화사업을 하겠다고 하니까 충무로의 영화사들이 반대했어요. 대기업에서 구멍가게까지 하려고 하느냐. 대기업에서 고추장 장사까지 하려고 하느냐면서 시위했어요. 그러자 삼성 측은 우리가 돈 벌려고 하는 게 아니라 문화사업을 하려는 것이고 그것의 증거라고 내놓은 것이 수익조건을 5대 5로 하자는 것이었죠. 이것이 한국영화를 발전시키는 가장 큰 원동력이 되었어요. 과거에는 영화사들이 자기 자본도 없고 축적되어 있는 자본이 없어서 저(低)예산 영화를 만들고 그러니까 점점 관객도 줄고, 한국영화 시장 자체가 축소되고, 영화 제작에 투자도 안 하는 악순환이 계속됐어요. 우리나라 사람들 중에 영화 감상이 취미인 사람이 많죠. 지금도 그렇지만 예전에도 취미란에 영화 감상이라고 쓰는 사람은 많았어요. 하지만 그 당시 한국영화는 워낙 낙후되어 있어서 사람들이 "한국영화는 안 봐!"라는 이야기를 아주 공공연하게 하던 시절이에요. 앞에서 말한 악순환이 계속되던 시기에 삼성의 수익 조건 5대 5는 제작사로 하여금 호기심을 갖게 했어요. 창작 영역만 맡아서 제작을 해내면 돈은 삼성에서 대주고 수익은 반반 나눠 갖고, 망하면 남이 망하고 손해볼 일 없는 게임이었기 때문이죠. 그 시기가 1990년대 초반이었는데 그때부터 한국영화 예산이 올라가기 시작했어요.

영화 <결혼이야기>를 출발점으로 하는 영화들이 있죠. 1970년대 후반 학번과 1980년대 학번 세대들이 영화판에 들어오면서 시작되었어요. 앞서 말한 '광주항쟁'을 전후했던 시기에 대학을 다녔던 분들 중에 실제로 '영화학과' 출신들이 거의 없어요. 대부분 다른 전공을 갖고 있죠. 물론 저도 아까 말했듯이 20대 때 영화 한 편도 못 봤던 사람이지만 그런 사람들이 모여서 영화를 하기 시작했고 그러면서 그 세대 나름의 특징을 만들어낸 거죠. 영화판에 들어온 사람들이 모여서 '기획실 모임'이란 것을 만들었어요. 기획실 모임이라는 것 속에서 정보를 공유하고 같이 세미나도 하고 마치 대학의 동아리처럼 활동을 했어요. 그런 활동들이 밑거름이 되고 삼성, 대우와 손을 맞잡으면서 영화가 발전하기 시작했죠.

요즘에는 또 많이 바뀌고 있어서 영화 자본 영역에 어려움을 겪고 있어요. 수익 조건이 최근 들어 7 대 3, 8 대 2까지 내려가고 있는 실정입니다. 어쨌든 삼성 같은 대자본이 들어오면서 내걸었던 5 대 5 혹은 6

대 4라는 비율 자체가 산업적으로 한국영화를 발전시키는 커다란 요인이었다고 할 수 있어요. 산업적으로 커지다 보니 작품성 있는 영화들도 많이 나오게 된 것이 아닌지 생각해봅니다.

휴식할 수 없다면 성장할 수 없다

저는 처음 <이방인>이란 영화를 만들기 위해서 3년 정도를 허비했어요. 영화판에 들어왔지만 그전에 이력도 없고 영화를 했던 것도 아니었어요. 그렇다고 해서 충무로에 있는 영화사에 들어가서 "저는 노동자문화운동예술연합8에서 '노동자 영화 감상반'을 했던 이력이 있습니다"라고 해도 아무도 인정해주지 않을 것이 자명했습니다. 아무런 이력도 없고 단지 '이런 영화를 하고 싶다'라는 아이템만 가지고 있었던 시절이었어요. 그때 후배들과 동료들을 만나서 시나리오 작업을 했던 작품이 두 편 있었어요. <여고괴담>과 <이방인>이라는 시나리오였죠. <여고괴담>의 경우, 이 영화는 처음 한 3년 동안 거절당했어요. 당시에는 공포영화가 없었고 액션과 로맨틱 코미디가 흥행하던 시기여서 투자자들과 영화사들에게

---

8 1989년 9월 '민중문학운동연합'과 '문학예술연구회'가 노동자계급의 진리를 형상화하는 냉철한 현실주의 예술정신을 걸고 '노문연(노동자문화운동예술연합)'을 창립했다. '노문연'은 강령을 통해 노동계급의 당파성에 확고하게 뿌리박은 과학적 문예운동의 발전을 위한 조직적 토대를 마련해 전체 변혁운동의 진전에 기여하려 했다. '노문연'은 과학적 노선 없이 올바른 실천이란 있을 수 없다며 문예운동의 과학화를 내걸고 노동자 문예의 이론화와 정책개발에 전력을 기울였고, 기관지를 통해 노동계급의 당파성에 입각한 현실주의 노동자문화 예술정신을 공개적으로 밝혀나갔다. 당시 '노문연'은 전국적 차원의 사상적·예술적 지도 내용의 확보와 그에 따른 형식으로서 '전국문화운동예술연합' 건설을 주장했다. 과학적 세계관과 당파성을 견지하는 전국문화활동가의 결집체를 통해 현재의 문예운동역량을 과학적으로 배치하여 전국적 계획을 갖고 활동해야 한다고 주장한 것이다. '노문연'은 수공업적 경험주의적 작품 쇄신과 전문성과 과학적 운동성의 동시적 확보를 절실한 과제로 정립하고 현 시기 변혁운동의 과제로부터 주어지는 문예운동의 임무를 설정하고 미학이 무엇인지 그리고 방법론은 어떻게 정립되어야 하는지를 구체화하여 강령 수립을 최우선적 과제로 제출했다.

거절을 당했죠. 거절당한 이유는 고등학생 이야기, 즉 하이틴 이야기를 다룬 영화는 흥행이 안 된다고 정평이 나 있던 시기였기 때문이죠. 그래서 먼저 <이방인>이라는 영화를 하게 됐는데 <이방인>을 하면서 저 개인에게는 굉장히 도움이 됐어요. 몇 가지 이유가 있는데 그 점에 대해서 여러분과 특별히 이야기를 하고 싶습니다.

우선 이 영화를 제작했던 폴란드의 영화 제작 시스템 자체가 너무 좋았어요. 물론 폴란드가 사회주의국가였는데 영화를 만들기에는 완벽한 조건들을 갖추고 있었어요. 시설과 기자재는 낙후되어 있어도, 세분화되어 있고 전문화되어 있는 시스템 측면에서는 우리하고 너무나 달랐어요. 한국영화 현장에 가보면 현장 스태프들 평균 연령이 30세 이하예요. 젊다는 것보다 '어리다'는 표현이 맞을 정도로 굉장히 어려요. 그리고 한국영화의 현실은 도저히 자기의 개인생활을 용납하지 않습니다. 영화가 제작에 들어가기 시작하면 이 영화가 언제 촬영이 있고 언제 끝날지 모릅니다. 물론 약속을 하고 계약을 하지만 한 번도 지켜진 적이 없어요. 영화 <화산고>의 경우 원래 제작비 18억에 찍으려고 계획했는데 거의 80억이 들어가고, 3개월에 영화촬영 끝내겠다고 스태프들하고 약속했는데 1년 4개월이 걸렸어요. 그 스태프들은 1년 4개월 동안 아무것도 못해요. 그리고 언제 촬영이 들어가는지 계획도 없고 알려주지도 않아요. 많이 바뀌었다고는 하지만 아직 한 번도 계약 당시 잡았던 스케줄대로 정확히 이루어진 적이 없지요. 그리고 "1년 4개월의 노력을 들인 영화"라고 홍보를 하지만 그건 자랑이 아닙니다. 자기가 멍청했다는 것을 보여줄 뿐입니다. 이것이 한국영화의 현실입니다.

<이방인>은 폴란드에 가서 찍은 영화예요. 감독, 프로듀서인 저, 배우 안성기 씨 이렇게 3명이 갔어요. 나머지 스태프는 전부 폴란드 사람들이었고, 배우도 폴란드 배우였어요. 폴란드에서 스태프 평균연령이 48세가 넘었어요. 제일 어린 사람이 감독이었고, 제가 밑에서 다섯번째, 안성기 씨가 중간 나이쯤 됐어요. 안성기 씨가 "정말 오랜만에 내가 나이가 어린 축에 속하는 현장에 왔다"고 말씀하시더군요. 그런데 더 놀라운 것은 예산이 굉장히 적었는 데도 불구하고, 조직이 세분화되어 있고 전문화되어

있다는 거예요. 예를 들어서 연
출부나 스크립터 등 다양한 파
트가 있는데 이 사람들은 영화
를 준비하는 단계에서부터 촬
영과 후반 작업을 할 때까지
계속 붙어 있어요. 한국영화 제
작 시스템을 보면 연출부 안에

의상담당, 소품담당이 있어요. 영화 타이틀 자막을 보면 아실 테지만 실제로는
연출부말고도 의상, 소품 파트가 따로 있거든요. 그런데도 의상, 소품 파트가
연출부에 또 있어요. 일에서 모든 파트가 중복이 되죠. 그런데 폴란드에는
'조감독'이라는 개념은 있는데 '연출부'라는 개념이 없어요. 그리고 스크립
트하는 사람은 마흔이 조금 넘은 여성분이었는데 촬영하기 이틀 전에
봤어요. 우리나라는 보통 촬영하기 3개월 전부터 붙어다니거든요. 그런데
폴란드에서는 촬영하기 이틀 전에 나와서 인사하고 이틀 후에 촬영장에서
바로 일 시작하고, 촬영 끝나고 파티하고 나서 그 다음부터 없어졌어요.
어디 갔냐고 물어봤더니 다음 작품 찍고 있대요. 무슨 얘기냐 하면, 정확히
스케줄이 잡혀서 그 안에 끝낼 수 있으니까 자기 계획에 맞춰 다음 작품을
계획할 수 있다는 거죠.

그런데 우리나라에서는 그게 불가능해요. 예를 들어서 6월에 새로 들어
가는 영화 <고독이 몸부림칠 때>가 있어요. 6월에 들어갈 영화인데
먼저 스태프들을 구해야 돼요. 촬영, 조명 스태프들을 만나야 되는데 만나
보면 지금 완전히 작품이 다 끝난 사람 말고는 없어요. 예를 들어서 작품이
4월 말에 끝나는 사람들이 있어요. 우리는 촬영 시작이 6월 20일쯤이니까
계약을 해도 상관없다고 생각하는데 그 스태프들은 4월에 끝난다고 하지만
끝날지 안 끝날지 장담을 못 하니까 계약을 못 해요. 따라서 어떻게 될지
모르기 때문에 도저히 자기 계획을 세울 수 없는 거예요.

우리나라와 또 다른 차이점이 있다면 폴란드의 경우는 작품 경험이
보통 한 사람당 평균적으로 30~40편 정도 찍은 사람들이에요. 조감독도
60편 정도의 작품을 찍기 때문에 '전문 조감독'이라고도 해요. 우리나라

조감독은 세 작품 찍으면 많이 찍은 거죠. 그래서 어떤 작품이 만들어졌을 때 현장에서 쌓였던 노하우가 절대 다음 작품으로 연결되지가 않아요. 그냥 그 사람으로 끝난 거예요. 그리고 나서는 새로운 사람에게 또 투자를 하고, 이렇게 '맨땅에 헤딩'하는 방식이 계속 되풀이되는 거예요.

저한테 가장 인상적이었던 것은 폴란드는 계획대로 다 이루어진다는 것이었어요. 매주 월요일부터 토요일까지 촬영을 하고 일요일마다 쉬었거든요. 4월 2일부터 촬영을 했는데 4월 29일에 끝났어요. 처음에 그 촬영 계획표를 보고서 터무니없어 속으로 비웃었죠. '어떻게 이렇게 찍어? 이건 불가능한 현실이다'라고 생각했어요. 왜냐하면 한국에서 한 달에 찍은 영화는 거의 없기 때문이죠. 한국에서라면 불가능한 일인데 이게 한 2주 정도 되다 보니까 '아, 이건 가능하다!'라는 신뢰가 생겼어요. 실제로 4월 2일에 촬영 들어가서 4월 29일에 끝났어요. 8시간 이상 찍으면 'over charge'가 붙어서 매일 8시간 이상은 안 찍었고 일요일에는 일을 하지 않았어요. 그래서 안성기 씨랑 일요일에 바르샤바 구시가지 구경을 가기로 했죠. 한국에서는 일요일 촬영을 할지 안 할지 모르기 때문에 일요일에 약속을 잡는다는 것은 불가능해요. 그런데 거기선 그게 가능했죠. 안성기 씨랑 바르샤바 시내에 나갔는데 거기서 우리 영화 스태프 한 사람을 만났어요. 조명 파트에서 장비 세팅을 하는 사람인데 이 사람이 부인과 아이들을 데리고 나왔어요. 어디 가냐고 물었더니 오페라를 보고 나와서 저녁을 먹으러 가는 길이라는 거예요. 결정적인 차이가 여기 있다는 생각이 들었죠.

한국에서는 영화 촬영이 시작되면 언제 끝날지도 모르고, 일요일도 없고 다행히 서울에서 촬영을 한다면 집이라도 들어가지만 지방에서 촬영을 하면 몇 개월 동안 집에 들어갈 수도 없는 것이 현실입니다. 집에도 못 들어가고 다른 나라에 비해서 월등히 많은 돈을 받는 것도 아니고 결국 이런 것이 반복적으로 돌아가죠. 폴란드에서는 계획대로 일이 진행되기 때문에 작품당 받는 돈은 적다 해도 1년이면 몇 작품을 할 수 있어서 전체 1년 수입은 올라가죠. 우리나라 스태프들은 1년에 한 작품을 하기도 벅차고 만약 한 작품에 500만 원을 받았다고 하면 500만 원이 1년 수입이 되는 거예요. 영화가 너무 좋으면 500만 원이 아니라 돈을 안 줘도 할 수 있는 거죠. 하지만 실제로 보면 생활인으로 살아가기에는 너무나 부족한 돈이다 보니 자기 생활을 가질 수가 없고, 지쳐요. 제삿날도 못 지키고 형 결혼식도 못 가는 경우가 생겨요. 그러다 보니 나이를 먹을수록 특히 30대를 넘어가는 시기가 되면 그만두게 돼요. 재생산할 수 있는 기본이 갖춰져 있지 않은 거죠.

하지만 이런 문제를 해결할 만한 방법이 아직 없어요. 이것을 해소하기 위해서는 기본적인 임금 문제에 대해 언급이 있어야 하는데 지금 현실로는 안되고 있어요. 우리는 1년 동안 500만 원 가지고 생활하기 벅차지만, 폴란드 스태프들은 예를 들어 한 작품에 250만 원을 받아도 네 작품을 해서 1,000만 원을 버는 거예요. 물론 1,000만 원 정도로 1년 동안 먹고 살기는 힘들지 모르지만 돈보다도 더 중요한 것은 자기 계획을 짜고 자기 생활을 갖는 것이죠.

당시 폴란드는 사회주의에서 막 자본주의로 넘어오면서 경제가 굉장히 어려웠어요. 그때 대우자동차가 폴란드에 공장을 세운다고 난리가 났었죠. 보통 외국에 가면 당신 일본인이냐? 그 다음에 중국인이냐? 이렇게 질문을 받는데 폴란드만큼은 당신 한국인이냐? 대우 아느냐? 그런 질문을 받을 때였죠. 아무튼 그렇게 어려울 때인데도 폴란드는 동네마다 시네마테크가 있고 연극 공연이 있고 도서관이 있었어요. 도서관도 어느 동네에 가면 영화 도서관이라고 해서 영화에 관한 모든 자료가 있고, 다른 동네에 가면 미술 전문 도서관이 있고 그런 식이에요. 적어도 문화적으로는 엄청난 잠재력을 가지고 있는 거지요. 사실 굉장히 부럽다는 생각을 했어요.

폴란드에 있을 때 인터넷으로 한국 신문을 봤는데 해외란에 재미있는 기사 두 개가 같은 면에 실렸어요. 파리에서의 시위와 일본에서의 시위에 관한 기사였어요. 파리에서의 시위 기사는 "일주일 노동시간을 줄여달라" 는 데모였어요. 일본에서의 시위에 대한 기사는 "정년을 65세로 늘려달라" 는 것이었어요. 한쪽에서는 좀더 쉬고 '자기 시간을 갖고 일하는 시간을 줄이자'라는 시위가 있는데, 한쪽에서는 60세까지 일한 것도 모자라서 '65세까지 일하겠다'고 시위하고 있어요. 이 두 가지가 우리에게 시사하는 바가 크며, 중요한 문제라고 생각합니다. 사실 오늘 이 자리에서 이야기하

고 싶었던 것이기도 한데 너무 열심히 일하지 않았으면 좋겠다는 생각을
해요. 물론 놀기만 하자는 말은 아니죠. 어느 시기에는 일을 해야 하는
때가 있어요. 하지만 그 나머지는 자기 시간을 갖기 위해 노력해야 하고
그 시간을 통해 뭔가 공부도 하고 즐기기도 하면서 자기 삶을 갖고 발전을
스스로 해나갈 수 있어야 한다는 거지요. 우리는 너무 어떤 틀에 갇혀
있다는 생각이 들어요. 성공의 조건을 딱 이러이러한 것, 이렇게 설정해놓
고 그 속에 얽매어 허덕이는 경우가 참 많아요. 난 너무 틀에 얽매이지
않았으면 좋겠다는 생각을 해요. 특히 영화처럼 크리에이티브한 일을
할 사람들이라면 더욱더 틀에 얽매이지 않고 자유롭게 사고하고 즐기기도
하고 그럴 수 있어야 한다고 생각해요.

'돈과 명예', 동전의 양면

<이방인>이라는 영화를 끝내고 <여고괴담>이라는 영화를 찍었어요.
<이방인>이 7,800명의 관객을 끌어들인 데 반해 <여고괴담>은 서울
관객만 70만 명을 포함해 비공식 집계까지 합쳐서 총 200만 정도의 관객이
들었으니 당시로서는 큰 성공을 이루었죠. <이방인>이 망해서 그런지
두번째 영화 <여고괴담>이 성공하니까 기분이 좋았어요. 그리고 재미있
는 것은 영화가 돈을 벌면 모든 것이 용서돼요. 영화를 제작하면서 싸우고
말도 안했던 사람들이 모두 친한 척하고 사람들과의 사이가 무척 좋아져요.
영화나 엔터테인먼트 쪽에서 일하면서 감독, PD 특히 배우들을 보면
어제는 무명이었던 사람, 별로 알려지지 않았던 사람이 하루아침에 스타가
되는 경우를 많이 봐요. 하나만 터지면 신문이고 방송이고 다 떠들어대니까
금방 유명해지죠. 매니지먼트 업계에 있는 사람들은 이런 광경을 많이
보는데, 그럴 때 보면 금방 달라지는 사람들이 있어요. 그전에는 "저녁
한번 살게요" 이러던 사람이 그 후에 전화 걸어보면 전화 안 받고, "내일
일 있으니까 제발 전화 좀 줘"라고 메시지 아무리 남겨도 연락이 없고,
꼭 누구를 거쳐야만 통화되고 직접 통화하기 힘들고 그래요.

　어떻게 들릴지 모르지만 감독이란 직업이 언제부터인가 약간 느끼한

직업이 됐어요. 예전에는 영화를 한다고 그러면 욕먹고, 영화를 한다고 해도 매스컴에서 받쳐준 것도 아니었는데 요즘은 영화 한 편 나오면 영화를 잘 만들었든 못 만들었든 각종 매스컴에서 평균 열 번 이상은 인터뷰를 해요. 잘 되면 CF에도 출연해요. 그리고 영화는 영화감독이 중심이 되다 보니까 주변에서 다 감독'님'이에요. 분명히 감독이나 조명이나 각기 맡은 역할에 대한 분류인데 그것이 어느새 권력이 되어버렸어요. 모두 "감독님, 감독님" 이렇게 부르니까 우쭐해져요.

그래서 첫번째 영화에 성공한 사람이 두번째 영화에서 실패하는 경우가 굉장히 많아요. 두번째 영화를 할 때는 주변의 어떤 이야기도 안 듣고 오직 자기 생각만이 유일하게 옳은 것이지요. 그러다 보면 망하기 쉬운 거죠. 오히려 첫번째 영화가 망했던 경우에 두번째 영화가 잘되는 경우도 많죠. <살인의 추억> 감독인 봉준호 감독은 영화 <플란다스의 개>가 첫 작품이었는데 망했어요. 하지만 첫 작품을 할 때도 재능 있는 감독이었어요. 결국 그의 두번째 작품 <살인의 추억>은 성공했죠. 이런 예는 딱 들어맞는 예라고 할 수는 없지만 한 번 얻어낸 성공으로 자만에 빠지는 경우가 허다합니다. 주변에서 그렇게 만드는 것이죠. 예를 들어서 류승완이라는 감독은 <죽거나 혹은 나쁘거나>라는 독립영화를 찍은 감독이에요 류승완 감독의 장점은 영화를 미니멀하게 만든다는 것인데 주변에서 그 사람을 가만히 안 놔뒀어요. 류승완 감독 동생 류승범 씨도 인기를 얻고 CF도 찍고 하니까 회사마다 연락을 해서 다른 영화를 시도하게 만들었죠 결국 <피도 눈물도 없이>라는 영화는 좋은 평가를 못 받았죠 제가 말씀드리고 싶은 것은 분명히 살아가다 보면 어느 한순간에 뭔가를 얻어내는 시기가 있어요. 그 시기에서 중요한 것은 자만해서는 안 된다는 것입니다.

　<여고괴담>을 만들고 나서 가장 재미있던 것은 관객의 반응이었어요. 극장에서 관객들과 함께 영화를 보면서 관객이 영화를 어떤 식으로 소비하는가 하는 문제에 관심을 갖게 된 거예요. 영화를 보다 어떤 대목이 되면, 막 난리가 나요. "맞아 맞아, 우리 선생도 저랬어." "우리 학교에도 미친개가 있었어." 또 버스를 타고 가거나 하면서 영화에 대해 수다 떠는 아이들 얘기를 듣고 그러면서 영화에 대한 관객들의 반응을 보는 거예요. <여고괴담>은 일단 많은 사람들이 보았기 때문에 사람들 사이에 화제의 대상이 될 수 있었던 거지요. 그걸 접하면서 영화에 대한 관객의 반응, 관객의 욕망이 어떤 식으로 영화를 통해 발현되는가 하는 문제를 처음으로 느낄 수 있었어요.

　<고양이를 부탁해>라는 영화를 하고 나서 가장 기억에 남는 것은 인천에서의 재상영(再上映)이었어요. 인천에서 완전 개방으로 하루 무료로 상영을 한 적이 있어요. 인천 시민문화회관에 2,500명 정도가 모여서 봤는데, 영화를 만들고 나서 이때가 가장 기분이 좋았어요. 영화를 만들고 나서 제일 기분 좋은 것은 영화를 본 후 사람들의 반응을 옆에서 지켜보는 것이에요. <고양이를 부탁해>를 개봉했을 때 전국 관객 2만 5,000명이었으니까 사람들이 거의 안 봤다고 볼 수 있죠. 극장에 가보면 앞에 몇 명의 관객만 있을 뿐 뒷좌석은 텅 비어 있었는데 인천 시민문화회관에서 2,500명가량의 사람들을 보니 분위기가 여느 때와 달랐어요. 영화가 끝나자 사람들이 영화에 대해 이런저런 이야기를 하고 질문하고 관객들이 토론을 하는데 그 분위기가 재미있었어요. 그리고 나서 조영남 씨가 나서서 신문에 글도 쓰고 재상영해야 한다고 운동을 했던 거죠. 조영남 씨의 적극적인 재상영 요구에 긍정적 견해와 부정적 견해가 맞물려서 저를

포함한 영화관계자들은 어떻게 해야 할지 몰랐어요. 감독이 재상영 자체를 반대해서 많이 부딪혔죠. 하지만 이 작품에 참여했던 모두가 수익과 상관없이 재상영을 하자는 데 의견을 모아서 재상영을 했어요.

우리에게 중요한 건 두 가지였어요. 하나는 최선을 다하자는 거예요. 사실 재상영을 한다는 게 쉬운 일이 아니거든요, 직원들이 몸으로 뛰면서 홍보도 해야 하고 그런데 작품에 참여했던 사람들 모두가 수익에 상관없이 끝까지 최선을 다해보자. 이렇게 의견을 모은 거지요. 인천에서 2,500명이 모여서 봤고, 전국적으로 7,000명의 관객이 더 봤어요. 한국에서 개봉한 금액 합친 것이 일본에 수출한 금액보다 훨씬 적으니까 돈으로 따지면 별거 아니죠. 그런데 매스컴의 영향으로 영화가 알려져 비디오가 많이 팔렸어요. <고양이를 부탁해>라는 영화를 재상영하면서 '최선을 다하는 모습이 필요하다'라는 생각을 한 덕분에 만족할 만한 결과를 얻었어요. 또 하나 우리가 중요하게 생각한 것은 앞서 말했던 인천에서의 그 모임으로 다음 카페에 '<고양이를 부탁해>를 좋아하는 사람들의 모임'까지 생겼다는 거예요. 이전까지는 영화를 만들고 개봉하면 관객의 반응이 어떤지 지켜만 보는 것으로 끝났는데 이 경우에는 지금까지도 그 모임이 연결이 되고 있어요. 이런 모임들이 아직까지 지속적으로 만들어지면서 저희 영화 모니터 역할을 하는 친구들도 생겼답니다. 현재 만들고 있는 <장화, 홍련>이라는 영화도 그 친구들과 함께 모니터를 해요. 이런 부분들이 저에게 많은 도움이 되었고 영화를 만들면서 즐거웠던 일 중 하나라는 생각이 듭니다.

지금 만들고 있는 영화는 <장화, 홍련>이에요. 사실 전 공포영화를 싫어해요. 공포영화라는 게 인간성을 좀먹는 영화가 아닌가 하는 생각이 있어요. 괜히 찌르고 할퀴고 죽이고 난도질하고 피범벅되고 그러잖아요. 그래서 난 공포영화하고 쥐 나오는 영화는 안 보는 사람인데, 만드는 건 재미있어요, 별로 무섭지도 않고. <여고괴담> 1편을 보면 마지막 장면에 교실 벽에서 피가 흐르는 장면이 있지요. 그거 찍느라고 얼마나 쇼를 했는지 ……. 원래 벽에서 눈물처럼 피가 흘러내리게 해달라고 했는데, 찍는데 보니까 무슨 죽 끓듯이 꿀꺽꿀꺽 피가 나오는 거예요.

그래서 결국엔 스태프들 12명이 줄에 매달려서 컵으로 죽죽 붓고 나중에는 박스로 끼얹고 그랬어요.

어쨌거나 <장화, 홍련>도 <여고괴담>이나 <고양이를 부탁해>처럼 10대 소녀들 얘기예요. 여러분, 장화홍련전을 안 읽은 사람은 없지요? 그런데 막상 그 스토리를 정확하게 기억하는 사람이 드물어요. 장화홍련전이라고 이야기하다 보면 콩쥐팥쥐 이야기를 하고 있어요. 그런데 장화홍련전을 보면 계모의 행위가 굉장히 엽기적이에요. 쥐 껍질을 벗긴다든가 하는 얘기도 나오죠. 또 우리 전래동화 가운데 생리에 관한 이야기가 나오는 것은 그게 유일할 거예요. 그런 면이 매력적이었고 또 가족이야기라는 점이 재미있게 생각됐어요. 물론 김지운 감독이 맡으면서 원형이 남아 있지 않을 정도로 다른 이야기가 되었지요.

<여고괴담> 때는 내가 학교 다닐 때 느꼈던 억압 같은 것을 얘기하고 싶었어요. 그런 문제들이 여전히 반복되고 있다고 생각했고, 그래서 죄송한 이야기지만 선생님을 죽이고 싶었어요. 여러분 <if>[9]라는 영국영화를 보면 학생들이 총으로 교사들을 난사하는 장면이 있어요. 그런데 우리나라에선 그런 장면이 불가능하죠. 지금은 어떨지 모르겠지만, 아마 나와도 18세 이상이나 관람 가능할 거고, <여고괴담>인데 18세 이상인 사람이 보겠어요? 그래서 생각한 게 귀신이 선생을 죽이는 설정이면 되지 않을까 하는 거였어요. 귀신이 교사를 죽인다면 귀신이니까 넘어갈 수 있지 않을까, 그렇게 한 거예요. <여고괴담 2>에서는 그 이야기를 좀더 끝까지 가고 싶었어요. 처음에는 여상, 여자상업고등학교를 무대로 하려 했어요. 여상이나 공고 같은 경우, 인문계와 다른 이중적 억압 구조랄까 그런 게 있죠.

---

9 영국의 영화감독 린제이 앤더슨(Lindsay Anderson)의 작품으로 1969년 칸느 영화제 그랑프리 수상작이다.

린제이 앤더슨은 영국의 프리시네마 운동을 이끌었던 대표 감독 중 하나이다. 영화는 영국의 공립학교를 무대로 펼쳐지는데, 억압적인 학교를 벗어나려는 학생들의 이야기는 후반부로 접어들면서 마치 도시 게릴라전을 방불케 하는 살벌한 인상을 준다. 전체적으로 환상 장면이 많이 나오는데 이는 사실과 환상 사이에 뚜렷한 구별이 존재하지 않는다는 앤더슨 감독의 평소의 믿음을 반영한 것이다. 젊은이들의 강인한 힘과 저항의식이 인상적이다.

그래서 그런 문제를 정면으로 다루고 싶었지만 사람들이 말렸어요. 상업성이 없다나 ······ . 그래서 할 수 없이 무대를 인문계로 바꾸었어요. 그러다 보니 애초에 하려던 이야기와 많이 달라졌죠.

<장화, 홍련> 경우도 처음 출발은 전혀 다른 거였어요. 몇 해 전에 있던 사건인데, 어떤 일류 대학생이 자기 부모를 토막살해한 일이 있었어요. 토막살해해서는 이곳저곳 쓰레기통에 버렸는데 그게 발견돼서 드러난 사건이에요. 그때 그 친구의 형이 '내가 동생 처지였어도 그렇게 했을 것'이라며 동생을 옹호하고 나섰고, 나중에 정신과 의사가 쓴 『미안하다고 말하기가 그렇게 힘들었나요』라는 제목의 책으로도 나온 사건이죠. 굉장히 끔찍한 이야기인데도 한편 굉장히 슬픈 이야기였어요. 현대 가족의 한 모습을 보여준 사건이라 그 기억이 오래 남았어요. 그런데 그걸 영화로 만들기에는 너무 무겁고 끔찍한 거예요. 아무도 투자하지 않을 것 같고. 그래서 시작한 아이디어가 감독이 정해지고 하면서 <장화, 홍련>까지 간 거예요. 완전히 다른 이야기가 된 거죠.

그렇게 꼭 하고 싶은 이야기가 있는데 상업적인 문제 때문에 영화가 되지 못하거나 전혀 다른 결과가 되는 경우가 많아요. 예전에 '진관이 보은이 사건'이란 것이 있었어요. 여러분은 아마 기억이 안 날 테지만 아주 눈물나는 이야기예요. 보은이라는 무용과를 다니는 어떤 여자아이가 있었는데, 계부한테 상습적으로 성폭행을 당하면서 살았고 거기에 어떤 저항도 못 하게 되는 상황까지 갔어요. 대학에 가서 유일하게 사귄 남자친구가 진관이라는 남자아이인데 그 아이가 보은이의 계부를 죽인 사건이에요. 그래서 한때 여성운동 쪽에서 문제되고 그랬었어요. 이 이야기도 사실은 영화로 만들고 싶어요. 분명 의미 있는 일이죠. 그래서 하고 싶긴 한데 워낙 갑갑한 이야기라서 과연 20여 억을 들여서 만들었을 때, 이것을 어떻게 상업화할 수 있을지 의문입니다. 사실 이런 것을 상업화하는 방식을 찾는 것이 제가 하는 일이에요. 기획을 한다는 것이 바로 이런 것이겠죠. 물론 <가문의 영광> 같은 걸 할 수도 있죠. 소위 작품성이 뛰어난 영화의 감독은 훌륭하고, 돈을 많이 번 영화의 감독은 아니다라고 얘기하는 건 틀린 말이라고 생각해요. 돈을 많이 버는 것과 명예를 얻는 것, 그건

사실 동전의 양면이에요. 인간의 욕망이라는 측면에서 본다면 어떤 사람은 명예를 얻음으로써 그 욕망을 채우는 것이고, 어떤 사람은 그 욕망을 채우는 것의 일환으로 돈을 벌려고 하는 건데, 저는 그 차이는 별로 없다고 생각해요. 대동소이한 문제라고 생각해요. 저 자신은 돈을 벌 것인가, 작품을 할 것인가의 문제에서 그 두 쪽 어디에도 있지 않다고 생각해요. 중요한 것은 자기가 하고 싶은 것이 있고 현실적인 어려움이 있을 때 어떻게 그 접점을 찾아내는가 하는 것이죠.

요즘 새로 준비하는 영화는 <고독이 몸부림칠 때>라는 건데, 주인공들의 나이가 전부 60대예요. 나라고 10대 소녀 얘기만 하는 건 아니에요. 주현, 김무생, 양택조, 송재호, 선우용녀, 박영규, 이런 사람들인데 어떻게 보면 사실 좀 꿀꿀한 이야기죠. 바닷가 시골 마을에서 벌어지는 노인네들 얘긴데, 물론 코미디예요. 이 영화는 처음에 이렇게 시작됐어요. 왜 <VJ 특공대>란 프로 있죠? 전 그 프로를 좋아하는데, 언젠가 노인네들만 잔뜩 나오는 에피소드가 있었어요. 경상북도 칠곡이라는 곳의 이야긴데, 이 노인네들이 다 오토바이를 타고 다녀요. 오토바이 타고 일하러 갔다가 오토바이 타고 집에 와서 점심 먹고, 논에서 휴대폰으로 전화하면 오토바이로 커피 배달 오고, 그런 모습들을 보여줘요. 그런데 아무도 면허가 없는 거예요. 그래서 경상북도 경찰에서 어느날 결정을 내린 거예요. 몇 월 며칠부로 면허가 없으면 오토바이 못 탄다고 결정한 거예요. 난리가 난 거죠. 나이 60 넘고 70 넘은 분들이 면허 시험을 봐야 하는 거예요, 필기시험부터. 그러니 밤마다 마을회관에 모여 과외 공부하고, 문제 맞추기도 하는 등 그 안에 온갖 극적인 요소들이 다 있어요. 다방 레지도 한 명 있고, 오토바이 타고 배달하는 노인, 독거노인 등 여러 사람들이 다 나와요. 마침내 시험을 보는데 장난 아니게 재미있어요. 별의별 에피소드들이 다 있어요. 마을회관에 경찰이 와서 설명을 하잖아요. "빨간 불이 켜지면 멈춰서세요." 그러면 할아버지들이 항의를 하는 거예요. "우리 마을에 빨간 불이 어디 있냐? 신호등도 없는데." 이 양반들이 동네에서 타는 건데 거기 눈 씻고 찾아도 신호등이 없거든요. 사실 오랫동안 잘 타고 다니던 분들에게 쓸데없는 강제가 외부로부터 들어오는 거죠. 거기서 여러 가지 에피소드들이 벌어지는 거예요. 하여간 놀랍게도 필기시험은 다 통과해요. 그 다음에 실기시험을 보는데 완전히 마을잔치가 벌어져요, 운동회처럼. 응원부대도 있고, 주전자로 줄긋고 연습도 하고. 그런데 노인네 한 분이 연습을 안 하고 앉아 있어요. 그래서 왜 연습 안 하시냐고 물으니까 "내가 15년 동안 타고 다녔는데 무슨 연습이냐, 괜히 연습하면 긴장만 더 하게 돼서 떨어진다"고 그래요. 그래서 그분만 안 하고 다 연습하는데 마지막에 딱 두 사람만 떨어져요. 그 연습 안 한 분하고 다방 아가씨. 다방 아가씨가 시험에 떨어지고는 "나 어떻게 해. 이제 배달 어떻게 해, 어떻게 걸어다니란 말야?" 하면서 발을 동동 구르는데, 하여간 20분짜리 다큐였는데 무지 재미있었어요.

그래서 이걸 영화로 한번 해보자 했는데, 보니까 이게 단편 영화감이에요. 한 시간 40분짜리 장편 영화로 가기에는 아무래도 좀 약해요. 그러다 보니까 원래 이야기는 그렇게 출발했는데 지금은 다 달라졌어요. 그냥 주인공 한 사람이 오토바이 타는 거만 남고 다른 이야기로 바뀌었어요. 지금도 계속 바뀌고 있고요. 나중에 어떤 영화가 될지는 나도 모르는 거죠.

기획이란 게 그래요. 어떤 경우든 내가 생각했던 전부가 실현되지는 않아요. 영화라는 게 어차피 전문성을 가진 여러 사람들이 결합해서 만들어지는 것이고, 특히 감독이 중심이 될 수밖에 없기 때문에 애초의 아이디어가 끊임없이 바뀌고 다른 방향으로 가고 그러는 거죠. 거기서 중심을 잡아나가면서 내가 생각했던 처음의 이야기와 현실적인 조건 사이를 왔다 갔다하면서 접점을 만들어내고, 그렇게 해서 비현실적인 아이디어를 현실화시키는 것이죠.

일할 때가 있으면 쉴 때도 필요하다

아까도 이야기했지만 저는 항상 너무 열심히 일하지 않았으면 좋겠다는 생각을 하고 있고 그게 오늘 이 자리에서 하고 싶었던 가장 중요한 이야기입니다. 항상 열심히 놀 생각만 한다면 그건 곤란하겠지만 폴란드에서의 경험을 이야기했던 것처럼 어떤 시기에는 일을 해야 하는 시기가 있습니다. 하지만 그 나머지는 자기 시간을 갖고 뭔가를 계속 공부하고 발전해야 해요. 그렇다고 해서 자기 발전을 위해서 모든 것을 노력해야 하고 빡빡하게 살아가라는 것은 아닙니다. 그냥 잠을 잘 수도 있다고 생각해요. 충분하게 자고 나면 그 다음날이 얼마나 행복한지 아세요? 가끔은 여유의 문제이기도 하고 여러 가지의 문제이겠지만, 어떤 사람은 자기 틀에 너무 갇혀 있어요. 내 목표는 이거고, 내가 생각하는 성공이라는 조건은 이런 거고, 내가 생각하는 삶의 자세라는 건 이런 것이다라고 미리 설정하고 그 속에 얽매여서 허덕이는 경우가 굉장히 많아요. 예를 들어 제 친구들을 보면 각각 경제적인 조건 등 많이 차이가 있어요. 그리고 그것이 해결해주는 부분이 많이 있어요. 경제적인 조건이 절대적으로 어려울 때는 다른 '여유'라는 게 있을 수 없잖아요. 그런데 어느 정도 경제적 조건이 확보된 이후에도 결국은 마찬가지예요. 위에서 말했던 두 가지 신문기사를 예로 들어볼까요? 한쪽에서는 좀더 휴가를 달라고 싸우고 있는데, 한쪽에서는 60세까지 일했으면 충분히 일했고 쉬어도 되는데 또 정년을 5년 연장하려고 데모를 하는 상황이죠. 우리는 예전부터 '젊었을 때 열심히 일해야지 늙어서 좀 편하다'는 이야기를 듣는데 젊어서 열심히 일하는 사람들은 늙어서도 열심히 일해요. 그렇다고 그 반대가 성립되는 건 또 아니에요. 젊었을 때 열심히 논 사람들이라고 늙어서도 계속 열심히 놀기만 한다고 장담할 수 없어요. 제가 여러분께 하고 싶은 말은 자기 틀에 너무 얽매여서 이야기하지 말고 좀더 자기 시간을 갖는 것이 무엇보다 필요하다는 것입니다.

일 외에 미칠 수 있는 여분의 삶

마무리하는 시점에서 이야기하자면 사는 건 그런 것 같아요. 1980년대 한때 제가 1년 6개월 정도 정말 미치도록 공부만 한 적이 있어요. 그때는 말 그대로 '닥치는 대로' 공부를 했어요. 1년 6개월 동안 아무것도 안하고 철학서부터 정치·경제 책, 온갖 소설들을 읽었어요. 지금 생각해보면 정말 많은 책을 읽었는데 이것이 굉장히 도움이 되었어요. 사실 그 전에는 선배나 동료가 하자는 대로 따라다니고 끌려다녔어요. 제가 살아온 세월에 비해 1년 6개월이라는 기간은 얼마 안 되는 기간이지만 굉장히 좋았던 기억이고 아직까지 기억에 남아요. 전 중학교 3학년 이후로 공부를 한 적이 없는데 스스로 미치도록 공부를 했다는 것에 제 자신도 놀랐어요. 그때의 경험이 제가 세상을 바라보고 뭔가를 판단하는 데 아주 중요한 기준이 돼요. 제가 하고 싶은 말은 어떤 일이든 어느 한 시기에 한 번쯤은 미쳐볼 필요가 있다는 것이에요. 공부 말고 다른 예로 저는 아침에 눈이 빨개질 정도로 밤새 비디오를 보고 하루에 극장을 7~8번 가고 영화에 미쳐서 영화만 본 적도 있죠. 어느 한 시기에는 무언가에 미치도록 빠져야 하지만 그 기간이 너무 길면 폐인이 돼요. 가끔 영화에 미친 영화 마니아들 이 영화를 직업으로 하겠다고 찾아오는데 저는 반대해요. 그건 직업이 되어야 되는 거지 '영화가 너무 좋아서 영화를 한다'는 것은 스스로에게도 별 도움이 안 되고, 그 사람이 현장에 들어오면 실망만 할 뿐이에요.

그리고 자기가 하는 일들 외에 자기가 미칠 수 있는 다른 요소들을 가져야 해요. 그것이 취미든 뭐든 상관없어요. 저는 굉장히 취미가 많은 사람이에요. 1년의 반은 낚시로 보내고, 겨울에는 스키 타러 다니고 많은 분들이 웃겠지만 비즈 공예를 또 제 취미로 해요. 동대문 구슬 판매하는 아주머니들에게 취미로 비즈 공예를 한다고 말했더니 웃기다는 듯이 쳐다 보시더군요. 김창남 교수님도 요즘 축구에 미쳐 있다고 하시던데, 뭔가 자기가 갖게 되는 일 말고 다른 취미들을 갖는 건 굉장히 중요해요. 너무 열심히 하려고 하는 것은 좋은데 어느 한 시기에 분명히 그래야 할 시기가 있지만 정말로 중요한 것은 '내 여분(餘分)의 삶'에 대해서 생각해야 한다는 것입니다.

• •질문: 우리나라 영화는 계획대로 딱 안되는 게 현실이라 했는데 그 원인이 무엇이라고 생각하나요?

그것에 대해서 만약에 정확한 답을 갖고 있다면 뭔가 해결이 됐겠죠. 어쨌든 제가 생각하는 정도에서 말씀을 드린다면 많은 문제들이 있어요 단 하나의 문제로 지적될 수 없는 다양한 문제들이 서로 악순환하고 있는데,

일단 역사의 단절이라는 부분이 굉장히 커요. 예전 분들이 계속해서 영화를 만들고 새로 올라온 사람들이 그 역할들을 대신하게 되고 그러면서 세대교체가 되는 그런 과정이 아니었고, 단절되어버렸어요. 과거의 시스템과 노하우와 경험, 이런 게 어느 순간 단절되고, 아까도 말했던 1980년대 전후의 세대들이 영화판에 들어오면서 완전히 독자적인 영역을 구축해버린 거예요. 물론 거기엔 대자본의 힘이 컸던 거고요.

임권택 감독님 정도가 지속적으로 해오신 분들이고 나머지 분들 중에 누가 있어요? 할리우드 영화를 보면 노인네 역을 하는 배우는 예전에도 영화 했던 배우죠. 근데 요즘 한국에서 노인네 역을 하는 배우들은 다 탤런트들이에요. 신구 씨라든가 뭐 이런 분들이에요. 신영균이든 남궁원이든 이런 사람들은 영화 안 하잖아요. 물론 동시녹음이 안 돼서 안 하는 분들도 있어요. 엄앵란 씨한테 갔더니 후시녹음을 하면 영화를 찍을 수 있지만 동시녹음을 하면 못 한다고 얘기하시더군요. 배우도 그렇지만 모든 부분에서 단절이었어요. 그게 첫번째 이유예요.

그리고 두번째 이유는 아까도 말한 대로 재생산할 수 있는 기본적인 물적 토대가 안 갖춰져 있기 때문이에요. 임금 문제를 예로 들면 500만 원 받고는 안 되잖아요. 젊었을 때 한때 영화가 너무너무 좋아서 시작했을 때는 500만 원 아니라 뭐 얼마를 줘도 할 수 있었지만 30대를 넘어가는 시기, 결혼을 막 앞두는 시기, 그때가 되면 그만두게 돼요. 기본적으로는 이런 물적인 토대의 문제, 이게 가장 기본적인 문제인 거고, 아까 말했던 단절의 문제들도 있는 거고, 그 밖에 또 다른 문제들이 있겠죠.

또 할리우드는 프로듀서가 가지고 있는 파워가 굉장히 커요. 왜냐하면 할리우드의 예산은 장난이 아니잖아요. 엄청난 예산을 들이니까 감독의 주장이 통제가 되어야 해요. 그럴 필요성이 있어요. 상업적인 측면이 훨씬 더 중요해지고 워낙 예산이 크니까요. 그런데 우리나라 영화는 아무리 커도 물론 100억대도 간혹 있었지만, 대부분은 평균 제작비가 20몇 억이거든요. 워낙 사이즈가 작다 보니까 감독에 의존하는 부분이 많아지는 거고 감독에 의존하는 부분이 많다 보니까 감독의 성향에 따라 달라져요. 요즘엔 그런 감독 없겠지만 예전에는 감독들이 현장 나가서 막 신경질을 부리는 경우가 많았어요. 짜증을 내고 신경질 내고 말이죠. 소품으로 테이블 위에 물컵을 준비했는데 물컵 색깔이 마음에 안 든다고 안 찍어요. 그건 그럴 수 있는데, 대부분의 경우는 준비가 안 되어 있기 때문에 그런 거예요. 이걸 어떻게 찍을지 아직 생각을 안 한 거예요. 예컨대 카메라를 어디에 두느냐가 달라지면 그걸로 끝나는 게 아니라 전부 세팅이 바뀌어야 하잖아요. 폴란드에 있는 어느 유명한 감독이 영화학과 수업을 하는데 첫 강의가 그거였어요. 감독이 이 물컵을 여기서 저기로 옮길 때는 모든 스태프에게 이걸 설득할 수 있어야 된다는 거였어요. 이건 시간과 돈의 문제이기 때문이죠. 단지 사물이 움직이는 게 아니라 뒤의 배경이 다 달라져야 해요. 세팅을 다 다시 해야 되죠. 조명도 다시 맞추고 그런 일들이 너무 많아요. 처음에 콘티 잡으면 미리 약속을 하고 다 계획해서 해야 하는데 그러지 않고 가는 경우가 굉장히 많아요.

어떤 감독이 호주에 가서 영화를 찍을 때 있었던 일화예요. 호주에 가서 호주 스태프들하고 찍었어요. 그런데 특수효과팀이 우리나라 감독한테 질문을 했어요. 총싸움 장면이 있는데, "여기서 박중훈이 총을 몇 발을 쏘느냐?"라고 감독한테 질문을 했어요. 그 감독이 당황한 거예요. 한국에서는 한 번도 들어보지 못한 질문이에요. 그런데 생각을 해봐요. 총을 '빵! 빵!' 쏘는 것하고 '따따따따' 쏘는 것하고, 돈이 다르고 시간이 다르고 준비해야 할 것들이 다 달라지잖아요. 총 쏘면 총 쏘는 것만 있어요? 총이 벽에 박혀서 튀는 장면들 이것도 다 해야 될 거 아니에요. 감독이 어떻게 결정하느냐에 따라 굉장히 달라지거든요. 한국에선 그게 없었어요. 그러니까 18억에 예상했던 영화가 80억이 되기도 하고 그러는 거죠. <성냥팔이 소녀의 재림> 예산이 35억이었어요. 그런데 100억이 넘어버렸죠. 돈을 어디에 썼는지 잘 안 보여요. 도대체 이 영화에 왜 100억이나 썼을까 할 정도죠.

감독들도 감독들대로 할 말이 있어요. 전문화되지 못한 스태프들에 대한 불만이죠. 투자사나 영화사 쪽 입장에서는 "너희들이 전문화되지도 않았는데 무슨 돈부터 얘기하느냐?" 이런 얘기도 해요. 또 스태프 입장에서는 "아니, 급료가 모자란데 어떻게 이걸 직업으로 살아갈 수 있느냐?

직업으로 살아갈 수 없는데 무슨 전문성을 요구하느냐?"라는 얘기가 나오는 거고 ……. 거기에 딜레마가 있어요.

요즘 투자 상황이 어려워지고 있어요. 2002년에 <예스터데이>라든가 <성냥팔이 소녀의 재림>이라든가 <아유레디> 등 돈을 엄청 들인 영화들이 다 망했잖아요. 그게 오히려 지금 굉장한 자극이 되고 있어요. 전체 한국영화 예산이 줄어들었어요. 사실 절약할 수 있는 부분들이 많아요. 그런 부분들이 많이 절약되고 그러다 보니까 수익률이 높아질 수 있죠. 그게 자칫 인건비를 깎는 쪽으로 가면 또 악순환이 되는 거지만요. 실제로 영화를 제작하면서 돈을 많이 쓰는 건 문제가 안 돼요. 문제는 그 쓴 돈이 영화 화면에 보여지느냐, 안 보여지느냐 하는 거지요. 예를 들어 시나리오에 애당초 없던 장면을 찍자고 감독이 우기잖아요? 그거 찍으면 꼭 잘라내요. 없었던 장면 찍자고 우겨서 찍었는데, 나중에 보면 편집할 때 다 잘라내요. 그런 경우가 아주 많아요. 어떤 영화 타이틀을 보면 배우 누구 나왔다고 그러는데 영화 속에선 안 나와요. 단역들은 다 드러냈으니까요.

••질문: 기획팀하고 시나리오 작가, 감독의 역할에 대해서 감이 잘 안 와요. 만약 구별되는 것이라면 감독이나 시나리오 작가, 기획은 차이가 있을 것 같은데 그 접점을 어떻게 찾나요?

기획이라는 부분이 전문화되기 시작한 건 불과 얼마 안 되었어요. 예전에는 감독이 작품을 들고 오거나 시나리오 작가가 작품을 들고 오면 그게 기획된 거죠. 그런 점에서 기획이라는 별도의 영역이 존재하지 않았는데, 1990년대 오면서 그런 부분들이 새롭게 들어오게 된 거예요. 저처럼 연출할 능력은 없고, 그렇다고 시나리오를 쓸 능력도 없지만 뭔가 하고 싶은 많은 사람들이 자기 영역들을 만들기 시작했어요. 그게 어떤 점에서는 합리적인 부분들이 있어요. 왜냐하면 그 영역에서 전문화되어 있기 때문에, 예를 들자면 감독이나 시나리오 작가가 못 하는 부분, 컨트롤 못 하는 부분이 있거든요. 원론적으로 얘기했을 때, 예를 들어서 아무래도 작품 중심으로 가다 보면 이럴 수 있죠. 차가 달려가면서 들이박는다. 한 대,

두 대, 세 대, 네 대, 이렇게 쓰면 시나리오 쓰는 사람이야 굉장히 쉽죠. 그런데 돈을 대는 입장에서 보면 차 네 대 부서지는 거랑 한 대 부서지는 거는 다르거든요. 또 시나리오에서 이렇게 표현할 수 있어요. "수십 대의 차가 폭발했다." 그런데 수십 대의 차를 폭파시키려면 그게 다 돈이잖아요. 연출하고 싶은 부분들, 표현하고 싶은 부분들을 영화의 전체적인 예산 규모에 맞게 표현할 수 있는 방법이 무엇일까 같이 고민하는 거죠. 물론 기획은 아이템 개발부터 이루어지겠죠. 어떤 영화가 장르는 뭐고, 어떤 얘기이고, 소재는 뭐고, 이런 것. 그 중에서도 상업적인 영역, 예산에 대한 부분은 기획 혹은 프로듀서가 좀더 고민을 할 수밖에 없죠. 돈을 집행하고 관리하는 사람이니까요. 그리고 남의 돈 받고 쓰는 사람이야 이왕이면 거기에 구애 안 받고 마음대로 쓰고 싶죠. 어느 정도 서로 그런 긴장이 있어야 적절한 조화를 이뤄내지요. 예를 들어서 프로듀서가 너무 일방적으로 "여기서 차가 뭐 하러 부서져? 그냥 오토바이 부셔! 오토바이도 비싸다. 자전거로 부셔!" 하게 된다면 영화는 망가지는 거죠. 그런 점에서 감독과 프로듀서가 차이가 있지만 기본적으로 같이 고민해야 돼요. 특히 우리나라 같은 조건 속에서는 연출도 기획을 고민해야 되고, 또 기획 쪽에서도 연출 배려를 해야 되고 서로 그렇게 조화를 이뤄내야 되는 거죠.

• •질문: 프로듀서가 생각하는 좋은 연출자의 자질은 어떤 걸까요?

돈 적게 쓰고, 좋은 영화 만들면 훌륭한 감독이 아닐까요? 글쎄 잘 모르겠어요. 그걸 알았으면 내가 연출할 것 같은데 ……. 그동안 해왔던 감독들을 보면 그런 게 있는 것 같아요. <고양이를 부탁해>를 만들었던 정재은 감독 같은 경우는 저랑 굉장히 많이 싸운 감독이에요. 영화 재개봉에 대한 것도 서로 의견이 달랐고 수없이 많이 싸웠는데, 한 가지 보고 배운 건 있어요. 정말 놀라울 정도로 준비를 많이 한다는 거였어요. 정재은 감독은 그 영화를 만들기 위해서 몇 백 명 정도의 사람과 인터뷰를 했고, 영화에 전혀 안 나왔지만 인천과 관련된 자료, 혹은 상업고등학교 아이들, 고양이에 관련된 온갖 자료를 정말 많이 모았어요. 저렇게까지 할 필요가 있을까 싶을 정도로 많이 모으고 준비를 하는데 결국 그런 것들이 영화속 장면 소품 하나하나에까지 드러난다는 거죠. 그런 점들이 굉장히 놀라웠던 점이에요. 영화 한 편을 보고선 그 감독의 모든 것을 평가할 수는 없어요. 소설가도 마찬가지일 거예요. 모든 장르의 예술가도 마찬가지인데, 달랑 한 편 만든 걸 갖고 그 사람의 능력이 있느냐 없느냐를 판단할 수는 없죠. 문제는 그 사람이 얼마만큼 노력을 하고 있느냐 하는 문제겠지요. 뭐 어떤 감독은 이런 능력이 있고, 또 어떤 감독은 다른 능력이 있으니까요.

오연호

1964년생이며 지리산 기슭에서 태어났다. 소설을 쓰고 싶어 연세대학교 국문과에 입학했으나 당시 시대 상황은 그에게 유인물을 작성하고 대자보를 쓰게 했다. 월간 ≪말≫ 기자로 활약하면서 그는 특히 미국 문제에 관해 심층적인 여러 편의 기사를 쓴 바 있다. 미국 리전트 대학에서 저널리즘 석사과정을 공부하면서 ≪말≫지 워싱턴 특파원으로 활약하기도 했다. 그는 『식민지의 아들에게』(1989), 『더 이상 우리를 슬프게 하지 말라』(1990), 『실록소설 살아나는 임진강』(1992), 『우리 현대사의 숨은 그림 찾기』(1994), 『한국이 미국에게 당할 수밖에 없는 이유』(1998), 『노근리 그 후』(1999) 등 여러 권의 책을 썼다. 2000년 최초의 본격 인터넷 신문 ≪오마이뉴스≫를 창간해 가장 영향력 있는 매체의 하나로 키워냈다.

여러분들이 인터넷 신문의 특성에 대해서는 많은 공부를 하셨으리라 생각하는데, 오늘은 사회 진출을 앞두고 있는 학생들에게 한국 언론 사회가 어떤 지형으로 변화하고 있는지 말씀드리고자 합니다. ≪오마이뉴스≫ 사례를 중심으로 이것을 창간하게 된 과정과, 그 이후에 느꼈던 것들, 그리고 새로운 단계로 도약하면서 느꼈던 것들에 대해서 말씀드리겠습니다.

여러분은 신방과 학생들이 대부분일 테니까 '내가 언론계에 진출해야겠는데 어디로 갈까?' 하고 고민을 많이 하실 겁니다. 그런데 저는 여러분과는 달리 대학교 4학년 때 그런 고민을 아예 안 해도 되는 편한 시대에 살았습니다. 왜냐하면 당시에는 '내가 사회에 어떻게 진출할까?' 하는 것을 고민하던 시대가 아니었습니다. 전두환 독재정권 시절이던 당시, 저는 전두환 독재정권에 맞서 싸우는 학생회 간부였습니다. 그래서 저는 소설을 쓰기 위해 국문학과에 들어갔지만 대학생활 4년 내내 쓰라는 소설은 안 쓰고 유인물만 썼죠. 그때 유인물이라는 것은 요즘 유인물과 달라서 쓴 사람이 발각되면 당장 감옥에 가야 됐거든요. 그렇기 때문에 거의 목숨을 내놓고 쓰는 유인물이라고 할 수 있죠. 그래서 더욱더 한 줄 한 줄 쓰는 것이 절절할 수밖에 없었습니다. 이 유인물이라는 것은 독자 타깃이 분명했습니다. 어떻게 하면 우리의 주장을 학생들에게 잘 보여줄 수 있을까를 생각해야 했죠. 저는 연세대학교를 나왔는데 연세대학교에는 한가운데에 통로가 나 있습니다. '백양로'라고 하는데, 그 길을 올라가는 동안 중간에 쓰레기통이 한 10개 정도가 있습니다. 우리가 교문에서 유인물을 나눠주면 학생들이 유인물을 강의실까지 들고 가서 애지중지 읽어야 되는데, 대부분 중간에 있는 쓰레기통에 버리고 마는 겁니다. 그래서 제 고민은 '어떻게 하면 학생들이 끝까지 읽을 수 있는 유인물을 만들 수 있을까?' 하는 거였죠. 아마 누군가가 대한민국 유인물 변천사를 연구한다면 제가 학교 다닐 때 쓴 유인물을 연구하면 좋은 자료가 될 것입니다. 저는 거기에다가 만화도 그려넣고 도표도 사용해가면서 어떻게 하면 내가 정말 쓰고 싶은 것, 내 주장을 잘 쓸 수 있을지를 생각하면서 썼죠. 좌우간 그때 유인물의 현대화랍시고 고등학생을 대상으로 한 유인물을 쓰기도 했어요. 고등학생

대상이니까 유인물이 아니고 연애편지 수준으로 아주 살살 다가서게 썼어요. 결국 이것이 사건이 돼 제가 감옥에 가게 됐습니다. 일명 연애편지사건이라고 하죠.

또 다른 경험이 있다면, 중학교 2학년 때 저보다 9살 많은 여자 선생님이 있었습니다. 저는 그 연상의 여자 선생님을 짝사랑해서 거의 2년에 걸쳐 한 300통 정도의 편지를 썼어요. 이것도 물론 누가 시켜서 쓴 것이 아니지 않습니까? 저는 어떻게 하면 저 선생님을 감동시킬 수 있을지를 밤을 새면서 고민했죠. 그러면서 글 쓰는 연습을 많이 했던 것 같아요.

세계관이 맞는 매체를 선택해야

저는 처음에 소설가가 되려고 학교에 갔습니다. 소설이란 기본적으로 현실을 바탕으로 한 허구의 세계잖아요. 저는 대학 생활 4년 동안 위에서 말한 그러한 과정을 거치면서 생각했습니다. '이런 허구의 세계를 만드는 것보다 있는 사실 그대로를 보여주는 게 먼저 필요하겠구나'라고 말이죠. 그래서 '기자가 되어야겠다'고 생각한 거죠. 그런데 내가 왜 여러분처럼 진로에 대해 고민을 안 했는가 하면, 나는 국가보안법 위반자였기 때문에 어느 신문사에 기자로 가야 될지를 전혀 고민할 필요가 없었어요. 내가 갈 수 있는 데는 유일하게 딱 한 군데밖에 없었어요. 감옥 갔다 온 사람도 갈 수 있는 곳, 그게 바로 월간 ≪말≫지였어요. 그래서 감옥에서 1년간 있다가 나와서 ≪말≫지를 찾아갔더니 마침 잘 왔다면서 며칠 후에 시험을 보니까 응시를 하라고 하더군요. 네 명이 입사시험을 봤는데 문제가 "1987년 대통령 선거 결과에 대해서 논하라"였어요. 그래서 저는 제가 유인물 쓰던 경험을 살려 열심히 썼죠. 그리고는 나중에 합격이래서 갔더니 네 명이 다 와 있더라고요. 100% 합격률인 셈이죠. 이제 거의 십 몇 년이 지났는데 네 명 가운데 언론계에 남아 있는 사람은 저 혼자입니다. 진정한 합격자는 저 혼자인 셈이죠. 나머지 사람들은 한 3년 있다가 아줌마로 전환하고, 또 어떤 사람은 지금 코오롱 홍보실에 있고, 또 어떤 사람은 디딤돌이라는 학습지 회사 총무로 가 있고, 뭐 이렇게 지금 변해 있습니다.

앞에서 말했듯이 제 진로는 굉장
히 간단했는데 여러분은 굉장히 복
잡합니다. 저처럼 감옥도 안 갔고,
또 지금은 매체도 굉장히 다양하지
않습니까? 인터넷 매체도 있고, 월
간지, 주간지, 종이 신문도 있고, ≪딴
지일보≫[1]나, ≪오마이뉴스≫처럼
자기가 직접 만들 수도 있습니다.

미국 언론사의 경우를 보면, 언론사에 획을 긋는 새로운 언론인이 막
나타나지 않습니까? 그런 걸 보면 대부분 스물다섯, 스물일곱, 이런 젊은
사람들이 일을 저질렀어요. 여러분들도 조금만 있으면 이 나이대가 되기
때문에 여러분이라고 해서 그런 일을 못 저지르란 법이 없는 거죠. 다시
말하면, 굉장히 다양한 선택을 앞에 두고 있다는 것이 여러분과 저의
차이점입니다. 그리고 또 하나의 차이점이 뭐냐 하면, 제가 대학 다닐
때는 자신의 실력을 발휘할 수 있는 공간이 거의 없었어요. 유일하게
있었던 것이 학보사입니다. 학보사에 투고해서 자기 실력을 한번씩 드러내
보이는 그런 거죠. 반면 여러분들은 대학에 다니고 있으면서도 각종 인터넷
신문사 같은데 시민 기자로 등록해서 활동할 수도 있죠. 또 ≪한겨레≫나
≪중앙일보≫ 같은 데서 리포터로 활동할 수도 있어요. 그 밖에 또 어떤
사람은 홈페이지를 만들어서 자기 홈페이지에다가 기사 같은 걸 실을
수도 있게 해놨죠. 여러분들은 대학을 졸업하기 전에 자기가 스스로를
드러내는 데 굉장히 좋은 시대에 살고 있는 거죠.

아무튼 저는 월간지 기자가 됐어요. 그런데 여러분들이 매체를 선정하는
과정에서 굉장히 중요한 것이 그 매체와 궁합이 맞아야 돼요. 제가 ≪말≫
지에 다녔던 것을 지금도 굉장히 보람으로 생각하고, 자랑스럽게 얘기합니

---

1 정치·사회·문화적 이슈를 엽기와 풍자를 통해 다루는 인터넷 신문으로, 현
  딴지그룹 총수 김어준 씨가 ≪조선일보≫ 인터넷 홈페이지의 패러디 사이트를
  만든 것이 ≪딴지일보≫의 시작이다. 비틀고 풍자하는 패러디를 다루는 ≪딴지일
  보≫는 현재 독자적인 영역을 구축하고 있다.

다. 저는 《말》지에 1988년에 들어가서, 20세기의 마지막 날인 1999년 12월 31일 사표를 냈습니다. 그런데 제가 말씀드리고 싶은 것은 그 십 몇 년간 《말》지에 개근을 했다는 것입니다. 여기서 개근이란, 《말》지 매호마다 내 이름이 있었다는 거죠. 그런데 개근이 그냥 개근이 아니라 제가 썼던 기사의 약 95% 정도는 제가 직접 기획한 것입니다. 선배들이나 데스크가 "야, 너 이거 한번 써봐라" 이런 게 아니라 내가 직접 기획한 기사라는 거죠. 만약에 내가 《말》지 기자가 아니라 조갑제 씨가 대표로 있는 《월간조선》의 기자였다면, 제가 기획한 것이 채택되지 않았을 것도 상당히 많습니다. 또 잡지사에서 기획한 내용을 내가 도저히 쓸 수 없는 경우도 많았겠죠. 내가 《월간조선》 기자였다면 "지금도 땅굴 파는 소리가 들린다", "지금도 땅굴 파고 있는 사람들" 이런 것들을 가지고 기사를 써야 했을 텐데 그게 됐겠습니까? 서로의 세계관이 다르다는 거죠.

저는 기자생활 7년간 주로 한·미 관계를 다뤘습니다. 예를 들어 미군기지촌, 용산 미군기지 같은 문제들이죠. 1988년 6월에 우리나라의 수도, 서울 한복판에 있는 용산 미군기지에 대해서 대한민국 기자로는 처음으로 현장 르포로 취재한 사람이 바로 저였습니다. 굉장히 희한한 일이죠 미군기지가 서울에 수십 년간 있었는데 그간 도대체 어떤 언론도 용산 미군기지에 대해서 다룬 적이 없었어요. 그럼 왜 내가 1988년에 그걸 다뤘느냐? 1988년에 뭐가 있었습니까? 올림픽이었죠. 올림픽이 되어서야 세계적 축제인 올림픽을 개최하는 나라 수도 한복판에 외국군이 주둔하는 게 말이 되느냐 하는 문제의식을 가지고 접근한 거죠 그때는 때가 때인지라 잘 먹혀들어갔어요 심지어는 그 당시에 《선데이서울》에서도 "올림픽을 개최하는 나라 수도 한복판에 외국군이 있는 건 부끄럽다" 이런 식으로 나왔죠. 좌우간 저는 이렇게 주로 주한미군 문제에 대해서 다뤘어요. 제가 이런 얘기를 하는 것은 여러분들이 매체를 선택할 때 중요한 것이 매체와 자신의 궁합이 맞아야 된다는 걸 말씀드리기 위해서입니다.

'모든 시민은 기자다'라는 모토로

여러분 저는 월간지 기자였잖아요. 월간지 기자가 뭡니까? 한 달에 한 번만 발언할 수 있는 것이 월간지 기자입니다. 한 달에 두 번 발언할 수가 없어요. 일간지 기자들은 매일매일 총싸움을 하는데, 월간지 기자는 한 달 내내 포탄을 만들어요. 그런 다음에 그 포탄을 쏘는 거죠. 이 포탄이라는 것이 좋은 주제를 선정해서 잘만 쏘면 정말 엄청난 위력을 발휘할 수가 있는 거죠. 그렇게 매월 포탄을 쏴오다 1994~1995년 어느 순간부턴가 사회와의 불일치를 느꼈어요. 왜냐하면 우리 사회의 리듬이 굉장히 빨라지는데, 월간지 기자이다 보니까 아무리 정조준을 해서 어떤 사람을 쏴도 잘 맞질 않아요. 여러분 월간지가 원고 마감 후에 인쇄해서 독자에게 전달되기까지가 한 일주일 정도 걸립니다. 그럼 그 일주일 사이에 내가 조준했던 사람은 저쪽으로 도망가버려요. 그럼 결국 엉뚱한 사람이 와서 맞아버리는 거죠. 내가 겨냥했던 주제가 기사를 쓸 때는 한참 이 사회에 공론화될 것이라 생각했는데 막상 발행되고 보니까 전혀 다른 주제가 되어버리는 거죠. 예를 들어서 '노무현 대통령 후보가 당선될까, 아니면 누가 당선될까' 그랬던 문제가 책이 발행되고 나면, 벌써 노무현 후보가 당선돼서 '누가 인수위를 할까' 뭐 이렇게 바뀌어버리는 거죠. 그래서 저는 '월간지라는 것이 기본적으로 한계를 가지고 있구나. 이 한계를 현대화시켜야 되겠다'라는 생각을 하고 있었습니다. 그러다 1995년에 일을 저지르게 됐죠. 어떤 식으로 일을 저질렀냐 하면 월간 ≪말≫지 워싱턴 특파원이란 것을 만들어 미국으로 떠났습니다. 이때 제 아내는 저한테 '빛도 안 좋은 개살구'라고 했습니다. 왜냐하면 그 당시 자칭 워싱턴 특파원이라는 제 월급이 10만 원에 성과급 조금이 전부였어요.

그렇게 생활하면서 미국에서 제가 배웠던 것 중 하나가 '매체창간론'이었습니다. 처음부터 이것을 배우려고 했던 건 아니고, 우연히 공부를 하게 됐는데, 이때 숙제 중 하나가 "당신이 매체를 창간한다면 어떤 컨셉의 매체를 창간하겠는가?"였어요. 아마 여러분들 중에도 '이 땅에 존재하는 모든 매체가 내 마음에 안 든다. 내가 새로운 매체를 창간해야 되겠다'라고 생각하는 사람도 있을 것입니다. 그때 제가 얘기했던 것이 바로 '모든 시민은 기자다'라는 컨셉트의 매체였습니다. 이 컨셉트는 지금 ≪오마이뉴스≫를 설명하는 모든 것이고, 제가 지금까지 언론 활동을 하면서 가지고 있는 모든 것이기도 합니다. 1995년만 하더라도 아직 인터넷이 본격화되지 않아서 어떻게 이것을 설명해야 할지 생각을 많이 했어요. 그런데 '모든 시민은 기자다'라는 컨셉트가 지금 ≪오마이뉴스≫의 창간 정신이 되었고, 이런 이유에서 여러분들은 혹시나 '오연호'라는 사람이 ≪오마이뉴스≫를 만들기 위해서 이런 모토를 생산해낸 거구나라고 생각할지도 모릅니다. 그러나 사실 전혀 그렇지가 않아요. 저는 1989년에 ≪말≫지에서 기자생활을 하면서부터 '모든 시민은 기자다'라는 것을 나의 모토로 삼았습니다.

기자에게 필요한 덕목은 당당함과 겸손함

≪말≫지 시절, 이 모토를 나의 기자 철학으로 삼을 수밖에 없었던 두 가지 이유가 있습니다. 하나는 당당함을 위한 것이었고, 또 하나는 겸손함을 위한 것이었어요. 당당함이란 것은 무엇이냐 하면, 취재현장을 가도 ≪말≫지 기자는 기자로 쳐주질 않습니다. 그러니까 '접근불허', 뭐 그런 거죠. 예를 들어 대통령 선거 같은 경우에 연단 위에 올라갈 수 있는 기자 인원이 제한되어 있지 않습니까? 거기서 "월간 ≪말≫지 기자입니다" 그러면 "경마 잡지? 새마을 잡지?" 이런 식으로 알면서도 모르는 척하는 사람들이 있기 때문에 나는 항상 당당해야 했어요. 왜 당당해야 하는가? 모든 시민은 기자이기 때문이죠. 내가 ≪말≫지 기자이든 학보사 기자이든 KBS 기자이든 상관없다는 거죠. 이런 철학으로 지금 ≪오마이뉴스≫ 기자들이 구성되어 있는데, 한번은 이런 사례가 있었어요. ≪오마이뉴스≫가 창간된 지 2개월밖에 안됐을 때였습니다. 당시 문화관광부 장관이 정부청사에서 남북정상회담이 성사되었다는 긴급 기자회견을 하겠다 한 거죠. TV 3사가 다 생중계를 할 정도의 중대발표였어요. 그래서 우리도 질문을 준비해서 기자를 보냈어요. 어떤 질문이었는가 하면 "4·13 총선을 불과 3일 앞둔, 국내 정치가 민감할 때 왜 하필 지금 시점에서 발표하는가?

국내 정치에 이용하려는 것이 아닌가?"였죠. 제법 날카로운 질문이죠? 그리고 저는 사무실에서 생방송으로 기자회견을 보고 있었습니다. 그런데 글쎄 KBS 기자가 우리가 준비해간 질문을 해버린 겁니다. 완전히 허를 찔린 거죠. 다른 사람도 아닌 KBS 기자가 말입니다. 박지원 장관이 KBS 기자의 질문에 뭐라고 답했냐 하면 "우리 쪽에서는 총선이 있으니까 조금 기다렸다 발표를 하려고 했는데, 북한에서 민족의 대역사이기 때문에 하루빨리 발표하자고 했다" 이렇게 답했습니다. 그래서 제가 핸드폰으로 전화를 했죠. 그러면 역 질문을 해라. 뭐냐하면 "북한에서 그렇게 하루빨리 하자고 했을 때 그래도 나중에 합시다. 오해를 살 수 있습니다. 이렇게 역제안을 할 수도 있지 않았습니까?"라는 질문이었습니다. 한 열두 번째로 ≪오마이뉴스≫ 기자의 이 질문이 공중파 방송을 타고 전국에 생방송된 것입니다. 대단했죠. 기자란 이런 당당함이 있어야 됩니다. 학보사 기자가 자기 개인 취미로, 또는 개인적인 관심사로 그 뉴스의 현장에 가 있는 것이 아니지 않습니까? 그 현장에 가 있는 건 이 학보를 보는 성공회대 학생 몇 천 명, 혹은 몇 만 명의 눈을 의탁 받아서 가 있는 것입니다. 그렇기 때문에 당당해야만 합니다.

'모든 시민은 기자다'라는 의미는 정반대로 겸손함을 요구합니다. 왜냐 하면 월간 ≪말≫지 기자였음에도 불구하고 기자라는 이유만으로 대접받 을 때가 생깁니다. 또한 기사를 쓸 때, 기자라는 존재로부터 오는 어떤 오만 같은 것이 있습니다. 어떤 기자가 정세분석에 관한 기사를 쓰면서 마지막에 '그러나 나의 정세분석에는 명백한 한계가 있다'고 쓰면 되겠어 요? 기자란 자기가 정한 정세분석이 가장 옳은 것처럼 써야 되는 사람입니 다. 그렇기 때문에 우쭐할 수밖에 없습니다. 그러나 당신이 ≪말≫지 기자 든 ≪한겨레≫ 기자든 어떤 기자든, 모든 시민은 기자이기 때문에 전혀 우쭐할 필요가 없다는 겸손함이 필요합니다. 기자란 당당함, 겸손함 이 두 가지를 함께 가져야 돼요.

어디에도 정해진 '표준'은 없다

어떤 매체가 성공하려면 가장 중요한 것이 그 매체를 책임질 수 있는 컨셉트입니다. 우리는 그 컨셉트를 '모든 시민은 기자다'로 정한 거죠. ≪오마이뉴스≫가 정의하는 기자는 '새로운 소식을 가지고 있고, 그 새로운 소식을 남에게 전하고 싶어 하는 건전한 시민'입니다. 또한 '매체창간론'의 요건 중 하나는, 그 매체가 사람들한테 이 세상에 존재하는 유일한 매체로 인식되어야 한다는 것입니다. 그래야만 그 매체는 성공할 수 있어요. 여러분들 다닌 학교의 동창회 사이트가 왜 성공한 줄 아십니까? 당시 세상에 존재하는 유일한 매체였기 때문입니다. 그래서 저는, 제가 택한 컨셉트를 봤을 때 과연 성공할 수 있을지 굉장히 걱정했어요. 그러다가 제가 찾아가 만난 분이 바로 자기를 총수라고 부르는 ≪딴지일보≫의 김어준 씨였습니다. 당시 ≪딴지일보≫는 거의 독보적 위치를 차지하고 있었죠. 그래서 그분한테 제가 택한 컨셉트를 얘기하면서 인터넷 매체를 만들고 싶은데 제호를 하나 만들어달라고 부탁했어요. 한참 고민하더니 하는 얘기가 "오연호 기자는 ≪말≫지에 있을 때 심층취재를 잘했으니까 모든 것에 대해서 취재를 아주 심층적으로 해주면 차별성을 가질 것이다"라며 지어준 게 "뽕을 빼주마! 하나부터 열까지 뽕을 빼주마!"였습니다. 그런데 아무리 생각을 해봐도 아니란 생각이 들었어요. ≪오마이뉴스≫는 ≪딴지일보≫처럼 패러디 뉴스를 가지고 싸우는 게 아니라 진짜 뉴스를 가지고 싸워야 되는 거잖아요.

그리고 저는 ≪오마이뉴스≫의 성공을 가늠할 요인 가운데 하나가 '모든 시민이 기자다'라는 컨셉트에 맞게 모든 시민이 참여하는 것이라고 생각한 거죠. 그러다 ≪오마이뉴스≫를 창간하면서 일부러 약 일 년간은 언론계의 선수들을 등용시키지 않았습니다. 그랬더니 선수들이 먼저 찾아와요. 만약 제가 그동안 언론계에 있으면서 맺은 인연으로 따지면 "≪오마이뉴스≫가 창간됐습니다. 원고를 하나 써주십시오"라고 해야 했을 테고 그러면 당연히 써줬겠죠. 안 써줬겠어요? 그러나 우리의 전략은 그게 아니었습니다. 우리는 이름도 없는 동네 아주머니에게 일 면 머리기사를 쓰게 했죠.

왜 그랬느냐 하면, ≪딴지일보≫ 김어준 씨가 또 하나 가르쳐준 것이 "그 사이트가 성공하기 위해서는 광고비를 전혀 쓰지 않고도 자연적으로 입에서 입으로 홍보가 되는

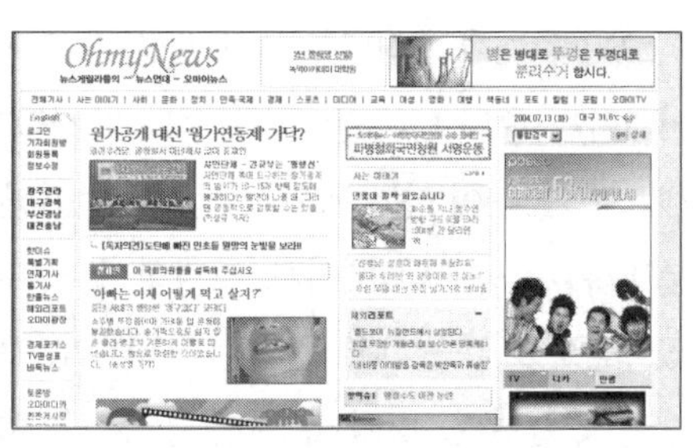

사이트여야만 된다"는 말씀이었는데, 제 머리 속에 딱 들어온 거죠. 동네 아줌마가 쓴 기사가 ≪오마이뉴스≫ 톱기사에 오르면 이 아줌마가 저절로 홍보요원이 됩니다. 일단 자기 남편한테, 자기 친구들한테, 자기 딸한테 자동적으로 이렇게 홍보요원이 되는 거죠. 그렇게 되면 덩달아 ≪오마이뉴스≫도 자연히 입에서 입으로 전달되는 것입니다.

≪오마이뉴스≫는 이제 '모든 시민은 기자다'란 컨셉트를 실질적으로 구현하고 있습니다. 그야말로 모든 시민을 참여하게 한 거죠. 그래서 그 사람들이 현재 2만 4,000명이나 됩니다. 물론 2만 4,000명이 다 기사를 쓰는 건 아니죠. 그 중에 한 번 이상 기사를 쓴 사람은 1만 2,000명 정도 되고, 이분들이 하루에 200개 정도의 기사를 올립니다. 현재 ≪오마이뉴스≫ 내부 기자들은 30여 명 정도인데, 그 사람들이 하루에 약 30개의 기사를 씁니다. 그러니까 시민 기자들은 200개의 기사를, 내부 기자들은 30개의 기사를 쓰는 거죠. 그렇기 때문에 '모든 시민은 기자다'라는 것이 단지 구호에 그치지 않고 실질적으로 이뤄지고 있다는 것을 의미합니다. 그렇다면 이런 현상이 어떠한 현상들을 불러오느냐가 여러분들이 앞으로 언론을 볼 때 굉장히 중요한 것입니다. 무슨 얘기냐 하면 '이제 표준이 무너지고 있다'라는 거죠. 저는 권력을 이렇게 정의하고 있습니다, '권력은 스스로 표준을 만들어내는 힘이다'라고. 스스로 표준을 만들어내고, 또 그 표준을 다른 사람들에게 강제로 적용시킬 수 있는 힘이 권력인 것입니다. 예를 들어 다른 사람들에게 "이게 표준이야. 그러니까 기사는 이렇게 쓰는 거야. 이 사건은 이 정도 뉴스거리가 있으니까 너도 이 정도 뉴스거리가 있다고 생각해"라고 말하는 것이 바로 권력이라는 거죠. 이런 권력이 언론계에서는 언론권력인 것입니다.

그러나 이제 인터넷 시대가 됐고, 모든 시민이 기자가 될 수 있는 지금은 이러한 기존의 언론권력이 흔들리기 시작합니다. 인터넷 시대가 초래하는 새로운 공간이 형성됐기 때문이죠. 기본적으로 언론은 시간의 제약이 분명하죠? 공간의 제약도 분명합니다. 그러나 인터넷은 시간의 제약이 있으면서도 없습니다. 공간의 제약이 있으면서도 없습니다. 초등학교 운동장이 있습니다. 방과 후 축구를 할 수 있는 사람은 담임선생님에 의해 "너, 축구선수 해"라며 선발된 학생들만 운동장을 차지하고 축구를 할 수 있습니다. 이게 종이 신문 시절입니다. 시험을 봐서 언론사에 입사해 기자가 된 사람만이 기사를 쓸 수 있는 것이 종이 신문입니다. 그런데 '인터넷 시절'은 뭡니까? 내 맘대로 축구장을 만들 수가 있습니다. 그렇기 때문에 꼭 담임선생님이 "너, 축구선수 해"라고 선발한 학생이 아니라도 누구나 운동장을 쓸 수 있죠. 이것이 지금의 인터넷 시대입니다.

종이 신문이 없던 시절, 모든 시민이 기자였다

'모든 시민은 기자다'라는 것을 저는 제가 살던 지리산 밑의 아주 시골에서 생각해냈습니다. 제가 살던 동네는 한 50가구밖에 안 되는데, 동네에 매스미디어가 전혀 없었어요. 물론 텔레비전은 보죠. 그러나 그것은 중앙 뉴스를 전달하는 매스미디어지 동네 뉴스를 전달해주는 매스미디어는 아닙니다. 동네 뉴스를 한꺼번에 전달해주는 매체가 있다면, 그것은 이장님 집 지붕 위의 스피커가 유일한 미디어입니다. 그런데 이게 지극히 부정기적이면서도 한편으로는 기가 막히게 업데이트가 잘돼요. 이 동네뉴스의 장점으로는 첫번째, 정세와 전망을 가지고 있다는 거죠. 예를 들어 "김 씨 집 막내가 어제 선을 봤는데 그게 성사가 될 건지, 안 될 건지" 하면서 동네 아줌마들끼리 전망을 하는 거죠. 두번째는 경기 스코어, 여러분 이게 무슨 일의 스코어겠어요? "어젯밤에 누구누구 모여 화투를 쳤는데 누가 얼마를 땄고, 누가 잃었네" 이런 거죠. 그럼 여러분, 이 동네에서 기자가 누구입니까? 빨래터의 아줌마, 골목길 아저씨, 쌀가게 아저씨, 모두가 기자인 셈입니다. 이것이 바로 내가 얘기하는 시민 기자예요. 그런데 이런 똑같은 경우를 저는 감옥 안에서도 체험했어요. 제가 감옥에 들어갔던 1986년에는 감옥 안에 종이 신문도 없었지, 라디오도 없었지, 볼펜도 없었어요. 그래서 방과 방 사이에 커뮤니케이션을 어떤 식으로 했는지 아십니까? 우유를 다 마시고 우유 껍데기를 완전히 까뒤집으면 안쪽은 비닐코팅이 돼 있습니다. 거기다 나무를 날카롭게 갈아서 쓰면 요철이 일어납니다. 이런 식으로 커뮤니케이션을 했던 거예요. 이게 무슨 얘기냐 하면, 종이 신문이 없었던 시절에는 이렇게 모든 시민이 기자였다는 것입니다. 그런데 종이 신문이 생기면서 직업 기자들이 등장하기 시작했고, 시민들은 독자 혹은 제보자의 위치로 자리 정렬을 하게 됐다는 거죠. 그러다 인터넷이 생기면서 시민들의 위치가 다시 올라가게 된 거죠. 이게 쌍방향 커뮤니케이션이라고 할 수 있습니다. 그래서 ≪오마이뉴스≫의 출현은 '종이 시대 이전의 커뮤니케이션 방식, 즉 모든 시민이 기자이던 시절을 다시 복원시켜놓은 것이다'라는 의미를 갖는 것입니다.

과거 종이 신문 시절에는 기사 작성 단계에서 데스크가 수습기자가 써온 기사를 가지고 빨간 줄을 긋고, 심지어 원고를 찢어버리기도 하는 것이 편집국 분위기였어요. 그러나 이제는 공식이 무너지고 있는 거죠. 편집국 기자들의 심리도 남다르고, 나중에 평가의 관계에서도 그렇죠. 전에는 한국기자협회 같은 곳에서 '이 달의 기자상'을 받은 기자의 기사가 좋은 기사였어요. 그러나 이제는 네티즌 독자들이 독자 의견 같은 곳을 통해 먼저 평가를 하는 거죠. 이렇듯 지금 인터넷 공간의 출현으로 기존 권력이 흔들리고 있는 것입니다. 이것을 정당하게 보여준 것이 바로 지난 대선 때라고 볼 수 있습니다. 기존의 언론권력은 이른바 우리 사회에서 일어났던 노무현 현상에 대해서 '별로 뉴스 가치가 없다'라고 보면서, 반대로 이인제 씨가 주장했던 노무현 후보의 장인이 빨치산인지, 노 후보가 ≪동아일보≫ 폐간 발언을 했는지 안 했는지에 관한 것들만 머리기사로 보도를 했죠. 그러니까 정작 중요한 '노무현 현상'과 시민들의 정치참여와 같은 것에 대해서는 폄하했다는 거죠. 이것이 기존의 표준이었습니다.

그러나 ≪오마이뉴스≫와 네티즌들은 그 표준을 거부한 거죠. 우리는 이 노무현 현상을 굉장한 의미가 있다고 본 거죠. 또 한 예로, 유시민

씨가 개혁정당을 했어요. 여기에 대해서 기존 언론들은 전혀 보도하지 않았습니다. 창당과정에 대해서도 단 한 줄의 기사도 나오지 않았습니다. 그런데 그 개혁정당은 인터넷을 통해서만 만여 명이 회비를 냈죠. 이는 우리 정치 사회에서 유례가 없었던 일입니다. 똑같은 시기에 이한동 전 국무총리가 하나로국민연합이라는 것을 만들었어요. 그래서 대선에 출마한 거죠. 그랬더니 조·중·동에선 박스기사에 사진까지 곁들여서 보도를 했습니다. 이게 바로 조·중·동이 보았던 시각과 ≪오마이뉴스≫가 보았던 시각의 차이점이라고 할 수 있습니다.

정리해보면 이런 식으로 언론계의 표준이 변하고 있는데, 여러분들이 사회에 진출해 언론계에서 왕성한 활동을 할 5년 내지 10년 뒤에는 더 큰 변화가 있을 것입니다. 지금은 ≪오마이뉴스≫를 인터넷 신문이라고 부르지만 1~2년 후만 되면 더 이상 인터넷 신문이라고 부르기 힘들지도 모릅니다. 앞으로는 핸드폰으로 이런 강의를 생중계하고, 카메라도 필요 없이 나 혼자 강의하고 촬영도 해서 그 동영상을 ≪오마이뉴스≫ 홈페이지에 실시간으로 올릴 수 있는 시대가 올 것입니다. 그렇다면 그때는 '모든 시민은 기자다'가 아닌 '모든 시민은 방송국 사장이다'라는 말이 생길 시대가 될 것입니다. 결국, 지금 이런 현상이 일어나고 있는 것은 '시민의식의 성장'과 '테크놀로지의 발전' 이 두 가지가 연합돼서 이루어지고 있는 거죠. 시민의식의 성장은 지속될 수밖에 없고, 테크놀로지의 발전은 시장의 요구에 의해서도 계속 발전할 수밖에 없습니다. 옛날에 볼펜으로 기사 쓰고, 또 수정하던 시대하고는 많이 달라진 거죠. 그렇기 때문에 언론시장이 어떻게 변하고 있는지, 언론계가 어떻게 변하고 있는지, 그에 걸맞게 나는 지금 무엇을 준비해야 되는지, 이런 것에 대해서 심각하게 고민해볼 필요가 있습니다. 또 어떤 측면에서 보면 '모든 시민은 기자다'라는 것이 실현됐기 때문에 옛날의 저처럼 소설가가 될까? 기자가 될까? 이 둘 중에 어느 하나를 선택해야 되는 일도 있을 수 있어요. 여러분들 중에 어떤 사람은 '나는 선생님이 돼서 교육현장에서 ≪오마이뉴스≫ 같은 데 기사를 쓰겠다' 이렇게 생각하는 사람들도 있을 것입니다. 이것이 가능한 것은 모든 시민이 기자이기 때문이죠. 그래서 여러분들은 아주 다양한 발상을 할 수 있는 시대에 살고 있기 때문에 '내가 뭘 어떻게 해야 되는지에 대해서' 학교에 다니는 동안 충분히 고민을 하셨으면 좋겠습니다.

자발적 유료화, 그날의 긴장감

≪오마이뉴스≫는 창간되고 첫번째 달에 흑자를 냈습니다. 왜냐하면 직원이 4명밖에 없었기 때문이죠. 그 뒤로는 계속해서 직원이 늘어났어요. 페이지 수가 늘면 비례적으로 직원 수도 늘어나는 거예요. 그러면 또 시스템 관리를 할 사람이 필요해지고 이런 식이죠. 그러다 보니까 ≪오마이뉴스≫의 창간 3년 동안은 거의 채용의 역사였어요. 이현세 씨 만화 <공포의 외인구단> 처럼 한 달에 한 명씩 이상한 사람을 계속 데리고 왔어요. 그러다가 2002년 대선을 기점으로 페이지 수가 많이 올라가다 보니까 자발적 광고가 들어오기 시작했어요. 그래서 2002년 10월부터는 다시 흑자를 보고 있습니다. 우리 ≪오마이뉴스≫는 배너광고 수입이 전체 수입의 약 65%를 차지하고 있습니다. 나머지 수입은 상당히 큰 부분이 자발적 유료화입니다. 누구나 다 무료로 ≪오마이뉴스≫를 봅니다. 그리고 돈 내고 싶은 사람만 한 달에 3,000원 정도를 냅니다. 이게 자발적 유료화라는 개념입니다. 그래서 저희가 "자장면 한 그릇도 3,000원, ≪오마이뉴스≫ 한 달 보는 값도 3,000원"이라는 것을 카피로 삼았죠. 그랬더니 많은 분들이 동참해주셔서 지금은 한 달에 약 5,000만 원 정도가 걷힙니다. 굉장한 거죠? 우리가 흑자를 보기 전까지는 한 달에 2,000~3,000만 원씩 적자를 봤어요. 그런데 이 자발적 유료화가 적자를 막아준 거죠.

저는 이 아이템을 미국에서 공부할 때 얻었습니다. 미국의 공영 방송들은 자발적 유료화를 통해서 운영 자금을 충당합니다. 공영 텔레비전도 그렇고, 공영 라디오도 한 달에 한 번씩 걷힌 돈으로 방송국을 운영하는 거죠. 이것은 우리가 당장 착안하기에 좋은 컨셉트였습니다. ≪오마이뉴스≫가 처음에 이 자발적 유료화라는 것을 열어놨을 때의 그 긴장감, 저녁에 컴퓨터 모니터에 적힌 그 날의 합계액을 볼 때의 감격, 여러분은 이 감격을 잘 모르실 겁니다.

제가 《오마이뉴스》를 창간할 때, 우리 사원들한테 약속한 게 월급이나 취재 활동비 면에서는 적어도 《한겨레》보다는 많이 드리겠다고 약속했어요. 이런 약속을 한 이유가 《한겨레》가 언론계에서 '마지노선'이라고들 얘기합니다. 그래서 지금은 그 약속을 지켜나가고 있습니다. 현재 《오마이뉴스》는 연봉제입니다. 호봉제와 연봉제의 차이를 여러분들이 알고 계신지는 모르겠는데, 연봉제란 능력에 따라서 어떤 사람은 많이 받고, 또 어떤 사람은 적게 받는다는 것입니다. 그렇기 때문에 《오마이뉴스》는 연봉 비밀주의입니다. 만약 제가 오늘 한 얘기를 우리 시민 기자 중에 한 명이 《오마이뉴스》에 올리면, 어떤 기자는 '내가 상당히 많이 받고 있구나', 또 어떤 기자는 '내가 평균보다 낮게 받고 있구나' 이렇게 생각할 수 있기 때문에 철저한 연봉 비밀주의를 고수하고 있습니다.

사는 이야기가 뉴스다

《오마이뉴스》의 오프라인 판인 주간지는 온라인의 보조적 측면에서 또 하나의 주력 사업이라고도 볼 수 있어요. 인터넷을 접하지 않는 사람에게 주간지로 접근을 한다든가, 또는 우리가 어떤 기업을 찾아가서 '《오마이뉴스》에 광고 좀 하세요?' 하면 대부분 '우리는 인터넷 광고는 안 합니다'는 식으로 나옵니다. 그럴 때, '그럼 종이 신문에 광고하십시오'라고 하는 거죠. 우리 주간지는 이렇게 두 가지 무기를 하나로 접목시킨 것이라고 할 수 있죠. 우리는 주간지를 최소 인원, 네 명이 만들고 있습니다. 기본적으로 이런 종이 신문을 만들려면 최소한 30명의 스태프가 있어야 됩니다. 그러나 《오마이뉴스》는 단 네 명이 이걸 만드는 거죠. 비용대비 면에서 대단히 효과적이라고 할 수 있죠. 또한 온라인과 종이 신문의 차별화를 두기 위해 머리기사나 사진 같은 경우도 온라인에는 안 실렸던 것을 쓰고 있습니다. 이것이 가능한 이유는 우리 온라인 기자들이 다 현장에 있어서 정보공유가 되기 때문에 가능한 것입니다. 그렇지만 온라인과 오프라인을 비교할 수는 없다고 봐요. 왜냐하면 주간지는 지면의 한계가 있잖아요. 하지만 온라인에서는 정말 뉴스다운 뉴스, 기자들이나 언론인들이 뉴스라고 생각하는 것만 다루는 것이 아니라 MBC 라디오 <여성시대>에 나오는 아줌마들의 사연처럼 애절하고 잔잔한 이야기, 기쁜 이야기들, 이런 것들도 뉴스로 다룰 수 있다는 장점을 가지고 있습니다. 이렇듯 우리의 사는 이야기를 다루는 것이 ≪오마이뉴스≫의 강점 중의 하나입니다. 그래서 ≪오마이뉴스≫에는 아줌마 기자들이 많아요. 요즘은 주간지에도 가끔씩 사는 이야기를 수필형식으로 잔잔하게 쓴 기사를 싣고 있습니다.

언론권력이 바뀐다

최근 들어 ≪오마이뉴스≫가 거대해짐에 따라 '너무 많은 분야를 다루고 있지 않나'라는 지적도 있고 영향력이 강해지다 보니 '지나치게 자기주장만 펼치려는 것 아니냐'란 지적을 많이 받고 있습니다. 이런 지적에 대해 어떤 사람들은 '≪오마이뉴스≫는 더 이상 크지 말라'고 주문하는 사람도 있어요. '작은 것이 아름답다. 계속 크다 보면 골치 아파진다' 이런 거죠. 헌데 제가 왜 ≪오마이뉴스≫를 만들었느냐? 여러 가지 이유 중 하나가, 제가 언론계의 프롤레타리아였기 때문입니다. 우리 언론계에서 잃을 것이 거의 없는 월간 ≪말≫지 기자가 뭘 더 잃을 게 있었겠습니까?

제가 왜 언론계의 프롤레타리아라는 생각을 정말 처절하게 했었냐 하면, 1994년에 노근리 사건[2]을 취재하러 갔을 때예요. 여러분 이제 노근리

---

2 6·25전쟁 발발 직후인 1950년 7월 노근리의 철교 밑 터널, 속칭 쌍굴다리 속에 피신하고 있던 인근 마을 주민 수백 명을 향해 미군들이 무차별 사격을 가해 300여 명이 살해되었다.

1999년 9월 미국 AP 통신은 당시 미군이 노근리 부근에서 발견되는 민간인을 적으로 간주하라는 명령을 받았으며, 이 명령에 따라 학살사건이 발생했다고 보도했다. AP 통신의 보도는 비밀해제된 당시 군 작전명령 중에서 "그들(피난민들)을 적군으로 대하라"라는 명령의 원문(原文), 미군 제1기갑사단과 미군 육군 25사단 사령부의 명령서 등 미군의 공식문건 2건과 참전미군 병사들의 증언 등을 토대로 한 것이다.

그러나 이 사건이 외부에 처음 드러난 것은 1960년 민주당 정권 때 유족들이 미군 소청심사위원회에 소청을 제기하면서였다. 당시 미군 측은 소청을 기각하였

사건 대부분 아시죠? 제가 이걸 1994년에 취재해서 ≪말≫지에 원고지 약 100매 분량으로 부상자 명단, 그리고 사망자 명단 다 밝힌 심층기사를 썼죠. 이때 제 취재가 우리나라에서 나올 수 있는 관련 자료는 다 담은 셈이었죠. 그런데 여러분들이 뭘 알아야 될 것이 있습니다. 당시에 노근리 사건에 관여했던 미군 장병의 증언과 미국 측 입장에 관한 어떤 자료도 찾을 수가 없었어요. 제가 이것을 1994년에 다뤘을 때, ≪한겨레≫에서만 조그맣게 다뤘지 나머지 신문은 단 한 줄의 기사도 없었습니다. 내가 열심히 써서 불화살을 날렸을 때 그것이 제대로 꽂혀서 불이 활활 타올라야 되는데 이슈가 안됐습니다. 그러다 1999년에 AP 통신에서 이것을 보도했더니 ≪조선일보≫를 포함해서 KBS 등 거의 모든 언론이 난리가 났어요. 마치 새로운 뉴스인 것처럼, 마치 처음 보는 뉴스인 것처럼 말이죠. 한국 AP 지사에 기자가 세 명인가 네 명이 있습니다. 그 중 한 명이 한국인입니다. 이 AP 기자에게 노근리 사건에 관련된 자료를 준 사람이 누구였냐? 바로

고, 이 사건은 그대로 역사의 미궁 속에 묻히는 것처럼 보였다.

1994년 4월 '노근리양민학살대책위원회' 위원장 정은용이 유족들의 비극을 담은 『그대 우리의 아픔을 아는가』라는 실록 소설을 출간하면서 이 사건은 다시 일반에게 알려지게 되었다. 당시 이 책에 주목한 ≪한겨레≫는 마을 주민들을 인터뷰한 기사를 그 해 5월 4일자로 싣고, 7월 20일자에는 다시 집집마다 '떼제사'를 지내는 모습을 스케치기사로 실었다.

그 후 월간 ≪말≫지가 이 사건에 대한 본격적인 취재를 시작하여 그 해 7월호에 "6·25참전 미군의 충북 영동 양민 300여 명 학살사건"이라는 제목으로 자세한 내막을 기사화했다. 1996년 MBC는 ≪말≫지의 취재내용을 바탕으로 시사고발 프로그램에서 다시 이 사건을 재조명하였다. 그러나 이후 국내 어떤 언론도 이 사건을 주목하지 않았다. 다만 ≪말≫지가 1999년 6월호에서 "미 제1기병사단 병사들 마침내 입 열다" 제하의 기사로 다시 속보기사를 실었을 뿐이다.

1999년 말 유족들의 미국 방문을 계기로 미 육군성은 이 사건에 대한 철저한 조사와 유족들에 대한 보상문제를 한국 측과 협의할 예정임을 밝혔다. 2000년 1월 9일 미국 측 대책단장인 루이스 칼데라 미 육군성 장관과 민간전문가 7명을 포함한 18명의 미국 측 자문위원단이 내한하여 12일까지 한국 측 조사반으로부터 사건개요 및 조사상황을 청취한 뒤 충청북도 영동의 사건현장을 찾아 피해 주민들의 증언과 요구사항을 들었다(『두산대백과사전』 참조).

제가 자료를 준겁니다. 그런데 이 AP 기자가 나중에 퓰리처상[3]을 받았어요. 퓰리처상이 뭔지는 다들 아시죠? 그냥 이 달의 기자상 정도가 아닙니다.

문제는 왜 이런 현상이 일어나느냐는 거죠. 대체 뭐가 문제일까요? 아마 《말》지의 영어 버전이 있었다면 이런 현상이 일어나지 않았을 것입니다. 이러한 현상들은 기본적으로 우리의 언론 구조, 즉 언론권력의 구조가 8 대 2이기 때문에 그렇습니다. 조·중·동을 포함한 보수언론이 8이고, 진보언론이 2밖에 안 되기 때문입니다. 어쩌면 2도 많이 쳐준 건지 몰라요. 그러다 보니까 2가 아무리 "노근리 사건이 있습니다"라고 떠들어도 8이 침묵해버리면 끝인 것입니다. 보수언론이 침묵해버리면 우리 사회에서는 공론화가 안 된다는 뜻입니다. 반대로 별 공론화가 안 되도 좋을 것들, 이를테면, 노무현이 기자들 참석한 술자리에서 '《동아일보》 폐간 발언을 했느냐 안 했느냐' 이런 건 그다지 공론화될 필요가 없는 사실이죠. 저는 술자리에서 이보다 더한 발언도 많이 하는데요. 굳이 공론화시킬 필요가 없는 것들도 8이 공론화시키면 대단한 뉴스가 돼버리는 것입니다. 이런 것이 바로 우리나라 언론권력의 폭력이라는 겁니다. 그래서 저는 이것을 5 대 5로 만들어야겠다고 결심해서 《오마이뉴스》를 만든 겁니다. 그렇다면 《오마이뉴스》가 창간된 이후 지난 3년간 여러 가지 변화가 있었는데, "이 8 대 2가 과연 어느 정도로 변했느냐?"라는 질문을 받은 적이 있습니다. 저는 이 물음에 7.9 대 2.1 정도의 변화가 생겼다고 얘기했더니, 《뉴욕타임스》 기자가 《오마이뉴스》를 인터뷰하면서 "너무 겸손한 거 아닙니까?"라고 하더군요. 사실

---

3 저명한 신문인인 J. 퓰리처의 유산 100만 달러를 기금으로 하여 1917년에 창설되었다. 신문 관계는 뉴스·보도사진 등 8개 부문, 문학은 소설·연극 등 6개 부문, 음악은 1개 부문이며, 해마다 우수한 업적을 올린 사람에게 수여한다. 컬럼비아 대학교 신문학과에 선정위원회가 있으며, 1918년부터 매년 5월에 수상자가 발표된다. 상금은 1개 부분에 500달러 또는 1,000달러이다.

외부에서 볼 때는 이보다 더 많은 변화를 가지고 왔다고 생각할지도 몰라요. 그렇죠? 그런데 제가 직접 일을 해서 아는데, 우리 내부 조직이라는 것이 물리적인 측면으로 보면 '한 줌의 물 밖에 안 된다' 이거죠. 우리 ≪오마이뉴스≫의 월매출액이 2억 3,000만 원 정도인데 이게 ≪조선일보≫에선 하루치 열 페이지 광고밖에 안 된다는 겁니다. 쉽게 말하면 ≪조선일보≫ 하루치 매출액의 3분의 1도 안되는 거죠. 이런 취약한 물리적 구조 속에 있는 것입니다. 그래서 이제 막 변화하기 시작했는데 이것을 5 대 5로 만들어야만 이러한 일이 더 이상 벌어지지 않는다는 거죠. 즉 우리 사회에 민주적 공론화가 가능하게 된다는 거죠.

얼마 전에 있었던 이라크 파병에 대해 반대니 찬성이니 하는 것이 옛날 같았으면 아마 파병찬성의 입장이 상당히 컸을 것입니다. 하지만 지금은 ≪오마이뉴스≫나 네티즌을 중심으로 모두 나서서 반대 입장을 나타냈습니다. 그랬더니 찬·반의 수가 거의 비슷했어요. 이것이야말로 상당히 중요한 우리나라의 공론화 현상이죠. 그래서 저는 이런 것이 있기 때문에 아직까지는 '작은 것이 아름답다'라는 것에 그칠 순 없는 것입니다. 보수와 진보 언론이 5 대 5의 사회가 될 때까지는 우리가 조금 더 우리만의 목소리를 내야 되겠다는 거죠. 현재 ≪오마이뉴스≫ 독자들은 두 편으로 나눠져 있어요. 한 편은 '너희들 계속 정치, 사회, 시민 등 이런 것만 열심히 다뤄라'는 입장이고, 또 어떤 사람들은 '≪오마이뉴스≫도 언론이냐? 코스닥이 40 이하로 떨어졌는데 그에 관한 어떤 기사도 없고, 이게 언론이냐? 경제를 넣어라, 국제를 넣어라' 하며 많은 요구를 합니다.

요즘은 ≪오마이뉴스≫가 무슨 미로 창고 같아요. 수많은 사람들이 제보해오지, 또 기사화해달라며 뉴스거리를 싸들고 와요. 그럼 우린 이렇게 얘기합니다. "여러분 ≪오마이뉴스≫로 가지고 올 것이 아니라 모든 시민은 기자이니 스스로 쓰셔서 올리시면 됩니다." 헌데 이렇게 해도 직접 주고 가시는 분이 많아요. 좌우간 제가 봤을 때 ≪오마이뉴스≫는 아직 굉장히 약합니다. 밖에 알려진 것보다 훨씬 더 약해요. 아직까지는 가다듬어야 할 점이 많다는 겁니다.

그 다음에 제가 기존 언론권력이 바뀌고 있다고 말씀드렸는데, 그게 그렇게 쉽사리 바뀌는 것이 아닙니다. 왜냐하면 여러분들도 느끼시겠지만 독자라는 사람들은 이중성을 가지고 있습니다. 하나는 능동성이고, 다른 하나는 수동성입니다. 능동성이라 하면, 조·중·동 같은 신문이 주는 기사를 바라보며 불만을 느끼는 것입니다. '답답하다. 내가 써버리지 뭐. 나도 저것보다는 잘 쓸 수 있다' 이런 느낌을 갖는 것이 독자의 능동성이죠. 그런 반면 수동성이 있습니다. 그저 종이 신문이 정리해준 것을 보며 '아이고 편해라. 이렇게 편한 것을, 9시 뉴스만 보면 돼지. 인터넷은 뭐 하려고 보느냐'라고 생각하는 것이 독자의 수동성입니다. 독자들에게는 이 두 가지가 동시에 존재합니다. 그래서 아까 내가 얘기했던 종이 신문의 표준은 종이 신문의 생산자들이 똑똑해서 "너희들 이 표준을 지켜야 돼"라고 해서 지켜지는 것이 아니라 그동안 "참 편하네. 역시 종이 신문밖에 없지. 종이 신문이 좋아"라고 생각하는 독자와 생산자가 이 효율성에 합의해서 만들어놓은 표준인 것입니다.

그러나 이제 이 표준이 바뀌고 있어요. 인터넷 시대를 맞이함에 따라 독자의 능동성이 좀더 발휘되면서 새로운 표준을 만들어내고 있는 것입니다. 하지만 새로운 표준을 만들어낸다는 것은 상당히 많은 시간이 걸리죠. 분명한 것은 기존 종이 신문이 가지고 있던 독점성, 이것은 많이 없어졌다는 것입니다. 여러분들도 아마 느끼실 겁니다. 여러분들이 아침에 학생회실이나 어디서든 신문을 본다고 칩시다. 옛날 우리 학교 다닐 때는 신문에 밑줄 치면서 봤어요. 왜냐하면 신문밖에 없으니까요. 하지만 요즘은 밑줄 안 치잖아요. 주요 뉴스는 전날 ≪오마이뉴스≫에서도 봤지, ≪연합뉴스≫에서도 봤지, 또 다른 많은 사이트에서 다 보잖아요. 그리고 9시 뉴스에서 다시 한번 확인하잖아요. 그러고 나서 그 다음날 아침에 보면 별 새로운 기사가 없어요. 혹시라도 새로운 것이 있나, 혹은 이 언론사는 어떻게 편집했나, 사설에서 또 이상한 소리는 안 했나, 이런 걸 보려고 신문을 보지 않습니까? 그러다 보니까 보수 언론들의 독점적인 권력이 사라지고 있는 것입니다. 그래도 아직 우리 사회의 보수 세력들 모임이 굉장히 활발합니다.

제가 얼마 전에 보수 세력 어르신들 한 30여 명이 모이는 모임에 초청

받아 간 적이 있습니다. 거기서 《오마이뉴스》란 대체 뭔가? 그리고
이 시대가 어떻게 변하고 있는지에 대해서 얘기를 했습니다. 저를 초청한
사람이 조·중·동 중 한 언론사의 굉장히 중요한 간부입니다. 그날 일을
우스개 소리로 잠깐 말하자면, 그날 그분이 자기 아내랑 같이 왔었습니다.
그 자리에서 날 소개하면서 얘기하는데, 자기가 《오마이뉴스》의 물결을
막아내려고 사무실에서 《오마이뉴스》를 폄하하고, 《오마이뉴스》를
보려는 사람이 있으면 "뭐 그런 걸 보냐!" 그랬는데, 그러다 며칠 전에
엄청난 충격을 받았대요. 집안에 내부의 적이 있더라 이거예요. 다름 아닌
자기 아내가 자기한테 "《오마이뉴스》를 봤는데 …… " 하면서 《오마이
뉴스》를 얘기해 충격받았다는 겁니다. 그래서 더 이상 《오마이뉴스》를
막으려고 하진 않겠다, 알아야 되겠다 해서 저를 불렀다고 얘길 하더군요.

살아 있는 글쓰기

제가 《오마이뉴스》를 처음에 만들 때, 우리의 기업이 추구해야 될 여러
가지 컨셉트 중 하나가 상근 기자와 시민 기자의 환상적 결합이었습니다.
여기서 환상적 결합이란 뭐냐 하면 《오마이뉴스》 내부의 상근 기자는
심층취재, 앞에서 나왔던 '뽕을 빼주마!'를 하고, 시민 기자들은 자기 주변
에서 일어나는 뉴스를 써서 이 둘을 결합하는 것입니다. 예를 들어 보도자
료 같은 것은 《오마이뉴스》가 요구하는 거예요. 그 보도자료가 대학에서
나온 것이라면 교내에 있는 사람 중에 글 솜씨가 뛰어난 사람, 이런 사람이
써서 《오마이뉴스》에 올리면 어디보다 더 빨리 알릴 수 있습니다. 여러분
들도 이런 점을 활용하시면 좋으실 것 같습니다. 아니면 좀더 전문적인
것이나 심층적인 것이 필요하겠다 싶으신 것에 한해서 《오마이뉴스》
내부 기자한테 "이것 좀 취재해주십시오"라고 하는 식으로 역할분담을
하면 환상적 결합이 이루어지는 거죠. 그리고 시민 기자를 상대로 한
가장 중요한 교육은 《오마이뉴스》에 직접 기사를 써보는 것입니다.
왜냐하면 그 기사를 본 독자들이 "당신 기사에 오타 있어요." "문장을
그 정도로 밖에 못 쓰십니까?" 또는 "눈물이 줄줄 흐릅니다. 감동이었습니

다.” 이런 식으로 온갖 평가를 해줍니다. 처음엔 이걸 보고 심장이 약한 시민 기자들은 한 번 쓰고 더 이상 못 씁니다. 그러나 몇 번 쓰다 보면 점차 면역이 생기는 거죠. 그래서 지금 ≪오마이뉴스≫에서 시민 기자로 등장해서 글 솜씨가 좋아진 사람들이 매우 많습니다. 그 중에는 신문방송학과 교수님도 있습니다. ≪오마이뉴스≫에 기사를 쓰면서 많은 지적을 받다 보니 ‘아, 글은 이렇게 써야 되는 거구나’라는 이런저런 생각을 해 점차적으로 나아지는 거죠.

또 하나 알아야 되는 것이 여러분들이 쓴 기사를 ≪오마이뉴스≫ 내부 편집부에서 수정을 조금 합니다. 그럼 역시 ‘내 글이 이렇게 수정이 됐구나’라는 것을 보면서 점차 좋아지는 거죠. 그리고 창간 초반에는 가끔 유료 강좌 형식으로 각 지역을 돌면서 시민 기자들을 상대로 ‘시민 기자와의 만남’ 같은 자리도 있었습니다. 앞으로 다시 이런 형태의 자리를 좀더 강화해야겠다는 생각을 하고 있습니다.

정치는 일상생활이다

저는 현재 ‘안티조선’ 2차 서명자에 들어가 있는데, 이게 모순을 가지고 있어요. 어떤 모순이냐 하면, ≪오마이뉴스≫ 기자는 ≪조선일보≫에 가서 막 취재를 하는데 ≪조선일보≫ 기자가 ≪오마이뉴스≫를 취재와도 제가 안티조선 서명자였기 때문에 공식적인 인터뷰 요청을 안 하더군요. 저는 안티조선에 대해서는 상식적 수준에서 충분히 나타날 수 있는 현상 중 하나라고 생각해요. 제가 생각하는 가장 힘 있는 그리고 가장 효과적인 언론운동은 새로운 매체를 만드는 것이라고 생각합니다. 즉, 꼭 ≪오마이뉴스≫뿐만 아니라 다양한 대안 매체를 만드는 것이 필요하다는 얘기입니다. 또 ≪오마이뉴스≫는 ≪오마이뉴스≫ 자체를 통해서 안티조선을 하고 있는 거죠. 그래서 안티조선운동은 어떤 소비자운동 형태의 하나일 수도 있고, 혹은 ≪조선일보≫가 좋다고 생각하는 사람들도 생겨날 수 있는 것처럼 다양하게 생각할 수 있는 것이라고 생각합니다. 안티조선운동에도 불구하고 ≪조선일보≫가 건재한 이유는 무엇이냐 하면, 안티조선을 외치기 위해 사람들이 ≪조선일보≫ 속에서 뭔가를 찾아내고 우리 ≪오마이뉴스≫도 ≪조선일보≫ 속에서 배우고 있기 때문이라 할 수 있습니다. 꼭 ≪조선일보≫의 나쁜 뉴스만이 아니라 내부의 어떤 경제 뉴스라든가 다른 어떤 뉴스라도 그것을 우리 식으로 차용해서 우리가 좋게 사용했을 때 득이 되는 것이 뭔가를 생각하는 거죠.

그런데 저는 기본적으로 ≪한겨레≫와 ≪조선일보≫를 많이 비교하는데, 도대체가 자본이라는 면으로 따진다면 대결할 수가 없습니다. 60면짜리 신문하고 24면짜리 신문이 대결이 되겠습니까? 거기다가 ≪조선일보≫는 경품으로 자전거까지 주잖아요. 그렇다면 누가 ≪한겨레≫를 보겠습니까? 60면과 24면의 차이가 어디서 나오는가 하면요. 종이 신문은 인터넷 신문과는 달리 기본적으로 공간의 한계를 가지고 있기 때문에, 일단 60면이라고 하면 여유가 느껴지지 않습니까? 그렇기 때문에 조금은 자유로운 기사도 쓸 수 있고 자신만의 스타일의 자유, 논점의 자유 같은 것도 있을 것 아닙니까? 정치 기사 같은 것도 이모저모로 분석해서 실으면 재밌잖아요. 그러나 ≪한겨레≫는 그러지 못하기 때문에 엑기스만 실어야 하다 보니까 뭔가 풍성해 보이지 않는 것입니다. 문제는 종이 신문에서는 이런 문제를 해결할 수 있는 해답이 없다는 것입니다. 만약 내가 ≪한겨레≫ 편집국장이라 한다면 참 막막할 거예요. 그렇다고 ≪한겨레≫가 다른 뉴스를 다 포기하고 그냥 1면부터 22면까지 정치를 싣는 식으로 나간다면 이건 큰 도박입니다. 이게 독자들한테 먹히면 되는데, 안 먹혀버리면 어떡합니까? 완전히 끝나는 거죠. 비록 ≪한겨레≫가 진보적 성향의 사람들이 모여서 그러한 톤으로 만들었다고는 하지만 그 외 나머지 모든 것이 종이 신문의 한계를 그대로 답습할 수밖에 없는 필연적 한계를 가지고 있어요. 종이 신문이 그렇습니다.

그런데 이렇게 공식을 파괴하라고 하면서도 ≪오마이뉴스≫도 최소한 지키는 것이 있습니다. 다름 아닌 "문장이 되게 쓰자", "맞춤법에 맞게 쓰자"입니다. 그런데 이렇게 맞춤법과 문장 격식에 맞추어 쓰다 보면 아무래도 생동감은 좀 떨어집니다. 2002년 대선 때 노무현 후보 홈페이지 게시판에 지지자들이 올린 글 중에 맞춤법 틀린 것이 꽤 있었습니다.

그런데 그렇게 맞춤법이 틀리게 올린 글이 더 생동감이 있다는 것입니다. '이 사람이 얼마나 다급했으면, 얼마나 노무현 후보의 연설이 듣고 싶었으면 글을 쓰다 가버렸을까' 하는 생각을 하는 거죠. 이런 자체가 내가 현장에 있는 듯한 느낌을 갖는 거죠. 그리고 당시 노무현 후보는 라디오 했지, 텔레비전 했지, 완벽하게 멀티미디어를 이용한 거죠. 그 다음에 ≪오마이뉴스≫에는 뉴스만 있는데 노무현 홈페이지 게시판을 가보면 온갖 것들이 다 있어요. 노무현 관련해서 ≪조선일보≫가 보도한 내용, ≪경향신문≫이 보도한 기사, 그리고 그에 대한 분석, 리플 등이 엄청나다 이겁니다. 그 당시는 '노사모'라는 사람들이 ≪오마이뉴스≫ 기자들보다 훨씬 더 죽기살기로 했다는 것입니다. "자갈치 아줌마 연설 훌륭했다"에서 부터 "다음번에는 누구를 지지 연설자로 올려라" 등 대단했습니다. 또 어떤 사람이 노무현의 홍보전략이라고 해서 버전 1.0을 시작으로 2.0, 3.0, 4.0까지 계속 업데이트하는데 정말 기가 막혔습니다. 이런 것도 있었어요. "40대 중에서 노무현에 대해 회의적인 사람을 만났을 때 어떻게 공략할 것인가?", "50대는 어떻게 공략해야 할 것인가?" 그리고 "장모님 공략법" 까지. 여러분 이 모든 것들이 노무현 홈페이지라는 인터넷 공간에서 서로 정보를 교환해가면서 자발적으로 나왔다는 것입니다.

언제든지 동지가 될 수 있다

모든 것에 자발적 참여가 굉장히 중요합니다. 누가 ≪오마이뉴스≫에 기사를 계속 쓴다고 해서 돈을 주는 것은 아니지 않습니까? 기사가 톱에 올라가면 2만 원 정도를 주고 있습니다. 하지만 사람들은 큰 돈을 주는 것도 아닌데 정말 열심히 하더라 이겁니다. 이것이 무슨 의미냐 하면, 앞에서 얘기했던 시민 의식과 테크놀로지의 결합을 뜻합니다. 그리고 이것은 내용적인 측면에서 참여민주주의를 꽃피우는 역할을 합니다. 저는 ≪오마이뉴스≫는 5년, 10년, 20년 후에는 망할 수 있다고 생각해요. 매체 생명이란 것이 있기 때문이죠. 하지만 21세기 저널리즘에 주류가 될 참여민주주의, 그리고 시민참여 저널리즘은 망하지 않는다는 것입니다.

테크놀로지가 점점 발전하고, 시민의식 또한 점점 발전할 것이기 때문에 시민참여 저널리즘은 물론 거기에서도 편집자의 역할이 중요하겠지만, 지금보다 더 왕성할 것입니다. 이런 흐름상 시민참여 저널리즘의 시대가 온다는 것은 곧 우리 사회의 민주주의를 발전시킨다는 거죠. 이런 이유 때문에 앞으로는 안티조선운동이 없어도 ≪조선일보≫의 저러한 독점적 권위는 무너질 수밖에 없게 되어 있다는 겁니다.

1995년경부터 대부분의 언론사들이 '산업화에서는 뒤졌지만, 정보화에서는 앞섭시다. 산업화에서는 뒤졌지만, 대한민국 정보화 강국 우리가 이끌겠습니다'라는 구호를 외쳤습니다. 이러한 슬로건을 내걸었던 곳이 바로 조·중·동입니다. 저는 조·중·동의 이런 슬로건을 보면서 '도저히 용납할 수 없다. 종이 신문을 통해서 20세기의 저널리즘을 망쳤던 세력이, 인터넷 공간이 주가 된 21세기의 이 새로운 저널리즘에서도 주도권 행사를 하려 한다면 이것은 우리 사회에 불행이 될 수밖에 없다'라는 생각을 했습니다. 다행인 것은 인터넷이란 공간은 아직 아무도 얼굴을 제대로 그려놓지 않았다는 것입니다. 누가 뛰어드느냐에 따라서 이 공간은 세모가 될 수도 있고, 네모가 될 수도, 그리고 엑스가 될 수도 있다는 겁니다. 그래서 나 같은 사람들이 뛰어들고, 또 여러분들도 뛰어들어야 돼요. 이러한 것을 하기 위해서는 우리가 사명감을 가져야 돼요. '우리가 지금 우리 사회의 참여민주주의를 높이고 있구나', '우리가 이 땅에 언론 민주화를 이룩해내고 있구나'라는 사명감 없이는 도저히 안 돼요. 그래서 우리는 ≪오마이뉴스≫의 시민 기자들을 '뉴스 게릴라'라고 부르잖아요. 우리는 ≪오마이뉴스≫를 일종의 시민언론운동이라 보고 있고, 제2의 NGO[4]라고 봅니다. NGO는 통상적인 NGO의 의미도 있고, 또 뉴스(News), 게릴라 (Guerrilla), 조직(Organization)이라는 의미도 있습니다. 우리 ≪오마이뉴스≫

---

4 'Non-Governmental Organization'의 약자로 '비정부기구'라고 한다. 정부에 소속되지 않고 민간 차원에서 활동하는 각종 시민사회단체를 말한다. 현재 한국에는 참여연대, 환경운동연합 등 다양한 부문에서 활동하는 수많은 NGO들이 있으며 성공회대학교에는 NGO 대학원이 개설되어 시민운동 활동가들을 육성하고 재교육하는 데 기여하고 있다.

는 이런 의미에서 제2의 NGO입니다. 그래서 여러분들도 사명감을 가지세요. 최고의 언론운동은 새로운 매체를 만드는 거니까, 자기가 ≪오마이뉴스≫를 벤치마킹하든 아니면 새로운 매체를 만들든, 그 다음엔 인터넷 매체에 투신하든 아니면 종이 매체에 투신하든, 여러분들이 지금의 변화 속에서 저 8 대 2를 5 대 5로 바꾸는 일을 해낼 수 있는 사람이 된다면, 여러분과 저는 언제든지 함께할 수 있는 동지가 될 수 있다는 것을 마지막으로 말씀드리고 싶습니다. 감사합니다.

오한홍

풀뿌리 지역신문으로 거대 언론 권력에 맞서다

1988년 《한겨레》 창간 당시 옥천 배급소를 맡았던 그는 풀뿌리 언론의 중요성을 느끼고 옥천 주민 220여 명의 뜻을 모아 1989년 9월 《옥천신문》을 창간했다. 지역 사회 운동의 불모나 다름없던 옥천 지역에서 지역신문을 만들며 안티조선운동을 벌여 옥천을 민주 언론의 성지로 만들었다는 평가를 받고 있다. 현재 그가 대표를 맡고 있는 《옥천신문》은 유료 부수 3,500부를 발간하며 중앙 일간지의 영향 속에서 어려움을 겪고 있는 지역신문의 대표적 성공 사례로 꼽힌다. 오한홍은 또 이문열 작품 반환운동으로 널리 알려지기도 했다.

제가 방황한 이야기를 ≪한겨레≫ '열린 사람들' 인터뷰에도 자세히 언급한 적이 있습니다. 중학교 2학년 때부터 담배 피고, 술 마시고, 연애하고 그랬어요. 제가 자랄 때만 해도 장난감이 별로 없었어요. 그러다 보니까 아버지 담뱃갑 가지고 놀고, 라이터 가지고 놀고 그러다 담배도 일찍 배우게 되었지요.

저도 참 많이 방황을 했는데, 그 방황의 출발은 이런 거였어요. 저는 사실 굉장히 논리적인 걸 좋아했는데, 선배나 어른들하고 이야기하다 보면 "늘 네 말이 맞다. 그렇지만 그것은 실천하지 말라"고 그러시는 거예요. 여러분들은 그런 경험 없나요? 선배들하고 어른들하고 대화하다 보면 "너희들 말이 맞다. 그러나 …… " 하고 세 시간 정도 이야기하면 끝이 뭐죠? 하지 말라는 겁니다. 참 갑갑한 얘기거든요. 그런데 적극적인 성격의 소유자들은 거기서 "알았습니다" 하고 끝나는 게 아니라 거꾸로 행동한다는 거예요. 그렇죠? 저의 아주 길고 깊은 방황이 거기서부터 시작되는 겁니다.

한 16년간 부모님 속을 새카맣게 태웠어요. 저는 고등학교 졸업할 때쯤 당구도 400 정도 쳤어요. 그리고 저는 4수까지 했어요. 결국 제도권 교육에서는 실패했죠. 저를 취재한 임종원 학생이 97학번이라고 하던데 제가 바로 97학번입니다. 1997년도에 한남대학교에 들어갔어요. 가서 해보니까 이거 오래할 일이 아니더라고요. 마침 빌게이츠도 하버드 1년 다니다 말았다고 그래서 '아, 나도 1년 정도면 되겠구나' 싶어서 그만두었습니다. 사실 사립대 등록금이 상당히 비싸잖아요. 그렇죠? 저는 장학금 안 받고는 학교를 못 다닐 상황이어서 들어갈 때 산업체 근로자 장학금을 받고 들어갔다가 1년 해보니까 권총만 서너 자루 차게 되고, 잘 안되더라고요. 그래서 빌게이츠 핑계대고 포기했죠.

행복충전

여러분 혹시 살면서 나쁜 짓, 양심에 반하는 짓 한 번 안 해보셨나요? 한 번도 안 해본 분 손들어보세요! 그 끝이 어땠나요? 누가 알든 모르든

간에 늘 그 끝은 개운치 않죠. 그렇죠? 그 개운치 않은 상태를 우리는 뭐라고 다시 멋지게 표현합니까? 개운치 않은 상태는 엔도르핀이 안 돌아요. 그게 바로 불행한 거예요. 아주 간단한 겁니다. 그럼 행복하려면 어떻게 하면 되겠어요? 착한 일을 하면 되는 거예요, 착한 일.

여러분 친구들한테 말 따뜻하게 한번 해줘보세요. 그리고 전철 타면서 할머니 짐 같은 것 한번 들어봐주세요. 그리고 학교 앞에 헌혈 차 오죠? 헌혈 한번 해보세요. 마음이 어떤지 보세요. 방송에 안 나와도 텔레비전에 안 나와도 신문에 안 나와도 포만감 같은 게 생기잖아요. 그렇죠? 기분 좋잖아요. 엔도르핀 팍팍 돌잖아요. 자, 그 상태를 바꿔서 얘기하면 행복 아니겠습니까? 행복, 저는 이제 그 행복을 알았어요. 그래서 요즘 아주 신이 나요.

≪조선일보≫식 생각은 금물

저를 소개한 영상물에서도 ≪조선일보≫ 얘기가 나왔는데, 사실 ≪조선일보≫로 상징되는 우리 사회의 분위기가 제가 어렸을 때 방황의 출발점을, 그 단초를 제공했던 거예요. 이른바 전도된 세상을 만들어놨던 거죠. 여러분들 친구끼리 교우관계가 잘 안된다면, 그건 거의 ≪조선일보≫식 사고 때문에 그런 거라고 보면 돼요. 우리 한국 사회가 남북 분단으로부터 출발되죠. 분단, 이걸로 끝나나요? 우리 남한 사회로 넘어오면 뭐로 이어지죠? 바로 동서 분할로 이어지죠. 동서 분할로 끝나나요? 아니잖아요. 또다시 소지역 단위로 찢어져요.

그럼 여러분들 가정을 한번 돌아보세요. 가정은 어떤가요? 작은 집하고 사이가 좋은가요? 명절 때 모여서 잘 지내다 정치 얘기하면 상황 끝나죠. 콩가루 집안 되는 건 일도 아니죠. 정치혐오증까지 거기서 다 드러나잖아요. 모이기만 하면 정치 얘기하죠. 이게 바로 정치혐오증이에요. 그래서 얼마 전까지만 하더라도 선거 때 낚시 가는 사람이 최고 똑똑한 걸로 됐었어요. 완전히 조·중·동이 매설한 지뢰가 터지는 순간이죠. 정치혐오증이 우리 사회에 만연되면 좋은 사람은 누굽니까? 바로 그들인 거죠. 그래서 앞으로 우리 학우들은 선거 때 하여튼 그 등산 간다든지, 낚시 가는 사람은 이거 거의 이완용 수준이라는 거 알아야 돼요. 꼭 투표하셔야 됩니다.

제가 아는 분이 얼마 전에 미국에 교환교수로 가셨는데 글쎄 투표도 안 하고 가셨어요. 그래서 인간관계를 계속 유지할까 말까 생각중이에요. 이번에 사실 참 끔찍한 상황이 우리 코앞까지 왔던 거예요. 저는 사실 양심은 권영길이었지만, 노무현 지지운동을 했거든요. 그런데 이번 선거에서 저는 사실 이회창 떨어뜨리기 운동을 했기 때문에 그런 거예요. 노무현 선택 운동을 한 게 아니에요. 여러분들 다음번 선거부터는 반드시 우리가 최선을 찾는 선거해야 돼요.

과거, 현재, 미래도 지금이다!

제가 오늘 여기 온 것은 사실 거의 고해성사하는 마음으로 왔습니다. 교수님들이 강의석상에서 하시는 말씀을, '소총수가 생활 속에서 실천하고 있다'는 이런 실증적 사례를 보여주러 왔다고 생각하면 될 겁니다. 그리고 오늘 이 자리는 예비군 훈련받는 자리도 아니고 민방위 교육장도 아니니까 좀 편하게 했으면 좋겠어요. 여러분의 질문을 받아가면서, 제가 진솔하게 여러분한테 고해성사하는 마음으로 답변 드리겠습니다. 어떤 거든지 좋습니다. 그 대신 어리석은 질문만 하지 말아주세요.

여기 보니깐 학생들이 작성한 질문지 중에 이런 게 하나 있어요. ≪조선일보≫의 반민족적 행위 부분을 거론하는 것을 두고, "오래전 일을 가지고 뭘 그러냐?"는 이런 질문이 있는데 여러분 이렇게 말씀하시면 안 돼요. 적어도 대학생 정도 되면 이런 질문하면 안 됩니다.

여러분 구석기 시대 공룡화석 같은 거 뭐 하러 캅니까? 여기 성공회대 역사학부 있나요? 80년 전 명백한 우리 근현대사의 역사적 사실들을 오래전 일이라고 생각하시면 큰일 나는 거예요. 기차역에 가보면 ≪조선일보≫가 광고물을 써 붙여놨어요. "미래는 지금이다" 참 멋진 말은 자기들이 다 쓴다니까요. 왜 미래만 지금입니까? 과거는 지금 아닌가요? 과거와 현재와 미래는 일직선상에 있는 거 아닙니까? 딱 그냥 맞물려 있는 거잖아요. 그래서 우리가 역사 공부도 하고, 미래에 대해서 예측도 하고, 그런 거 아닙니까?

적어도 역사의식에 대해서 우리가 조금만 상식이 있다면 이런 질문은 하지 않아야 됩니다. 이런 질문들은 빼고 좀 왕성하게 해주시기 바랍니다. 질문 이상하게 하면 알죠? 끌어낼 겁니다.

• • 질문: 옥천에서 안티조선운동할 때는 일 대 만 또는 일 대 천, 일 대 백 정도로 거의 왕따를 당했을 텐데, 그 과정을 어떻게 극복하고 옥천 전체를 안티조선의 본거지로 만들었는지요?

왕따 안 당했어요. 씨름해보셨죠? 씨름하다 보면, 호미걸이나 뒤집기 같은 건 화려한 기술에 속해요. 그리고 그런 걸로 넘어질 때 낙법을 하면 몸도 그렇게 안 다칩니다. 보는 사람들은 화려한 기술이기 때문에 눈요기도 됩니다. 그런데 '쌩다리 꼬기' 같은 기술도 아닌 것에 걸리게 되면 버티다가 뒤통수 깨지죠. ≪조선일보≫의 기술은 바로 '왼쪽 쌩다리 꼬기'예요. ≪조선일보≫를 대단한 매체로 보는데 절대 그렇게 볼 필요 없습니다. ≪조선일보≫가 우리 사회에 지금 만연시킨 것은 '왼쪽 쌩다리 꼬기'예요. 그거에 넘어져보니까 뒤통수 깨지거든요. 그러니까 그 다음에 '왼쪽 쌩다리다' 하면 그냥 주저앉는 거예요. '왼쪽 쌩다리'라는 게 뭐죠? 사상논쟁을 얘기하는 거예요, 색깔론.

여러분 선배들 중에서 멀쩡하게 어느날 간첩으로 오인받은 사람들, 사형받은 사람들도 많아요. 저희들 클 때 늘 듣던 말이 "말 많으면 공산당" 이란 거였어요. 대중가요를 보면 답이 딱 나와요. "말 없는 그 사내가 나는 좋아 …… " 독재정권이 한창 기승을 부리던 그 시대 상황이 그랬던 거예요. 대중가요 속에도 그런 게 배어 있었던 거예요. 그런데 옥천에서 이 운동을 처음 시작할 때 1945년 이후의 것은 거론하지 않았어요. 그리고 우리 한국 민족, 우리 한민족은 이 핏속에 유전적으로 항일에 대한 의식이 그대로 살아 고스란히 녹아 있는 거 아닙니까? '우리 할머니들한테 정신대 가라고 했던 신문'이라는 그 한마디면 끝나는 거예요. 여기서 뭘 더 얘기해요? 오히려 '재향군인회'라든지 '해병전우회' 등 그동안 쭉 ≪조선일보≫

가 교두보로 삼았던 그 보수 조직들 있죠? 이런 사람들이 더 화끈해요. 친일문제 얘기하면 그 사람들 "이런 쳐죽일 놈들이"라고 딱 나온다고요. 그래서 옥천에서는 사실 그 '재향군인회'라든지, 보수단체들이 여기에다 합류됐어요. 심지어 한나라당 옥천 연락소장도 우리 독립군이에요.

최장집 교수 사태 때 우린 이걸 알게 됐어요. 1998년도에 있었던 최장집 교수 사태 아시죠? 그때 《옥천신문》에 "《조선일보》를 해부한다"는 기사를 11주 동안 연재했어요. 옥천 주민들이 굉장히 충격을 받았던 거지요. 그리고 그 이듬해 5월에 '《조선일보》 바로보기 옥천시민모임'이 발족했습니다. 그리고 2000년 8월 15일 광복절 날 '《조선일보》로부터의 독립선언서' 선포식과 함께 옥천에서 이 운동이 첫 출발을 하게 되는 겁니다.

그리고 옥천에 대해 외부에서 흔히들 이런 말씀하세요. "그 참, 충청도 산골에서, 그 보수적인 동네에서 어떻게 이런 일이 가능했느냐?"라고 말씀하시는데 옥천은 바로 그렇기 때문에 가능했던 거예요. 역설적인 얘기 같지만 만약에 안티조선운동이 광주쯤이나 나주쯤에서 한번 터졌다고 생각해보세요. 이건 지역주의로 또 몰고 갈 것 아닙니까? 간첩의 사주를 받았느니 막 이럴 것 아니에요. 저는 새마을 지도자까지 한 사람인데도 그렇게 몰고 가요. 이문열 씨가 그랬잖아요. 홍위병으로 날 몰았잖아요.

---

1 1998년 김대중 정부 당시 대통령 자문 기획위원장을 지낸 고려대 정치외교학과 최장집 교수에 대해 《월간조선》과 《조선일보》가 사상 시비를 제기하면서 사회적으로 큰 논란을 불러일으켰다. 당시 《월간조선》과 《조선일보》는 최장집 교수의 저서와 논문 가운데 일부를 맥락에 상관없이 거두절미한 채 왜곡·인용하면서 최 교수가 6·25를 '김일성의 위대한 결단'으로 벌어진 '민족해방전쟁'으로 규정했고 6·25 남침 사실마저 부정한 용공 좌파라는 색깔 공세를 벌였다. 이에 대해 《조선일보》 측의 의도적인 왜곡에 항의하고 사상과 학문의 자유를 주장하는 지식인 사회의 대대적인 저항이 벌어졌다. 결국 《조선일보》 지면에 최 교수의 장문의 반론이 실리면서 마무리되었다. 이 사건은 우리 사회에 여전히 뿌리 깊게 존재하는 매카시즘을 확인하게 했고 학문과 사상의 자유에 대한 사회적 논란을 불러일으켰다. 특히 이 사건은 자기 입맛에 따라 남의 글을 제멋대로 왜곡하는 《조선일보》의 태도에 대한 비판적 인식을 확산시켰고 안티조선운동을 본격화하는 시발점이 되었다.

이문열 씨 만났을 때 제가 그랬어요. "이 선생님 ≪조선일보≫ 끊으세요. ≪조선일보≫ 보시니까 자꾸 머리만 커지고 이렇게 되는 겁니다." 그리고 조사하는 검사들한테도 제가 그랬어요 "≪조선일보≫ 끊으세요." 이 문제는 선·악 문제를 부각시키면 끝나는 겁니다. 근데 이른바 먹물들은 "오래된 일을 …… " 뭐 이런 식으로 접근해요. 뭐가 오래된 일이에요?

그런데 여러분, 고등학교 시절 역사책 한번 잘 기억해보세요. 구석기시대나 신석기시대는 신나게 나오다가, 또 학기 초니까 열심히 막 밑줄 쳐서 공부하다가 끝 부분의 저 새마을운동 나오고 5·16 혁명 나오면 없지요? 시험문제도 근현대사에선 잘 안 나오고요. 맞죠? 그러다 보니까 근현대사가 그냥 날아가버리는 거예요. 굉장히 중요한 건데 어제를 모르면서 어떻게 10년을 얘기해요. 근현대사가 이렇게 중요한 거 아닙니까?

그런데 우리 역사책에서 근현대사는 날아가버렸던 거예요. 얼마 전에 돌아가신 ≪한겨레≫ 초대사장 청암 송건호[2] 선생 같은 분들에 의해서

---

2 청암(靑巖) 송건호(宋建鎬, 1927~2001)는 이 땅에 세계 최초의 국민주 신문(주주 수: 6만 1,500여 명)인 ≪한겨레≫를 탄생시킨 장본인으로서 고 청암 송건호 초대사장이라 해도 과언이 아니다. 고 송 사장은 1927년 충북 옥천에서 출생하여 1953년 대한통신에 외신부 기자로 언론계에 첫발을 내딛어 ≪조선일보≫, ≪한국일보≫, ≪자유신문≫, ≪경향신문≫, ≪동아일보≫ 등을 거치며 외신부 기자와 논설위원, 편집국장을 역임했다.

　1974년 10월 ≪동아일보≫ 편집국장에 재직하면서 유신시절 보도가 금지된 대학생 시위 기사를 보도해 중앙정보부로 연행되기도 했으며, 그 이듬해인 1975년 3월 ≪동아일보≫ 기자, 아나운서, 프로듀서 등 150여 명이 자유언론수호투쟁 운동을 이유로 해고되자 그에 항의사표를 던지고 편집국장직에서 스스로 물러나, 그후 13년간 험난한 언론 민주화투쟁의 외길을 걸었다. 1984년 후배 해직기자, 1980년 해직언론인들과 함께 참언론을 외치며 '민주언론운동협의회'를 결성, 초대의장을 지냈으며, 1985년 6월 월간 ≪말≫을 창간했고 당시 문공부의 사전검

그게 정리된 거예요. 언론인에 의해서요. 그리고 그 시기에는 그런 주제를 건드리는 것만으로도 빨갱이로 매도됐던 거예요. 왜 그랬겠습니까? 한국 사회의 보수를 자처하는 ≪조선일보≫나 이런 사람들이 자기들의 반민족 행위, 친일행적이 드러나는 것이 두려웠기 때문이었던 거예요. 현대사 건드리면 자동으로 나오잖아요. 독립기념관의 '≪조선일보≫ 윤전기' 아시죠? 정말 양심도 없는 사람들이에요. 반민족행위를 한 ≪조선일보≫ 윤전기가 어떻게 독립기념관에 박혀 있는 겁니까? 덩치가 작기나 하나요? 크기도 엄청나게 커요. 공간이 거의 지금 강의하는 장소 정도 차지해요. 근데 그거 빼낸다고 ≪조선일보≫가 난리잖아요. 또 그러니까 저는 자신 있게 얘기하는 거예요.

가족끼리 상품 갖다 놓고 토론하세요. 비데 갖다 준다고 엄마 마음대로 하시게 하지 말고 말이죠. 자전거 갖다 준다고 신문 구독하면, 완전히 자전거 인격 되는 거예요. 사람의 인격이 뭐 별 겁니까? 내가 접하는 정보 그 매체에 따라서 결정되는 거예요.

열제도인 '보도지침'을 폭로해 권력의 시녀로 전락한 제도권 언론의 현실을 전 세계에 알렸다. 1987년 6·29선언 이후 요원의 불길처럼 타오르는 온 국민의 언론자유 열망에 앞장서 각계각층의 사회 원로들이 지지하는 새 신문 ≪한겨레≫의 창간기금모금운동에 주도적 역할을 하여 마침내 ≪한겨레≫를 창간, 초대 사장을 지냈다.

그러나 그는 1980년 김대중 내란음모사건에 연루돼 받은 심한 고문 후유증으로 1993년 이후 파킨슨씨병이라는 무서운 병마와 싸우게 되는 안타까운 처지에 놓이게 되었고 2001년 12월 21일 별세하였다. 정부에서는 1999년 11월 그에게 언론인으로서 최고의 문화훈장인 금관문화훈장을 수여하였고, 12월에는 기자협회에서 그를 20세기 최고의 한국 언론인으로 선정하였다. "신문기자가 좋아서 기자가 되었고, 다시 태어난다 해도 신문기자가 되겠다"고 한 고 송 사장은 이 땅의 외곬 언론인으로 또한 한국 지성의 사표로서 우리 언론사에 길이 기억될 것이다. 그는 『단절시대의 가교』, 『한국민족주의의 탐구』, 『한국현대사론』, 『분단과 민족』, 『민족통일을 위하여』 등 40여 권의 방대한 저술을 남겼다.

안티조선은 소비자운동이다

이건 사실 소비자운동 차원이에요. 그리고 옥천의 운동 이것은 신기한 운동이 아닙니다. 오히려 안하는 동네가 신기한 거예요. 우리 사회의 가치 기준이 지금 전도돼 있기 때문에 옥천이 신기하게 보일 따름입니다. 이건 상식적인 운동이잖아요. 상식을 바로 세우는 운동이잖아요. 안 하는 동네가 신기한 거지 어떻게 하는 동네가 신기합니까? 잘못된 거예요. 우리 한국 사회의 가치기준이 전도된 것을 제가 사례 하나만 더 들어드릴까요? 우리나라 코미디물 보면, 제가 볼 때는 참 정신 빠진 나라라는 게 완전히 보여요. 예전에 일자눈썹 김미화 씨하고 김한국 씨가 나오던 그 코미디물 아시죠? "순악질 여사", 그런데 거기 보면 주인집 여자가 한 번씩 나와서 "방 빼!" 그래요. 아니 도대체 그게 어떻게 코미디물이 된단 말입니까? 서민들의 목줄인 '방'을 빼라니? 안 그래요? 그런데 우린 그걸 침 흘리면서 막 박수치고 좋아하고 웃었잖아요. 이런 갑갑한 나라에 우리가 사는 거예요.

여러분들 지금 미국, '부시맨'이 있는 미국의 한계가 뭐라고 생각하십니까? 미국의 한계가 뭐죠? 미국이 아무리 논리가 개발되고, 무기가 첨단화되고 해도 그네들은 한계를 가지고 있어요. '유전무죄 무전유죄'라는 탈주범 지강헌이 했던 말을, 그 논리를 깨지 못한다는 거 아닙니까. 그런데 우리 한국이 닮아가고 있잖아요. '유전무죄 무전유죄'라는 이 논리를 깰 수 있습니까? 뒤집을 수 있어요? 이걸 못 뒤집으면 여러분들 나중에 결혼해서 아이들 낳고 살면서 "애야, 바르게 살아라"라는 소리 하면 안 돼요.

여러분들 여기 교회 다니고 절에 다니는 분들 많으시겠지만 우리 사회에서 목사님, 신부님들이 하시는 말씀 압축하면 뭐죠? 착하게 살라는 거예요. 그분들이 왜 그런 말씀을 하시는지 아십니까? 신명 찾으라는 겁니다, 행복 찾으라는 것. 아까 제가 말씀 드렸듯이 착한 일을 해야 행복하다는 거 그분들은 아시는 거예요. 그래서 착하게 살라는 거예요. 간단한 거 아닙니까? 그런데 저는 성직자들한테 하는 얘기가 그거예요. 신부님들, 목사님들, 스님들 철딱서니 없는 얘기하지 말라고요. 미안하지만 대한민국이라는 이 틀에서는 착하게 살면 신세 망치는 거라고요. 이 틀을 바꾸시라는 거예요. 이 틀을 어떻게 바꾸면 되나요? 언론개혁을 하면 되요. 언론개혁. 언론은 세상을 보는 창이라고 그러잖아요.

그리고 더 중요한 것은 오늘의 주제가 '신명나는 삶'인데요. 이게 목사님 주제 같고,

약장사 주제 같아요. 그런데 사실 이게 우리 언론문제하고 딱 닿아 있습니다. 여러분들 그걸 아셔야 돼요. 여러분들 가슴 속에 있는 신명을 확인하셨습니까?

저는 마흔이 넘어서 그 신명을 확인했어요. 저도 신명이 있더라고요. 원래 저는 신명이 없는 줄 알았어요. 우리 어려서는 공부 좀 한다 그러면 대전고등학교, 그 다음에 서울대학교, 그리고 판사, 검사 이런 정도를 '장래 희망란'에다 써야 되는 그런 분위기 속에서 살아왔습니다. 저도 그랬어요. '장래 희망란'은 늘 법관을 썼고, 거기서 조금 양보하면 국회의원을 썼어요, 그리고 서울대 정도는 기본으로 생각했어요. 지금 생각하면 아주 끔찍스러워요. 아주 신세 망칠 뻔했어요, 진짜 재수 없어서 그 꿈대로 됐으면 판검사가 됐겠지요. 여러분들은 혹시 주변에 서울대 다니는 친구들이나 연·고대 다니는 친구들 이른바 우리 한국 사회에서 괜찮다는, 내가 보기에는 거꾸로 이지만, 그런 학교 다니는 친구들 보면 주눅 들지 않습니까? 친구들 집에 놀러 갔는데 우리 집은 텔레비전 19인치인데 그 집은 무슨 멀티비전 같은 거면 주눅 들지 않나요? 저는 사실 주눅 들었어요. 저는 자각을 못 했던 거예요. 제 자신에 대해서요. 제 자신이 굉장히 존엄한 존재라는 것을 자각하지 못했던 거예요.

여러분들도 굉장히 존엄한 존재들입니다. 여러분들 여기 앉아 있는 건 기적이에요. 여러분들 얼마 전 그 대구 지하철 참사 보세요. 여러분도 그 속에 있을 수 있었던 거예요. 우리 신문사 직원 중에 중증장애우가 하나 있어요. 여러분들 목발 한번 잡아봐야 얼마나 세상이 고마운지 아실까요? 한 걸음 한 걸음 우리가 발을 떼어놓는 것이, 이게 기적이라는 걸 여러분들 아셔야 해요. 지금 우리가 호흡하고 있는 이 맑은 공기가 얼마나

소중한지 가스통 불 속에 들어가봐야만 알 것인가 이거예요. 아니죠? 지금 이 앉은 자리에서 확인할 수 있죠. 이렇게 얘기하면 목사님 같은데 사실 이게 살아가는 지혜거든요.

저는 안티조선운동을 하면서 제 자신이 너무나 존엄한 존재라는 걸 느꼈고 거기서 신명을 얻었어요. 그러니 이 일이 즐거울 수밖에 없어요. 옥천에서 외롭지 않았냐구요? 천만에요. 결코 외롭지 않았습니다.

• •질문: 처음 《옥천신문》을 시작했을 때, 사회 인식이 분명히 정립되지 않은 상태에서 시작하셨다고 들었습니다. 일을 하는 과정에서 사회 인식을 어떻게 정립하셨는지 알고 싶습니다.

저는 에피소드가 좀 많아요. 고등학교 때 수학여행을 두 번 갔습니다. 말썽부려서 고향 학교로 전학 갔더니, 거긴 또 가을에 가더라고요. 첫번째 고등학교는 사립 고등학교였습니다. 그때가 박정희 시절이었어요. 그런데 수학여행 가면 여러분들 가장 재미있는 시간이 뭡니까? 캠프파이어잖아요. 우리 고등학교는 경포대에 수학여행을 갔는데 글쎄 박정희 대통령이 경포대에 왔다고 해서 예정되어 있던 캠프파이어를 안 한다는 거예요. 그런데 아무리 우리가 철이 없고 어려도 도대체 대통령이 경포대에 온 것과 캠프파이어하고 무슨 연관이 있는지 알 수가 없잖아요. 수학여행 와서 캠프파이어 하는 걸 우리가 얼마나 기대를 했는데, 대단하게 하는 것도 아니고 여관 마당에다 장작 몇 개 놓고 하는 거잖아요. 그것도 안한다는 거예요. 지금 생각해보면 그게 '등화관제훈련' 비슷하게 불빛이 새나가면 안되고, 뭐 그랬던 거 같아요. 참, 말도 안 되는 일이 벌어지던 시대니까요. 그래서 그거 항의하는 데모를 제가 주도했어요. 결국에 고향에 와서 제대로 된 수학여행을 또 가게 됐는데 그런 끼가 제게 있었던 거 같아요.

1988년도에 제가 《한겨레》 창간 지국을 하게 됐는데 의식이 있어서 한 게 아니에요. 소외된 사람들을 위해서 만들어진 신문이 《한겨레》인데, 《한겨레》로부터 또다시 우리 옥천이 소외된다면, 이건 진짜 말도 안 된다 싶어서 제가 특별한 의식이 없는 상태에서 《한겨레》 창간 지국을 하겠다고 나섰어요. 그런데 그때 《한겨레》가 옥천에서 40부 정도 나갔어요. 이름이 지국이지 사실상 지국도 아닌 거죠. 그 당시에는 《한겨레》 보는 분들이 전교조에 참교육운동하는 선생님들 포함해서 몇 분 안됐어요. 그런데 끼리끼리 모인다고, 그분들과 자주 어울렸죠. 그리고 정보과에서 가끔 와서 사찰도 하고 그러면서 오기도 슬슬 끌어내주고, 그러다가 제가 《말》지를 보게 됐어요. 그러면서 내가 이제까지 제대로 살아온 게 아닐 수도 있다는 의심을 하기 시작했죠. 아까 말씀드린 대로 자신이 접하는 매체가 이렇게 중요한 거예요. 제가 그런 매체에 의해서 조금씩 바뀌기 시작했던 것이죠. 그러면서도 기득권에 대한 끝물이 남아 있었어요. 서울대 가고 싶고 판검사 하고 싶어 했던 큰 것 중심적인 사고가 그래도 많이 내 몸 속에 남아 있던 거죠. '《조선일보》식' 사고죠. 그런 상황에서 《옥천신문》을 시작했고, 그러면서 주변에 좋은 친구들이 많이 생겼어요. 그런 분들에 의해서 그때부터 어쩌면 진짜 제대로 된 학습을 한 것 같아요.

제도권 교육만 공부인가요? 여러분 제도권 교육만 공부인가요? 그것도 공부지만 저희들 어렸을 때는 다른 것도 공부일 수 있었어요. 사물놀이 하시는 김덕수 씨가 원래 옥천 분입니다. 옥천에 가면 강 쪽 구석의 오지 산골에 그 당시에는 천민들인 사당패들 집단 주거지가 따로 있었어요. "너희들은 여기서 나오면 죽어"라고 해놓고 양반들이 아주 그 구역을 정해준 거예요. 그런데 세상이 좋아져서 지금은 김덕수 씨가 대학에 강의도 나가시죠. 다양성이 살아나고 있다는 증거입니다. 사당패 놀이도 공부의 한 분야로 인정받고 있잖아요. 그런데 그런 분야들이 계속 이제 늘어나고 있습니다. 공부는 이것저것만이 아니라는 거죠. 모든 게 공부인 겁니다.

제 경우는 아까 말씀드린 대로 16년 정도 방황했던 아픈 기억들이 있는데 사실 철들면서 부끄러워서 감추고 싶었어요. 쓰레기통에 쳐박아놓고 누가 알까봐 늘 감추고 싶었던 거예요. 특히 결혼해서 우리 아이들이 알까봐 고민을 했던 거예요. 그런데 신명이 찾아지기 시작하면서부터 다 해결되었습니다.

여러분들 '마이웨이(My Way)' 아시잖아요. 그 방황의 세월이 저 아니면 도저히 흉내낼 수 없는 저만의 길이었다는 겁니다. 저만의 공부였단 생각을 한 거예요. 적어도 그것이 부끄러울 정도는 아니라는 거죠. 중학교 2학년 때부터 담배 피우고 술 먹고 이런 게, 뭐 대단한 자랑거리는 아닐지언정 나름대로 그 시기에 제가 안고 있는 그 고민의 결정체였다는 거죠. 어른들이 볼 때 걱정스러웠을 따름이지 저로서는 그게 굉장한 공부였어요.

소통이 이뤄지면 행복해진다 저는 지금 술 한 모금도 안 합니다. 사실은 그때 먹어봐서 그래요. 우리 중·고등학교에서 술과 담배에 대해서는, 그냥 윤리 시간에 금연 교육 이렇게 할 게 아니라, 교과목으로 따로 공부시켜야 돼요. 특히 남학생들은 이 술, 담배 때문에 인생 망가지는 사람들이 한둘이 아니에요. 제가 경찰 출입을 해봐서 알아요. 남자들 경찰서에 오는 사람들 95%가 술과 연관돼서 오는 거예요. 그런데 저는 우리 아들이 이제 대학교 새내기가 하나 있고, 고등학교 2학년이 하나 있는데 그런 것들을 제가 다 고백했어요. 고해성사를 했죠. 아빠가 중학교 2학년 때 술 먹고 담배 피우고 다했다고 그랬더니 애들이 믿어줘요. 그러면서 신뢰가 싹트니깐 애들이 내 실체를 인정해주는 거예요. 그러면서 "아빠가 지금 담배 피우면서 너한테 끊으라 소리하기 뭐한데 내 사랑하는 아들들이 가능하면 늦게 피우면 좋겠다. 아빠처럼 중학교 2학년 때부터 피우지 말고 한 3학년 때쯤 피우면 어떻겠냐"고 말해요. 그런데 지금 하나는 고등학교 2학년이고, 하나는 대학교 다니는데 담배를 아직은 안 피워요. 제가 피워보니깐 이게 중독성도 굉장히 강하고 제 경우 뼈도 크다 만 것 같아요. 그 정도로 독성이 강한 것 같더라고요. 아빠가 이렇게 진솔하게 고백하고 얘기하니까 우리 아들들한테 그게 신뢰로 느껴지나 보더라고요. 그런데 제가 담배를 피우든 안 피우든 '소통'이 잘되면 모든 게 해결된다고 생각해요. 만약 부자지간에 그런 소통이 안 되면 아빠가 담배 피면서 아들한테 "야, 그 해로운 거 왜 피우냐"고 하면 아들이 그럴 거 아닙니까? "아빠 피우는 거 보고요. 그거 보약인데 괜히 아까워서 혼자 먹으려고 그러는 거죠?"라고 생각할 수도 있는 문제고, 저 자린고비가 용돈 안 주려고 그런다고 생각할 수도 있는 거고 그렇지 않겠습니까? 소통이 되면 모든 게 풀립니다.

그런데 우리 사회에서 바로 이 소통을 막은 게 《조선일보》예요. 소통이 안 되면 안 될수록 《조선일보》는 이익을 보는 거예요. 안티조선운동은 소통운동입니다. 그러면서 동시에 자각운동이기도 합니다. 어떤 자각? 우리 개개인이 대단하다는 것이죠. 여러분도 이 기적을 느끼고 살아야 돼요. 한 걸음 한 걸음 옮길 때마다 우린 장애우들한테 미안할 정도로 감사하다는 마음을 가지고 살아야 해요. 저는 목사님들 만나면 감사생활을 하루 10번 한다고 하시는 분들은 신앙인이라고 하지 말라고 해요. 감사생활을 도대체 얼마나 안하면 밥 먹을 때 몇 번하고 하루에 열 번 정도 하고 그러나요? 접근방식이 틀린 거예요. 하루에 몇 번을 놓치는가로 접근해야 해요. 걸을 때마다 그런 감사하는 마음이 충만해야 해요. 그럼 행복하겠죠. 안 그래요? 한번 생각해보세요! 엔도르핀 팍팍 돌겠죠? 그리고 이건 아주 쉬운 거예요. 여러분들이 지금 이 자리에서 '나는 행복하다'라고 10번만 주입시키면 즉시 행복해지는 거예요.

• •질문: 《옥천신문》 홈페이지에 기사 쓰기 난을 봤는데 회원이 되면 기사를 쓸 수 있는 것인지, 아니면 회원이 아니어도 기사를 쓸 수 있는 것인지 궁금합니다.

쓸 수 있어요. 우리 《옥천신문》은 온라인이 활성화돼 있어요. 그런데 저희들은 회원제로 그것을 운영합니다. 그래서 종이 신문을 보는 사람들한테 패스워드를 제공해서 기사와 동영상 등을 다 볼 수 있게 해주는 거예요. 그런데 등록이 안된 사람들, 종이 신문을 안보는 분들은 가다 보면 자꾸 걸리는 게 나올 거예요. 잠금장치 걸어놓은 게 나올 거예요. 그게 우리가 고민했던 건데 저희들은 종이 신문이 위주가 되는 신문사거든요. 그런데 유행처럼 온라인 신문을 서비스 차원에서 만들었는데, 이게 훨씬 더 강점이 있는 매체더라고요.

아시다시피 이게 더 매력적인 것은 공짜라는 거예요. 종이 신문은 일주일에 한 번씩 와야 보는 건데, 공짜로 보는 온라인 신문은 동영상까지 서비스되지, 결국은 우리가 돈 들이고 땀 흘려 종이 신문을 죽이는 짓을 하고 있는 거란 말예요. 우리 신문사 입장에서는 그래서 온라인을 어떻게 접근할 것인가를 고민하다가 종이 신문에 대한 부가서비스 개념으로 하자고 한 겁니다. 종이 신문을 보는 분들에 한해서 패스워드를 지급해서 다 열어볼 수 있게끔 하고, 또 그러다 보면 야박하다는 소리 들으니까, 패스워드 없는 분들도 일단 입장은 시키고 잠금장치를 해서 일정 부분만 못 보게 하는 거죠. 우리가 한 주에 다섯 개, 여섯 개 정도 못 보게 해요. 이것은 꼭 보고 싶어 하겠다 싶은 것만 해야 되겠죠? ≪오마이뉴스≫도 그렇지만 결국 온라인 신문은 돈이 제일 문제거든요. 온오프의 결합을 늘 얘기하는데 온오프의 결합이라는 것이 무엇이겠습니까? 결국 경제적인 문제예요. 그런 데 우리 한국 사회에서는 음란 사이트는 돈 내고 보는 걸로 다 알고 있어요. 우리는 유료화도 아니고 당연히 우리가 할 수 있는 것을 하는 것뿐인데, 인터넷 하시는 분들이 그것을 두고 ≪옥천신문≫이 돈 받는다고 ≪조선일보≫보다 더 나쁘다고 그래요. 잠금장치 걸었다고요. 그런데 우리 는 그것도 기분 좋은 거예요. 그래도 상품가치는 있다는 뜻으로 해석하는 거예요. 하지만 그 운영에 대해서는 우리도 고민을 많이 하고 있어요. 선거철에는 전면 개방할 것인가 하는 기술적인 문제도 있고요. 한동안 활성화되기 전까지는 완전 오픈했었는데 지금은 그런 식으로 하고 있어요. 그리고 청소년 기자들이 있고요. 우리 옥천의 청소년들, 학생들을 참여시켜 서 글쓰기 능력도 배양시키려고요. 청소년 기자들이 있고 청소년 온라인 신문은 따로 하나 만들어졌어요. 현재 그런 상태예요.

• •질문: 그런 기사 쓰기를 하면서 ≪옥천신문≫에 판매부수가 올라간다든 가 하는 어떤 영향이 있나요?

그건 별로 없어요. 어떤 직접적인 영향은 없어요. 사실 미련한 방식일 수 있는데, 신문사는 경영의 왕도가 없는 것 같아요. 우리 한국 언론들은 대부분 광고 시장에 치중하는 경향이 있는데, 광고는 우리 농법으로 얘기하 면 화학비료를 쓰는 거고, 그리고 구독은 퇴비라는 거예요. 저는 그렇게 비유를 했거든요. 여러분은 농사 안 지어봐서 모르겠지만, 퇴비는 냄새도 나고 두엄도 치려면 힘이 들어요. 그런데 땅이 계속 건강해지거든요. 땅도 살고 농산물도 친환경적으로 재배되는 것이기 때문에 우리 인체에도 여러 가지 도움이 되는데, 화학비료를 쓰면 땅이 계속 산성화돼요. 그러면 일시적으로 농산물이 잘 재배되는 것 같아도 장기적으로 보면 농토의 산성화로 인해서 결국은 끝장나는 거죠. 그래서 우리 신문의 경우는 구독 쪽에 굉장히 신경을 쓰고 있어요. 그건 한 부씩 늘리는 방법밖에는 없어요. 그런데 그런 기사 쓰기 같은 방식으로는, 물론 전혀 안 늘어난다고는 할 수 없겠지만, 아직 큰 효과는 없는 것 같아요. 여러분 고객감동이라는 말 들어봤잖아요. 구독 끊는다고 하면 쫓아가서 우리가 뭐 잘못했냐고 사정도 해보고, 그러는 거예요. 그리고 일단 끊어달라고 하면 정확하게 끊어줘야 돼요.

우리 한국 메이저 언론들에게는 '중지거부'라는 용어가 있어요. 그게 뭐냐 하면 신문사 판매국에 있는 용어인데요. "신문 안 봐요!"라고 독자가 선언하면 지국에서는 "무슨 얘기야?" 하고 중지를 거부하는 거예요. 거기서 우리가 신문을 안 본다는 것은 '중지요구'잖아요. 신문 판매국에서 그 방어용으로 만들어진 게 '중지거부'라는 용어예요. 그러니까 우리나라 신문이 얼마나 오만에 차 있는지 알 수 있는 거예요. 그런데 우리 신문은 찾아가서 사정도 해보고 그러지만 끊겠다고 하면 정확하게 끊어줘요. 그리고 우리 신문은 매주 한 부도 빠짐없이 발간 부수를 공개하고 있습니다. 우리 한국 언론들은 ABC제도[3]니 뭐니 해서 독자들에게 엄청난 서비스나 하는 것처럼 떠들어대는데 사실은 그거 아니에요. 조그마한 식당 운영하시는 분들도 주방을 투명한 유리로 만들어놓고 안에서 어떤 일이 벌어지고 있는지 다 공개하고 있지 않습니까? 그렇다면 적어도 공익성을 이야기하는 신문은 그 정도는 기본이어야 해요. 그러니까 우리 한국의 공기요, 목탁이요, 유리니 창이니 떠드는 이 신문이 사실은 자장면 집 주방장보다도 도덕적인 수준이 약하다는 말이에요. 발간 부수든 뭐든 공개를 제대로 안 하잖아요.

---

3 ABC(Audit Bureau of Circulations: 매체량 공사기구)제도는 신문·잡지·웹사이트 등의 매체사가 자진해서 보고한 간행물 부수, 접촉자 수 등의 매체량을 표준화된 기준 위에서 객관적인 방법으로 조사, 확인하여 이를 인증, 공개하는 것으로 투명성을 확보하여 매체사의 공신력을 제고하고 광고 발전에 기여한다.

••질문: 지상파 방송은 어떻게 생각하세요?

사실 비슷해요. 우리나라 언론상황은 제가 볼 때는 도토리 키재깁니다. 예를 들어 제가 교통순경인데 거리에 나가서 지금 차를 단속하고 있어요. 그런데 책 사러 잠깐 주·정차 위반한 차도 있고, 음주·난폭 운전하면서 행인들을 치고 다니는 차도 있어요. 저는 혼자라서 한 대씩밖에 단속할 수 없는데 말이죠. 그거 핑계대면서 어떤 거부터 할 것인가 고민하는 그런 식이에요.

그런데 지금까지 우리 사회에서는 제 스스로가 다칠까봐 음주단속은 안했던 거죠. 책방에 책 사러 가느라 주·정차 위반한 놈은 손목도 가늘고 만만하니까 거기에 가서 스티커 발부했다고요. 그러면 우리는 '아이 씨, 나만 재수 없이 ……' 습관적으로 그러거든요. 재수 없이 나만 걸렸다고요. 그렇죠? 맞아요. 재수 없는 거예요. 다 그러는데 왜 나만 가지고 그러냐는 거죠. 물귀신작전이에요. 그런데 세상이 지금 얼마나 좋아졌어요? 쌍방향으로 여러분 각자가 방송국 하나씩 다 들고 있는 거예요. 인터넷 매체를 활용할 수 있는 분들은 방송국 하나 신문사 하나 다 들고 있는 거예요.

여러분들 그거 활용하세요. 기자들이 '기자'라고 그러면서 목에 힘주고 불법 저지르고 그러면, "어디 신문에 계세요? 내가 신문 하나 봐주려고 그래요" 딱 물어보고서 언제 어디서 기자라는 놈이 이렇게 했다라고 여러분이 가진 방송국에 올리세요. 그거 무서운 거예요. 지금은 ≪조선일보≫ 인터뷰·기고 거부운동 하지만 앞으로 KBS, MBC 등 하여튼 우리나라 방송 3사 포함해서 어떤 것이든 잘못하면 당당히 거부할 수 있을 거예요. 그 친구들이 우리가 가진 힘을 눈치채지 못하면 끝장나는 거예요. 문 닫는 일밖에 없어요. 왜? 여러분 각자가 신문사 사장이고 방송사 사장이니까요. 인터넷이 있잖아요. 당당하게 우리 자신의 매체를 만드는 거예요.

••질문: 지역에 미디어를 뿌리내리려 할 때 가장 고민해야 할 것들은 무엇인지요?

착해야 돼요. 정말 고객감동이에요. 기자로서 저처럼 출발 잘못하면 안 돼요. 저는 기자들 위세가 부러워서 기자를 했던 거예요. 그 길로 계속 갔더라면 저는 낭떠러지로 뚝 떨어졌을 거예요. 그런데 저는 좋은 친구들을 많이 만났어요. 사람들을 통해서 그렇게 하면 죽는다는 것을 배웠어요. 얼마 전에 지방 일간지를 만든다는 분이 저를 찾아왔어요. 어떻게 하면 좋은지 한 수 가르쳐달래요. 그런데 저는 지방 일간지를 운영해본 경험이 없어요. 그분한테 그랬죠. "언론인이라면 굉장히 작은 일간지라도 권위주의에 빠지기 쉬운데 당신 참 대단하다. 어떻게 나를 찾아올 생각을 했느냐?" 왔으니까 어쨌든 차비는 해줘야 될 거 아닙니까? 그래서 내가 드린 말씀이 이래요. 어떻게 하면 성공하는지는 모른다고 했어요. 그런데 어떻게 하면 망하는지는 아는데, 기존의 신문들 따라가지 말라고, 특히 ≪조선일보≫ 따라가면 100% 망한다고 했어요.

지금 지방 일간지들이 망해가고 있는 실증적 사례들이 많거든요. 그거 따라가면 망하는 거예요. 지금 한국 언론에 표본이 될 게 별로 없어요. 고객들한테 낮은 자리에서 진짜로 다가서세요. 감동을 하나하나씩, 하루에 한 명씩 준다는 생각으로 하세요. 그것밖에는 없을 것 같아요. 그런데 그것도 쉽지 않더라고요. 저는 이 일을 하면서 '백일기본 천일입문 만일경지(百日基本 千日入門 萬日境地)'라는 말을 합니다. 여러분 기도할 때 백일기도 많이 하잖아요. 백 일은 기본이에요. 그리고 천 일 정도 하면 입문, 문 열고 들어가는 거죠. 만 일 정도 돼야 경지에 이른다고 봐요. 여러분 이건 백 원, 천 원, 만 원 개념이 아니에요. 백 일은 쉽죠. 천 일, 한 삼 년 정도 하는 거예요. 만 일이면 한 삼십 년 하는 거죠. 따지고 보면 우리 인생 얼마 안 되는 거예요. 그 정도는 해야 된다고 생각해요, 매일매일.

그런데 그렇게 할 수 있는 힘의 원천은 자체 충전 시스템에 있어야 돼요. 자기 스스로 일을 신명나게 즐길 줄 알아야 돼요. 자고 일어나면 저절로 힘이 나야지 선배들이 학교 옆에 가서 막걸리나 사주고 그러면 힘이 났다가 선배들이 술 안 사주면 힘 빠지고 하는 이런 운동하면 안 돼요. 그냥 자고 일어나면 힘이 막 솟아나야죠. 저는 직장생활뿐만 아니라 모든 게 그래야 된다고 생각해요. 얼마나 신납니까? 그게 신명 아닌가요? 여러분들 행복하죠? 다 9단이니까. 그렇죠? 앉아 있는 학생 여러분들 몇 단이에요? 네. 바로 9단입니다. 우리 전부 각자가 9단입니다.

●●질문: 다 9단이면 재미없을 것 같은데요?

이게 인간해방 아닌가요? 그러니까 제 말은 한 종목에만 다 9단이면 재미가 없죠. 이제마 선생이 사상의학 얘기했는데 저는 그건 아니라고 생각해요. 《옥천신문》과 안티조선운동을 하면서 느낀 건데 인간의 체형은 인간의 개체 수만큼이라고 생각해요. 예를 들어서 한약 달일 때 불온도에 따라서 약효가 달라진다고 하잖아요. 마시는 사람들 컨디션에 따라서도 약효가 달라지지 않겠습니까? 약을 달이는 사람의 정성에 따라서도 약효가 달라진다고 그러지요? 이렇게 다양한 변수를 가지고 있어요.

그런데 어떻게 네 가지나 여덟 가지로 딱 정할 수 있나요? 저는 아니라고 봐요. 인간의 개체 수만큼이라고 봐요. 그래서 저는 8가지 체형에 대해서 인정 안합니다. 그래서 제 건강법은 '입에서 땡기는 대로 먹는다'입니다. 그리고 저는 주로 건강 유지를 잠으로 해요. 저는 하루에 10시간 이상씩 숙면을 해요. 좀 많이 자는 편이죠. 저는 잠도 즐기거든요. 여러분들 안티조선운동해서 400부 정도 끊게 하면 꿈도 만들어 꿀 수 있어요. 안티조선운동이 성공할 수 있는 방법 하나만 내가 더 제시해볼까요? 우리 사람들끼리 만남이라는 것이 결국 알고 보면 '부딪힘'이에요. 그렇죠? 그런데 《조선일보》가 믿는 게 뭐죠? 진보진영은 분열로 망한다고 믿고 있어요. 지금까지 우리가 그걸 확인시켜줬어요. 그런데 우리끼리 만나다 보면, 부딪힘을 계속하다 보면 서로 싸울 수도 있습니다. 설정을 딱 해두고 하시라 이거예요. 《조선일보》보다 더 미워하지 않는 정도의 싸움만 하면 돼요. 제가 지금 결혼 20주년을 넘어섰거든요. 저는 부부싸움을 하면 늘 불안했어요. 제가 성격이 극단적인 면도 있고 해서요. 요만한 일로 싸우다가, 뭐 처갓집 얘기 나오고 하다가 보면 자칫 "그래 이만 헤어져"라고 할 수 있는 거거든요. 그리고 성격들이 서로 칼이라 그 날 당장 도장 찍을 수도 있는 거예요. 그런데 이 안티조선운동을 하니까 싸우는 이유를 제가 정확히 꿰뚫을 수 있는 거예요. 부부싸움 왜 해요? 잘 살아보자는 거잖아요? 아니 왜 싸우는 거예요? 헤어질 부부가 왜 싸우냐고? 그렇죠? 비생산적인 얘기죠. 내일 아침에 우리가 이혼할 건데 왜 싸우냐고요. 잘 살아보자고 싸우는 거잖아요. 그렇죠? 그래도 돈 못 버는 남자 만나서 좀더 우리 가정 경제를 살려보자고 그렇게 아내가 바가지 긁는 거란 말이에요. 얼마나 예쁘고 사랑스럽습니까?

그러니까 여러분들 늘 싸울 때도 결과를 알고 싸우세요. 친구들끼리 싸울 때도 '아, 우리 우정을 돈독히 하기 위해서 싸운다', 운동하면서 이견이 나올 때도 '그래, 나하고 비록 생각은 다르지만 우리 모임의 발전을 위해서 너도 그러는 거구나' 이런 대의만 인정해주면 싸우고 나서도 신나죠. 그런데 세 번만 딴지걸면, '이 자식은 저번에도 그러더니'라고 생각하면서 우선순위의 총부리가 ≪조선일보≫로 안 가고 엉뚱한 데로 가는 거예요. 우리 진보 진영의 싸움 양상을 잘 보세요. 전투력은 대단합니다. 그런데 결정적으로 피아 식별을 못 해요. 그거 큰일 나는 거 아닙니까? 전투력이 대단한 병사가 피아 식별 능력이 없다고 한다면, 이거 어떻게 되죠? 이거 큰일 나는 거 아니에요? 싸우더라도 ≪조선일보≫보다 더 미워하지 마십시오. 그러면 끝나는 거예요. 우리 친구들끼리 싸우는 것도 결국은 더 끈끈해지자는 대명제가 설정된 싸움이라는 것입니다. 여러분들은 잊지 마세요. ≪조선일보≫보다 더 미워하지는 맙시다.

••질문: 언론인으로서 갖추어야 할 중요한 태도는 어떤 것입니까?

언론은 창이라고 하잖아요. 창의 한계를 우리는 알아야 해요. 세공 기술자가 아무리 뛰어나도 그 창은 한계가 있다고요. 창을 통해서 보는 사실과 창을 통하지 않고 직접 보는 것은 차이가 있을 수밖에 없죠. 유리의 면이 아무리 고른 거 같아도 현미경으로 들여다보면 굴곡이 있을 수밖에 없는 거예요. 기자들의 고민의 출발은 여기에 있는 거예요. 저는 자신 있게 '사실보도 못 한다'고 합니다. 우리 인간의 한계와 문자매체나 영상매체의 한계를 안다면 우리는 사실보도를 한다고 감히 얘기할 수 없는 거예요. 이것을 교만이라고 하는 거예요.

앞으로 우리 언론에 종사하실 분들, 우리 기자들 고민의 출발점은 '항상 우린 노력해야 한다'라고 생각해요. 창의 한계를 알아야 한다는 거죠.

아까 저에 관한 영상물도 편집한 거잖아요. 그렇죠? 방송국에서 하루종일
나와서 찍어도 몇 분 안 나오잖아요. 압축해야 되잖아요. 시간상의 한계예
요. 인정한단 말이에요. 엄밀하게 말하면 사실보도는 아니라는 거죠. 그리
고 A4 용지 두 장에다 저하고 세 시간 동안 인터뷰한 것을 어떻게 담아내요.
그게 안 되는 거거든요. 그러니까 우리가 항상 겸손하게 고민해야 합니다.
그러면 조금씩이라도 진실성의 수위를 높일 수 있죠. 그렇게 생각합니다.

• • 질문: 만약 《조선일보》에 칭찬할 점이 있다면요?

세상에 존재하는 모든 것들은 나름대로 몫이 있다고 생각합니다. 《조선
일보》의 몫은 무엇이겠습니까? 하다못해 청산가리도 쓰임새가 있어요.
하수구 뚫는 데도 쓰이죠. 《조선일보》가 거의 100년 가까이 한국 사회에
존재했던 이유를 우리는 정확히 알아야 돼요. 부시가 F15라는 자전거인지
전투기인지를 우리에게 엄청난 돈을 받고 팔았던 그 이유를 우리는 알아야
한다는 거죠. 그게 뭐겠습니까? 하늘은 한 개인한테도 어떤 일을 시키기
전에 그에 합당한 시험을 준답니다. 여러분들 아시죠? 그런 얘기 많이
들어봤잖아요. 그렇다면 그런 개인들이 집단을 이뤄서 사는 게 국가이고
사회이지 않습니까? 《조선일보》는 우리 대한민국 사회에 세계에 유례가
없을 정도로 말도 안 되는 그런 좌절을 우리에게 안겨줬어요. 즉 시험을
주고 있다고요. 그렇다면 이 크기만큼의 기회가 오려는 것 아니겠습니까?
우리가 초일류 국가가 됐을 때 부시로부터 배운 교훈, F15인지 뭔지를
우리도 그렇게 바가지 썼으니까, 우리는 파키스탄한테 2배, 3배로 팔아야
겠습니까? 아니잖아요? 그러면 인생 더럽게 사는 거라는 걸 세계인으로부
터 확인을 받고 있는 것 아닙니까? 우리는 그러지 말자는 얘기예요. 이거
우리가 엄청난 수업료를 주고 배우고 있는 겁니다. 《조선일보》 역시
마찬가지라고 생각해요. 한번 해보세요. 《조선일보》 절독운동은 정말
문화운동으로 승화시켜야 돼요. 여러분들 앞으로 학우들끼리 만나면 "밥
먹었냐?" 이런 인사하지 마세요. "너 《조선일보》 끊었냐?"라고 물으세요.
"옆집 것은 어떻게 됐냐?" 이런 식으로 하나의 문화운동으로 승화시켜나
가야 돼요. 그러면 바로 거기서 우리는 《조선일보》의 쓰임새를 찾을

수 있다 이거죠.

저는 택시를 타고 5분만 대화하면 끝에 헤어질 때 "아이구, 아저씨 명함 좀 하나 주세요"라고 해요. 그러면 그 사이에 무슨 얘기가 이어졌겠어요? 저는 택시를 타도 인사법이 달라요. "기사 아저씨 어디 갑시다"라고 손님으로서 권리 주장하기 전에 벌써 나는 계획이 다 있어요. "아이구, 식사는 하셨어요?" 기사 아저씨들이 식사 때를 놓치기 쉬워요. 그분들은 밥 먹는 문제가 굉장히 민감한 문제거든요. 그걸 걱정해주면 이분들이 아주 좋아하시잖아요. 보통 택시를 타면 "어디 가요?" 이런 정돈데 말이죠. 탁 타면서 옆자리 앉아 "때는 어떻게 안 거르셨어요?" 이렇게 들어가면 딱 그분이 무장해제가 돼요. "혹시 집에 신문 뭐 보세요?" 자연스럽게 이렇게 나가는 거예요. 이렇게 하다 보면 한 5분 정도면 소통이 됩니다. 이제 내릴 때 정도 되면 기사 아저씨가 "그렇게 나쁜 신문이었어요? 제가 꼭 끊을게요"라고 해요. 그러면 그냥 안 내리죠. 전화번호 적어달라 하고 제가 전화 꼭 해요. 그러면 그 사람 입장에서도 고맙잖아요. 저에 대한 신뢰만 짧은 시간에 쌓이면 그건 끝나는 거예요. ≪조선일보≫의 쓰임새가 이렇게 대단합니다. ≪조선일보≫를 소재로 해보십시오. 사업이 잘 안 풀리는 분들, ≪조선일보≫ 끊는 여유만 가지고 고객들 대하면 이건 무조건 돼요. 저는 기차를 타고 어디를 가건 뭘 하든 간에 이젠 마음이 열려요. 소통에 자신이 있어요. 딱 타면 벌써 자동으로 그렇게 돼요. 이 정도면 되지 않았나요. 칭찬이죠?

사실은 더 많은데 벌써 시간이 다 됐네요. 아무쪼록 여러분들 앞으로 건승하기를 기원하겠습니다. 감사합니다.

정지환

기자의 길, 언론 개혁의 길

1965년 경기도 여주군에서 태어났다. 서울시립대학교 영문학과를 졸업했으며, 같은 대학 국문학과 대학원에서 수학하였다. 월간 ≪말≫지의 기자를 거쳐 한동안 프리랜서 기자 생활을 했으며 현재는 ≪시민의 신문≫ 취재부장을 맡고 있다. 저서로는 『정지환의 인물파일 1, 2』가 있다. 그는 특히 안티 조선 전문기자로 불릴 만큼 ≪조선일보≫의 비리와 문제를 파헤치는 데 앞장 서왔고, 이로 인해 여러 건의 송사를 겪기도 했다.

최근에 제가 <TV 다큐멘터리>와 MBC <미디어 비평>에 잠깐씩 출연한 적이 있습니다. 저의 가족들과 화면을 볼 때마다 하는 말이 '진짜 못생겼다'고 합니다. 평상시에는 못생겼다고 해도 극구 부인해왔는데 오늘 학생들이 만든 영상물을 보면서도 어김없이 그런 생각이 들었습니다. 보통 만화나 영화, 드라마에서 보면 기자는 굉장히 민첩하고 예리하게 생긴 사람으로 나오죠. 하지만 외모가 직업을 결정하는 것은 아니라는 것이 저를 보면 확실히 입증될 거라 봅니다. 어떤 일을 하고 싶은데 외모 때문에 주저하는 분이 있다면 자신감을 잃지 말라고 저를 이 자리에 불러준 것이 아닌가 합니다.

저는 7년 3개월 동안 월간 《말》지에서 근무했습니다. 몸담고 있는 동안에 여러 가지에 관심을 가졌지만 1998년부터 《조선일보》문제를 다뤘습니다. 《조선일보》문제를 다루면서 전북대 강준만 교수와는 팩스와 전화로 정보를 교류하곤 했습니다. 《조선일보》문제 관련 기사를 많이 쓰고, 소송도 당하면서 '안티조선 전문기자'라는 닉네임도 얻었습니다. 한번은 전북대학교에 취재하러 갔다가 강준만 교수를 만났습니다. 이런저런 이야기를 하다가 《말》지 기자라니까 이름을 묻기에 정지환 기자라고 했더니 깜짝 놀라시더라고요. 정지환 기자의 글만 대하다가 직접 얼굴을 보니까 연결이 안 된다며 제 외모에 의외라는 표정을 지어서 저의 가슴을 또 한번 할퀸 적이 있는데요. 강 교수님마저도 기자라는 직업과 제 외모가 어울리지 않는다고 생각하셨나봅니다. 외모에 약간의 콤플렉스가 있는 것은 사실이지만 만약 여러분 가운데 기자란 직업에 관심이 있는데 외모로 고민이 된다면 저를 보고 힘을 얻으시기 바랍니다. 누구든지 꿈과 비전만 있다면 할 수 있다는 자신감을 갖고 도전하시기 바랍니다.

사실은 이 자리에 설 정도로 제가 대단한 업적을 쌓은 것도 아니고 그저 관심 있는 몇몇 사람만이 아는 정도인데, 무슨 이야기를 해야 할지 많은 고민을 했습니다. 이 강의가 '일과 자질'이란 제목을 가지고 있더군요. 강의 청탁서에 보면 삶의 역정이라든지 도전과 좌절, 극복의 과정 그리고 자신의 분야와 관련해서 대학생들에게 해주고 싶은 충고와 당부, 이런 것들을 이야기해달라고 되어 있습니다. 그래서 제가 그리 오래 산 사람은 아니지만 지금까지 살아온 이야기를 중심으로, 제가 하고 싶은 이야기와 제가 썼던 기사와 책, 경험 등을 이야기해볼까 합니다. 항상 드리는 말씀이 지만 제 이야기가 결코 정답은 아니고 인생의 정답은 여러분 각자 스스로가 찾아나가는 것이며 제 이야기는 여러분이 쓰려고 하는 교과서를 풍성하게 만드는 데 일조하는 참고서에 불과하다는 생각으로 편하게 들어주셨으면 좋겠습니다.

시골 촌놈, 반공 소년, 모범 소년

1965년에 경기도 여주의 전형적인 촌놈으로 태어나서 면 단위 학교에서 고등학교까지 다녔어요. 1984년에 서울시립대 '영문과'에 그야말로 '영문' 도 모르고 입학을 했습니다. 그러다가 학생운동을 하면서 또 다시 영문도 모르고 졸업을 했는데, 생각해보니까 시골에서 자란 게 19년, 그리고 고향을 떠나서 대학생활하고 감옥생활하고 사회생활하면서 살아온 것도 19년이더라고요. 이제 내 인생에 대해서도 한번 되돌아볼 때가 되지 않았나 싶었는데 마침 이 강의를 계기로 저도 지난 삶을 되돌아볼 기회를 갖게 되었습니다.

제 생활을 돌아보면 고향에서 대학에 들어오기 전까지 19년 동안은 아주 작은 환경 내에서 생활했던 것 같습니다. 그 당시 저의 이미지를 간단하게 설명해본다면 반공 소년, 모범 소년이었습니다. 초등학교 시절 공부도 잘하고 집도 잘사는 아이들이 서울로 유학을 가면서 초등학교 5학년쯤 되니까 상위권에 있는 아이들이 도회지로 빠져준 덕분에 우등생이 되더라고요. 중학교, 고등학교 땐 계속 1, 2등을 하고 학급이 3개밖에 안 되는 작은 학교였지만 한 번도 반장을 놓쳐본 적이 없습니다. 고3 때는 총학생회장도 하고 특히 고등학교 2, 3학년 때는 경기도 여주군을 대표해서 정주영 장학금도 받았습니다. 그런데 이게 아무나 받는 것이 아닙니다. 우선 성적이 우수해야 되고요, 품행이 방정해야 되고 리더십도 있어야 되고 마지막으로 중요한 게 반공정신이 투철해야 합니다. 제가 전형적인 반공 소년이었거든요. 고3 때인 1983년에 미얀마(현재는 버마—편집자) 아웅산 사건[1]이 터졌습니다. 그때 전교생이 모여서 반공 데모를 했는데 제가 학생들을 대표해서 '때려잡자 김일성, 무찌르자 공산당' 등의 구호를 선창했던 기억이 납니다. 그러니까 19년 동안 저를 규정지었던 것은 반공 소년, 모범 소년이었다고 할 수 있죠.

그리고 또 한편의 저를 설명해줄 수 있는 것은 (과거에 문학 소년 아니었던 사람이 없지만) 문학 소년이었다는 겁니다. 중학교 1학년 때 방학숙제로 일기를 제출했는데 교무실에서 선생님들이 그걸 보고 글을 너무 잘 썼다고 수업시간에 들어오시는 선생님들마다 너는 문학적 재질이 있다고 얘기하시더라고요. 그때부터 대문호가 되겠다는 야심을 가졌고 중학교 3학년 때부터 습작을 했습니다. 아무런 준비도 없이, 소설을 습작해서 중학교 3학년 때 처음으로 106장짜리 단편소설을 완성했고, 고3 졸업할 때까지 매 학기마다 습작이지만 단편소설 하나씩을 썼어요. 시골에서 자랐기 때문에 문화적인 어떤 혜택을 받을 수가 없었는데 그것을 충족시켜주었던 곳은 교회였던 것 같아요. 부끄러운 이야기지만 현재 저는 거의 의무적으로, 가끔 아내를 따라가는 기독교인으로 살고 있습니다. 교회에 나가게 된 동기는 중학교 2학년 당시 교회에서 연습하던 '문학의 밤' 때문이었습니다. 시도 낭송하고 연극하는 게 좋아서죠. 그리고 당시 시골에서는 추석 때마다 '주민 위안의 밤'이란 것이 있었어요. 지금은 그런 문화적인 이벤트가

---

1 1983년 10월 9일 미얀마의 수도 양곤에 있는 건국 영웅 아웅산 묘소에서 한국의 외교사절 다수가 폭파로 사상(死傷)한 사건이다. 이 날 대통령 전두환의 서남아·대양주 순방의 첫 방문지인 이곳에서 대통령의 아웅산 묘소 참배행사를 위하여 미리 대기중이던 부총리 서석준 이하 여러 정부요인, 취재차 수행했던 기자 등 17명이 북한 테러분자가 장치한 폭발물의 폭파로 사망하고, 합참의장 이기백 등 13명이 중경상을 입는, 세계 외교사상 유례없는 일대 참변이 일어났다. 화를 면한 대통령 전두환 내외는 모든 방문 예정을 취소하고 급히 귀국하였다. 국내외의 비분과 비탄 가운데 미얀마 정부는 한국에 조문사절을 보내는 한편, 주범 2명을 체포하여 사형을 선고하고 북한과 국교를 단절하였다. 그리고 다음 해인 1984년 10월 미얀마 정부는 아웅산 사건은 북한의 소행이라고 국제연합에 보고하였다.

없어졌는데 그때는 텔레비전도 별로 없었던 때라서 추석이 되면 며칠 동안 마을잔치가 벌어지곤 했지요. 그것을 시골에선 거창하게 '콩쿠르 대회'라고 했지요. 콩쿠르 대회에서 청중을 사로잡았던 것은 우리가 준비한 연극이었어요. 제가 중학교 1학년 때부터 고3 때까지 매년 추석 때마다 콩쿠르 대회 촌극에서 각본과 연출, 주연을 도맡아 했습니다. 문학적 감수성을 거기서 훈련했던 것 같아요. 이렇게 19년을 보내다가 드디어 1984년에 서울시립대 영문과에 입학했습니다.

새로운 세계로

정말이지 영문도 모르고 입학을 했어요. 사실 제가 갖고 있던 어떤 자질이라든지 이런 것들을 보자면 국문학과를 선택했을 텐데 모범 소년들이 흔히 아주 영악하죠. 그래서 국문학과를 가면 뭔가 굶을 것 같고 영문학과를 다니면 취직은 하지 않을까 생각했던 거죠. 문학 소년이면서도 굉장히 영악했던 것 같아요. 그래서 영문학을 선택했어요. 그러면서도 문학에 대한 꿈은 계속 가지고 있었습니다. 대학 1학년 때 하룻밤의 열정에 사로잡혀 마구 써버린 소설을 학교 교지에 응모했는데 가작으로 입선한 적도 있었지요. 그러다가 제 인생이 바뀌게 된 것이 4, 5월을 겪으면서였어요. 저희 세대가 자율화 1세대였습니다. 1980년 광주가 끝나고 완전히 우리 사회가 군홧발에 짓밟혔다가, 어느 정도 자신감을 얻은 전두환 정권이 1984년에 이른바 해직됐던 교수들을 복직시키고 제적시켰던 학생들을 복직시키면서 열린 공간을 만들어줬거든요. 이 시기를 '자율화 시기'라고 흔히 말합니다. 요즘 세대를 '전교조 1세대'라 부른다면 저의 세대는 '자율화 1세대'였습니다. 그런데 그 당시 1983년까지는 대학가 안에 사복형사들이 상주하고 있었거든요. 그래서 5명 이상이 모여서 잔디밭에도 들어가지 못하게 했고 특히 서울시립대는 완전히 공무원 양성소와 비슷했기 때문에 특히 타율적 억압들이 심각했습니다.

　1984년의 열린 공간 속에서 제가 사회에 대해 눈을 뜨게 된 것은 광주의 진실을 알게 되면서입니다. 광주의 진실을 듣게 되면서 선배들이 ≪뉴욕타임스》라든지 《르몽드》지 등 외국신문을 번역한 것들을 찾아 읽고 그랬어요. 여러분들 얼마 전 <일요스페셜>에서 봤겠지만 '푸른 눈의 목격자'[2]인가요? 독일 기자가 어렵게 취재해서 세상에 알렸던 광주의 진실. 외국에서 취재한 그런 이야기들이 거꾸로 한국으로 들어와 사람들에게 알려지기 시작한 것이 바로 1984년부터였거든요. 그때 저는 그러한 것들을 보면서 과거에 내가 반공 소년, 모범 소년이었다는 것이 굉장히 부끄러웠습니다. 내가 알고 있던 것이 모두 거짓이었거든요. 사실 기성세대가 모든 것을 우리에게 속여서 가르치진 않았을 겁니다. 그러나 광주의 진실을 안 순간 기존에 내가 알고 있던 것들을 더 이상 그대로 진실이라고 받아들일 수는 없었어요. 나로서는 너무나 그것이 고통스러웠거든요. 더욱이 경기도 외곽, 농촌의 보수적인 지역에서 자랐던 사람으로서는 더욱더 그랬습니다. 그래서 한때는 문학의 길을 걸을 것인가, 운동의 길을 걸을 것인가 고민하다가 내가 진정 문학가가 되기 위해서라도 이러한 역사적 진실을 외면할 수 없다, 그것을 외면한다면 나는 진정한 작가가 될 수 없다, 진정한 작가가 되기 위해서라도 역사에 대해서 제대로 알자는 결론을 얻고 학생운동에 뛰어들게 되었습니다.

대학 1학년 때 이런 문제의식과 문학을 연결해서 학보사 기자가 되고 싶다는 생각을 했어요. 그래서 필기시험을 보고 합격해서 면접만 남겨두었었어요. 그런데 바로 면접 보기 전날 운명적으로 한 선배가 "건전하게 책 읽고 토론하는 모임이 있는데 그 모임에 나오지 않겠냐?" 그러더라고요. 그래서 신문사 면접을 보러 갈 것이냐 아니면 선배를 따라가서 독서 모임을 할 것이냐 고민하다가 독서 모임을 가게 되었습니다. 학교 안에서 만나자고 했는데 후문으로 나가서 달동네로 가더니 어느 음습한 뒷골목 골방으로 데리고 갔어요. 그게 이른바 당시의 언더서클이란 것이었는데 저는 2학기

---

2 일명 '푸른 눈의 목격자'로 우리에게 알려진 힌츠 페터 씨는 독일 공영 방송 특파원이다. 지난 1980년 광주에 잠입해 당시의 참혹했던 현장을 하나하나 카메라에 담았고 계엄 선포 이틀째인 5월 19일, 찍어놓은 필름을 케이크 상자에 숨겨 독일로 보냈다. 독일 텔레비전은 50분짜리 다큐멘터리 <기로에 선 한국>을 방송했었다.

가 될 때까지 그것이 운동권 서클이라는 것을 몰랐어요. 그냥 철학도 공부하고 역사도 공부하는 그런 모임으로 순진하게 생각했습니다. 그때까지도 데모가 뭔지 운동이 뭔지 전혀 몰랐거든요. 나중에 알고 보니까 데모였고 운동이었다는 것을 촌놈이 2학기가 되어서야 깨닫게 되었습니다. 그때는 거리시위를 '가투'라고 했는데 가투에 나가서 연행이 되면 바로 구속이 될 때였어요. 그런데 11월이 되어서야 저는 처음으로 선배들을 따라서 가투를 나갔습니다. 파출소를 습격했었는데 제가 던진 돌멩이 하나가 포물선을 그리며 나가서 파출소에 있는 유리를 뚫는 순간 쇠망치로 뒤통수를 얻어맞는 느낌을 받았습니다. 제 삶의 방향에 획을 긋는 충격적 경험이었지요. 그 후 본격적으로 학생운동에 뛰어들게 되었습니다.

사실 저는 사회과학이란 것에 대한 사전 지식이 전혀 없었습니다. 1, 2학년 때 러시아 혁명사를 비롯한 많은 사회과학 서적을 읽고 사회를 보는 인식이 조금씩 자리잡게 될 즈음 나보다 먼저 공부했던 친구들이 대학 2학년을 마치고 한 명, 두 명 모두 군대를 가기 위해 떠나버렸습니다. 저는 시골 출신에다 순진해서 선배, 후배와 동료들을 버리고 떠난다는 것이 용납이 안됐어요. 결국엔 끝까지 대학을 지켰고 대학 4학년이 됐을 때는 바로 그 6월항쟁이 있었던 1987년이었습니다. 서울시립대 총학생회 장을 맡게 되고 서대협이란 것도 만들어져 서대협의 편집국장(그게 전대협의 편집국장이기도 했었지요)도 맡게 되었습니다. 박시백이라는 친구가 있는데 몇 년 전까지만 하더라도 박재동 화백 이후에 《한겨레》의 만평을 이어받은 것이 박시백이었어요(지금은 장봉군 화백이 그리고 있음). 그 친구가 바로 제가 서대협 편집국장하면서 서대협 신문을 낼 때 만평을 그렸던 친구였습니다. 성공회대학교 중어중국학과 이남주 교수님도 그때 서울대 총학생회장이어서 그 동료들과 함께 6월항쟁에 합류했습니다.

1987년까지 저는 어떻게 보면 엄청난 낭만의 시대, 질풍노도의 시대를 살았던 것 같습니다. 특히 1987년에는 승리와 패배를 동시에 맛봤거든요. 1987년 전반기에는 학생운동권의 지도부로서, 한 일원으로서 활동하면서 6월항쟁이라는 거대한 역사의 승리를 맛보았고, 하반기에는 6월항쟁의 성과로 이뤄진 직선제 대통령선거의 패배를 맛보았지요. 대통령선거 때 저는 공정선거 감시인단 학생위원장을 맡았고 나중에는 전대협의장 권한 대행도 맡았어요. 그런 과정 속에서 잊을 수 없었던 것이 당시 전대협이 상대적 진보성을 가지고 있는(지금은 여러 가지 부정적 평가도 있지만) 김대중 후보에 대한 비판적 지지를 선언했거든요. 여의도에서 유세가 있었을 때 100만 군중 앞에서 제가 전대협을 대표해서 찬조연설도 하고 세실 레스토랑에서 전대협과 민통련이 함께 지지 기자회견을 할 때 전대협 대표로 참여도 했습니다. 그런데 TV 화면을 통해서 9시 뉴스를 지켜보던 저의 아버지가 혼절하셨다고 했습니다. 그도 그럴 것이 아버님, 어머님은 새마을 지도자를 하시고 민정당 당원들을 평생동지라 불렀어요. 게다가 경기도 외곽 농촌지역은 반호남 반DJ의식이 굉장히 강했거든요. 저도 그런 분위기 속에서 살았는데 그랬던 아들이 DJ 바로 옆에서 기자회견을 하는 모습을 보고 아버지가 엄청난 충격을 받으신 거죠. 그게 바로 대선 투표 일주일 전이었어요. 나중에 이야기를 들어보니까 우리 식구들이 손을 꼭 잡고 가서 생전 처음 자기들이 빨갱이라고 믿어 의심치 않았던 김대중 씨에게 투표를 했다고 하더군요. 그래서 우리 식구는 아주 별난 둘째 아들 때문에 1987년 이후에 지금까지 그 동네에서는 유별난 가족이 되었죠.

그 당시 ≪대학의 소리≫라는 잡지가 있었습니다. ≪대학의 소리≫ 기자로 12월에 입사를 했는데 3월 창간호에 평양축전 기사를 썼어요. 노태우 당시 대통령이 처음에 학생들의 평양축전 참가를 허용하겠다고 했었거든요. 그래서 저는 신나게 그 기사를 썼는데 1989년 4월부터 공안정 국이 시작되면서 평양축전도 불허하게 되었고 제가 썼던 글 때문에 국가보 안법상 찬양고무죄로 얽혀서 마지막으로 세번째 감옥에 들어갔는데 그때 제가 24살이었습니다. 어린 나이에 자신이 썼던 글 때문에 감옥에 갔는데, 어린 나이에 필화사건을 겪었던 셈이지요. 하지만 저에게는 아주 소중했던 기간이었습니다. ≪대학의 소리≫에서 아마추어 기자들이 모여서 글을 썼는데 그때 사진기자 했던 사람들 중 한 명이 지금 ≪한겨레≫에서 사진기 자로 일하고 있는 이정명이라는 친구도 있었습니다. 그때 막 사진을 배워서 활동을 했었지요. 그런 식으로 언론 활동을 4개월 정도 하다가 감옥에

가서 1990년도에 복적을 했습니다. 그리고 당연히 저는 당시의 관성으로
보자면 재야단체나 사회단체에 가서 간사라든지 실무자로 일하겠다는
생각을 가졌었는데, 복적을 해서 대학을 다니는 그 기간에 이른바 동구권이
붕괴되는 것을 목격하게 된 것이었습니다. 그러면서 굉장한 혼란을 느꼈고
좀 차분하게 사회에 대한 진출을 준비하자는 생각으로 대학원에 진학을
했습니다. 그래서 1991~1992년에 국문학과 석사과정에 들어갔습니다.
좀 보수적이긴 하지만 서울시립대 국문학과에 이동하 교수라는 분이 계시
는데 그 교수님 밑에서 2년 동안 석사과정을 밟았습니다. 당시 월북작가가
해금되는 분위기였는데 그 중에서 이기영이라는 사람의 작품을 페미니즘
이란 분석틀을 가지고 석사논문을 쓰고 졸업을 했습니다. 그때 대학에는
'애사출(애국적 사회진출)'이란 바람이 불었습니다. 그래서 후배들과 함께
저도 문학과 운동을 결합하기 위해서 언론사에 들어가고 싶었습니다.
특히 제가 제일 들어가고 싶었던 곳은 《말》지나 《한겨레》였습니다.
제가 2년 동안 우리 학교에 언론고시반을 만들어서 고시준비도 했는데
사실은 대학원 2년 동안은 마음껏 공부만 하고 싶었습니다. 가정이 경제적
으로 워낙 어렵다 보니까 대학원 2년 동안 방학 때마다 학비를 벌어야
되고 또 저녁에는 아이들을 가르쳐야 했기 때문에 공부만 미치도록 하고
싶었던 바람과는 달리 일상의 문제를 해결해야 했어요. 당시만 하더라도
대학 다닐 때 학생회 간부를 하면 전액 장학금을 줬거든요. 어떻게 보면
저는 그 장학금을 받으려고 학생운동을 하지 않았나 싶을 정도로 학부를
다닐 때는 덕을 많이 봤어요. 등록금 걱정을 전혀 안했지요. 나중에 대학원
에 와서 인생의 쓴맛도 느끼며 언론고시 준비를 했습니다. 그러다가 《말》
지나 《한겨레》에 지원서를 써 들고 찾아갔었는데 마침 언론매체들이
몇 년 동안 기자를 뽑지 않을 때였습니다. 결국 1993년에 사회에 진출했는
데 마침 경실련에서 《시민의 신문》을 창간하게 되었고 제가 창간 멤버로
들어가서 1년 2개월 동안 일을 했습니다.

작은 인연을 큰 인연으로 바꾸려는 노력

전대협 활동을 하면서 천하를 바꾸겠다는 혁명, 거대담론에 대한 고민을 했다면, ≪시민의 신문≫에 있었던 1년 2개월 동안은 사회에 대해 새롭게 눈 뜬 시기입니다. 그때가 이른바 시민운동이 태동할 때였고 경실련이 잘 나갈 때였습니다. 시민운동의 문제점이 노출되기도 했지만 ≪시민의 신문≫에서 환경 분야, 시민사회, 농업문제 등을 담당하면서 환경이 얼마나 중요한 것인지를 새삼 깨닫게 되었습니다. 그리고 ≪시민의 신문≫에 있으면서 끊임없이 사람들과 관계를 맺는 훈련을 쌓았습니다. ≪시민의 신문≫은 지금 독립을 해서 시민단체 공동신문이긴 하지만, 그때는 경실련의 기관지였거든요. 경실련이 그때만 하더라도 우리 사회의 모든 문제에 대해서 관여를 했습니다. 그래서 일주일에 두세 차례씩 긴급 세미나나 토론회가 열렸습니다. 저는 제 분야가 아니더라도 강좌를 듣고 그 자료집을 챙기고 거기에 참여한 사람들의 명함을 받아두고 인맥을 쌓아나갈 수 있었습니다. 그때 당시 (물론 재야 민중운동을 제압하기 위한 한 방식으로, 언론과 정부가 경실련을 키워준 측면도 있지만) 경실련이 발 빠르게 당시의 사회변화를 주도했던 측면도 있었다고 생각해요. 특히 어떤 사안이 발생했을 때, 예를 들면 만일 대구참사와 같은 일이 발생했다고 한다면, 이것과 관련된 정부 관계자를 부릅니다. 바로 그날 저녁 정책실에서 그것과 관련된 정부 관계자에게 전화하고 또 그런 문제를 연구하는 학자나 전문가를 부르고 그 다음에 시민운동 쪽에서 그 문제를 담당하는 사람들을 부릅니다. 모든 것을 단 하루 만에 디자인을 해서 바로 다음날 오후 정도에 긴급 토론회를 열어버리는 겁니다. 그러면 언론들이 그곳에 와서 다루지 않을 수 없는 거죠. 의제를 재빠르게 설정하고 언론 플레이를 하는 거죠. 어떤 사안이 발생했을 때 가장 책임이 있고 가장 정보가 빠르고 가장 그것을 고민하고 있던 사람들이 한자리에 모여서 토론을 하니까 언론 입장에서는 그것을 받아들일 수밖에 없죠. 그래서 재야 쪽에서 일하고 있던 친구들은 언론이 일부러 경실련을 키워주려는 게 아니냐는 이야기들을 했는데 막상 그 안에서 제가 보고 겪은 바로는 외부에서 단순히 키우려고 했다기보다는 자체적으로 발빠르게 변신하고 준비했었기 때문에 가능하지 않았나 하는 생각을 했습니다. 그런 과정 속에서 많은 분들과 인연을 쌓았는데 기자에게 가장 중요한 것은 사람이거든요. 나중에 제가 ≪말≫지 기자로 활동할 때 쌓아두었던 자료와 그때 챙겨두었던 명함과 인사했던 사람들이 큰 힘이 되었습니다. 이것은 단순히 기자로서만이 아니라 사회생활을 하는 데도 굉장히 필요한 부분이라고 보는데요. 작은 인연을 큰 인연으로 만드는 것, 그것은 사람을 기술적으로 만나는 것이 아니라 사람을 진심으로 만나는 거지요. 진심으로 만날 때 그를 통해 기자로서는 특종을 건질 수도 있는데 대다수 특종의 경우가 평소에 그 사람에 대해서 잘 알고 있는 상황에서 어떤 사안이 발생했을 때 그 관계를 활용하는 데서 나오는 것이라고 봅니다. 그 사람을 처음 만나는 것과 평소에 그 사람과 끊임없이 교류하는 것과는 엄청난 차이가 있거든요.

　제게 그런 사람 중에 한 분이 김성훈3 교수입니다. 농업학자인데 ≪말≫지에 들어와서 이 분에 관한 기사를 두번 정도 썼습니다. 김성훈 교수가 1995년 지방자치선거 때 전남지사로 출마를 했어요. 그 당시엔 호남지역에서 김대중 씨가 낙점을 하면 당연히 당선될 때였는데 지방자치제도가 도입되면서 이 분을 스카우트했죠. 그랬는데 이 분이 낙선했어요. 단 열흘 동안 선거운동을 하고 낙선의 고배를 마셨는데, 허경만이라는 닳고 닳은 정치인이 전남이라는 지역을 동부와 서부, 소지역주의로 나누면서 이

---

3 재직시절 '이동장관실'을 운영, 농촌을 직접 방문하며 현장 민원을 즉석에서 해결한 김성훈 전 농림부장관은 "1/3은 현장에서 바로 해결할 수 있는 것들"이라며 정책에 반영해 실행에 옮기기까지 족히 2년은 걸리는 '느림보 행정'의 틈새를 메운 '현장중심형' 관료이다. 장관으로 부임한 1998년 IMF 시절, 농민들은 명함도 못 내밀 정도로 경제위기가 심각했던 상황에서 김 전 장관은 정부기관의 각종 구조조정을 통해 농민들의 숙원사업이던 '물세 폐지'를 이뤄낸 것으로도 유명하다. 무엇보다도 친환경 농업의 물꼬를 텄다는 점에서 높은 평가를 받고 있다. 2000년 8월 장관직을 그만둔 뒤 학교로 돌아와 후학을 양성하면서 우리민족 서로돕기운동본부 공동대표, 내셔널트러스트운동본부 공동대표, 환경농업단체연합회 고문, 그리고 오랫동안 활동해온 경실련 통일협회 고문직을 거쳐 경실련 대표로 취임했다.

순진한 학자를 KO패시켰습니다. 그때 수많은 기자들이 열흘 동안 정치외도를 했던 김성훈 교수를 만나 인터뷰하기 위해서 따라다니던 적이 있었습니다. 그래서 술자리에서 이 분이 했던 얘기를 가지고 ≪문화일보≫가 박스기사로 썼는데 그것이 굉장히 큰 화제가 됐었습니다. 그 이후에 주간지, 일간지 기자들이 이 분을 만나기 위해 동분서주했어요. 그런데 이 분 입장에서는 솔직히 말해 패배한 입장으로 나서서 얘기하기도 그렇고, 한편으로는 열흘 동안의 정치외도 속에서 느낀 바가 많아 하고 싶은 말도 많은 딜레마에 빠져 있었어요. 그런데 제가 이 분의 전남지사 후보 낙선기를 독점으로 인터뷰할 수 있었거든요. 대단한 특종은 아니었지만 굉장히 어려운 상황에서 인터뷰를 성사시킬 수 있었던 것은 제가 그 전에 이 분과 맺었던 관계 때문이었어요.

1994년 ≪시민의 신문≫에 몸담기 1년 전에 우루과이라운드 사태가 있었습니다. 우루과이라운드 사태가 벌어지면서 농업개방과 관련해서 농민단체, 시민단체, 여성단체, 소비자단체들 180개가 연대를 했어요. 이것이 당시로서는 진보와 보수가 총망라한, 해방 이후 최대 연대기구라고 했죠. 그런데 이 분이 집행위원장을 맡았는데 굉장히 놀라운 협상력을 보여주더라고요. 농민들만이 우루과이 문제를 가지고 싸운다면 이것은 실패다, 소비자단체를 끌어들이는 것이 굉장히 중요하다, 시민단체를 끌어들여야 된다 하여 이 분이 경실련에 들어온 거예요. 제가 농민의 아들이었기 때문에 우루과이 라운드 문제를 지속적으로 쫓아다니면서 기사를 썼는데요. 이 분이 워낙 부지런해서 조찬 모임을 굉장히 많이 가져요. 아침 7시에 YMCA에서 급하게 소비자단체들을 모아 회의를 하곤 했는데 그런 데까지 제가 다 쫓아다녔습니다. 그러니까 일간지 기자, 방송사 기자들, 농업문제를 전문으로 담당하는 기자들, 경제를 담당하는 기자들보다 더 열심히 쫓아다니면서 매주 기사를 썼습니다. 당시 그것은 굉장히 중요한 사안이었기 때문이죠. 그러다 보니까 김성훈 교수가 일간지 기자나 방송사 기자보다도 저를 더 애정 있게 지켜보았던 거지요. 바로 그 인연으로 1년 후에 (패배자를 인터뷰하기가 쉽지 않은 건데) 이 분이 자기 심정을 왜곡하지 않고 믿을 만하다는 신뢰감을 가지고 저의 인터뷰에 응해주셨지요.

이 분을 인터뷰하고 마지막에 제가 이 분의 애송시를 소개했어요 그것은 롱펠로의 시였는데 이 시를 제 기사 마지막에 소개했습니다. "나는 화살을 쏘았네. 어디론가 하늘 높이 날아가버렸네. 나는 노래를 불렀네. 내 노래는 공기 중에 사라져버렸네. 먼 훗날 나는 보았네. 벌목하는 큰 나무 속에 내 화살이 박혀 있는 것을. 나는 들었네. 소를 몰고 집으로 돌아가는 목동의 피리소리가 내 노래인 것을."

이 시를 인용하면서 저는 그 기사를 이렇게 마무리했습니다. "그가 쏜 화살과 노래는 언제 어디에서 발견되고 불려질까." 그리고 미완의 인터뷰로 남겨뒀습니다. 그러고 나서 3년이 흘러 정권교체가 됐습니다. 50년 만의 실질적인 정권교체인데, 교육부장관 이해찬, 농림부장관 김성훈, 감사원장 한승헌, 이른바 재야에서 활동했던 분들, 시민단체에서 활동했던 분들이 대거 권력에 들어갔습니다. 그런데 ≪말≫지는 그 전까지만 해도 제도권 밖에서 감히 장관하고 인터뷰 같은 것은 꿈꿔볼 수가 없었어요 우리한테 누가 인터뷰를 하겠어요? 그때 오연호 씨가 취재부장이었는데, 이제 세상이 바뀌었으니까 우리도 이런 사람들과 인터뷰를 할 수 있다는 것을 보여주자고 했죠. 기자 두세 명씩 장관이나 감사원장을 책임지고 인터뷰를 성사시키자고 했어요. 그래서 흩어져 인터뷰를 했는데 실제로 월간 ≪말≫ 1998년 4월호에는 한승헌 감사원장하고 김성훈 농림부장관 인터뷰밖에 들어가지 못했어요 왜냐하면 이름이 거명됐던 사람들은 한번 거명되었다가 도리어 그게 언론에 소개되면서 미리 새버렸다고 임명이 취소되는 게 김영삼 정부 때부터 보여줬던 전통이었거든요. 그러니까 장관에 거론되었던 사람이 다 숨어버리고 인터뷰 자체를 안 해주는 거예요 믿으면서도 해줄 수가 없었던 거였죠. 그때 제가 성사시켰던 게 바로 김성훈 농림부장관 인터뷰였습니다. 한승헌 감사원장은 제가 1997년에 『실록 6월항쟁』이란 걸 작업하면서 많은 이야기를 나누고 사진을 얻는 과정에서 관계를 맺어놨기 때문에 인터뷰를 할 수 있었죠.

김성훈 장관 인터뷰 기사에서 서두에 이렇게 적었습니다. "김성훈 농림부 장관은 1995년 민주당 전남지사 후보 경선에 출마했다가 낙선한 적이 있다. 기자는 당시 어렵사리 그와 단독 인터뷰를 할 수 있었다. 인터뷰가 끝나갈 무렵 그는 롱펠로의 시를 읊조렸다"라고 소개하면서 롱펠로의 시를 그대로 소개해준 다음에 "기자는, 그가 쏜 화살과 노래는 언제 어디서 발견되고 불려질 것인가라는 문장으로 끝을 맺은 바 있다. 그리고 3년이 흘렀다"라고 썼습니다.

자기가 어느 곳에 있든지 사람과의 관계를 맺고 정보를 축적한다는 것은 단순히 그 사람이 진보적이고 개혁적이기 때문이 아니라 그게 누구이든지 간에, 우리가 기자이든 아니든 (기자라면 더욱더) 사람에 대한 작은 인연을 큰 인연으로 만드는 것이 필요하다는 것입니다. 유명한 사람, 기자 수십 명을 만나는 사람도 그 수십 명의 기자 속에 특별히 기억에 남는 기자가 있을 거라고 보거든요. 그래서 기자로 일하는 저를 포함해서 여러분이 기자가 된다면, 적어도 취재원과의 관계 속에서 그냥 많고 많은 수십 명의 기자 가운데 한 명이 아니라 '그 친구 진짜 진득하다, 그 친구 진짜 끈질기다, 그 친구 참 괜찮다', 이렇게 기억에 남는 기자가 되어야 하지 않겠습니까? 그런 차원에서 작은 인연을 큰 인연으로 만드는 것, 이것은 언론 분야뿐만이 아니라 인생에서도 마찬가지일 거라고 봅니다.

이것도 특종기사는 아니었지만 한 가지 예를 더 들어보지요. ≪말≫지에서 '독자 데이트'라는 게 있었습니다. 여기에 제가 '생태계 탐사 나선 예비 법관들'이란 기사를 쓴 적이 있어요. '환경운동연합'에서 사법연수원생들을 만나서 썼던 기사였는데, 이 독자 데이트 기사를 쓰게 된 것은 아주 우연이었습니다. 제가 ≪말≫지에서 환경을 계속 담당하면서 '환경운동연합'에 출입을 하는데 어느날 마감이 끝나고 토요일이어서 쉬려고 했거든요. 그런데 그 주 토요일에 '환경운동연합'에서 환경변호사 총회를 갖는데 1박 2일로 대전에 간다는 것이었습니다. '피곤하니까 쉴까? 만나기 쉽지 않은 취재원이니까 인연을 맺어두는 게 좋을까?' 고민하다가 간 거지요. 기자 중엔 저밖에 없었는데 오세훈 변호사가 그때 회장이었습니다. 그 사람이 환경 쪽에선 나름대로 전문가거든요. 전국에서 활약하는 변호사들 10여 명이 모여서 총회를 했는데 그날 저녁에 사법연수원생 15명이 그 자리에 왔어요. 1995년부터 사법연수원제도가 바뀐 겁니다. 그래서 정식 학점을 뒀는데 사법연수원에 법학회라는 것을 둔 거예요. 대학으로 말하자면 동아리 활동을 학점으로 인정하기 시작한 거예요. 그래서 노동법학회, 환경법학회, 특허법학회 이런 식으로 법학회를 만들어서 거기에서 특별활동을 하게 만든 겁니다. 전문가 시대가 되기 때문에 그런 거죠. 그러니까 환경법학회 15명 회원들이 거기서 활동하다가 자기 선배 환경 전문 변호사들이 그런 모임을 가지니까 인사도 할 겸 얘기를 들을 겸 왔던 겁니다. 그래서 또 그 사람들과 인연을 맺게 되었죠. 그 중 한 명이 경찰대학을 졸업하고 한양대 법대를 다녔는데 경남 거창 출신으로, 외람된 표현이지만 촌놈, 산적, 도둑놈처럼 생긴 분이 있더라고요. 저랑 외모가 비슷해서 친근감이 느껴져서인지 그 친구하고 아주 친해졌어요. 서울에 돌아와서도 그 친구하고 가끔 만나서 이런저런 이야기도 많이 하고 서초동 사법연수원 쪽에 놀러가서 술도 마시고 그랬죠. 그 친구 이야기를 듣다 보니까 사법연수원만의 독특한 세계가 있더라고요. 그 전까지 사법연수원 하면 마담뚜들이 생각나고 그랬는데 안에 들어가서 보니까 300명 중에 100명이 운동권이라 하더군요. 그래서인지 모르지만 사법연수원이 우리 사회의 변화를 읽을 수 있는 재미있는 공간이란 생각이 들었습니다. 그들만이 가는 호프집도 재미있고 그들이 하는 세미나도 굉장히 진보적이더라고요.

이 세계를 ≪말≫지에서 다뤄도 의미가 있겠다 싶어서 이 친구를 통해 사법연수원장을 만나고 사법연수원자치회 학생회장도 만나고 해서 당신들 세계를 ≪말≫지에서 한번 다루어보겠다 해서 나온 것이 밀착취재 '사법연수원 24시'입니다. 이 친구들과 같이 폭탄주도 마셔보고 지금까지 알려지지 않았던 사법연수원 내부 세계를 소개하는 기사를 썼습니다. 이 사진이 바로 사법연수원 전경입니다. 이 사진을 찍은 위치가 삼풍백화점 옥상입니다. 바로 한 달 뒤에 무너졌어요. 제가 만일 한 달 뒤에 이 기획을 했더라면 우리 사진기자가 아주 큰일날 뻔했지요. 그래서 어떻게 보면 아주 작은 인연이지만 놓치지 않고 연결시켜나가려는 노력들이 기자가 아니어도 우리가 살아가면서 필요하겠다는 말씀을 드리고 싶습니다.

시의성, 참신성, 현실성을 고루 갖춘 작품

여전히 우리는 언론이라 하면 기본적으로 방송이나 신문을 중심으로 생각하지요. 특히 월간지의 경우에는 지금도 영향력이 많이 축소되긴 했지만 그때부터도 이미 월간지 위기에 대한 이야기들이 많이 있었어요. 그런데 저는 월간 ≪말≫지에서 아주 신명나게 일했던 것 같아요. 특히 아까 말했던 그런 기사들 있잖아요. 자기만의 독특한 색깔이나 체취, 스타일 그리고 문학적 재능들을 살려서 하나의 다큐멘터리를 보는 듯한 글 말이죠. 일간지나 방송이라는 건 뻔하지 않습니까? 요즘 다큐멘터리가 많이 확산되면서 작품을 만든다는 생각으로 하는 <일요스페셜> 같은 작품들이 많이 나오고 있지만 기본적으로는 스트레이트 뉴스 중심이잖아요. 굉장히 무미건조하지요. 저는 사람들에게 똑같은 이야기를 전달한다고 하더라도 그 형식이 새로워야 하고 감동을 주어야 한다고 생각합니다. 또 뭔가 첫 장면부터 엄청난 흡인력을 갖고 시작해 마지막 문장을 읽으면서는 어떤 여운을 느낄 수 있어야 된다고 봐요. 아마 오연호 기자가 와서 이야기했겠지만 기사는 시간이 지나면 그냥 버려지는 것 아닙니까? 수많은 영상매체, 인터넷 매체가 있지만 시간이 지나면 잊혀져버리는 거죠. 저는 저널리즘에서 작품을 쓴다는 생각을 가지고 쓰는 사람도 우리 사회에 필요하다고 봐요. 그런 것이 역사로 남는다면 나중에 우리 사회를 읽는 중요한 사료적 가치가 있지 않을까 생각합니다. 저는 어떻게 보면 그런 오기 같은 걸 갖고 생활을 했던 것 같아요. 이것이 아전인수인지 모르지만 월간지라는 게 빠르지 않고 느리기 때문에 갖는 강점을 두 가지 정도로 해석합니다. 첫번째가 마지막까지 판단할 수 있다는 겁니다. 『시마과장』이라는 일본만화가 있는데 그 만화를 그린 사람이 히로카네 켄시(Hirokane Kensi)[4]입니다.

---

4 와세다 대학 법학부를 졸업하고 마츠시타 전기산업 홍보부에서 4년간 직장생활을 한 히로카네 켄시는 『시마과장』으로 알려진 일본의 만화작가이다. 『라스트뉴스』는 우리에게 하나의 시사점을 던져준다. 이 만화는 도쿄에 있는 민영방송국 '수도 TV'의 마감뉴스 프로그램인 '라스트뉴스' 제작팀이 심층취재를 통해 사건의 실체를 파헤친다는 스토리 구조를 갖고 있다. 특히 주인공인 히노 PD가

그 사람이 그린 또 다른 작품으로 『라스트뉴스』라는 만화가 있습니다. 일본의 중소 방송국 CBS의 히노라는, 집착이 강하고 장인정신을 가지고 있는 PD를 중심으로 한 몇 명의 방송 제작팀이 있습니다. 그 제작 프로그램 이름이 '라스트뉴스'입니다. 만화이긴 하지만 저는 너무 재미있게 읽었습니다. 예를 들어, 어떤 사건이 터졌어요. 이것이 미담기사로 알려져 모든 방송이 흥분해서 그 사람을 영웅으로 만들었는데 알고 보니까 아주 나쁜 놈이었다든지, 악마로 만들어서 범인이라고 생각했는데 나중에 차분하게 추적해보니까 범인은 따로 있었다는 식으로 전개됩니다. 그런 식이죠. 보통 우리 저널리즘이 갖기 마련인 약점이 선정적이고 한번 부글부글하고 나면 시간의 쓰레기가 되다 보니까 잊혀져버리는 것이거든요. 끈질기게 철저한 검증과 발상의 전환을 통해서 통렬하게 기존의 결론을 뒤집는 만화를 보면서 저는 '라스트뉴스' 같은 기사를 쓰는 사람도 우리 사회에 필요하다고 생각했어요. 우리 사회에 어떤 사안이 발생해 언론이 막 흥분해서 훑고 지나갔을 때 다시 이것을 차분하게 하나하나 되짚어볼 수 있는 사람이 필요하다고 봅니다. 저는 <살인의 추억>이란 영화에 나오는 1980년대 화성 연쇄살인사건도 진짜 건강한 딴소리를 할 줄 아는 진정한 장인정신을 가진 저널리스트가 있었다면 한번 제대로 추적해볼 수 있지 않았을까 하는 생각이 들어요. 그러한 것들을 할 수 있는 곳이 ≪말≫지였습니다.

　두번째로 저는 『세계를 뒤흔든 10일』5이라는 책을 가지고 제 저널리즘의 철학을 이야기합니다. 즉 기사는 시간의 쓰레기가 아니라는 것을 보여주는 르포라는 것입니다. 1917년 러시아 10월혁명을 기록한 책은 너무도 많습니다. 김학준 교수의 『러시아 혁명사』를 비롯해서 우리가 대학교

지휘하는 제작팀은 방송이나 신문에 이미 보도된 뉴스들을 철저하게 검증해 잘못된 보도를 통쾌하게 뒤엎는 내용을 그렸다.

5 미국 신문기자 존 리드가 러시아 혁명의 현장에 뛰어들어 직접 체험한 내용들을 1919년에 기록한 책이다. 기록 문학의 걸작으로 꼽히는 이 작품은 1927년 러시아 혁명 10주년 기념식을 위하여 영화로 제작되었다. 세르게이 에이젠슈테인(Sergei M. Eisenstein)과 그리고리 알렉산드로프(Grigori Aleksandrov)가 공동으로 각본과 연출을 담당하였다.

다닐 때 러시아 혁명사 서너 권을 가지고 공부했는데 대부분이 정사였거든 요. 그런데 어느날 선배들이 『세계를 뒤흔든 10일』이라는 책을 주더라고요. 이걸 가지고 세미나는 안하고 참고로 한번 읽어보라고 줬는데 이 르포집을 읽으면서 저는 러시아 혁명의 속살이라고 할까요? 어떤 내밀하고도 진정한 맛을 느낄 수 있었어요. 정사가 말하지 못하는 생생한 역사의 현장을 담았거든요. 존 리드(John Reed)[6]라는 사람이 썼는데 미국의 진보적인 사회주의자 기자였죠. 이 사람이 러시아 혁명이 일어났을 때 마침 모스크바 에 있었던 겁니다. 그래서 모스크바에서 자기가 보고 들은 것을 르포로 썼죠. 이 사람의 글은 미국 배우 워렌 비티가 <Reds>[7]라는 영화로도

6 존 리드(John Reed)는 미국의 저널리스트이자 시인, 사회주의자이다. 하버드 대학교 졸업 후 저널리즘계에 투신하였다. 1913년 급진적인 잡지 ≪더 매시즈 (*The Masses*)≫의 편집에 참여함으로써 사회주의에의 길을 걷기 시작했다. 1914 년 ≪메트로폴리탄≫지에 멕시코 혁명을 보도하여 명성을 얻었다. 제1차세계대 전이 일어나자 특파원으로 유럽에 건너가, 1917년의 러시아 혁명을 현장에서 목격, 르포르타주 문학의 걸작 『세계를 뒤흔든 10일』을 발표하였다. 레닌의 벗이 되어 귀국, 미국 최초의 공산당을 창립하였으나 미국에서는 환영받지 못하 였고, 여행 중에 모스크바에서 객사했다. 유체(遺體)는 레닌 등의 애도 속에 '붉은광장'에 매장되었다. 저서에는 『동유럽의 전쟁(*The War in Eastern Europe*)』 (1916), 『붉은 러시아(*Red Russia*)』(1919), 시집 『탬벌린(*Tamburlaine and other Poems*)』(1916) 등이 있다

7 1981년 파라마운트 픽처스(Paramount Pictures)가 제작한 영화이다. 미국의 급진적인 저널리스트 겸 사상가로서, 러시아 혁명을 취재한 르포르타주 『세계를 뒤흔든 10일』로 세계적인 화제를 불러일으킨 존 리드의 불꽃같은 생애를 그린 작품이다. 워렌 비티(Warren Beatty)가 제작·감독·주연을 겸하고 다이언 키튼 (Diane Keaton)이 여주인공을 맡았다. 존 리드의 정치적인 발자취와 함께 여권운 동가 루이스 브라이언트(Louise Bryant)와의 격정적인 러브스토리를 그렸다. 제목 'Reds'는 공산주의자를 뜻하는 'communist'의 속된 표현이다.

   미국의 급진적인 저널리스트 존 리드(워런 비티)는 여권운동가인 유부녀 루이스 브라이언트(다이언 키튼)와 사랑에 빠진다. 리드와의 사랑을 위해 남편을 버린 그녀는 한동안 리드와도 헤어져 극작가 유진 오닐과 동거한다. 그러나 루이스는 다시 리드에게 돌아오고 그들은 10월혁명을 취재하기 위해 러시아로 떠난다. 러시아에서 민중의 힘을 확인한 리드는 미국에 돌아와 공산주의 운동을 벌이면서 각국을 돌며 민중운동을 역설하다가 러시아의 한 병원에서 33세의 젊은 나이에

만들어 더 유명해졌습니다. 이 사람의 르포를 보면 "1917년 9월 중순경 러시아를 방문한 외국의 어느 사회학 교수가 페트로그라드에 있는 나를 찾아왔다" 이렇게 시작하고 있지요. 우리가 흔히 러시아 혁명을 이야기할 때 1917년 러시아 혁명의 사회적 분위기는 어떻고 역관계는 어떻고 하는 식으로 접근하며 공부했는데, 이 책은 존 리드라는 저널리스트가 보고 들은 현장을 그대로 생생하게 보여주는 거지요. 그동안에 사람들은 이것을 그냥 참고서 수준으로 생각했던 거예요. 그런데 저는 도리어 선배들이 참고삼아 그냥 읽어봐라 했던 『세계를 뒤흔든 10일』에서 러시아 혁명의 정수를 느낄 수 있었던 거지요. 바로 이것이 《말》지 같은 잡지가 특징을 살릴 수 있는 부분이라고 봤습니다. 기사를 쓸 때 이러한 문제의식을 가지고 쓴 기사와 우리가 늘 역피라미드가 어떻고 식의 교과서적이고 드라이한 기사가 독자들에게 메시지를 전달하는 힘은 전혀 다르거든요. 중국의 대장정을 기록했던 에드가 스노(Edgar Snow)[8]의 『중국의 붉은 별』[9]

숨을 거둔다.

이 작품은 존 리드의 정치적인 활동보다 루이스 브라이언트와의 로맨스에 중점을 두었다. 1982년 제54회 아카데미상 12개 부문 후보에 올라 감독상, 여우조연상, 촬영상을 수상하였다.

8 1905년 미국의 미주리(Missouri) 주의 캔자스시티(Kansas City)에서 태어났다. 1926년에 미주리 대학을 졸업하고 컬럼비아 대학 신문학과에서 공부를 마쳤다. 1927년에 언론계에 투신하여 1928년에 상하이로 건너가 《밀늑씨(密勒氏)평론보》와 《시카고 트리뷴(Chicago Tribune)》과 《뉴욕 선(New York Sun)》의 화남(華南) 기자로 중국에 파견되었다. 또한 1933~1938년 동안 북경(北京)의 연경대학(燕京大學) 교수로 재직했으며, 1972년에 사망했다. 저서로는 『중국의 붉은 별』 등이 있다.

9 중국혁명의 고전으로 꼽히는 책으로 우리나라에서도 1985년 첫 출간 이래 10만 부가 훨씬 넘게 판매되었다. 1928년부터 13년간 중국에 머물며 《차이나 위클리 리뷰》, 《뉴욕 선》, 《런던 데일리 헤럴드》 등의 기자 및 특파원으로 활동했던 에드가 스노가 1936년 서방기자로서는 처음으로 마오쩌둥의 봉쇄된 '소굴'을 취재한 뒤 썼다. 기사형식의 글이며, 중국혁명에 대한 사실적 취재가 돋보인다. 마오쩌둥을 비롯, 주더 등 중국혁명 지도자들과 중국 홍군의 모습을 생생하게 담았다. 한국에서는 1985년에 해직기자 출신인 신홍범 씨에 의해 처음 번역, 출간되었으나 나오자마자 판매금지 처분을 당했다. 당시 5공 치하에서

도 마찬가지죠. 완벽한 영웅으로서의 마오쩌뚱이 아니라 인간적인 시인으로서의 마오쩌뚱을 『중국의 붉은 별』을 통해서 볼 수 있다는 거죠. 역사가들이 다하지 못한 것을 도리어 저널리스트가 해낼 수도 있다는 것을 저는 ≪말≫지에서 체험했어요. 늘 그러한 자세로 글을 쓰려고 했습니다.

여러분이 신문방송학과니까 기사를 쓸 때 보통 기자로서의 기획론, 취재론 등 여러 가지 이야기를 할 수 있겠지만 이거 하나만 이야기하고 기자이야기는 줄이겠습니다. 기획을 할 때 우리는 보통 세 가지 조건을 말합니다. 첫번째 시의성, 두번째 참신성, 그 다음에 현실성이라고 봅니다. 아무리 월간지이고 시간의 쓰레기가 아닌 작품을 쓴다 생각하더라도 어느 언론이든 이 시의성을 무시할 수는 없습니다. 시의성이 없다면 사람들이 읽지를 않겠죠. 보통 우리가 타이밍을 놓치지 말라는 이야기를 하는데 많은 사람들이 타이밍을 놓치지 말라는 것까지만 이야기해요. 그런데 저는 타이밍을 놓치더라도 이것을 저축하는 것이 필요하다고 보거든요. 시의성을 놓쳤다 해서 그냥 그 자료를 버리는 사람도 있죠. 우리 집에 가면 별 자료들이 다 있습니다. 집이 좁고 정돈을 못해서 저도 정신이 혼미해지긴 하지만 언젠가는 그게 쓰일 거라고 생각합니다. 그게 바로 저축입니다. 시의성은 언제든지 돌아온다는 생각을 하는데 그 여러 가지 예 중 하나가 이승복 사건[10]입니다.

모든 신간은 문공부 간행물심의실을 거쳐야 했는데, 신 씨는 "이미 중국혁명의 고전이 된 책까지 금서로 규제한다면 전 세계에 반문명적 웃음거리가 될 것"이라고 문공부에 구두로 항의하고, "장차 중국과 본격 교류를 원한다면 오히려 이 책을 조그만 지렛대로 사용해야 할 것"이라는 내용의 공문을 보냈다고 한다.

그 결과 간신히 문공부 금서목록에서는 풀렸지만, 이번에는 경찰이 단속에 나서는 등 곡절을 겪다가 1988년이 되어서야 금서목록에서 완전히 풀려났다.

10 1968년 10월 30일 3차에 걸쳐 울진·삼척 지구 해상으로 침투한 120명의 무장공비 잔당 5명이 우리의 군·경·예비군의 추격을 피해 북으로 도주하다 산 속에서 추위와 굶주림에 지쳐 다급한 나머지 '강원도 평창군 진부면 노동리' 계방산 중턱 이승복 군의 집에 침입하여 공산주의를 선전하며 그들에게 동조해줄 것을 요구하였으나 이승복 군이 "나는 공산당이 싫어요"라고 항거하자 순식간에 가족을 살해하였다고 알려진 사건이다.

가족 중 이승복 군의 친형인 학관(당시 15세)은 공비에게 36곳이나 찔리는

　사실 이승복 사건은 1968년 12월 9일 밤에 있었던 일입니다. ≪미디어 오늘≫[11]의 김종배 기자와 김주언 씨 이런 분들이 지금 ≪조선일보≫와 이승복 유족들에 의해 소송을 받아 지금 피고소인이 되어 있습니다. "나는 공산당이 싫어요"라는 말이 작문이라는 주장과 "나는 공산당이 싫어요"라는 말을 했다는 주장이 맞붙어 있는데 이게 소송으로 이어져 지금도 진행되고 있죠. 피고소인 측 안상호 변호사가 저를 보고 다음달에 증인으로 나와달라고 하더군요. 이 사건 1심에서 김종배 기자하고 김주언 씨가 패소하면서 긴급 토론회를 열었는데 언론 쪽에서 제가 이 기사를 계속 썼었거든요.

　이 사건의 진실은 이렇습니다. 1968년 12월 9일 강원도 평창에서도 한참 떨어진 산골마을에서 벌어졌던 일인데 이게 12월 10일에야 알려지면서 강릉에 있던 기자들이 평창으로 갔을 거 아닙니까? 현장으로 갔는데 10일자 석간부터 보도가 나오기 시작했습니다. 그래서 ≪경향신문≫하고 ≪동아일보≫ 석간에서 제일 먼저 보도가 됐고, 11일자에 ≪조선일보≫를 비롯한 다른 신문에서 보도했습니다. 그런데 다른 대다수 신문에는 "공산당이 싫어요"라는 말은 없었습니다. 물론 무장공비가 일가족을 몰살한 사건은 있었죠. 오직 ≪조선일보≫ 기사에만 이 말이 등장합니다. 그리고 그 당시의 기사들을 다시 훑어보면 정신없이 쓰였다는 것을 알 수 있습니다. 지금은 노트북이 있고 핸드폰이 있으니까 빠르게 되는데 당시에 강릉에서 대관령을 건너서 다시 이 산골마을까지는 하루 종일 가야 했어요. 전화를 가지고 불러주는 겁니다. 기사를 써서 전화로 불러줘야 하는데 전화를

중상을 입고도 구사일생으로 목숨을 건져 공비의 만행을 이웃에 알렸다고 한다. 북한 무장 공비에게 "나는 공산당이 싫어요"라며 반항하다 입이 찢겨져 무참히 사살되었다는 이승복 사건은 초등학교 교과서에까지 나와서 배웠던 일화지만 그것은 ≪조선일보≫의 작문이었다는 주장이 설득력 있게 제기되며 논란의 대상이 되었다.

11　1995년 5월 17일 탄생. 전국언론노동조합연맹이 '국민과 함께하는 참다운 민주언론'을 기치로 창간했다. 1999년 6월 3일 소유와 편집의 분립, 시민사회단체와 학자들이 언론문제를 연구할 때 자료로 활용하고 있고 매주 발간하는 언론매체 비평 전문지이다.

하려면 강릉까지 와서 해야 하는 상황이었죠. 그래서 ≪경향신문≫, ≪동아일보≫나 다른 신문을 보면 경황없이 썼다는 것이 여실히 느껴집니다. 문장도 말이 안 되는 게 있고 급박하게 썼다는 것이 보여지는데 11일자 ≪조선일보≫ 기사만은 너무나 완벽한 기사입니다. 그리고 다른 무엇보다 취재원이 이승복의 형 이승원(이학관)이라고 너무나 분명한 거예요. 아버지하고 형이 살아남았는데 바로 이 이승원에 의해서 우리가 중·고등학교 때 배웠던 정설로서의 "공산당이 싫어요"라고 외쳤다는 이승복 어린이의 항거가 바로 ≪조선일보≫ 12월 11일자 기사로 나온 거예요. 당시 ≪조선일보≫ 사회부장이 아마 이규태 씨였던 걸로 기억하는데 이규태 씨의 놀라운 문장력이 동원돼서 완벽하게 쓰여진 이 기사가 결국에는 정설이 돼버렸죠.

그런데 1994년에 ≪미디어 오늘≫의 김종배 기자가 이 기사가 작문이라는 논쟁을 제기했습니다. 특히 이 기사를 썼던 ≪조선일보≫ 기자가 나중에 술자리에서 "사실은 당시에 '공산당이 싫어요'는 작문이었다. 이런 말은 없었다. 그런데 본사에서 써넣은 것이다"라는 말을 했다는 거죠. 이것이 언론계에 파다하게 퍼지고 수많은 언론학자들의 논문이라든지 저술에 이것은 대표적인 작문 기사로 거론이 됐는데 ≪조선일보≫가 침묵을 지켰거든요. 철저하게 침묵을 지키다가 김종배 기자가 이 역사의 현장으로 수십 년 만에 유일한 생존자인 이승원 씨를 찾아갔습니다. 그 사람으로부터 최초로 확인된 게 "나는 당시 기자를 만난 적이 없다"라는 겁니다. 9일 밤에 사건이 있은 후 이승원 씨는 사람들에게 소리쳐서 알린 다음에 의식불명에 빠져서 헬리콥터로 원주 기독병원으로 후송이 되어 한 달 동안 의식불명에 빠져 있다 깨어났더니 영웅이 되어 있었던 거지요. 육영수 여사가 찾아오고 전국을 돌아다니면서 반공웅변 강사가 되어 살게 된 것입니다. 그런데 수십 년 뒤에 김종배 기자가 찾아갔더니 기자를 만난 적이 없다는 사실을 처음으로 밝힌 것이죠.

아까 말했듯이 수십 년이 지나 타이밍은 놓쳤지만 나중에 와서 이렇게 문제가 될 수도 있는 겁니다. 1998년 안티조선 논쟁이 벌어질 때 ≪조선일보≫가 여기서 벗어나기 위해 이승복 사건을 재취재했습니다. 이승원 씨와 다른 사람들을 다 만나서 "사실은 의식불명에 빠지기 전에 이웃집 할머니에게 말했고, 이웃집 할머니는 옆 초가집에 가서 말을 했고, 다음날 아침에 기자들에게 말한 건 아니고 주변에 경찰들과 군인들이 있어서 자기가 중얼거렸다. 승원이가 그러는데 '공산당이 싫어요'라고 했다더라. 그걸 경찰들이 들었을 거고 나중에 마을사람들이 들었을 거고 또 그 마을 사람들 중 누군가 기자에게 말했을 거고……." 이게 ≪조선일보≫가 새롭게 만들어낸 정설입니다. 당시 ≪조선일보≫ 기자가 강릉에 가서 전화하는 것은 도저히 안될 것 같아 옆에 어느 목장에 들어가니까 마침 전화가 있어서 전화로 불러줬다고 이렇게 얘길 했는데, 다른 기자들은 다음날 취재를 했지만 아무도 이 이야기를 듣지 못했거든요.

또 당시 ≪조선일보≫ 기사를 보면 처음에는 이승복이 두엄더미에서 살해된 것으로 보도했다가 다시 방안에서 살해되어 두엄더미로 옮겨졌다고 바뀝니다. 다른 모든 신문들이 방안에서 살해되었다고 할 때 ≪조선일보≫만 두엄더미에서 살해되었다고 하거든요. 결국 다른 기자들의 증언으로 볼 때 10일 ≪조선일보≫ 기자는 현장에 오지 않았고 다른 기사를 보고 주변 이야기를 들은 후에 본사에 연락을 해준 거죠. 그리고 본사에서 이걸 가지고 완벽한 기사를 쓰면서 극적으로 만들기 위해 "공산당이 싫어요"를 넣은 거죠. 11일자 기사에서는 살해장소를 두엄더미라고 분명히 해놨습니다. 현장에 갔던 사람들에게는 살해장소가 방안이라는 것이 아주 상식적으로 판단되는데 유일하게 ≪조선일보≫ 11일자 기사에서만 살해장소를 두엄더미로 보도했습니다. 이것은 현장에 가지 않고 썼다는 것을 말해주는 것입니다. 나중에 이승원 씨의 증언 11가지와 ≪조선일보≫가 말하는 우리가 흔히 알고 있는 11가지가 다 틀려요. 그리고 이승원 씨가 나중에 증언하는 것과 다른 신문에서 보도한 것은 다 똑같아요. ≪조선일보≫ 기사 자체가 작문 기사였다는 것을 보여주는 거죠. 그리고 나중에 1998년에 논쟁이 될 때 제가 이 기사를 썼던 기자를 인터뷰했습니다. 그때 그 사람은 이승원이라는 것을 자기가 불러줬다고 이야기를 하는데, 당시 이것을 재취재했던 ≪조선일보≫ 기자는 본사에서 써줬다고 했습니다. 이런 두 가지를 이야기했더니 변호사가 이것을 증언해달라고 하더라고요.

이 사례를 통해 제가 말하고자 하는 것은 시의성도 중요하지만 자료 저축도 중요하다는 겁니다. 1968년에 일어났던 일이지만 1994년에 새롭게 진실을 밝힐 수도 있고 1998년에 다시 문제가 될 수 있고 2003년의 진실게임까지 계속 연결된다고 할 때 이러한 시의성이라는 것이 간단하게 타이밍만 잡으면 된다는 것을 말하는 게 아니라는 거죠.

참신성이라는 것은 수많은 매체들에서 똑같은 사안을 다룰 때 다 비슷비슷하면 지겨워한다는 것입니다. 새로운 발상의 전환이 필요하지요. 우리 ≪말≫지에 안철홍이라는 기자가 있었습니다. 이 사람이 썼던 기사 중에 관심을 끌었던 게 택시기사 위장취업기입니다. 제목이 "백미러로 들여다본 서울 야경"이었어요. 택시기사가 되려면 시험을 봐야 해요. 그래서 이 사람이 실제로 일주일 동안 공부를 해서 자격증을 딴 다음에 보름 동안 서울 시내를 돌았어요. 택시회사에 내야 하는 사납금을 물론 못 채웠죠. 그 돈을 잡지사에서 대주면서 특히 밤에 주로 다녔어요. 기자가 실제 택시기사가 돼서 몸으로 부딪친 경험을 기사로 썼는데 이것이 독자들에게 화제를 불러일으켰지만, 기자 사회에서도 화제였습니다. 한국언론의 풍토상 기자가 이렇게 몸으로 부딪치면서 쓰는 식의 기사는 당시까지 없었거든요. 이것이 기자들 사이에서 높이 평가를 받았고 장안에 화제가 되어 나중에 텔레비전에 서세원의 택시 드라이버라는 형식으로 응용되지 않았나 생각됩니다. <체험 삶의 현장> 같은 TV 프로그램, ≪한겨레 21≫의 '세상으로 뛰어든 기자' 이런 종류의 기사도 같은 맥락이라고 봅니다. 똑같은 것을 다루더라도 독특하고도 신선한 방식의 실험을 통해 기사를 쓸 때 사람들이 다르게 본다는 거죠. 이것은 이미 기획 자체가 50%의 점수를 따고 들어가는 거죠. 몸으로 부딪치는 기사는 생생한 기사가 나올 수밖에 없어요. 문제는 그런 기획의 발상을 하느냐 못 하느냐의 차이거든요. 이러한 참신성은 우리가 인생을 살 때도 마찬가지예요. 내가 여자친구를 감동시킨다, 부모님을 감동시킨다, 취재원을 감동시키고 독자를 감동시킨다고 할 때 구태의연한 방식을 써 가지고 되겠습니까? 물론 자칫 잘못하면 언론이 갖게 되는 선정주의에 빠지게 될 위험성이 있지만 그것을 극복하면서 끊임없이 새로운 형식을 모색해야 될 것입니다.

제가 독립기자가 돼서 책을 두 권 냈는데『정지환의 인물파일』이라는 책입니다. CBS에 <시사자키>라는 프로그램이 있는데 저에게 인물파일 코너를 맡아보라는 제의가 들어왔어요. 일주일에 한 번씩 20분 동안 한 인물을 선정해서 소개하는 프로였습니다. 그래서 다시 담당 PD에게 인물을 선정하는 권한과 해석하는 권한을 전적으로 나에게 맡긴다면 하겠다고 했더니 <시사자키>쪽이 흔쾌히 받아들였습니다. 제가 1년 6개월 동안 그 작업을 했는데 그런 제안을 했던 이유는 인물을 다룰 때 보통 유명한 사람을 다루게 되잖아요? 저는 유명한 사람들도 물론 다루지만, 숨어 있으면서 의미 있는 인물을 발굴하는 것도 중요하다고 생각했거든요. 그래서 제가 두 권의 인물 파일을 냈는데 정몽준, 홍석현도 다루고 가수 유승준의 병역기피문제가 있었을 때 유승준도 다뤘습니다. 그리고 제가 진짜 다루고 싶었던 시골 군수 김두관이라든지 오한홍 ≪옥천신문≫ 사장 등 많은 사람들을 사이사이에 넣으면서 소개했습니다. 그런데 이 인물들을 소개할 때 뭔가 똑같이 소개하는 것은 의미가 없겠다고 생각했어요. 우선 내 스스로 재미가 없으니까요. 그렇다면 어떻게 해야 청취자가 재미있어 하고 의미 있는 소개가 될까를 고민했습니다. 그래서 예컨대 정몽준의 경우, 이때만 하더라도 월드컵 정치학이 어필되었으므로 축구 용어를 총동원했습니다. 그 사람이 현대라는 명문가 출신으로, 축구로 이야기한다면 명문클럽에서 배출한 거지요. 이 사람의 월드컵 정치학을 축구용어로 풀어서 설명을 하고 마지막에 이 사람이 부잣집 아들이다 보니까 선수로서 투혼이 부족하다고 봤어요. 그래서 저는 이것을 한국축구의 고질병이라고 할 수 있는 문전처리 미숙과 골 결정력 미흡으로 설명을 했죠. 이 사람이 그렇게 자신이 없다면 다른 투혼이 빛나는 선수에게 센터링을 할 일이라고 문장을 끝냈거든요. 이게 대선이 있기 일 년 전쯤에 썼던 건데 나중에 보니까 실제로 후보단일화로 멋지게 센터링을 한 결과가 되었습니다. 그런데 마지막 몇 시간 남기고 골 결정력 부족, 문전처리 미숙 때문에 망했잖아요. 제가 썼던 글이 그대로 적중한 거죠.

그 다음에 김두관이라는 시골 군수를 이야기하면서 저는 목민심서에 나오는 의미 있는 문구들을 꺼내서 김두관의 정치적 진면목을 보여줬습니다. 그것을 읽은 독자들은 『목민심서』의 현재적 해석이 가능한 거잖아요. 보너스로 『목민심서』도 읽을 수 있고 유승준의 경우에는 사람들이 유승준에게 돌팔매질하는데 나도 거기 끼어들어서 유승준을 공격하는 것은 재미가 없다고 봤어요. 그래서 우리 사회의 수많은 상류층 병영기피자들, 그 상류층 풍자를 유승준의 노래 제목을 총동원해서 썼습니다. 유승준이 우리 사회를 말하는 형식으로 "나 잘못했다. 그렇지만 나 공격하는 언론 사주놈들 보니까 너희들 병역 기피율이 40%더라" 이런 데이터들을 쫙 뽑아 가지고 노래 제목으로 질타를 했습니다. 김우중의 경우에는 당시 유행했던 <상도>라는 드라마를 통해서 썼습니다. 그 상도가 김우중을 겨냥해서 썼던 겁니다. 최인호가 한 달 동안 김우중하고 같이 다니면서 세계경영에 매료되어서 썼던 소설이 <상도>이고 이게 베스트셀러가 되고 드라마가 된 거죠. 소설 맨 앞 부분에 보면 현대판 김기섭이라는 인물이 나와요. 세계 자동차왕인데 그 사람은 아우토반에서 실험하다 장렬하게 전사했거든요. 그때 그 사람 주머니에 문구가 있었는데 그 문구를 보니까 임상옥이가 옛날에 했던 말이었습니다. 그런데 다 가짜였고 작가의 상상력이었습니다. 결국에 김기섭이라는 인물은 김우중을 말하는 거예요. 그런데 임상옥의 기록은, 조선후기의 인삼왕, 무역왕이었는데 기록을 살펴 보니까 실제로 그 기록이 없어요. 임상옥은 문일평이라는 사학자와 같은 고향사람이었는데 문일평이 옛날에 들었던 이야기를 원고지 50매 분량 정도로 간략하게 약평, 평전을 써놓은 게 임상옥에 대한 유일한 기록입니다. 그런데 그 원본조차도 없어요. 그 후 여기저기에 구전으로 알려진 걸 모아 가지고 임상옥의 삶을 다섯 개로 나눠보니까 김우중의 삶을 다섯 개로 나눈 거랑 너무나 똑같은 거예요. 그러면서 상도의 진실, 성공의 비결, 부자의 철학 이런 식으로 실험적인 인물평을 해본 것이지요. 똑같은 것을 다른 사람들에게 전달할 때 이런 참신성이 필요하다는 것입니다.

하지만 아무리 참신성이 있다 하더라도 현실성이 있어야 합니다. 시의성, 참신성, 현실성 이 세 가지 조건이 갖춰져야 한다는 거죠. 2000년 1월 1일이 되던 날, 세계 언론인들은 머리에 쥐가 났습니다. 천 년에 한 번 오는 시의성이기 때문에 참신하게 해보자 해서 언론마다 밀레니엄 특별기획을 했죠. 그래서 별 기획들이 다 나오지 않았습니까? 그런데 그 기획회의를 하는데 어느 기자가 이런 기획안을 냈다고 칩시다. 밀레니엄 특별기획 '화성을 가다!' 시의성 좋고 참신성 좋죠. 그런데 현실성이 없죠. 독도도 마음대로 못 가는 세상에, 달나라는 갔다고 해도 화성은 갈 수가 없는 거잖아요. 시의성 좋고 참신성 좋고 갈 수만 있어서 진짜 화성에서 초록별 지구를 바라본다면 너무나 멋진 기획이겠죠. 그렇지만 현실성이 없으니 아무 의미가 없는 것이지요. 우리가 보통 기획을 할 때 여러 가지 조건들이 나오지만 시의성, 참신성, 현실성 최소한 이 세 가지 정도를 염두에 두면서 기획을 합니다. 이 강의도 여러분이 강사를 모시고 프로그램을 만들 때 최소한 이 세 가지 정도를 염두에 두고 한다면 무난하게 할 수 있다고 봅니다.

사람과 역사에 대한 애정

단순히 기획을 할 때만이 아니라 우리가 인생을 살 때도 마찬가지라고 생각되는데 가장 중요한 것은 인맥과 정보를 축적하는 것이고 가장 중심에 서야 할 것은 사람에 대한 애정, 역사에 대한 애정이 아닌가 싶습니다. 사람들과 관계를 맺어놨을 때 이 사람을 기술적으로 어떻게 해보겠다는 식으로 하면 오래 못 갑니다. 사람을 대할 때 그 사람도 그것을 느낄 수 있거든요. 제 경우 ≪말≫지에 있을 때 조정래와 김진명, 최명희[12]

---

12 『혼불』을 쓴 소설가. 1947년 전라북도 전주에서 태어났다. 1972년 전북대학교 국어국문학과를 졸업하고 1972~1981년 전주 기전여자고등학교와 서울 보성여자고등학교에서 국어교사로 재직하였다. 1980년 ≪중앙일보≫ 신춘문예에 단편 <쓰러지는 빛>이 당선되어 등단하였고, 이듬해 ≪동아일보≫ 창간 60주년 기념 장편소설 공모전에서 『혼불』(제1부)이 당선되어 문단의 주목을 받았다.
　　이 후 1988~1995년 월간 ≪신동아≫에 『혼불』 2~5부를 연재했으며, 1996년 12월 1~5부를 전 10권으로 묶어 완간하였다. 1997년 전북대학교에서 명예문학 박사 학위를 받았고, 같은 해 사회 각계의 인사들이 모여 '작가 최명희와 『혼불』을 사랑하는 사람들 모임'을 결성하기도 하였다. 제11회 단재문학상(1997), 제15회 여성동아대상(1998), 호암상 예술상(1998) 등을 수상하였다. 대하소설 『혼불』을

이 세 작가를 인터뷰했었어요. 최명희 씨 같은 경우에는 『혼불』13이라는 작품을 17년 동안 쓰고 돌아가셨잖아요. 그 『혼불』을 읽어보신 분이 있을지 모르겠는데 재미는 없어요. 그런데 그 작품이 17년 만에 나오니까 모든 언론인들이 달라붙어서 인터뷰를 했죠. 저도 그걸 인터뷰하려고 3개월 전부터 준비를 했습니다. 기자들이 인터뷰를 할 때 제대로 책을 읽고 인터뷰하기란 현실적으로 어렵습니다. 그래서 보통 보도자료와 작가후기 정도를 읽고 하는 경우가 다반사지요. 최명희 씨를 찾아갔을 때 한 시간마다 인터뷰가 있더라고요. 질문을 하는 가운데, 왜 작가후기를 쓰지 않았냐는 질문을 했더니 작품을 읽었냐고 거꾸로 묻더라고요. 솔직히 8권까지밖에 못 읽었다고 했더니 태도가 확 바뀌는 거예요. 제 질문이 최명희 씨로서는 처음 들었던 질문이었나 봅니다. 책을 선전하기 위해서 인터뷰를 하지만 이 깐깐한 작가가 자기 작품을 읽어본 기자를 만나는 순간 감동을 받은 거죠. 제가 감옥에 들락거리면서 맨 처음에는 미치도록 책을 읽었는데 나중에는 너무 지겨워서 성경만 읽었거든요. 그 안에서 두 번을 읽었는데 여러분 중에서도 성경을 읽어보신 분은 알겠지만 성경에서는 누가 누구를 낳고 어찌해서 등등 지겨워서 읽다가 포기를 하지 않습니까? 구약에서 창세기, 출애굽기까지는 흔히 이스라엘의 삼국지라 하여 재미있게 읽히지요. 출애굽기 후반에 가서 레위기, 민수기, 신명기, 여호수아 가기 전까지

통해 한국인의 역사와 정신을 생생하게 표현함으로써 국문학의 수준을 한 차원 높였다는 평가를 받고 있다. 『메별(袂別)』, 『만종(晩鐘)』, 『정옥이』, 『주소』 등의 단편도 썼지만, 『혼불』을 쓰기 시작한 이후로는 다른 작품을 쓰지 않았다. 1998년 난소암으로 사망하였다.

13 『혼불』은 일제강점기인 1930~1940년대 전라북도 남원의 한 유서 깊은 가문 '매안 이씨' 문중에서 무너져가는 종가(宗家)를 지키는 종부(宗婦) 3대와, 이씨 문중의 땅을 부치며 살아가는 상민마을 '거멍굴' 사람들의 삶을 그린 소설이다.
　　근대사의 격랑 속에서도 전통적 삶의 방식을 지켜나간 양반사회의 기품, 평민과 천민의 고난과 애환이 생생하게 묘사되었으며, 소설의 무대를 만주로 넓혀 그곳 조선 사람들의 비극적 삶과 강탈당한 민족혼의 회복을 염원하는 모습 등을 담았다. 또한 호남지방의 혼례와 상례의식, 정월대보름 등의 전래풍속을 세밀하게 그리고 남원지역의 방언을 풍부하게 구사하여 민속학·국어학· 사학·판소리 분야 학자들의 주목을 끌기도 하였다.

258

40년 동안 광야를 헤매면서 신과의 관계, 신과 인간의 관계, 인간과 인간과의 관계 등 읽을 것이 많은데요. 그 사이사이에 제사지낼 때 규격과 제도 등을 상세하게 소개하는데 그게 지겨워서 대부분 구약은 못 읽거든요. 조금만 지나면 역대상, 역대하, 삼손과 데릴라도 나오고 나중에 가면 성경(聖經) 속의 성경(性經)이 있어요. 연애편지 쓸 때 인용하면 좋을 만큼 성경의 '성'자가 정말 성스러울 '성'자인지 혼동될 정도였다니까요. 레위기, 민수기, 신명기 때문에 진도가 못 넘어가는 거지요. 그런데 성경을 죽 읽다 보니까 구약의 생명은 레위기, 민수기, 신명기에 있다는 생각이 들었어요. 왜냐하면 그 속에 사십 년 동안 헤매이며 10계명을 받고 모세를 통해 보여줬던 이적, 인간과 인간의 관계, 이스라엘 사회의 전통이 이런 과정을 통해 쌓이면서 이스라엘 정신이 생긴 것으로 비춰졌기 때문입니다. 최명희의 『혼불』에 보면 여성 한복에 대해 아주 섬세하게 소름이 돋을 정도로 묘사가 되어 있어요. 또한 혼례식, 장례식에 대한 묘사가 지겨울 정도로 나오거든요. 처음에 사람들이 재미없다고들 했는데 그 작품을 읽으면서 퍼뜩 그 레위기, 민수기, 신명기 생각이 났습니다. 그래서 인터뷰를 하다가 마지막에 난 당신의 소설을 읽으면서 성경이 떠올랐다며 레위기, 민수기, 신명기 이야기를 했습니다. 그랬더니 눈을 반짝이며 자기 작품을 그렇게 읽어준 사람이 없었다고 하더군요. 그리고 뒤에 있는 인터뷰 약속을 다 취소시키면서 진행한 결과 한 시간짜리 인터뷰가 졸지에 여섯 시간이 되었습니다. 그리고 저녁에 한길사 김언호 사장하고 저녁식사 약속이 있었는데 거기까지 동행하게 되었던 기억이 납니다.

조정래 씨도 『아리랑』이 막 나올 때 3개월 전에 출판사에 인터뷰하고 싶다고 했더니 책을 미리 주더라고요. 10권, 11권, 12권까지 나오기 전에 8권까지 읽고 간 겁니다. 작품을 읽었냐는 질문에 "죄송하게도 제가 다 읽어야 되는데 8권까지밖에 못 읽고 왔습니다"고 했더니 조정래 씨가 감동을 받으셨던 것 같습니다. 나중에 『한강』이란 대하소설 연재를 시작하시면서 제가 『한강』이라는 제목도 안 나왔을 때 인터뷰 신청을 했거든요. ≪말≫지 인터뷰에서 『한강』 얘기를 미리 다 해버렸어요. 그분이 소설을 쓰기도 전에 인터뷰하기는 처음이라 그러더군요. 과거에 자기 책을 읽고 인터뷰했던 기자의 기억이 있기 때문에 자기도 책을 쓰기도 전에 인터뷰하는 첫 체험을 한 것이지요. 상대방에 대한 애정과 존경심이 있으니까 그런 준비를 한 것이었고 상대도 그 점에 감동을 받았던 것 같습니다. 이것은 비단 기자뿐만 아니라 우리 인생을 사는 데도 마찬가지라고 생각해요.

한국 언론은 자본주의 최후의 시궁창

마지막으로 여러분께 말씀드리고 싶은 것은 언론 개혁에 관한 것입니다. 이 강연 시리즈에 먼저 왔던 오연호 기자가 자주 한국언론을 한국 자본주의 최후의 시궁창이라는 이야기합니다. 그리고 거기서 놀아나고 있는 기자들을 그 시궁창에서 놀고 있는 쥐로 비유하곤 했습니다. 실제로 그렇지 않습니까? 언론고시라는 게 뭡니까? 월급 많이 받고 언론계에서 좀 잘나간다 하면 국회의원 나가는 것이 현실 아닙니까? 선배들이 그런 모습을 보여줬으니까요. 과거에 기자들은 어떤 끼와 자질, 문학적 재능 또는 어떤 사명감이나 선비의식 같은 것이 있었습니다. 1970년대까지 선배들이 바로 이런 것 때문에 가난했지만 기자의 길을 걸어온 거죠. 그런데 동아투위[14]의

14 1975년 3월 18일 ≪동아일보≫와 동아방송에서 강제 해고된 100여 명의 기자·프로듀서·아나운서 등이 결성한 자유언론수호단체이다.

　1974년 1월 8일 선포된 대통령 긴급조치 1, 2호로 인해 유신헌법을 반대, 부정, 비방하는 모든 행위를 보도할 수 없게 되자, 그 해 10월 24일 ≪동아일보≫ 기자 180여 명이 ≪동아일보≫사 사옥에 모여 언론인 스스로가 언론자유를 쟁취하자는 내용의 동아자유언론실천선언을 하였다. 이로써 박정희 정권은 ≪동아일보≫의 광고주들을 압박하여 광고를 끊게 하였으나, 대신 전국에서 밀려든 유료 격려광고가 그 자리를 채웠다. 그러나 장기적인 광고 사태와 정부의 탄압으로 결국 1975년 3월 17일 자유언론에 앞장섰던 130여 명의 기자·프로듀서·아나운서 등이 강제 해고되었다. 이들은 다음날인 18일 한국기자협회에서 동아자유언론수호투쟁위원회를 결성하고 신문·방송·잡지에 대한 외부압력 배제, 기관원 출입금지, 언론인의 불법연행 거부 등을 요구하며 자유언론을 수호하고 민주화운동을 위해 투쟁할 것을 다짐하였다. 특히 1978년 10월 24일 동아자유언론실천선언 4주년을 맞아 발표한 '진정한 민주·민족 언론의 좌표'와 '보도되지 않은 민주·인권 사건일지'는 언론을 탄압하는 모든 제도와 법이 철폐되어야 할 것을

기자 수백 명을 쫓아내고, 언론통폐합15으로 천여 명을 내몰았습니다. 한편 천민자본적 속성의 한국에서 올림픽을 치르면서 광고가 늘어나니까 수입이 늘고 그러자 각 신문사에 남아 있는 기자들에게 월급을 팍팍 올려줬습니다. 지금은 대기업보다 더 많이 받죠. ≪조선일보≫의 경우에 10년차를 기준으로 할 때 연봉이 6,000~7,000만 원, 많은 사람들은 8,000만 원까지 받는다고 합니다. 남부러울 것 없죠. 그들의 최고의 관심사는 주식

주장한 것으로 제도언론에 맞서 언론의 사명을 일깨운 것으로 평가된다.

　이들의 활동은 한국의 언론사와 민주화운동에 커다란 영향을 끼쳤으며, 1980년대 민주언론협의회와 ≪말≫지, 나아가 국민주를 토대로 한 신문인 ≪한겨레≫ 창간에 밑거름이 되었다. 2001년 2월 19일 정부에서는 이 위원회의 활동을 민주화운동으로 규정하였다.

15　1980년 말 신군부 집권세력기에 이루어진 한국언론에 대한 강압적이고 대대적인 개편조치이다. 1980년 11월 14일 한국신문협회와 한국방송협회는 각각 임시총회를 열고 전국 신문·방송·통신사의 통폐합 등 한국언론계의 전반적인 구조개편을 내용으로 하는 '건전 언론 육성과 창달에 관한 결의문'을 채택, 신문은 중앙의 종합지 6개, 경제지 2개, 영자지 2개, 지방지 10개, 통신과 방송은 각각 1개사와 2개사로 보안사령부에 의해 강제 재편성되었다. 이에 따라 전국의 신문(28개사)·방송(29개사)·통신(7개사) 등 64개 언론매체 가운데 신문 11개사(중앙지 1, 지방지 8, 경제지 2), 방송사 27개사(중앙 3, 지방 3, MBC 계열 21), 통신사 7개사 등 모두 45개사의 매체가 통폐합 대상이 되었다. 통폐합 조치의 대상이 된 해당 언론사들은 11월 17일 사고(社告)를 통해 지상에 그 사실을 발표하고, 11월 15~30일의 모든 통폐합 작업은 당국에 의해 마무리됨으로써 12월 1일부터는 새로이 개편된 언론구조가 출범하게 되었다.

　통폐합 조치로 인해 중앙지에서는 ≪신아일보≫가 ≪경향신문≫에 흡수·통합되어 종래 7개였던 중앙지가 6개로 줄었고, ≪서울신문≫이 조간으로 변경되어 조간 3개지, 석간 3개지가 되었다. 경제지는 ≪서울경제≫, ≪일반내외경제≫가 각각 모기업인 ≪한국일보≫, ≪코리아 헤럴드≫에 흡수·통합되었으며, ≪현대경제≫는 ≪한국경제신문≫으로 제호를 변경했고 ≪매일경제≫만이 그대로 석간으로 남게 됨으로써 경제지 역시 조간 1개지, 석간 1개지로 정리되었다. 지방지는 1도 1지 원칙이 적용되어 종래의 14개에서 ≪국제신문≫(부산), ≪영남일보≫(경북), ≪경남일보≫(경남)가 각각 ≪부산일보≫(이후 ≪부산매일신문≫으로 개칭), ≪매일신문≫(이후 ≪대구매일신문≫으로 개칭), ≪경남매일≫(이후 ≪경남신문≫으로 개칭)로 흡수되고, 광주에서는 ≪전남일보≫와 ≪전남매일≫이 통합된 ≪광주일보≫가 새로이 창간됨으로써 10개지로 줄었다.

과 골프일 수밖에 없어요.

1970년대 우리 신문의 지면을 덮었던 것은 연탄가스 중독 사건, 버스요금 인상이었습니다. 왜냐하면 기자들이 서민이었기 때문이죠. 그러나 지금 기자들은 기득권 계층이 되어버리고 더 이상 민중과 서민의 대변인이 아닌 것입니다. 그리고 언론개혁의 와중에서 단 한 명의 기자도 더러운 언론귀족 사주와 결별은커녕 도리어 사장님 힘내시라고 외치면서, 그것이 먹고 살기 위해서만이 아니라 이미 자기 자신에 신념화되어 언론탄압이라 보고 있는 것 아닙니까? 자신들이 언론자유를 위한다고 생각하는 거죠. 이것이 바로 한국 자본주의의 시궁창이 아니고 뭐겠습니까? 오연호 기자는 한국언론을 그렇게 봤기 때문에 수백 명의 기자도 해내지 못했던 ≪오마이뉴스≫라는 언론혁명을 이룰 수 있었습니다. 자기 분야에 대한 문제의식과 개혁적 마인드와 비전이 있었기 때문에 가능한 것이었습니다.

일류대 출신에 힘든 언론고시를 통과하여 시험성적은 우수했을지 모르지만 소위 기자라는 많은 사람들이 거대한 시궁창 자본주의 기계의 부속품에 불과하고 그 기계는 시궁창을 만들어내고 있지요. 언론이든 아니든 자기 분야에 대한 애정이 없다면 개혁은 불가능하다고 생각합니다. 그것은 아마 오연호 기자가 한국 현대 사회에 대한 아픈 공부가 있었기 때문이었다고 봅니다. 오연호 기자는 1980년대에 반미기자로 활동했고 분노와 슬픔 속에서 사회에 대한 대안을 고민했을 것입니다. 거기에 인간적 휴머니즘과 개혁적 마인드들이 받쳐질 때 우리 사회 여러 분야의 비전이 나오는 거지요. 취재하면서 들었던 말인데 ≪옥천신문≫ 오한흥 사장이 "행복하지 않으면 그 일을 하지 말라"고 하시더군요. 그 한 마디를 듣는 순간 아주 신선한 충격을 받았음은 물론이고 이제부터라도 그렇게 살아야겠다고 다짐을 했습니다.

옥천 같은 경우 저한테 큰 영감을 준 사례입니다. 옥천이 언론개혁과 '안티조선'의 성지로 많이 알려졌는데 처음 월간 ≪말≫지 2000년 12월호에 12쪽짜리 장문의 기사로 옥천의 사례를 소개했어요. ≪오마이뉴스≫에도 올렸구요. 1998년부터 본말이 전도된 세상에 대해서 분노하고 안타까워하던 사람들이 언론개혁을 굉장히 중요하게 봤습니다. 그걸 어떻게 풀어가야 할지 고민하다가 옥천에 관한 그 기사를 보는 순간, 바로 이거다 했다는 이야기를 많이 들었어요. ≪말≫지하고 ≪오마이뉴스≫ 기사를 보면서 전국에서 그런 고민을 하던 사람들이 옥천이라는 시골동네를 찾기 시작한 거죠. 옥천에서는 전화가 오면 "여기 와라. 고민하는 분들끼리 오라"고 합니다. 두세 명이 옥천을 가려면 차를 끌고 가든, 열차를 타든, 버스를 타고 가면서 여러 가지 이야기를 할 것 아닙니까? 이미 정답은 자신들이 가면서 얻는다는 거죠. 옥천에 와서 확인하고 가는 거죠. 이러한 열기가 강원도 속초부터 제주 서귀포까지 전국 35개 지역으로 확산되어 있는데 옥천 분들은 ≪조선일보≫ 옥천지국으로부터 소송까지 당했잖아요. 옥천 이란 곳이 언론개혁의 성지가 되고 매년 8월 15일이 되면 전국에서 150명 에서 200명의 수많은 시민과 학생들이 몰려와서 옥천 성지라 하여 행사를 하고 갑니다. 말하자면 언론개혁의 의지를 충전하고 돌아가는 곳이 됐습니 다. 그러면서 잘돼도 좋고 안돼도 좋은, 어떤 혁명적 낙관주의라고 할까? 이런 것들을 몸소 실천하며 바보처럼 당하는 것 같지만 그 속에서 오히려 얻는 것이 있다는 것입니다.

　저 같은 경우도 1998년 이전에도 ≪조선일보≫문제를 썼지만 1998년 6월호부터 ≪말≫지에서 1년 가까이 ≪조선일보≫ 족벌사주의 비리의혹 만 계속 보도했습니다. 사실 저 혼자 한 것은 아니었고 1998년 정권교체가 되면서 KBS에서 반성의 기운이 돌았습니다. 그래서 노조가 중심이 되어 개혁실천팀이라는 것을 만들었죠. 프로그램을 통해서 성역과 금기를 건드 리겠다고 해서 공안검사부터 우리 사회 상류층, 특권층의 모든 것, 국가보 안법까지 다 건드리겠다 했어요. 그런데 남을 공격하기 위해서는 나부터 반성해야 된다 하여 처음 만든 것이 'KBS, 그 오욕과 굴종의 역사'였고 두번째가 '≪조선일보≫를 해부한다'였거든요. 그 중에 사회적으로 문제 가 된 것은 '≪조선일보≫를 해부한다'였죠. 이것이 온갖 평지풍파를 일으 켰고 KBS 내부에까지 분쟁이 일었고 그것을 취재하러 갔다가 개혁실천팀 하고 같이 움직이기 시작했죠. 그게 방영이 되어야 하는데 계속 늦춰져서 개혁실천팀과 '≪조선일보≫를 해부한다'를 취재하러 다녔어요. ≪조선일 보≫와 관련된 온갖 비리를 취재했는데 KBS에서 보도되는 것이 더 파괴력이 있으니까 먼저 보도한 다음에 다시 《말》지에서 다루기로 했죠. 그런데 KBS에서 다 만들어놓고도 방영을 안하기로 결정되었다는 것입니다. 그게 나중에 알고 보니까 '《조선일보》를 해부한다' 때문에 반대세력이 많아서 안 된다고 했지만 실제로는 'KBS, 그 오욕과 굴종의 역사' 때문이었습니다. 'KBS, 그 오욕과 굴종의 역사'에서 과거 KBS의 부끄러운 화면을 보여줘야 되는데 광주사태 때 전두환을 찬양하고, 그걸 기획했던 많은 사람들이 당시 KBS의 본부장이었고 국장들이었기 때문에 절대로 안 된다는 것이었습니다. 또한 김영삼 시절 OECD 가입을 찬양했던 기자들, 부장급, 차장급 기자들이 미완성된, 가편집된 걸 보고 경악했다는 것입니다. 거기에 자신의 얼굴이 나오는데 누가 그걸 동의하겠습니까? 그렇지만 그 문제로 반대하면 안 되니까 '《조선일보》를 해부한다'가 사회적 풍파를 일으키니까 안된다면서 방영을 좌절시킨 것이었습니다. 그래서 1998년 6월호 《말》지에 제가 "KBS에서 방영 못한 《조선일보》문제의 모든 것"으로 《조선일보》 족벌사주문제를 보도하기 시작했고 10월에 최장집 교수에 대한 마녀사냥까지 보도했습니다. "《조선일보》가 왜 극우반공을 선동하는가? 그것은 바로 친일 콤플렉스였다"는 것을 보여주면서 《조선일보》의 친일 역사, 오욕의 역사를 정리했습니다. 한국 현대사에서 이들이 어떻게 우리 조국을 배반했는지를 보여주면서 거기에 최장집 교수를 공격했던 이한우 기자, 우종찬 기자, 이동우 기자, 조갑제 씨 등을 실명으로 비판했습니다. 그때 제가 접근했던 것이 정신병리학적 심리분석이었거든요. 그들에게서 마조히즘적 정신분열 증세가 감지된다, 한국 현대사를 배반하면서 어렸을 때 외상에서 벗어나기 위해서 그걸 잊으려고 하다 보니까, 친일 콤플렉스가 너무 아프다 보니 자기가 살아남기 위해서 반공 콤플렉스를 내세울 수밖에 없는 것이 아닌가 진단을 내렸습니다. 강준만 교수는 이한우 기자를 아예 "스승의 등에 칼을 꽂은 청부업자"라는 표현을 했는데 "마조히즘적 정신분열증세"와 "스승의 등에 칼을 꽂은 청부업자"라는 표현을 이한우 기자가 문제삼으면서 1억 소송을 제기했어요. 1년 후 1999년에 1심에서 강준만 교수는 700만 원, 제가 400만 원으로 패소했습니다. 그때 네티즌들이 이것은 두 사람만의 문제가 아니다. 모금운동을 하자 하여, 모금운동을

효과적으로 하기 위해 인터넷 홈페이지나 커뮤니티를 만들자는 의견이
나왔습니다. 그래서 만든 것이 '안티조선 우리모두'[16]였고 마침 프랑스에
있던 홍세화 선생이 '나를 고소하라'라는 칼럼을 쓰면서 네티즌과 지식인
들 5,000여 명이 '나를 고소하라'는 서명운동을 벌였고 지식인들의 ≪조선
일보≫ 인터뷰 거부 캠페인이 확산됐습니다. 그 다음에 저는 우종찬 기자가
2억, 이동욱 기자가 1억 소송을 제기하여 4억 소송을 당했습니다. 그런데
그 4억이 저에게 공포나 두려움으로 다가왔다기보다는 도리어 내가 그동안
에 했던 언론개혁이라든지 한국 현대사 작업을 오히려 다른 사람들에게
알리는, ≪조선일보≫의 기자가 의도했던 것과는 정반대의 효과가 나타났
습니다. 옥천도 마찬가지였던 것입니다. 지식인 중심의 안티조선운동을
옥천 지역 주민들이 주체가 되어서 할 수 있다는 가능성과 일상생활로서의

---

16 ≪조선일보≫를 반대하는 네티즌모임, 안티조선 사이트. ≪조선일보≫의 기사,
사설, 꽁트, 칼럼 비판, 관련 보도자료를 제공한다. 1980년대 KBS 시청료거부운
동 이후 가장 강력한 수용자 운동이라는 평을 받는 안티조선은 온오프라인에서
≪조선일보≫의 왜곡보도와 불공정 판매행위에 대한 감시활동을 지속적으로
수행하며 언론개혁운동의 상징이 됐다.
　　안티조선운동은 일반적으로 1998년 11월 ≪월간조선≫의 최장집 교수 왜곡
보도 사건에서 출발됐다고 본다. ≪월간조선≫과 ≪조선일보≫가 당시 대통령
자문 국가정책기획위원장이었던 최 교수의 저작 중 일부 표현의 '친북성'을
문제삼아 마녀사냥에 나서자 시민단체 인사들을 중심으로 '≪조선일보≫
허위·왜곡 보도 공동대책위원회'를 꾸려 ≪조선일보≫ 취재거부, 구독거부,
보도자료 안 보내기 운동을 벌인 것이다. 이어 ≪조선일보≫에 최 교수 관련
기사를 쓴 이한우 기자를 『인물과사상』에서 비판한 강준만 교수가 명예훼손
혐의로 고소당하면서 홍세화 씨(현 ≪한겨레≫ 기획위원)를 비롯한 수많은 네티
즌이 '나를 고소하라'는 서명운동을 벌였고 이는 최초의 안티조선 사이트 '우리모
두(urimodu.com)'가 시작되는 계기가 된다. 이 후 안티조선운동은 대학가와
학계, 노동계, 시민단체 등으로 들불처럼 번졌다. 2000년 9월에는 시민사회단체
들의 연대조직인 '≪조선일보≫ 반대 시민연대'(조반연, 현재 72개 단체 가입)가
탄생했고, 4차에 이른 ≪조선일보≫ 거부 지식인선언(2000년 8월~2001년 9월,
1,576명)과 시민단체 상근활동가 선언(2003년 6월 24일, 1,151명)으로 이어졌다.
조반연의 참가단체도 민주노총, 전국연합, 민교협, 대한민국독립유공자회, 민언
련, 건강사회를위한약사회 등 시민사회의 다양한 영역을 포괄하고 있다.

언론개혁 운동을 보여주었던 좋은 실례라고 봅니다. 어떤 일이든 먼저 시작하는 사람이 불이익을 당하거나 힘겨운 일을 당하게 되어 있기 때문에 많은 사람들은 그 일을 하길 두려워합니다. ≪말≫지 같은 경우도 1998년 6월호에 편집자 데스크가 있어요. ≪조선일보≫ 족벌사주문제를 다루는데 그것을 읽어보면 두려워하는 점이 역력하거든요 "≪조선일보≫ 사주들은 공인이다. 국어사전에 보니까 공인에는 여러 가지 의미가 있는데 언론인도 공인이다. 그래서 우리는 검증하려는 것이다" 그러면서 ≪조선일보≫의 족벌사주가 법적으로 대응하는 것은 어울리지 않는다는 논조입니다. 진보적인 ≪말≫지조차도, 수세적으로 족벌사주를 건드린다는 것 자체를 굉장히 두려워했어요. ≪조선일보≫의 여러 가지 면을 다루지만 핵심 심장부에 있던 족벌사주문제를 건드린다는 것은 두려워했다는 거죠. 그런데 그러한 두려움도 몇 년이 지나고부터는 상당 부분 사라졌습니다. 2001년에 보니까 <공공의 적>이라는 영화가 개봉을 하면서 당시 네티즌 5,000여 명 정도에게 우리 사회의 공공의 적이 무엇이냐는 설문조사를 영화사에서 했더니 1위는 국회의원이었고 4위에 족벌사주라는 결과가 나왔어요. 그 전에는 우리 사회에서 언론사 족벌사주에 대한 문제의식이 전혀 없었습니다. 그런데 세무조사라든지 언론개혁, 안티조선운동을 하면서 족벌사주 문제가 불거지게 되었지요. 바로 ≪조선일보≫의 친일문제라든지 편파, 왜곡보도의 중심에 서서 사적인 이익을 계속 유지하려 하는 한국 기득권 세력을 대변하는 수구세력, 족벌사주들이 있다는 것을 깨닫게 된 것입니다. 언론개혁은 이런 문제의식과 개혁적 마인드에서 출발해야 하지 않을까 생각합니다. 이것으로 제 강의를 마치겠습니다.

원혜영

발상을 바꾸면 인생이 바뀐다

1951년 부천에서 출생했고 1996년 서울대 사대 역사교육학과를 졸업했다. 1981-1986년 풀무원식품 창업, 경영을 한 경험이 있다. 1988년 한겨레민주당 대변인을 맡았고 1996년 국민통합추진회의(통추) 대변인을 거쳤다. 1998년부터 부천시장을 맡아오다 2004년 총선에 출마 국회의원(열린우리당)에 당선되었다. 저서로는 『의원님들 요즘 장사 잘돼요?』(공저, 1997), 『발상을 바꾸면 시민이 즐겁다』(2000), 『아름다운 도시를 만드는 55가지 지혜』(2002), 『대통령 만들기』(2002) 등이 있다.

일과 자질에 대해서 얘기를 하라는 바람에 어디에 초점을 맞춰야 할지 무슨 내용으로 얘기를 해야 할지 계속 헷갈리는 상태입니다. 이런 강좌도 전부 다 쓸모 있는 게 아니라 그 중에 몇 개가 쓸모 있으면 나머지는 그냥 양을 채우는 것이 아닌가 생각합니다. '일을 열심히 하는 동물' 하면 개미를 떠올리지 않습니까? 그런데 개미 사회를 들여다보았더니 3분의 1은 열심히 하고, 3분의 1은 대충 그냥 그렇게 하고, 3분의 1은 완전히 놀고 있더라는 겁니다. 그래서 열심히 일하는 개미들만 따로 놓고 하나의 개미생활 공동체를 만들었더니 그것도 나중에 가서는 열심히 일하는 개미가 3분의 1이고 3분의 1은 그냥 대충하고 3분의 1은 완전히 '날라리식'으로 한다고 합니다. 제 강의도 이런 좋고 특색 있는 강좌의 한 부분으로서 양을 채우는 역할만 해도 충분하지 않을까 하는 위안을 삼으며 말씀을 드리도록 하겠습니다.

나의 적성은 비서

자질이라는 얘기가 나와서 그러는데 고등학교 때 적성검사라는 것을 한번 했어요. 혹시 요즘도 하나요? 저는 비서가 적성에 맞는다고 나왔는데, 얼마나 창피하던지 어린 마음에 참 실망을 많이 했었습니다. 노무현 정부가 탄생하고 나서 초기 청와대 비서진을 짜는데 저 보고 몇몇 사람들이 청와대 비서관 일을 해보라는 얘기를 하더라고요. 비서진에는 비서실장도 있고, 무슨 정무수석, 민정수석 이런 수석비서관도 있고 인사보좌관도 있습니다. 그렇지만 내가 시장 임기 초기인데 그만둔다는 것은 무리다 싶어 고사를 했었습니다. 아무튼 그런 얘기를 들으면서 어렸을 때 적성검사가 그렇게 엉뚱한 것만은 아니라는 생각이 들더라고요. 다들 그렇지만 어렸을 때는 멋있게 살고 싶잖아요? 외교관, 판사, 소설가 뭐 이런 것들이 멋있어 보이는데 그런 건 점수가 좋게 안 나오고, 딱 한 가지 만점이 나온 게 비서라는 거였어요. 그런데 그 당시 어린 마음에는 비서라는 것이 남을 챙겨주는 일이라서 별로 탐탁하지 않더라고요. 나중에 보니까 공산주의 국가에서는 비서, 당 서기 이런 게 제일 높기도 하고 청와대 비서실장도 높은 거라서 비서가 나쁘지만은 않은가 보다 했습니다. 어쨌든 어릴 때 적성검사를 했던 기억이 되살아나서 한 얘기인데, 다른 사람들이 저더러 비서를 하라고 하는 걸 보면 그런 게 자신의 자질과 아주 무관하진 않은 것 같습니다. 그래서 지금은 앞으로 기회가 있으면 한번 해봐야겠다고 생각하고 있습니다.

자질은 완성된 것이 아닌 만들어가는 것

사람이 좋으냐 나쁘냐, 그리고 능력이 있냐 없냐, 이런 건 타고난다는 얘기도 있고, 또 환경으로 만들어진다는 얘기도 있습니다만, 둘 다 틀린 말은 아니라고 생각합니다. 문제는 타고나는 것이라면 그건 뭐 어쩔 수 없다 이거죠. 키가 크거나 작거나, 코가 오똑하거나 납작하거나 …… . 그 외에 뭔가 환경으로 변화시킬 수 있는 것, 내가 노력해서 바꿀 수 있는 것이 있다면, 그건 굉장한 관심을 가지고 열심히 해볼 만한 일이 아닌가 생각합니다. 자질이라는 것도 물론 타고날 수 있겠지만 계속 자기가 다듬고 발전시켜나갈 여지가 많은 것입니다. 그리고 여러분들은 아직 인생을 준비하는 과정이고, 이제 본격적으로 사회에 나가서 활동을 하게 될 텐데, 원래부터 얼마나 타고 태어났느냐 하는 것 못지않게 앞으로 얼마나 어떻게 만들어나갈 것이냐 하는 것도 중요합니다. 그래서 자질이라는 것은 앞으로 내가 만들어나가는 것이라는 생각을 하는 게 좋지 않을까 생각합니다.

링컨 대통령의 일화 중에 이런 것이 있습니다. 어느날 링컨이 비서를 구하고 있었는데 마침 링컨의 친구가 사람을 하나 소개했어요. 면접을 본 링컨은 그 사람 인상을 보니까 데리고 쓸 생각이 없다고 했답니다. 그래서 친구가 다른 사람도 아닌 당신 같은 사람이 어떻게 사람 인상만을 보고 평가를 하느냐고 정말 실망스럽다고 했답니다. 그때 링컨이 말한 유명한 얘기가 "사람이 나이 사십을 먹으면 자기 얼굴에 책임을 져야 된다"였습니다. 얼굴이 잘생기고 못생기고의 문제가 아니라, 그 사람이 자기를 어떠한 사람으로 만들기 위해서 어떻게 노력해왔는가가 얼굴에 나타난다는 거죠. 이런 비슷한 얘기로는 또 미켈란젤로의 일화가 있습니다.

미켈란젤로가 <최후의 만찬> 벽화를 의뢰받았지만 그 모델을 찾기가 무척 어려웠습니다. 그러던 어느날 다른 마을로 가려고 고개를 넘다가 맑고 무구한 소년 목동을 보고 이 소년이야말로 예수의 모델이다 해서 목동을 데려다가 그림을 그렸답니다. 그 후 한 이십

년 정도가 지나서 예수를 팔아먹은 유다를 그리려는데 그만큼 사악한 인상을 찾기가 어려워서 여러 군데를 돌아다니고 있었습니다. 그러다 동냥하는 거지를 보게 됐죠. 그런데 그 친구가 진짜 자기가 찾던 모델이라 데려가려 했더니 그 거지가 "선생님 저를 모르시겠습니까? 십 년 전에 저를 모델로 그리시지 않았습니까? 제가 바로 예수의 모델이었습니다"라고 말했다는 것입니다. 이런 일화들은 사람이란 것, 사람의 자질이란 것이 어떻게 살아가느냐에 따라 충분히 달라질 수 있다는 얘기를 하고 있습니다. 이 일화는 사회 진출을 앞둔 분들에게 '자질이라는 것은 완성된 게 아니고 이제부터 만들어가는 거다. 그리고 내가 어떻게 하느냐에 따라서 유다의 모델이 될 수도 있고 예수의 모델이 될 수도 있다'는 교훈을 줍니다. 나이 사십이 지나면 자신의 얼굴에 책임을 져야 한다는 말도 그 사람의 생각과 살아온 과정, 또한 인물 됨됨이가 몸을 통해서 나타나므로 자신을 잘 만들어가야 한다고 우리를 가르칩니다.

사람이 중요하다

요즘 세상이 많이 변하고 있습니다. 지금 한국만이 아니라 전 세계적으로 많은 사람들이 우리 시대 최대의 특징을 변화로 정의하고 있습니다. 이것은 우리가 앞으로 일하는 데도 굉장히 많은 영향을 미칠 것입니다. 우리는 학교에서 생산의 3요소를 배웠습니다. 전통적인 의미에서 생산을 하려면 우선 땅이 있어야 되고, 공장을 짓고 기계를 설치할 자본이 있어야 되고, 거기서 일할 노동력이 있어야 합니다. 요약하자면 토지, 자본, 노동이

생산의 3요소라고 할 수 있습니다. 그런데 지금 시대적인 변화로 비추어볼 때 토지나 자본 같은 물질적인 것보다 노동을 하는 사람이라는 요소가 굉장히 중요해졌습니다. 그리고 그 사람의 역할도 육체적이고 물리적인 힘으로서의 노동이 아니라, 머리를 쓰는 노동으로 변화했습니다. 물리적인 힘에서 지적인 힘으로 옮겨간 것입니다. 한자로 남자를 뜻하는 '男'은 '밭 전(田)'자에다가 '힘 역(力)'자를 쓰는 모습입니다. 밭에서 열심히 일하는 것이 남자, 그러니까 남자는 힘이 있다는 뜻입니다. 하지만 이러한 물리적 힘이 지적인 힘으로 변화했다는 점에서 특히 여성들이 해야 할 일이 많아졌고, 그만큼 전에 비해서 좋은 환경으로 개선됐다고 할 수 있습니다.

우리 부천 시청에서도 요즘 새로 들어오는 공무원들의 절대 다수가 여성들이라서, 거꾸로 남성들을 최소한 30% 뽑는다든가 이런 걸 해야 될 때가 오지 않을까 하는 생각이 들기도 해요. 얼마 전에도 어느 대학의 졸업식을 보니까 14개 대학의 수석 졸업생 중 10명이 여자더라고요.

지금 우리 사회가 전 세계적으로 겪고 있는 변화는 일이라는 관점에서 보면 사람의 비중이 커졌습니다. 그건 좋은 일입니다. 특별히 물려받은 재산이 없는 사람도 자기성취의 기회가 더 증대됐고, 성취할 수 있는 수준이 높아졌다는 생각이 듭니다. 예를 들면 제너럴모터스 같은 회사는 하루아침에 일어난 것이 아니에요. 벌써 100년 200년의 역사를 거치면서 축적된 부를 기반으로 하여 엄청난 부를 확대·재생산해나가고 있는 것입니다. 거기에 내가 자동차 회사를 새로 만들어서 당대에 제너럴모터스를 능가한다는 것은 과거의 전통적인 기준으로 보면 불가능에 가까운 일입니다. 그런데 정보통신의 발달에 힘입어서 전 세계적으로 전개되고 있는 양상은 빌게이츠 같은 청·장년기의 사람이 10, 20년 만에 성취한 사업의 가치가 수백 년의 뿌리를 가지고 자본의 축적 과정을 거친 제너럴일렉트릭이나 제너럴모터스보다 더 크다는 것을 말해주고 있습니다. 이것은 결코 축적 개념으로는 설명할 수 없는 현상들이죠. 마르크스가 말하는 노동이 축적되어 있는 자본이라는 것은 쭉 쌓여 있어서 자본이 결국 사람들을 고용하고 지배하는 엄청난 힘을 가지게 되는 건데, 그 도식에 안 맞는 것이 이런 빌게이츠 같은 사람이 창출해낸 부라는 것입니다. 그런 것들이 과거에는 있을 수 없는 일이었지만, 지금은 일어나고 있습니다. 이런 걸로 비춰볼 때 사람의 가치가 굉장히 중요해졌습니다. 사람의 지식, 지혜 이런 것이 가지는 힘이 엄청 커졌다고 볼 수 있고 그러한 능력을 가질 수 있도록 내 자신을 개발해나가는 것, 내 자신의 자질을 발전시켜 나가는 것도 그런 점에서 도전해볼 만한 일이 아닌가 하는 생각이 듭니다.

풀무원에서 배운 경험, 훈련, 감각

저는 1970년대 초반에 대학에 다녔어요. 그때는 박정희 정권이 유신 헌법을 제정하고 장기집권체제로 가려고 준비하는 상태였는데 시민 사회가 조직화되어 있지 않고, 노조 같은 것도 극히 미약한 상태였습니다. 정권에 대해 저항하는 거의 유일한 비판 세력이 대학이었기 때문에 당시 정권이 유신체제로 가기 위한 사회 환경을 조성하기 위해 대학을 엄청나게 탄압했습니다. 제가 대학을 1971년도에 들어갔는데 1996년도에 졸업을 했으니까 25년 만입니다. 네 번 제적을 당했는데, 아마 최고 기록이 아닌가 생각합니다. 그런 과정에서 저는 제대로 대학생활이나 공부를 못 했습니다. 1학년 때부터 제적당하고, 군대 강제징집 당하고 복학해서 구속되고 제적되고 이런 과정을 반복하다 보니 대학생활을 여유 있게 할 수 없었죠. 그래서 지금 자기 식으로 대학생활을 잘 해나가는 우리 학생들을 보면 부럽습니다. 그리고 대학생활이 자유롭고 창조적인 생활의 공간과 시간이 될 수 있도록 기반을 마련해주는 사회가 되면 좋겠다는 생각을 항상 하고 있습니다. 그렇게 저는 특별히 어느 부분에 대해서 소양이나 지식을 갖출 수 있는 기회도 없이 청년기를 보냈습니다. 그 점이 항상 아쉽습니다.

그러다가 30대가 되면서 당장 생활의 문제에 부딪히게 됐습니다. 저는 졸업도 못 한 채 감옥 두어 번 갔다 오고 결혼을 했는데, 좋게 말하면 민주화운동을 하고 있었고 더 일반적으로 말하면 백수, 특별히 하는 일도 없는 그런 상태였습니다. 집사람이 회사를 다녔기 때문에 결혼을 해도 별 걱정을 안했는데, 1980년대 들어서서 쿠데타가 나고 전두환 군부세력이 집권해 언론계를 숙청하면서 집사람도 해직을 당해 가족의 생계를 책임져야 하는 가장의 역할을 갑자기 강요당하게 됐어요. 애는 많이 낳고 해서 생활은 곤란하고, 취직을 좀 해보려고 그랬더니 고졸 학력에 여러 가지 요시찰이 붙어 있으니까 취직이 쉽지가 않았습니다. 그러다가 제가 먹고 살아보려고 해본 게 지금의 주식회사 풀무원입니다. 지금 부천시장을 하면서 사람들이 많이 물어봐요. 제가 국회의원을 했던 경험이 시장 역할에 도움이 됐냐, 풀무원 사장을 했던 사업 경험이 도움이 됐냐고 말이죠. 제가 보기에는 사업을 했던 경험은 시의 일을 하는 데 크게 도움이 되는데, 국회의원을 했던 경험은 별로 도움이 안 되는 것 같아요. 다만 국회의원은 정치권에 있다 보니까 인맥이라든가 친분 관계가 넓어져, 부천시의 사업을 하는 데 조금 도움받는 그런 정도입니다.

제가 31살부터 6~7년간 경영했던 풀무원식품에서의 경험과 훈련, 거기서 배운 감각 이런 것들은 굉장히 쓸모가 있습니다. 그때 풀무원식품을 하게 된 동기는 아버님이 농사를 지으시던 1970년대에 공해문제가 사회 전반에 대두된 데 있습니다. 공해문제가 식품을 통해서도 심각하게 제기되면서 어떻게 농약을 치지 않은 식품을 공급할 수 있을까 하는 문제에 대해서 기독교 농민들과 함께 고민했죠. 공해가 있는, 사람의 몸에 해로운 농사를 지어서 그것을 우리의 이웃인 도시의 소비자들에게 준다는 것은 네 이웃을 네 몸처럼 사랑하라는 예수님 말씀에 안 맞는 것 아니냐? 우리가 농약 공해가 심각하다는 것을 몰랐으면 모르는데 안 이상 예수 믿는 사람으로서 우리 이웃에게 이로운 것을 줘야지 해로운 것을 줄 수가 있겠느냐 해서 이른바 무공해농사운동이 시작되었습니다. 바로 그 곳이 아버님이 농사를 지으시던 풀무원농장이었고, 그런 농민들이 모여서 밭농사를 지은 것이 '정농회'라는 농민 단체였습니다. 그때 제가 어려운 상황에서 궁리를 해보니까 이런 농산물을 서울 사람한테, 그것도 돈 많은 사람들한테 팔면 사업이 되겠구나 하는 생각이 들더라고요. 그런데 주위 사람들한테 물어보니까 대부분은 그게 뭐 사업이 되겠냐, 결국 농산물이나 식품은 보기 좋고, 싸고, 맛있어야 하는데 어렵지 않겠냐고 했습니다. 유기농산물, 농약이나 화학비료를 안 쓰고 한 것은 우선 생산이 감소됩니다. 생산이 감소되니까 비싸질 수밖에 없죠. 또 농약을 안 치니까 벌레 먹고 보기가 흉하죠. 그리고 아무래도 비료 같은 게 안 들어가면 부드럽지가 않고 뻣뻣합니다. 지금 소비자들이 가지고 있는 농산물에 대한 기준과 정반대되는 개념의 상품을 판매한다는 것이 운동으로는 모를까 사업으로서는 적절치 않다는 얘기들을 많이 했습니다. 그런데 그 중에 몇 분들은 그게 새로운 시장을 개척할 수 있는 소지가 있는 것이 아니냐는 얘기를 해서 제가 1981년도에 풀무원식품의 효시인 풀무원 유기농산물 판매센터를 만들어 사업을 하게 됐습니다.

그런데 식품의 가치라는 것이 눈으로 보고 입으로 먹는 데서 나오는 건데 눈으로도 안 보이고 혀로도 안 느껴지는 무공해 농산물의 가치를 설득해서 상품을 팔아야 한다는 게 아주 어려웠습니다. 그때 든 생각이 결국 이 상품의 대상을 넓게 잡아서는 곤란하겠다는 것이었습니다. 좁은 타깃을 설정하고 파고들어서 그 사람들을 충성스러운 고객으로 확보하고, 그것을 기반으로 확대해나간다는 것이 '일점 집중주의'라는 마케팅 기법입니다. 바늘이 뭉툭하면 접촉면이 넓어 뚫고 들어가려면 힘이 들죠. 바늘은 뾰족해야지 잘 들어가고, 그 바늘이 들어가면 실이 들어가고, 실이 들어가면 나중에 동아줄도 넣을 수가 있게 됩니다. 그래서 식품의 안전성이라는 보이지 않는 가치와 공해문제라는 비교적 새로운 사회적인 문제를 인지할 수 있는 지적 능력과 정보획득 능력을 가지고 있고 그것을 자기의 생활과 연결시킬 수 있는 행동력을 가진 우리 사회 5% 미만의 고객층을 겨냥하게 되었습니다. 50~60대 이상의 나이 드신 분들은 관심이 있다 해도 자기 생각을 쉽게 바꾸려고 안하는데, 30~40대 내지는 40~50대 층은 뭔가 새로운 것을 잘 받아들이고 그것을 자기 생활에 적용하려는 차이가 있어요. 그래서 연령층은 30~50대로 정했습니다. 그리고 아무리 좋은 거라 하더라도 비싸니까 그것을 살 수 있는 경제적 여유를 고려해서 아주 좁게 타깃을 설정하고 그 사람들을 상대로 판매를 하면서 일정하게 기반을 굳혀나가기로 했습니다. 가격경쟁을 염두에 두지 않았기 때문에 처음 우리 두부가 나왔을 때 가격이 다른 것에 비해 3~4배는 비쌌어요. 하지만 전혀 새로운 개념의 제품으로 그것의 가치가 미각이나 시각으로 실현되는 것이 아니라 결국 머릿속에 '아! 식품이 농약이나 환경공해 때문에 문제가 있는데 풀무원은 안심하고 먹을 수 있도록 만든 식품이다'라는 것을 인식시킴으로써 적어도 2, 3배의 가치를 실현하게 됐습니다. 우리나라의 두부나 콩나물은 서민들의 일상생활에 없어서는 안 될 필수적인 식품이면서도 품질이나 위생적인 면에서 굉장히 불신을 받고 점점 식탁에서 멀어져가고 있었는데, 그것을 다시 친숙하고 기본적인 식품으로 되살려내는 데 우리 풀무원식품이 큰 역할을 하지 않았나 하는 자부심을 가지고 있습니다.

특색 있는 문화도시로 거듭난 부천

그때 그 사업을 통해서 저는 일을 할 때 생산하거나 판매하는 공급자의 입장에서 사물을 보는 것이 아니라, 상품을 구매하는 소비자의 입장에서 보는 것이 굉장히 중요하다는 것을 배웠습니다. 그리고 우리 부천시가 다른 시에 비해 효과적으로 일할 수 있는 점이 있었다면, 소비자적 관점을 중시하여 소비자적 입장에서 그 문제에 접근하려고 했던 기본적인 마인드가 도움이 되지 않았나 생각합니다. 우리 행정 서비스의 공급자가 공무원이라고 한다면 지금 우리가 하고 있는 서비스를 어떻게 개선하거나 혁신할건가 하는 부분에 대해서 가장 중요한 요소가 소비자적 관점이 아닌가 생각하고 있습니다.

　제가 우리 부천시의 일을 맡으면서 처음에 가장 고민을 많이 했고 자신 없어 했던 것이 시민들에게 만족시켜줄 수 있는 현실적·실천적인 대안을 찾는 부분이었습니다. 부천시라는 데가 수도권 도시지만, 땅은 좁고 인구가 많아서 생활환경이 썩 좋지는 않은 도시입니다. 이미 개발은 다 되어 있어서 더 이상 확대하거나 새롭게 개발할 수 있는 여지도 없습니다. 발전에 대한 여지가 거의 없다는 한계를 가지고 있는 것이죠. 이런 상태에서 시민들에게 뭔가 부천시에서 시민으로 산다는 것의 의미와 일상적으로 겪는 생활에서 긍정적인 변화를 제공해줄 수가 있겠는가 하는 부분에서 자신이 없었고 고민도 많이 했습니다. 나름대로 돌파구로 생각을 한 것이 부천을 문화적인 도시로 만들어보자는 것이었습니다. 그런데 땅과 같이 외형적인 것은 어차피 한계에 다다른 것이라서 이용할 수는 없었습니다. 그래서 실물보다는 이미지로 가치를 높일 수 있는 것이 필요했습니다. 이런 것을 가지고 고민을 하다가 영화제를 하게 됐는데, 아시는 것처럼 부산이 우리나라 아시아를 대

표하는 영화제를 하고, 우리 부천시는 '판타스틱 영화제'[1]라고 해서 수도권을 기반으로 조금 특화한 영화제를 하고 있습니다. 근래에는 전주시가 이것을 하고 있습니다만, 부천은 보통 영화제를 하는 도시로 많이 알려져 있습니다.

몇 개라고 말하기는 어렵습니다만, 우리나라에 만화학과들이 요즘 계속 늘어나는 추세입니다. 그래서 만화학과 관련 교수들이 운영하는 한국만화애니메이션학회 주최로 '국제 대학 애니메이션 페스티벌'도 부천에서 개최하고 있고, 특히 출판 만화는 부천만화정보센터[2], 만화박물관, 만화축제 등을 통해서 부천이 한국 만화의 중심 도시로서의 역할을 해나가고 있습니다.

시민들에 대한 서비스 중에서 아무리 좋은 거라고 하더라도 우리가 하기 어려운 것을 예로 든다면 일산의 호수공원 같은 몇 십만 평짜리 그런 멋진 공원을 우리 부천에 건설한다든가 하는 겁니다. 이것은 땅이 없으니까 불가능하죠. 그리고 또 몇 천억이 드는 멋진 문화시설이나 복지시설 같은 것을 건립한다는 것도 땅도 없을 뿐더러 돈도 많이 드니까 하기가

---

1 한국영화를 세계에 알리기 위해 경기도 부천시에서 기획·개최하는 영화제이다. 1997년부터 부천국제영화제 조직위원회가 주관해온 행사로, 우리 영화를 세계에 알리고, 저예산 및 독립영화의 국제적 메카를 지향하며, 시민이 중심이 되는 수도권 축제의 이미지를 완성하려는 목적으로 기획되었다.

2 척박한 한국 만화계의 현실을 극복하고, 만화를 문화이자 고부가가치산업으로 성장시키기 위해 1998년 12월 출범, 2001년 1월 1일 사단법인으로 새롭게 도약하여 2001년 10월에는 국내 최초의 만화박물관을 개장하였다.

어렵습니다. 어떤 일을 함에 있어 내부적으로는 부천시민들에게 만족과 자긍심을 제공해주고, 대외적으로는 부천의 가치를 높일 수 있기 위해 그것에 대한 수요 파악과 공급 가능한 조건 이 두 가지를 맞춰야 합니다. 그런데 영화나 애니메이션, 만화 등이 소프트웨어적으로 할 수 있는 사업들이고 적은 노력과 투자에 비해서 거둘 수 있는 성과가 상대적으로 큰 사업들이어서 추진하게 된 것입니다.

그런데 이런 부분이 굉장히 창조적이고 개성이 강한 것들이기 때문에 우리가 행정적인 시스템과 마인드를 가지고 하기에는 어려운 점도 있었습니다. 그래서 제가 우리 동료들에게 초기에 많이 강조한 것이 프랑스의 사례입니다. 제2차세계대전 이후에 프랑스의 영광을 되찾게 했던 것이 프랑스를 문화 선진국가로 만든 일이었다는 것입니다. 앙드레 말로[3]는 이 일에 대해 임기 내내 문화상으로서 전권을 쥐었습니다. 그때 앙드레 말로가 제1의 지침으로 삼았던 것이, 지원하되 간섭하지 않는다는 것이었고, 그러한 기조 속에서 관의 지원과 문화 지식인들의 창의성이 결합하면서 프랑스가 문화대국으로 발전하는 결정적 계기가 만들어졌습니다. 저는 또 동료들에게 우리가 문화사업을 잘하기 위해서는 우리 영화인들, 애니메이션 전문가들, 만화정보센터나 만화박물관을 하는 만화 전문가들의 창의성을 살리는 쪽으로 지원을 해야지, 간섭을 해서 그 사람들의 창의성을 조금이라도 위축시키거나 제약하면 우리가 하고자 하는 사업의 성취도 어렵게 된다고 얘기합니다. 부천시는 꼭 이런 문화적인 면뿐만이 아니라, 복지사업이나 교육사업 같은 부분에 있어서도 민간 전문가들과의 관계를 풀어나가는 훈련들이 잘 되어 있습니다. 요즘 정보화시대에 네트워크라는 일을 하는 방식과 틀의 존재 양식에 대해서 얘기들이 되고 있습니다. 부천이 민과 관의 네트워크가 효율적이고 생산적으로 이루어지고 있다는 평가를 받고 있는 것이 바로 그런 부분에 대해서 유의를 하고 노력해왔기

---

3 프랑스의 소설가·정치가이다. 1945년 드골의 신임을 받아 정보장관·문화장관을 역임하며 문화·교육 분야를 담당하였으며, 1969년에 드골이 은퇴하자 다시 저술생활로 돌아갔다.

때문이라고 생각합니다.

우리가 만화를 하게 된 것은 일종의 틈새시장4이라는 개념을 가지고 접근한 것입니다. 그러니까 우리는 문화도시로의 발전 전략을 채택해 '부천 필하모닉 오케스트라'라는, KBS 교향악단과 쌍벽을 이루는 우리나라에서 가장 기량 있는 오케스트라를 내세웠고, 영화제와 애니메이션 페스티벌을 하고 그러면서 출판과 만화에도 관심을 가지게 되었습니다. 이미 영화라든가, 음악이라든가, 미술이라든가, 이런 것들은 상대적으로 여러 도시에 각각 기반이 구축된 데 비해 만화는 어느 도시든 광역시·도든 시·군·구 같은 기초자치단체든 간에 전략적으로 집중하고 있지 않더라고요. 그것을 틈새시장이라고 하는데 틈새시장이 존재하는 것은 여러 가지가 있습니다만 일반적으로 거기에 들어가서 별로 얻을 게 크지 않으니까 방치되는 게 틈새죠. 틈새시장의 이점은 뭐냐 하면 혼자 가서 놀 수가 있다는 겁니다. 그러니까 아무리 영화라는 게 굉장히 멋진 문화 사업이라고 하더라도 서울시든 대구시든 광주시든 부산시나 부천시가 이미 하고 있는데 후발주자로 끼어들어 경쟁력을 갖기가 쉽지 않은 점이 있다는 말입니다. 그런데 그럼에도 불구하고 막 끼어드는 것은 판이 큰, 소위 먹을 게 많은 그런 판이기 때문에 그렇게 경쟁이 치열한 겁니다. 그 대신 거기서 살아남기가 상당히 어렵습니다. 그 대신 틈새는 너무 시장이 작으니까, 뭐 저기에 들어가서 크게 얻을 게 있겠느냐 하지만 총량으로는 한계가 있어도 비어 있다는 점에서 이점이 있지요. 혼자 가서 깃발 꽂고 혼자서 1등 하는 것을 누가 못하겠습니까? 그렇죠? 그런 점에서 성취할 수 있는 여지가 훨씬 큰 그런 부분입니다. 서울과 인천 사이에 끼어 있는 위성도시로서 부천이 뭔가 힘 있게, 특색 있게 할 수 있는 영역, 그 중에 앞으로 전망이 있으면서도 현재까지는 방치되어 있는 영역이 뭐냐? 그 틈새가 뭐냐는 부분에 대해서 나름대로 그런 관점을 가지고 개척한 노력이 출판·만화

---

4 시장의 규모가 작거나 아직 개발되지 않은 분야를 말한다. 이런 작은 부분들을 적절히 공략하면 독점의 지위를 확보할 수 있고 시장의 크기가 작아 복수회사가 경쟁시 수익률이 크게 떨어지기 때문에 후발주자들은 진출하기가 어렵다.

부분입니다. 요즘에는 어느 정도 성과를 거두고 있고, 그래서 다행이라는 생각을 하고 있습니다.

2003년 초에는 기분 좋은 일이 있었습니다. 제가 1996년도 국회의원 선거에 떨어지고 미국의 미시간 주립대학에 가서 1년 동안 공부를 하다가 왔습니다. 그 대학에는 한국 유학생들이 많아서 한국 동문회가 큰데 거기서 매년 초에 신년하례를 하면서 올해의 동문상을 주는 관례가 있습니다. 그런데 1월 말에 제가 올해의 동문으로 선정됐으니까 수상하러 오라는 얘기를 들었습니다. 저는 제가 정치인이고 그러니까 의례적으로 주는 거겠지 하고 갔습니다. 그런데 막상 가서 보니까 상당히 의미 있는 상이었습니다. 그 곳의 교수님이 학생에게 우리가 사는 도시가 어떤 도시냐 하고 물어봤는데 다른 도시 애들은 중구난방으로 딱 부러지게 말을 못 하는데 부천 출신의 학생들은 아주 특이하게 '우리 부천이라는 데는 문화도 시입니다', '박물관이 많은 도시입니다', '영화제를 하는 도시입니다', '야 인시대 세트장이 있는 도시입니다', 이런 식으로 아주 당당하게 구체적으로 얘기를 하더라는 거예요. 그래서 그 교수님이 이런 도시의 시장이라면 동문상을 줄 만하지 않느냐 하고 저를 추천했다는 얘기를 듣고 수상을 하면서 아주 영광스럽게 생각을 했습니다. 또한 저 개인에게 주는 상이 아니라 80만 부천시민들이 수도권의 여러 도시들 중에서 뭔가 부천을 특색 있고 활기 있게 만들기 위해서 노력해왔고 그것이 평가받은 게 아닌가 하는 점에서 저는 자랑스럽게 상을 받게 되었습니다.

인격과 능력을 성장시켜라

저는 풀무원식품을 운영하면서, 이렇게 또 부천시의 일을 맡아서 하면서 여러 가지로 배운 것이 있습니다. 저는 오늘 주제에 관련해서는 일을 할 때 새로운 것을 받아들이려고 하는 개방된 자세와 그것을 익히려고 하는 훈련이 굉장히 중요하다는 이야기를 좀 하고 싶습니다. 사실 제가 서두에 말씀드린 것처럼 우리 사회와 전 세계에 나타나고 있는 특징이 엄청난 속도의, 양과 질에서 유례가 없는 '변화'입니다. 이런 변화에서 결국 중요한 자세와 자질은 이 변화에 대해서 긍정적이고 능동적으로 바라보고 받아들이는 것이 아닌가 합니다. 사실 식품이라는 것이 가지고 있는 고정적인 가치는 맛있어야 한다, 보기 좋아야 한다, 값이 싸야 한다는 것이었습니다. 하지만 그런 고전적인 가치만을 가지고 식품사업을 하려고 했다면 오늘날의 풀무원이라는 회사는 생기지 않았을 것입니다. 그때 식품의 가치는 공해라는 문제에 의해서 새롭고도 특수한 기준이 설정되어야 할 잠재적 필요를 내포하고 있었습니다. 그것을 남들보다 한 발 일찍 상품의 가치 실현에 반영시켰던 것이 풀무원 제품들이 갖고 있는 통일된 컨셉트라고 할 수 있습니다. 그렇다면 부천시는 수도권의 그렇고 그런 위성 도시 중의 하나이지만, 구체적으로 뭐가 어떻게 다르냐 하면 하나도 설명할 길이 없는 익명의 도시에서 자기 개성이 있는, 자기 얼굴이 있는 도시로 변화했습니다. 지금도 나름대로 노력하고 있는 상태고 무엇보다 새로운 것들을 계속 받아들이려 하고 있습니다. 우리 공무원들이 그런 자질이라든가 자세를 갖고 있지 않았다면 오늘날 부천이 영화도시, 만화도시로서 짧은 기간 내에 성장하기는 참 어려웠을 것입니다.

지금의 시대 상황은 한마디로 엄청난 변화가 특징입니다. 오늘 이 자리에 모인 여러 학생들은 스스로 자기 자신을 책임지며 미래를 만들어가야 할 출발선상에 있는 분들이기 때문에 앞으로의 변화에 대해서 능동적으로 대응하려는 자세, 관점 등이 강조되어야 하지 않을까 생각해서 말씀을 드렸습니다. 아까 처음 말처럼 '일과 자질'이라는 주제는 굉장히 어려운 것 같습니다. 그리고 앞서 강의하신 분들도 주로 문화, 기획 쪽의 분들이 오셨는데 제가 부천에서 문화사업을 한다 하지만 전문가이거나 기획력이 있는 것은 아니라 도움이 되었는지 모르겠습니다. 제가 하는 일이 우리 부천이라는 도시를 그저 그런 도시에서 특색 있는 도시로 만들고 시민들이 자긍심과 정체성을 가지고 건강하고 당당한 시민으로서 생활할 수 있도록 하는 일들이기 때문에 전문성이라는 점에서는 전달해드릴 것이 없다는 게 고민이었습니다. 하지만 이렇게 주어진 조건하에서 뭔가 새로운 가치를 창출하려고 끊임없이 노력하는 것이 개인이나 조직이나 사회에서나 그것을 발전시키는 가장 중요한 동력이라고 생각합니다. 여러분들이 링컨의 얘기대로 나이 40이 지나면 더욱 잘 갖춰진 능력과 인격의 소유자로 성장해 있기를 바라고, 부족하지만 그런 뜻에서 제가 경험했던 것을 소개해 드렸습니다.

• •질문: 자질과 적성은 만들어가는 것이라고 말씀하셨는데요. 저희가 어느 정도 자질과 적성을 갖췄다면 거기에 맞는 일자리가 있어야 한다고 생각합니다. 신문이나 방송에서 보면 청년실업이 심각하다고 하는데 부천시에서는 청년실업에 대해서는 어떤 대책을 가지고 있는지 궁금하고, 여담이지만 지금까지 여러 분이 강의를 하셨는데, 대부분 창의성을 키우라는 식으로 말씀을 하셨습니다. 시장님께서 좀더 구체적인 방법이 있으면 말씀해주십시오.

청년실업문제가 심각한데요. 우리 사회는 일에서 유연성, 유동성이 약해서 평생직장 같은 개념이 아주 강했습니다. 그런데 그것이 10년도 안되는 사이에 깨지고 있습니다. 더군다나 1960~1970년대의 고도성장에서 젊은 사람들이 자기가 원하는 분야 내지는 자신의 수준에 맞는 일자리를 구할 수 있었느냐를 보면 문제가 있겠지만 어쨌든 일자리는 있었단 말이죠. 심각한 문제로 생각하고 있습니다. 우리 사회 전체가 갖고 있는 문제이고 하나의 시 단위에서 특별하고 실질적으로 의미 있는 시책을 한다는 것은 한계가 있다고 말씀드릴 수밖에 없습니다. 대학생들이 방학 동안에 치열하게 아르바이트, 봉사활동 등을 하지만, 그런 것은 상징적인 것이지 실질적으로나 규모를 갖춘 그런 사업은 못되어서 저희도 안타깝게 생각합니다. 일이라는 게 어떤 조직의 일원으로 일할 때만이 큰 성과를 가져올 수 있는 그러한 환경입니다. 그러나 좀더 분산되고 개별화되면서 조직은 약화되고 하나의 일자리보다는 갖가지 자기 조건에 맞춰서 일하면서 서로 유연화된 형태로 변화되고 있고, 앞으로 더 그런 쪽으로 갈 것이라는 생각입니다. 따라서 기존의 틀 이외에 할 수 있는 일이 바로 '창의력'을 키우는 일이 아닐까 생각합니다. 변화를 주의깊게 보고 흐름을 읽어낼 수 있는 능력 말입니다. 1인 기업 같은 것이 옛날에는 존립할 수 있는 기반이 약했으나 지금은 토지나 자본 같은 물질적인 요소보다는 인적인 요소가 강화되어 있고 그런 점에서 정해진 일자리보다는 자신이 창출해낼 수 있는 쪽으로 많이 확대되지 않을까 생각합니다. 다만 그렇게 하는 데서 구체적인 자기 계발에 대한 방법론이나 수단에 대해서는 특별히 말씀드리기 어렵습니다.

● ● 질문: 1997년부터 열렸던 부천 영화제를 보면 1998년도에는 12월에 열었는데 왜 그때 열었는지 궁금합니다. 그 당시에 1년에 한 번씩 열지 않았는데 부천시에서 지원이나 후원을 안 해준다고 해서 12월에 열었다고 들었습니다. 그런 이유가 있었는지요? 아니면 다른 이유 때문인지 알고 싶습니다.

예. 맞는 얘기예요. 아까 고민을 얘기했었지만 부천시장이 되고 보니까 우리 시가 이렇게 발전할 수 있도록 시장이 뭔가 비전을 제시하고 어떤 사업을 해야 하는데 할 수 있는 사업이 거의 없었어요. 하드웨어적으로는 어떻게 해볼 도리가 없는 거예요. 예를 들어 성공회대학교 같이 좋은 대학을 부천에 유치한다는 것도 땅이 있어야 하는 거죠. 호수공원 몇 십만 평을 부천에 조성한다는 것도 땅이 있어야 하는 거죠. 길 빼고는 다 제 집이니까 어떻게 해볼 도리가 없는 거예요. 그래서 어쩔 수 없이 하드웨어적인 것이 아니라 소프트웨어적인 걸로 할 수밖에 없었기 때문에 그건 문화사업이다 하여 이렇게 정했는데 그나마도 비빌 언덕이 있어야 비빈다고 하지 않나요. 영화제를 제가 시장이 되기 한 해 전에 시작했어요. 그런데 제가 시장이 되어서 문화도시로 가려니까 기왕에 우리 필하모닉 오케스트라 그리고 갓 시작한 영화제 이걸 살려내야 하겠다 생각을 한 거죠. 거기다가 만화를 넣고 박물관 산업을 해보려고 하는데 영화제 사업 자체가 처음하는 일이라 시행착오가 있기 마련인데 이벤트 업자가 끼어들 었다가 부도를 내고 도망가서 시가 빚을 지게 되었어요. 그러면서 우리 시민들, 부천시민뿐만 아니라 모든 분들이 뿌리 깊게 박힌 고정관념 '문화 가 뭐 밥 먹여주냐?', '괜히 쓸데없이 낭비적이고 과시적인 사업한다', 이런 게 아주 강합니다. 그 돈 있으면 당장 길 하나 놓고 동사무소 하나 더 지을 일이지, 당장 배고파서 고생하고 있는 노숙자나 영세민들 밥

한 끼라도 사줄 일이지, 이런 생각들이 있거든요 이런 점에서 이 영화제는 해서는 안 된다는 시민들의 여론이 아주 강했어요. 그런데 그나마 부천을 문화도시로 탈바꿈할 도시발전전략을 구사하려면 기왕에 시작한 영화제를 기반으로 해서 가야 되는데, 시민의 저항과 비판에 부딪히게 되어서 시장에 취임한 첫 해부터 시민들 설득하고 공감대를 만들어내야 했습니다. 갓 떠나버린 전문가들을 다시 끌어들이는 데 준비가 필요하기도 했고요. 그러다 보니까 무리하게 해서 12월에 하게 되었습니다.

••질문: 문화산업 중에서 만화 쪽을 하셨잖아요 그런데 보통 어른들은 만화에 대해서 어린이들의 전유물이라는 고정관념을 갖고 있는데 시민들의 인식이 나쁘지는 않았는지, 그리고 지금은 어떤지 궁금합니다.

우리 영화제는 시에서 1년에 5억씩 예산을 투입해요. 국고에서 5억을 받고 경기도에서 3억을 받습니다. 부천 필하모닉 오케스트라 같은 경우에는 30몇 억씩 투자를 해서 부담이 큽니다. 그래서 만화야말로 틈새라고 본 거죠. 큰 예산 투자 없이, 그것을 할 수 있는 엄청난 기간시설 없이 할 수 있는 것이 만화라고 봤기 때문에 했죠. 만화의 좋은 점이 어린이들과 청소년들이 좋아한다는 거잖아요. 그래서 아주 열렬한 호응을 해주는 젊은 시민층이 있고 그런 점에서 큰 저항이 없었어요. 적은 비용으로 할 수 있는 문화사업 영역이 이런 출판 만화이고, 남들은 아무도 손대고 있지 않은 것을 우리 부천이 함으로써 독보적이고 지도적인 위치를 갖게 될 것이어서, 만화정보센터를 만들고 만화박물관을 운영하고 여러 가지 만화사업을 하게 됐습니다. 그리고 그것이 산업으로 발전하기 위한 만화산업지원센터도 운영하고 있습니다. 어쨌든 자라나는 아이들에게 재미와 자긍심을 심어주는 데는 아주 좋은 사업인 것 같아요. 지난 4월에 둘리가 청년이 되어서—그 기준을 언제로 잡느냐 하면, 1983년도 ≪보물섬≫ 4월호에 <아기공룡 둘리>가 처음 연재되기 시작했어요—둘리도 어른으로 시민증을 주자는 얘기가 있었어요. 거기가 어디겠느냐? 당연히 부천이다. 그만큼 만화계에서 공감대가 있어서 둘리에게 명예시민증을 수여하는 행사를 재미있게 해서 청소년들도 즐거워하고 자긍심도 느끼고 그랬습니다.

■ 엮은이

김창남

서울대학교 경영학과를 졸업하고, 동 대학원 신문학과(현 언론정보학과)에서 석사
와 박사 과정을 마쳤다. 1980년대부터 문화평론가로 활동해왔으며, 월간 ≪말≫,
≪사회평론≫, 계간 ≪민족예술≫ 등의 편집위원을 역임했다.
현재 성공회대학교 신문방송학과 교수로서 서울방송 시청자 위원, 계간 ≪만화≫
편집주간, 한국민족음악인협회 이사, 우리만화연대 이사 등으로 활동하고 있다.

한울 아카데미 671

아름다운 인생의
승부사들
문화지식인 10명이 이야기하는 나의 삶, 나의 일

ⓒ 김창남, 2004

엮은이 김창남
펴낸이 김종수
펴낸곳 도서출판 한울

편집 신상미

초판 1쇄 인쇄   2004년 8월 16일
초판 1쇄 발행   2004년 8월 26일

주소   413-832 파주시 교하읍 문발리 507-2(본사)
       121-801 서울시 마포구 공덕동 105-90 서울빌딩 3층(서울 사무소)
전화   영업 02-326-0095, 편집 02-336-6183
팩스   02-333-7543
홈페이지 www.hanulbooks.co.kr
등록   1980년 3월 13일, 제406-2003-051호

Printed in Korea.
ISBN 89-460-3281-2 03040

* 가격은 겉표지에 표시되어 있습니다.

전면 개정판

대중문화의 이해

"대중문화"라는 현상은 우리가 그 속에 몸담고 있기 때문에 한마디로 정의 내리기가 어렵지만, 역시 우리가 그 속에 살고 있기 때문에 그 의미를 곱씹어보지 않을 수 없는 문제이기도 하다. 이 책은 대중문화라는 현상에 대해 이론으로부터 실제 사례까지 아우르며, 단지 현상에 대한 설명만이 아니라 바람직한 대중문화는 무엇이고 대중문화 발전을 위해 수용자인 독자가 어떻게 참여할 수 있는지에 대해서 생각하고 실천하는 기회를 제공한다.

김창남 지음/2003.9 발행/366면/13,000원

제1부 대중문화의 이론

제2부 한국의 사회 변동과 대중문화

제3부 21세기 한국 사회와 대중문화의 문제들

제4부 대중의 문화, 대중 주체의 문화

전화 02)326-0095 팩스 02)333-7543 http://www.hanulbooks.co.kr

현대사회와 매스커뮤니케이션

한국 언론현실을 천착하며 전체적으로 수미일관성을 유지한다는
초판의 정신을 살리면서도 형식과 내용에 있어 개별 필자의 자율성
을 존중하고 지나치게 난해하거나 사회적 필요성이 약해진 부분
을 과감히 삭제하며, 대중성과 평이성, 강의적합성을 유지한다는
원칙하에 개정판을 펴냈다.

한국언론정보학회 편/강상현 외 지음/2000.8 발행/468면/15,000원

매스커뮤니케이션의 이해 ⏐ 매스미디어의 역사 ⏐ 매스미디어 조직과 제작시스템 ⏐
매스미디어와 국가권력 ⏐ 매스미디어 산업의 이해 ⏐ 매스미디어의 법과 윤리 ⏐ 미디어
수용자와 미디어 교육 ⏐ 시민사회와 시민미디어 ⏐ 미디어 기술의 발전과 정보사회 ⏐
인터넷과 가상공동체 ⏐ 사이버스페이스와 사이버문화 외

 전화 02)326-0095 팩스 02)333-7543 http://www.hanulbooks.co.kr